幼儿园
质量管理指南

柳茹◎主编

北京师范大学出版集团
BEIJING NORMAL UNIVERSITY PUBLISHING GROUP
北京师范大学出版社

图书在版编目(CIP)数据

幼儿园质量管理指南 / 柳茹主编 . —北京：北京师范大学出版社，2020.10(2023.1 重印)

ISBN 978-7-303-25700-3

Ⅰ.①幼… Ⅱ.①柳… Ⅲ.①幼儿园—管理—指南 Ⅳ.①G617-62

中国版本图书馆 CIP 数据核字(2020)第 023522 号

营销中心电话 010-58808083 58807662

图书意见反馈 gaozhifk@bnupg.com 010-58805079

YOUERYUAN ZHILIANG GUANLI ZHINAN

出版发行：北京师范大学出版社 www.bnupg.com

北京市西城区新街口外大街 12-3 号

邮政编码：100088

印　　刷：唐山玺诚印务有限公司

经　　销：全国新华书店

开　　本：787 mm×1092 mm 1/16

印　　张：24

字　　数：450 千字

版　　次：2020 年 10 月第 1 版

印　　次：2023 年 1 月第 2 次印刷

定　　价：69.80 元

策划编辑：张丽娟　　责任编辑：张丽娟　施文燕

美术编辑：李向昕　　装帧设计：李尘工作室

责任校对：段立超　　责任印制：赵　龙

编 委 会

推荐序

PREFACE

北京市北海幼儿园是一所非常有影响力的幼儿园。因为工作关系，我对北海幼儿园近年来的发展有一些了解，感叹她们将“倾心于孩子的今天，着眼于孩子的明天”的办园宗旨落实到每个孩子的发展中，也很敬佩她们推进以“做真正的自己”为主题的文化建设的勇气、魄力和决心。当学前教育开始进入质量时代之时，欣闻北海幼儿园在管理方面的研究智慧——《幼儿园质量管理指南》(以下简称《管理指南》)即将付梓，并受邀为这本书写序，我就结合对北海幼儿园的了解和看完此书后的感触来谈一谈自己的所思所想。

一、刚性制度与柔性文化结合

俗话说“国有国法，家有家规”。依法治园、规范办园是幼儿园发展的基石与保障，也是保障办园质量提升的关键。2018 年 11 月，中共中央国务院出台《关于学前教育深化改革规范发展的若干意见》，为新时代学前教育事业的规范发展指明了方向。随着国家对学前教育发展的重视，学前教育立法工作也正在持续推进。

国家层面出台的各种法律、法规、文件为幼儿园管理的法制化、制度化、规范化提供了方向和依据。在园所层面上同样需要制定相应的规范和制度，为各项工作的落实提供规范和标准。

看完《管理指南》不难发现，北海幼儿园在“做真正的自己”文化理念的指引下，将支持人的发展作为各项工作的终极目标，将文化与管理有机结合，从传统管理上的“治理”“约束”转变为“支持”“激励”。这一实质性的转变，正是将园所的质量发展与人的自我实现进行了有机统一，使冰冷的制度有了温度，使管理有了生命的气息，在刚柔并济中推动园所和谐、可持续发展，彰显了新的发展思路。

二、支持每个“人”的发展

苏霍姆林斯基说“人是教育的最高价值”。北海幼儿园的可贵之处，是他们不仅认识到教育要支持幼儿的发展，更要支持每个“人”的发展，这个“人”的内涵从幼儿、教师、家长扩展到与园所发展息息相关的每一个人。

在《管理指南》中，我看到了管理对人的主体性的尊重，更看到了管理对教师在物质、专业、精神、情感等方面多维度、全方位的关注与支持。书中融汇了北海幼儿园的文化底蕴，渗透了北海幼儿园的教育思想，有理念的指引，有制度的规范，更有独特的实践探索和生动的案例，架起理论与实践的桥梁，能够让读者以一种自省的态度、自主的精神、积极的情感来反思自身的工作。因此，我想，要想真正把握该书的精髓，读者要看理念、看文化、看思路，品内涵、品逻辑、品发展。

三、以独特的管理品质彰显办园品质

《管理指南》的出版凝聚了北海幼儿园 70 年来扎扎实实、继往开来的研究心血与实践智慧，体现了北海幼儿园在园所管理上独有的思考和探索，形成了独特的管理品质，彰显了卓越的办园品质，是创造性劳动的成果。

纵观全书，北海幼儿园的管理呈现出如下特点：其一是理念为先，并贯穿始终。“做真正的自己”的文化建设主题是主体性教育思想在北海幼儿园的深化。它作为《管理指南》的理念指导，全面指引幼儿园各项工作的顶层设计和组织实施。从组织机构设置到园所规划与计划，从园所规章制度到岗位管理与评价，从制度的约束和规范到实践工作的落地，一以贯之，一脉相承。其二是抓住管理的核心，以研究求实效。管理的核心就是人，特别是在教师的思想道德、专业水平方面，北海幼儿园进行了一系列开创性的研究实践。“道德讲堂”“北海星”活动以常态化、制度化的方式成为提升教师师德水平的重要举措；分层的培养和扎实的教研为教师的专业成长搭建支架。其三是动态调整，与时俱进。近几年，北海幼儿园的制度随着国家、市区相关政策的调整和人的发展需求在不断调整，如岗位考核与评价。我认为这是一种研究的态度和思辨的精神，是非常难能可贵的。

在改革开放 40 年后的今天，努力让每个孩子都能享有幸福的童年是全体幼教人始终坚守的初心与梦想；推进学前教育事业质量提升是全体幼教人共同的愿景；办好更加公平、更有质量的教育是全体幼教人义不容辞的使命担当。《管理指南》中的很多内容反映了园所管理过程中的共性规律，为各类型幼儿园在“因地制宜”的基础上锐意改革、创新管理提供了新视角，为推动学前教育事业整体发展注入了新动力。

我想，办教育需要有这样心系事业的情怀、敢为人先的精神和开放共享的姿态。

我也希望我们的每一所幼儿园都能在学前教育提质增速的背景下，摒弃功利与浮躁，踏踏实实探索支持人的发展的有效路径，共同助力学前教育事业良好生态环境的建设，共同托起祖国未来的希望！

2019 年 8 月于北京

（作者系北京市师范大学教授、博士生导师，第十一届、第十二届、第十三届全国政协委员，第十一届、第十二届全国政协教科文卫体委员会委员，第十三届全国政协提案委员会委员）

前　言
PREFACE

习近平总书记在第五次全国教育大会中指出“教育是国之大计、党之大计”，教育不仅关乎个体发展、家庭幸福，而且关乎国家强盛、民族复兴。随着《国家中长期教育改革和发展规划纲要（2010—2020 年）》和《国务院关于当前发展学前教育的若干意见》（国发〔2010〕41 号）的贯彻落实，以及三期学前教育三年行动计划的实施，学前教育迎来了前所未有的跨越式发展，令世界瞩目。各级各类幼儿园在探索实践的过程中，认真学习党的十九大精神和习近平新时代中国特色社会主义思想，深入贯彻落实《幼儿园工作规程》《幼儿园教育指导纲要（试行）》和《3－6 岁儿童学习与发展指南》精神，锐意改革，彰显特色，扎实前行。

但是，机遇与挑战并存，学前教育的发展仍然面临着提质增速的巨大挑战。在这样的背景下，唯有不断提升园所质量才是学前教育的根本出路。

在实践探索中，我园吸收和借鉴质量管理理论的思想精髓，将“质量”作为园所发展的生命线，将“管理”作为园所发展的保障线，支持全体教职工共同参与质量管理的全过程，促进幼儿园全面提升办园质量。

随着实践研究不断推进与深入，我们逐渐认识到提升园所质量有以下几个关键点。

一是要找到适合园所发展的文化理念，以文化兴园，发挥文化在园所发展中指引方向、凝心聚力的强大作用。二是要形成完善的制度体系，使其成为一种支持教师专业发展的、能动的、持续的力量，促使广大教职工自觉规范行为。三是要有落实的机制，保障园所各项工作能够平稳、有序、高效地运行，促使园所正确的教育理念与思想能够转化为实际行为，支持与园所发展息息相关的每一个人的健康发展。四是要有适宜的评价体系与标准，一方面能够保障各项工作有章可循、有据可依，支持全体教职工对照标准进行自我审视与反思；另一方面将质量与评价有机结合，有效调动教职工自我发展的“内驱力”，提升发展的自主意识，最终达成提升质量的目的。

基于上述思考，《幼儿园质量管理指南》(以下简称《管理指南》)便应运而生了。《管理指南》的出版，一方面体现了我园在文化理念引领下，深入贯彻落实主体性教育思想、关注人的成长与发展的实践探索；另一方面体现了我园发挥辐射作用，为同行的实践探索带来一定的启示和思考，共同推动学前教育事业的发展。

《管理指南》由四大部分组成，包含了幼儿园质量提升的关键要素，分别是：幼儿园发展的顶层设计、幼儿园章程与制度、幼儿园岗位管理与评价和幼儿园工作组织与实施。

第一部分：幼儿园发展的顶层设计。围绕北海幼儿园办学思想进行系统梳理与整合，凝练提升新时代幼儿园文化理念，构建园所文化的理论与实践体系。在文化理念引领下对幼儿园各项工作进行合理规划与顶层设计，促使幼儿园质量发展具有系统性、整合性和实效性。

第二部分：幼儿园章程与制度。作为幼儿园各项工作平稳有序运行的保障，章程从整体上体现了幼儿园管理的思想，对整个幼儿园的运行起到了指引作用。制度建设涵盖了幼儿园发展的各项具体工作开展的标准与规范，形成了横到边、竖到底、健全完善的制度体系。

第三部分：幼儿园岗位管理与评价。主要阐述在幼儿园文化与理念的引领下，幼儿园各个岗位的设置、聘任、职责、工作流程及考核评价等内容，体现幼儿园各项工作开展有理念、有依据、有落实、有评价、有跟进，从而提升管理质量。

第四部分：幼儿园工作组织与实施。通过提供生动丰富的实践案例，将宏观的文化建设理念、抽象的制度建设物化为一个个直观形象、生动具体的案例，从而彰显出幼儿园质量管理的鲜活生命力。理念中见文化，案例中有理念，将理论引领与实践操作进行有机融合，对一线幼教工作者提升认识、完善实践具有重要的借鉴价值。

《管理指南》的出版是我园实践研究的阶段性研究成果。生命不息，研究不止。站在学前教育发展的新纪元，我们会一如既往、扎扎实实地在推动教育质量发展的道路上潜心研究，深入思考，努力让每个孩子都能享有公平而有质量的教育，竭尽全力打造学前教育发展的质量高地。

目　录
CONTENTS

第一部分　幼儿园发展的顶层设计

第二部分　幼儿园章程与制度

第三部分　幼儿园岗位管理与评价

第四部分 幼儿园工作组织与实施

第一部分
幼儿园发展的顶层设计

幼儿园发展的顶层设计是运用系统论的方法，从全局的角度，围绕核心理念和顶层目标，对关系幼儿园发展的各要素、各项工作发展进行统筹规划，从而有效利用各种资源，实现组织发展目标。幼儿园发展的顶层设计应当具有方向引领性、整体关联性和实际可操作性。本部分我们选取文化建设、组织机构设置、规划与计划等具有全局性的内容来阐述顶层设计的理念和实践，为幼儿园相关工作的开展提供思路和借鉴。

第一章　幼儿园文化建设

北京市北海幼儿园成立于 1949 年，坐落于清代皇家园林北京九坛之一的先蚕坛，被誉为“昔日的皇家园林，今天的儿童乐园”。1949 年 3 月，中国人民解放军北京市军事管制委员会接收了北平市社会局托儿所，改建为专门寄养革命干部和革命军人子女的实验托儿所。同年 7 月，从北海前门三座门迁入清代皇家园林北海公园的先蚕坛；8 月，改名为北京市北海幼儿园(以下简称“北海幼儿园”)。

目前，北海幼儿园一园三址(本部、后海分部、什刹海学区学前教育活动中心)，共有教学班 30 个，在园幼儿 821 人，在编在岗教职工 143 人。其中，专任教师 124 人；现有正高级教师 1 人，高级教师 9 人；建园至今共有北京市特级教师 3 人。北海幼儿园于 1991 年被评为北京市一级一类幼儿园，2001 年成为北京市首批十所市级示范幼儿园之一，自 2011 年起，连续三届被评为“全国文明单位”。

北海幼儿园以“做真正的自己”为文化建设主题，全体教职工秉承“倾心于孩子的今天，着眼于孩子的明天”的办园宗旨，以及“支持教师自主地工作，支持幼儿自主地成长”的管理理念，努力探索“实施主体性教育，人人在快乐发展中做真正的自己”的办园特色，着力培养“健康、快乐、大气、自主、自信的中华儿童”，努力朝着“建设中国最好的学前教育”的共同愿景而不懈努力！

第一节　幼儿园文化传承与发展

一、园所文化建设的发展脉络

从建园至今，北海幼儿园已经经历了 70 年的风雨，它在革命中诞生、从改革中走来，愈加焕发出独有的教育魅力，也孕育沉淀出自身的教育理念与思想。深厚的历史积淀是幼儿园宝贵的精神财富，更是幼儿园文化建设与发展的广袤沃土。在北海幼儿园 70 年发展历程中，文化建设的发展历程大致经历了以下五个阶段(见表 1-1)。

表 1-1　北海幼儿园文化建设发展历程

园所发展历程	具体时期	文化核心	时代背景	教育改革与发展
第一阶段	建园初期	红色之爱	新中国成立，教育事业得到重视，为适应国家当时社会形势，解决革命军人的后顾之忧，在各级领导的深切关怀下，北京市北海幼儿园应运而生。	幼儿园建章立制，继承革命精神，教师肩负起照顾幼儿生活与教育的主要责任。
	20 世纪五六十年代		抗美援朝战争期间，幼儿园逐渐走入正轨。革命战士纷纷走向前线，《人民日报》记者在周恩来总理的指示下前来北海幼儿园拍摄“我们热爱和平”的照片，随后被印刷成宣传画送往前线，鼓舞了广大革命战士的士气。“红色基因”的印记深深地镌刻在了北海幼儿园历史发展的丰碑上。	积极学习苏联宝贵经验，实行分科教学和分科课程模式，初步奠定了幼儿园的课程格局。
第二阶段	20 世纪六七十年代	健康之爱	“文化大革命”期间，教育事业遭受重创，学前教育发展基本处于停滞状态。	社会动荡造成教育事业发展停滞，课程处于无序状态，教师在对幼儿进行生活照顾的同时关注幼儿的情感需要。
	20 世纪八九十年代		“文化大革命”结束后，教育领域进入恢复与复苏阶段。西方教育理论开始引入中国，课题研究开始走进幼儿园。北海幼儿园借助教育专家、学者的力量开始开展学科领域教育研究。	在课题研究的引领下，幼儿园以“两个处方(幼儿体育锻炼+幼儿营养健康)”为突破口，关注科学的教育方法和策略，逐渐形成了“以体育为龙头”的园所特色。
第三阶段	“九五”“十五”时期	尊重之爱	在改革开放的推动下，多元教育思潮涌现，研究内容与方法呈现多元化与个性化趋势。幼儿园在这一时期参与“幼儿主体性发展与教育”的研究，主体性教育思想开始萌发。	伴随着教育观念的革新与转变，幼儿园提出了“倾心于孩子的今天，着眼于孩子的明天”的办园宗旨。在教育实践过程中逐渐确立了教师和幼儿“双主体”的理念，并逐渐形成了“让教师快乐地工作，让幼儿快乐地发展”的管理理念。

续表

园所发展历程	具体时期	文化核心	时代背景	教育改革与发展
第四阶段	“十一五” “十二五” 时期	理解之爱	《国家中长期教育改革和发展规划纲要(2010—2020年)》颁布，把发展学前教育摆在更加重要的位置。幼儿园对主体性教育思想内涵的领会逐渐深刻，主体性教育思想在这一时期得到充分发展。	伴随着主体性教育研究的深化与发展，幼儿园提出“三级目标”的教育思想，在教育过程中更加关注过程而非结果，更加着眼于幼儿的个性化发展和长远发展的需求；在管理中，提出了“幸福六归一”的管理理念。这一时期，幼儿园形成了以“实施主体性教育，人人在快乐发展中做真正的自己”的办园特色。
第五阶段	“十三五” 至今	发展之爱	中国特色社会主义建设进入新时期，学前教育发展进入了新时代。幼儿园认识到要回归教育原点去思考学前教育的使命和根本任务。要突破固有思维，转变视角，从儿童视角和人的发展视角去激发和调动每个人内在的主体意识，支持每个人做真正的自己。主体性教育思想得到升华。	顺应时代发展需求，幼儿园着力推进内涵式的可持续发展。这一时期，幼儿园以文化建设为核心，以正确理念为引领，在深入贯彻落实国家教育方针和政策的基础上，提出以“做真正的自己”为核心的文化建设主题，并逐渐完善实践体系，深层次地支持幼儿的快乐、自主、全面且富有个性的发展。

综上所述，随着幼儿园的发展，我们对幼儿园文化建设的思路逐渐清晰，明确了以爱为暗线，以“主体性教育思想”为明线的文化建设之路。我们对“爱”的传承由来已久，有着深厚的历史积淀和博大的教育情怀，对爱的理解更加具体、深刻、细致，以幼儿为主体的教育观逐渐明朗；从“主体性教育思想的萌发”到“主体性教育思想的发展”再到“主体性教育思想的升华”，提出“做真正的自己”的理念核心，实现了爱的飞跃，从具体的爱到深层次的爱，从教师无微不至的爱到深入幼儿内心的爱，爱的视角更加关注每一个孩子的发展与成长，这就是“做真正的自己”的文化来源，更是一种文化传承！

二、“做真正的自己”的理论解析

(一)“做真正的自己”的理论基础

1. 儒家学说是思想源泉。

“做真正的自己”的理论源泉可以追溯到孔孟的儒家学说，儒学思想的核心为“仁”，认为人的本质是仁，重视人的价值。孔子认为人具有生物本性和道德本性，所谓“仁者人也”，一方面指出人是真实生活存在的“人”；另一方面也指出人与动物最根本的区别在于人具有道德本性，没有道德上的自觉，就不能称之为人。

“仁”体现在教育思想和实践上是“有教无类”，一方面从教育对象上，注重教育的公平与平等，支持作为个体的人都能接受教育的权利，体现了教育的公益性和普惠性；另一方面在教育过程中，注重在尊重人的个性差异的基础上，因材施教，充分挖掘人的潜能，承认其主体性。儒家思想关注人的发展，是人本教育的思想源泉，也是我园“做真正的自己”理论的思想源泉。

2. 马克思主义哲学思想是思想根基。

“做真正的自己”是以马克思主义学说作为思想根基的。马克思主义学说强调其所有理论、实践活动的最高目标确定为谋求人的自由、解放和发展，明确提出未来新社会应该是每个人全面自由发展的社会形式，人的本质是一切关系的总和。社会的发展离不开人的发展，实现每个人的全面而自由发展是马克思主义理论的精华，发展人的独立个性、培养人的独立自主精神和独创精神是现代市场经济社会人的发展的重要价值取向。“做真正的自己”是支持人的自由发展在教育层面的体现与落实。教育作为国家发展的重要战略之一，要为实现人的个性解放而发挥本体作用。要支持每个人的自主性、调动每个人的积极性、发挥每个人的创造性，真正做到社会关系中的人向真实的人的回归，确保中华民族屹立于世界民族之林。

3. 儿童建构主义与学习理论是思想支撑。

建构主义学习理论认为，幼儿是在认知、解释、理解世界的过程中建构自己的知识，在人际互动中通过社会性协商进行知识的社会建构。随着研究的深入，我们认识到了学习与发展不是传输的过程，也不是接受的过程，而是幼儿积极的、自觉的、有意图的、主动建构的过程。“做真正的自己”就是在支持幼儿在活动过程中进行自主探索，从而能够更好地认识自己和世界；支持幼儿能够自主进行自我教育和思考，提高主体意识和能力；遵循幼儿生命发展的规律，支持幼儿成为自我发展的主人。

(二)“做真正的自己”的内涵解读

也许有人会质疑，“做自己”尚可以理解，但为什么要说“真正”？一方面，我们需要思考所提倡的尊重儿童的主体性是否是“真正”意义上的尊重，反思我们在教育过程中对儿童的尊重是否只是停留在了思想和理念层面。很多时候，我们给予儿童的自主还是停留在成人限定范围内的自主，儿童的自然天性还是没有得到真正解放。另一方面，我们需要明确对于自主是否“真正”理解到位，反思我们在教育过程中对主体性的理解是否仅仅停留于形式而缺乏对实质的把握，是否出现了“不敢支持”“不介入”的“放养”教育，对于幼儿的需求支持不到位、跟进不及时、发展不充分，导致幼儿没有获得真正的成长。

基于以上思考，我们从以下三个层面对“做真正的自己”进行内涵解读和梳理。

首先，从哲学层面讲，“做真正的自己”强调人的自然属性和社会属性的统一，体现了作为社会关系中的人向真实存在的人的一个回归，是尊重、承认人作为一定社会关系的产物向自由全面发展的真实个体的回归。

其次，从教育层面讲，“做真正的自己”就是以教育认识自己，以教育革新自己，以教育成就自己。通过教育进行自我认知、自我体验、自我调节，达到知、情、意、行合一，由认识自己到革新自己，由革新自己到成就自己，从而真正唤醒人的内在的自主意识，遵循每个人的成长节律，活出自我生命的精彩。

最后，从心理学层面讲，在心理动力论中，弗洛伊德提出本我、自我与超我为精神的三大部分，人的一切心理活动都可以从三者之间的联系中得到合理的解释。本我是一切“我”存在的心理前提和能量基础；自我是“自己”这个意识的觉醒，幼儿开始探寻“我是谁”并真正成为一个“人”；超我是在道德规范、社会取向影响下作用于本我的结果，是追求完美、成就自我的过程。人生的道路就是从本我到自我、再到超我的过程，每个人的人生历程都必须经历这三个阶段。

基于对上述不同层面的思考和梳理，我园对“做真正的自己”的文化内涵进行深入挖掘，进一步将“做真正的自己”凝练概括为“发现自己，成为自己，成就自己”(见图 1-1)。

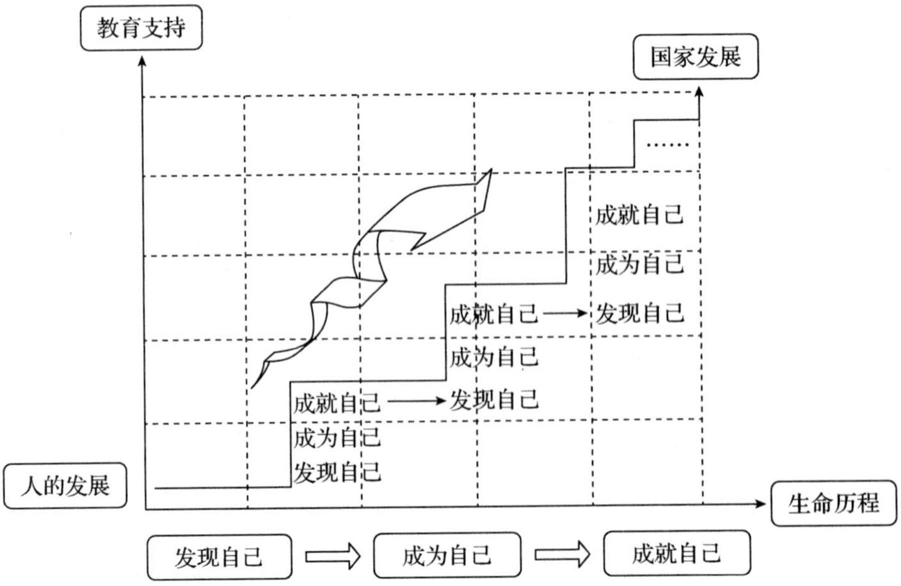

图 1-1 “做真正的自己”内涵解读

1. 发现自己：善于发现并认识真实的自己。

一方面，发现自己就是能够确立良好的自我概念，能够对自身的各项生理属性有着正确的认识，是对“我是谁”的自我追问；另一方面，通过认识世界来发现自己，每个人都是独一无二的个体，都有着自己独特的禀赋和价值，都在通过“自己”与这个世界、社会建立联系。教育就是支持人人“向自己学习”，明确发现蕴含在自己身上的丰富素材，从而能够认识自己、认识自然、认识社会。

2. 成为自己：敢于做真实的自己。

一方面，体现在能够做自己的主人，不盲目地随波逐流，能够认可、接纳自我存在的独特价值与唯一性，并勇于承担起对自我生命的责任，确定自我成长的人生方向和品位，要活得明白，是对“我是一个怎样的人”的根本追寻与探讨；另一方面，在认识自我、发现自我的基础上，能够适应社会，学会生存，能够敢于说真话、做真事、用真情；能够坚守本性的善良，在社会中坚持为富要仁、为贫要守、为学要真。

3. 成就自己：实现做真实的自己。

一方面，体现在寻找和获得“更高的自我”，每个人都渴望超越自己，全力寻求一个尚在某处隐藏着的更高的自我，是对“我为什么而活”的生命哲学问题的追寻思索，提升生命价值；另一方面，基于五千年传统文化底蕴所倡导的“修身、齐家、治国、平天下”的家国情怀，成就自己突出展现了人作为社会人应有的社会责任与担当，要为社会做出贡献，体现社会价值与尊严，达成自我价值的实现，活出生命的精彩。

由此可见，发现自己、成为自己、成就自己就个体成长的某一个阶段而言是层层递进的关系，然而，在个体成长的不同阶段，会不断循环，螺旋上升，每一个阶段都会发现不一样的自己，成就更好的自己。每个人都成就了自己，就是成就了国家和社会，就是对国家和社会最大的贡献。

基于上述思考，我们认为学前教育的根本任务，一方面是激发人的自然属性，唤醒和激活每一个个体的主体意识；另一方面，就是培育人的社会属性，使其实现自身的价值，成为对社会、对国家有用的人。只有这样，我们才能培养出完整的人。支持幼儿“做真正的自己”，是新时代学前教育工作者的根本价值追求。

第二节　幼儿园文化建设的顶层设计

文化与教育自古以来就是人们不断关注与论述的问题，谈到文化常常能够引发出对教育的思考，说到教育又总是离不开文化的土壤。那么，文化与教育之间到底存在何种关系呢？

一、幼儿园文化建设的思考路径

(一)文化与教育

从内涵层面看“文化”，西方学者认为文化不仅指在某一时期内人类静态的生活方式、风俗、道德、法律、艺术、信仰、知识等内容，还体现为历史进程中的动态发展过程。中国学者在西方学者研究的基础上，对文化提出了新的解说，认为文化应该包含三个层次：一是狭义文化，指的是哲学、文学、艺术、宗教等；二是广义文化，指的是制度、风俗、礼仪等；三是深层文化即精神文化，是一个民族文化中最为本质或最具有特征的东西。

从教育层面看“文化”，文化原本就有教育的意义，文化是教育的本性。随着历史观点的不断演化，文化逐渐被理解为人们按照一定尺度去改变环境，发展自己。文化即人化，就是人追求和享有一定的价值成果，并通过实现这些价值来更新和发展自己，由此教育成为文化发展的内在机制。

教育是文化生成的肥沃土壤、文化传播的主要途径和人的发展的重要推动力，是文化传承与人的发展相联系的桥梁和纽带。文化体现了一个国家和民族的意识形态、精神与信仰，以规范人们的思想和行为，文化为实现教育的功能、作用、意义提供了价值导向，是中华民族生生不息、发展壮大的强大精神力量。

综上所述，文化与教育在社会发展过程中相互依存、相互影响。正像有的学者指出，文化和教育虽然是社会交流中的两个独立的子系统，但二者是相互渗透，互为因果的。① 文化与教育最终要落实在“人的发展”上，体现了“人”“文”与“教”的内在能动关系。

(二)幼儿园文化与幼儿园发展的相互关系

学者袁振国认为：学校文化是一所学校综合素质的体现。正确的办学思想、先进的办学理念是学校文化的灵魂。学校是文化的场所，体现了思想和思想的交流、情感和情感的沟通、生命和生命的对话。② 幼儿园文化(简称园所文化)是学校文化在幼儿园阶段的研究和探索，可以理解为是一所幼儿园的综合素质的体现，其核心是达成共识的教育观念、教育思想以及教育理念得到全体教职工的认同和维护，并随着幼儿园的发展而日益强化，最终能完全自觉地贯穿于师幼的言行之中，渗透于师幼的血液之中。

文化在幼儿园中无处不在、无时不在，体现在一所幼儿园的方方面面，幼儿园发

---

① 荆建华、刘双月：《文化·教育·人的发展》，载《河南社会科学》，1997(03)。

② 程红兵：《学校文化建设的路径——书生校长的教育行动》，25页，上海，华东师范大学出版社，2012。

展的各个方面都有文化相随，幼儿园发展的各个方面都体现着文化的发展。园所文化与园所发展是融为一体的。一方面，园所发展离不开幼儿园文化的建设；另一方面，幼儿园文化建设也不是孤立地进行的，离开园所发展谈文化建设，无异于“纸上谈兵”，文化“形同虚设”，空泛无力，不切实际。

(三)园所文化建设的思考

通过对幼儿园历史的梳理与传承，对文化与教育的关系、幼儿园文化建设与幼儿园发展的关系的探讨，我们开始对幼儿园文化建设有了清晰的思考路径。同时，在明确以“做真正的自己”为文化核心理念的基础上，逐渐建构并完善园所文化体系。

从文化自身内涵方面来看，我们认为园所文化是幼儿园的办园之魂，是经过长期发展和历史积淀而形成的、为全园师生所认同的、具有园所独立品格的价值取向与信仰，是能够被园所传承与发展的一种意识形态。

从文化构成方面来看，我们认为文化是一个有机整体，其反映的是某一群体社会现象与内在精神的总和，既包括内隐的价值观念、办园思想、教育理念、培养目标，也涵盖外显的园所环境创设、教师培训与培养、幼儿课程建构以及家园共育建设等方面。

因此，挖掘幼儿园文化建设内涵，梳理园所文化建设体系不能仅仅停留在就“文化”说“文化”的表面，而是应该将文化建设与教育实践紧密结合，以实践作为文化建设的物质载体，以思想理论作为文化建设的核心灵魂，两者相辅相成，缺一不可。通过分析和思考，我园确定了如下文化建设的思路(见图 1-2)。

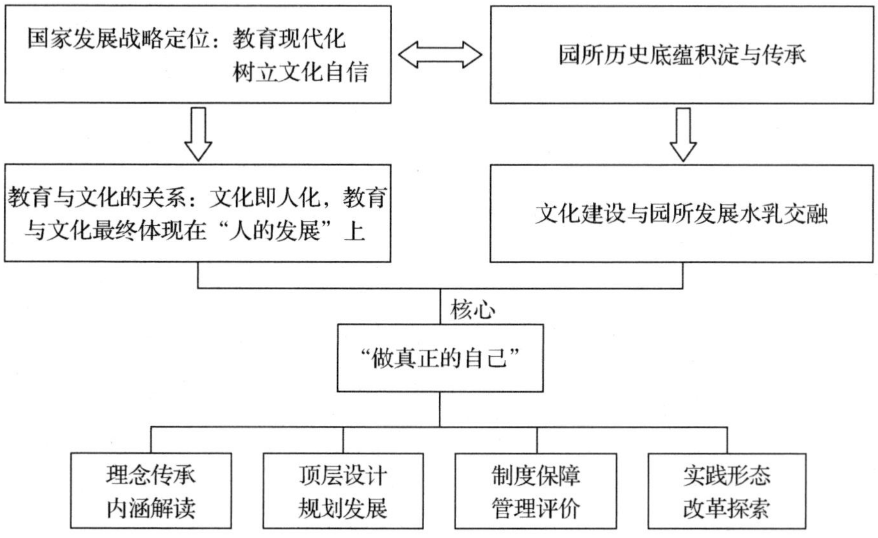

图 1-2　幼儿园文化建设思路图

二、幼儿园文化建设的顶层设计

站在历史发展的新纪元，2018 年在全国教育大会和北京市教育大会精神的引领下，在传承北海幼儿园历史与精神的基础上，我们提出了以“做真正的自己”为核心的文化理念，并针对幼儿园的文化建设与发展进行了顶层设计与思考。

我们将幼儿园的整体工作划分为两大系统，一是实践体系（包括卫生保健工作），二是管理路径。因此，在“做真正的自己”的文化理念引领下，园所围绕实践体系和管理路径两大系统进行了规划与建构，以此明确幼儿园各项工作的方向与思路（见图 1-3）。

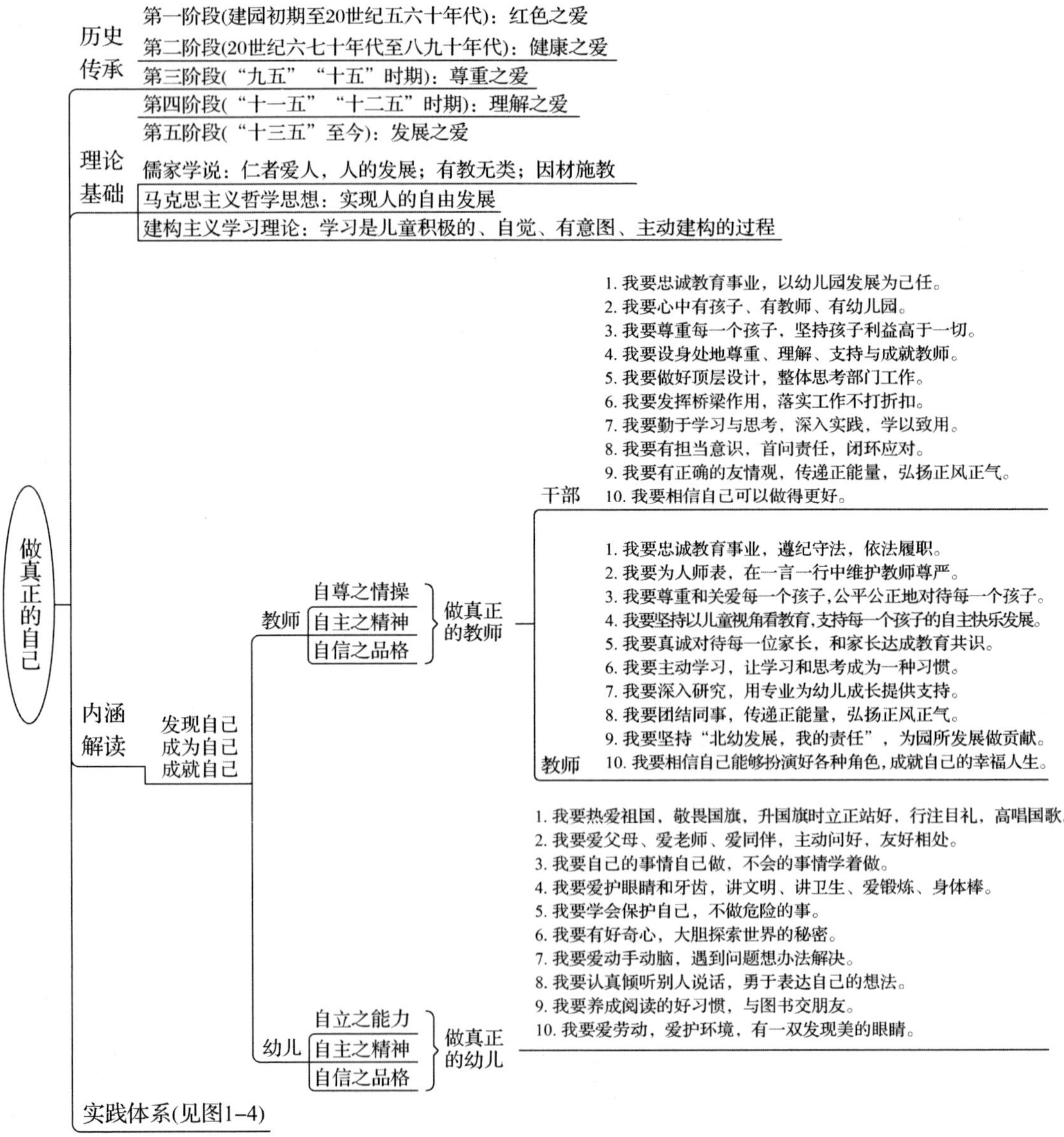

图 1-3 幼儿园文化建设的顶层设计

(一)"做真正的自己"的实践体系

在逐渐明晰园所文化理念内涵的基础上，我们对"做真正的自己"理念指引下的幼儿园教育实践进行了整体架构与梳理，形成了"做真正的自己"的实践体系(见图 1-4)。

我们认为，幼儿园教育质量的提升最终要落在"发展"上，而这样的发展既包括幼儿园整体办园品质的提升，又要包括人的发展。

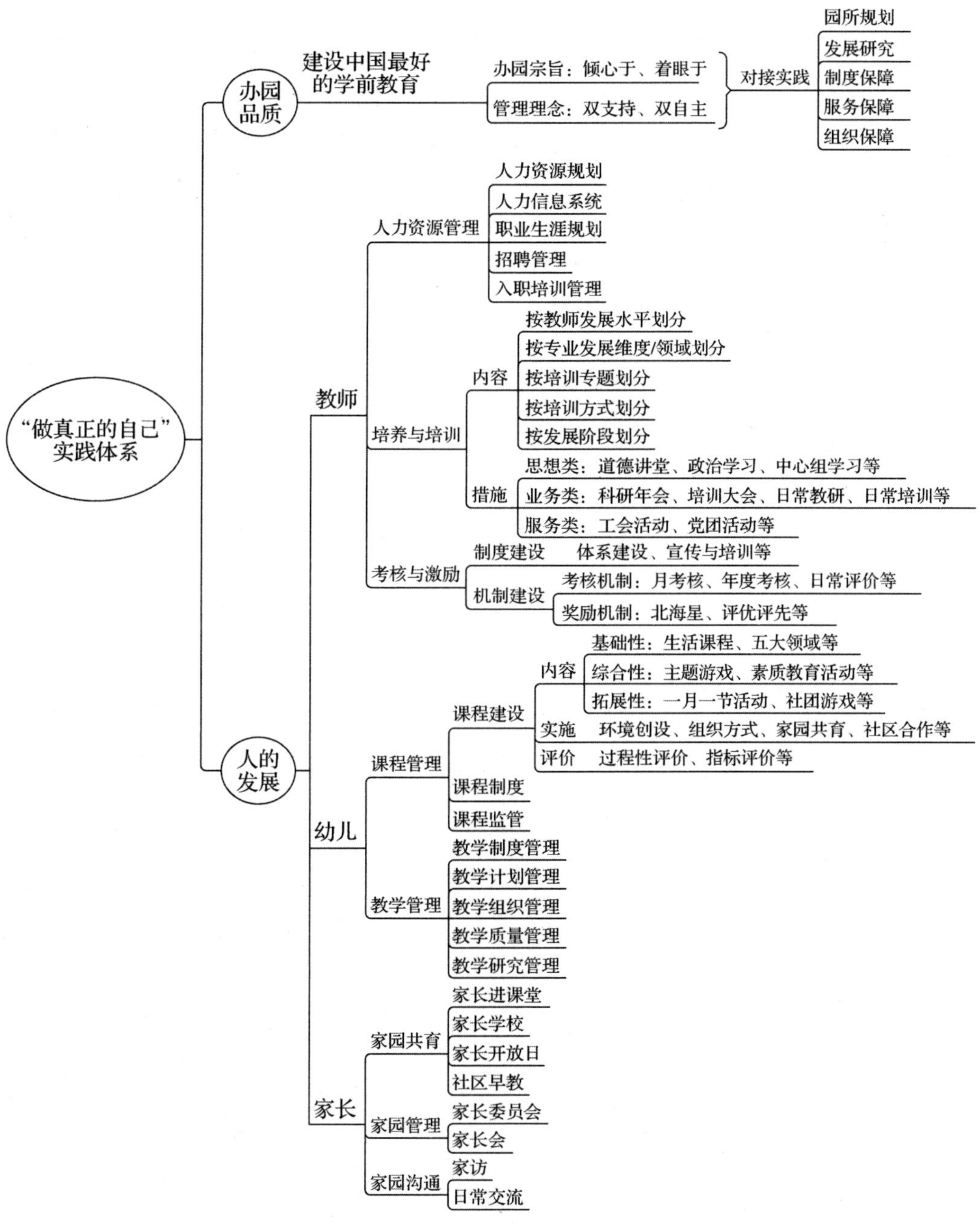

图 1-4　"做真正的自己"实践体系

（二）“做真正的自己”的管理路径

想要实现理论与经验的有机融合，支持教师在教育教学活动中有抓手、有方向、有支持，管理的意义和价值就显得十分重要。园所文化好似一颗精神信仰的种子，通过一系列的实践活动让这颗种子在全体教职工的心中生根发芽，而管理就像种子成长过程中的支架和肥料，能够支持文化种子扎实、扎深，只有这样教育探索的实践才可能在园所文化生态场中更加深刻。通过架构管理的路径，就是给予中层干部明确管理的思路与方向，确保支持教师的全面长远发展，从而更好地实施教育实践，落实在教师和幼儿的发展上（见图 1-5）。

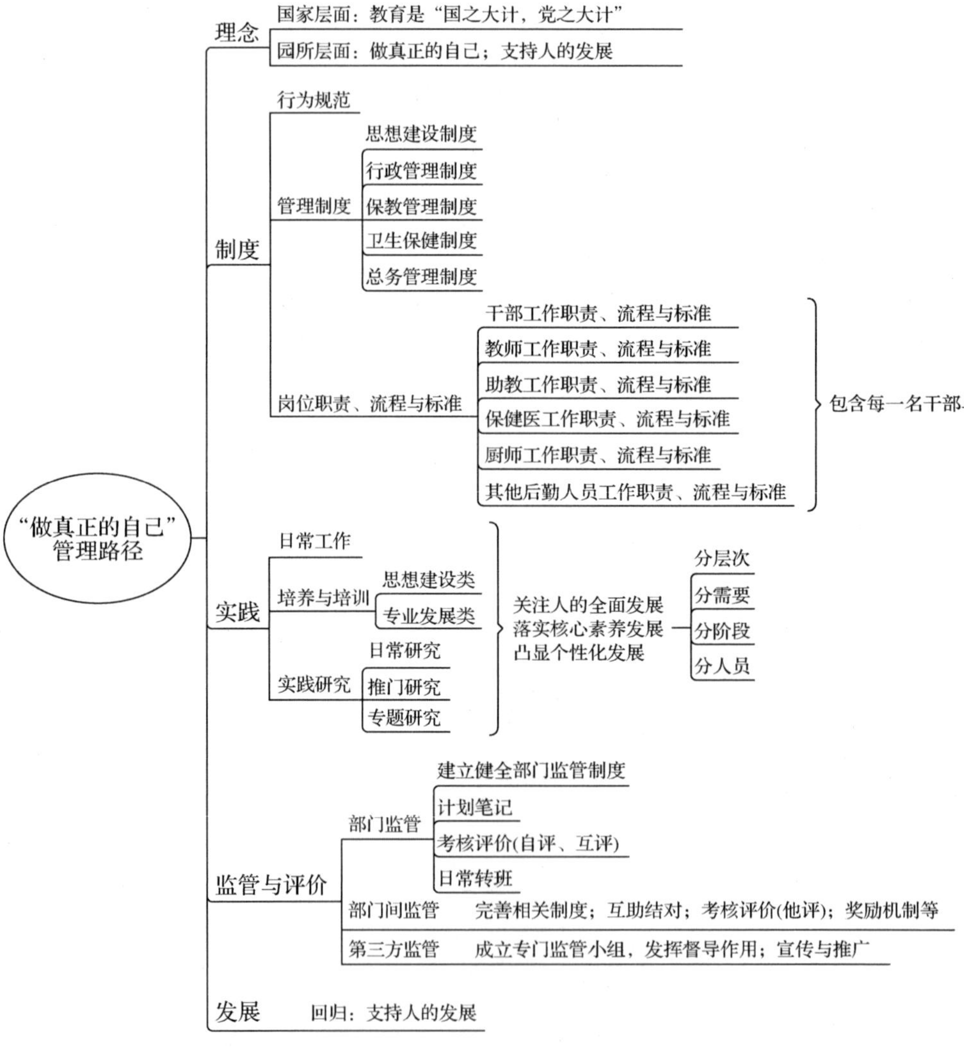

图 1-5 “做真正的自己”管理路径

第二章　幼儿园组织机构设置

第一节　幼儿园组织机构改革的背景

面对国际和国内社会背景的不断更新与变化，北幼人始终保有对教育事业的忠诚和激情，不断思考与探索推动幼儿园可持续发展的路径与改革措施，与时俱进，推陈出新，传承发展。结合国家发展战略、社会变革以及幼儿园文化建设，幼儿园对于组织机构的设置进行了一系列实践探索，力求通过改革充分激发每个人的主体意识，从而提升管理效能。

一、国家教育方针政策为组织机构改革提供根本依据

2018 年 9 月 10 日，习近平总书记在全国教育大会上指出“教育是国之大计、党之大计”，教育要承担为社会主义事业培养建设者和接班人的重要使命。习近平总书记对教育的重要论述让我们认识到，提升教育质量是新时期教育发展的根本。组织机构作为开展幼儿园各项工作的载体，对提升教育质量具有重要作用。因此，对接国家及市区有关政策精神，幼儿园需要对组织机构进行改革与调整。可以说，国家的教育方针与政策为幼儿园组织机构改革提供了根本依据，支持幼儿园实现可持续发展。

二、园所规模扩大为组织机构改革提供探索契机

随着雄安新区、北京通州城市副中心建设规划的出台，北海幼儿园作为基础性配套工程，将在两地开办分园。为积极响应党和国家对教育的新定位，满足老百姓对于优质教育资源的期盼，幼儿园认识到要做好分园建设，教师梯队建设刻不容缓。而幼儿园组织机构改革，一方面能够为更多的教师搭建专业成长的平台，发挥个体优势与潜能，实现人才的合理使用与优化配置；另一方面可以为幼儿园未来发展储备人才，形成结构更加合理、业务更加精湛的教师队伍。

三、园所教育品质提升为组织机构改革提供实施动力

提升幼儿园教育品质，必须充分发挥广大教师的智慧与力量。幼儿园要成为大家的精神家园，使每一个人都能在这里拥有安全感与归属感，从而激发教师专业发展的内驱力。幼儿园教育品质的提升为组织机构改革提供了实施动力，而组织机构改革又能支持每一名教职工找准自己的位置，对自身发展有清晰准确的定位，实现教师专业发展的自主性，从而进一步提升教育品质。

第二节　依托于幼儿园文化的组织机构设置

为了适应北海幼儿园未来发展的需要，在园所文化的引领下，我们对幼儿园的组织机构进行了较大的调整，将管理团队划分为三大部、九个中心，打通部门间壁垒，实现扁平化管理。幼儿园组织机构设置见图 2-1。

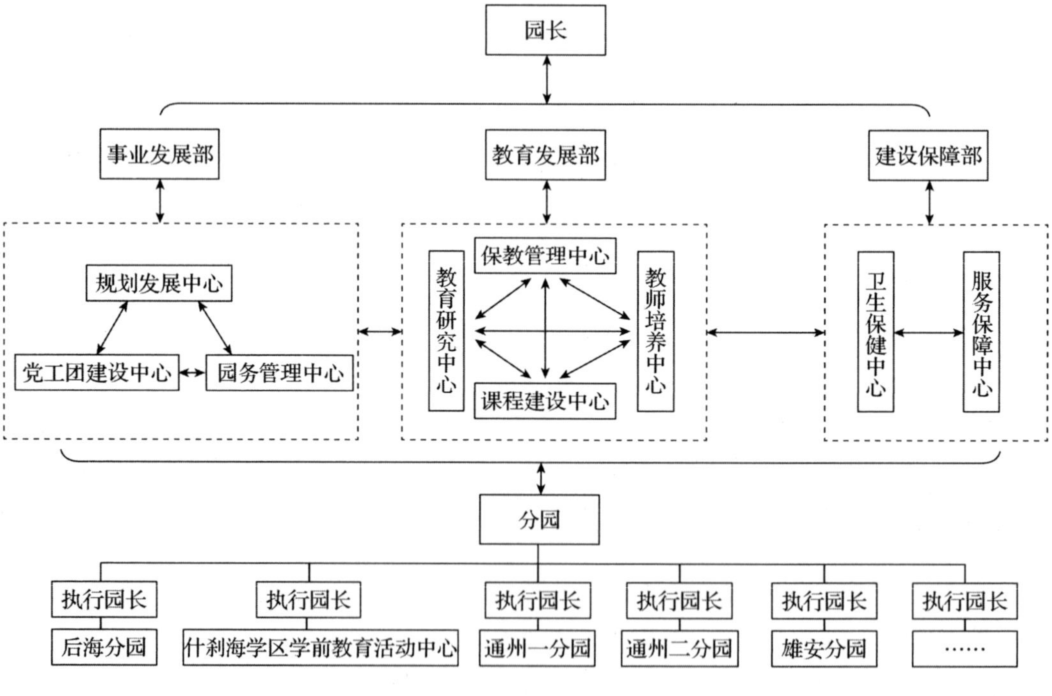

图 2-1　幼儿园组织机构图

通过组织机构的调整和完善，一方面促使全园各项工作分工更加明确，管理更加科学，落实更加规范，提升幼儿园办园品质；另一方面，为园所对接通州、雄安分园建设的人才储备打下坚实基础，做好梯队建设，实现园所质量的可持续发展。

第三章　幼儿园规划与计划

第一节　幼儿园发展规划

“规”字在词典中有法则、章程、标准、谋划的含义，体现战略层面的指导与原则；“划”字有合算、刻画之意，体现在战术层面的执行与操作。规划，是指个人或组织制订的比较全面长远的发展计划，是对未来整体性、长期性、基本性问题的思考和考量，设计未来整套行动的方案。幼儿园规划是合理有序开展工作的科学化引领，是体现园所内部各个部门间相互联系、相互制约、相辅相成、有机整合、上下衔接、协调一致的系统方案。我园实施的“十三五”全园规划以“五年”为期限，对园所发展进行顶层思考与设计，既有理念的引领，又包含切实可行的具体措施，为园所的整体发展指明方向和道路。

北京市北海幼儿园“十三五”规划(框架)

第一部分　现状分析与反思

一、“十二五”期间取得的成绩

(一)幼儿园文化建设有了新思路

(二)园所管理有了新思考

(三)教师队伍建设取得新发展

(四)教科研工作取得新突破

(五)课程建设取得新进展

(六)园所环境建设有了新起色

(七)教育辐射作用的发挥有了新举措

二、“十二五”期间存在的主要不足

(一)园所发展的顶层设计有待完善

(二)提质增速的思路与模式有待拓展

三、面临的机遇与挑战

（一）机遇

1. 国际方面。

2. 国内方面。

3. 幼儿园方面。

（二）挑战

第二部分　“十三五”规划的总体设想

一、指导思想与基本原则

（一）指导思想

（二）基本原则

二、总体目标和具体目标

（一）总体目标

（二）具体目标

三、主要任务

（一）建立健全三大机制

1. 分层管理机制。

2. 教师培养与培训机制。

3. 幼儿发展与评价机制。

（二）实施开展七大工程

1. 文化建设工程。

2. 质量管理体系建设工程。

3. 分园建设工程。

4. 师德建设工程。

5. 幸福感提升工程。

6. 贯通培养工程。

7. 质量提升工程。

四、具体措施

（一）园所发展

1. 理念与目标。

2. 具体措施。

(1)建立健全分层管理机制，实现科学管理。

(2)文化建设工程，促进幼儿园内涵发展。

(3)开展质量管理体系建设工程，提升管理效能。

(4)开展分园建设工程，发挥优质资源辐射作用。

(二)教师培养

1. 理念与目标。

2. 具体措施。

(1)建立健全教师培养与培训机制。

(2)开展师德建设工程，全面提升师德水平。

(三)幼儿培养

1. 理念与目标。

2. 具体措施。

(1)幼儿发展与评价机制。

(2)贯通培养工程。

(3)质量提升工程。

五、组织保障

(一)成立规划领导小组

(二)加强基层党组织建设

(三)加强规划实施的评估与完善

第二节 幼儿园工作计划

幼儿园各学期工作是以计划为开端，进而对园所各项工作实行有效的引领与落实。全园工作计划是园所规划的具体化体现，是全园规划逐年落实的保证。此外，全园计划是制订部门计划的主要依据，部门计划又是全园计划进一步的分解与细化，全园规划、全园计划与部门计划存在层层分解、层层细化的逻辑关系。

全园工作计划(框架)

一、上学期工作回顾

(一)工作成绩

1. 深入开展党的群众路线教育实践活动，提升党员、干部模范带头作用。

2. 深入开展推门课活动，以点带面，贯彻落实主体性教育思想。

(二)不足及改进措施

二、本学期工作指导思想

三、工作思路

四、任务措施

(一)加强管理文化建设——强化管理职能，提升管理效率

(二)加强教师文化建设——强化培养培训，打造过硬师资队伍

(三)加强幼儿文化建设——落实主体性教育思想，支持幼儿自主发展

(四)加强教科研文化建设——推进教育改革与创新，实现以研促教

(五)加强健康文化建设——完善健康管理，保障师幼身心健康

(六)加强环境文化建设——重视环境建设，为园所发展保驾护航

(七)其他工作

(八)逐月安排

党支部工作计划(框架)

一、上学期党团工作回顾

(一)主要成绩

1. 以“两学一做”教育实践活动为抓手，树立正风正气。

2. 以“红墙意识”为抓手，提高工作质量。

3. 不忘初心，牢记使命，以党的十九大精神加强思想建设。

(二)不足与改进措施

二、本学期党支部工作指导思想

三、本学期党支部工作目标与主要内容

四、具体任务措施

(一)围绕党的十九大精神的学习与实践，努力提升党团员以及全体教师的思想认识

(二)以队伍建设为抓手，不断提高党组织的凝聚力和战斗力

(三)以制度建设为抓手，提高党建工作科学化水平

(四)以党风廉政建设为抓手，保持队伍先进性

教育教学计划(框架)

一、上学期工作回顾

(一)主要成绩

1. 夯实队伍建设，“研训赛一体”更加务实。

2. 搭建多元平台，幼儿发展更加自主、全面、多元。

3. 贴心细致的家长工作，实现家园共育。

(二)不足与改进措施

二、本学期工作指导思想

三、工作思路

四、任务措施

(一)坚持创新发展，积极推动管理文化建设

(二)以幸福六归一为指导，积极推进教师文化建设

(三)落实主体性教育，积极推进幼儿文化建设

(四)坚持合作共赢，积极推进家长文化建设

(五)坚持科学合理，积极推进健康文化建设

(六)做好安全保障，积极推进环境文化建设

(七)其他

教育研究学期计划(框架)

一、上学期教研工作梳理

(一)教研工作成果

1. 转变观念，提升对教育的理解与认识。

2. 立足实践，研究真问题与真困惑。

3. 突破定式，研发新工具支持真研究。

(二)教研工作不足

1. 顶层设计不完善。

2. 研究缺乏连续性。

二、指导思想

三、研究目标

四、研究主题及思路

(一)研究主题

聚焦儿童视角，在游戏和生活中，探索中华儿童良好品质的培养。

(二)研究思路

以学习品质和传统文化为核心，两条路线推进研究。

(三)研究内容

1. 观察解读幼儿，提供有效支持，培养良好学习品质。

2. 整合教育资源，探索传统文化与日常教育的融合，提升幼儿传统文化素养。

五、教研工作具体流程

六、教研活动工作各月安排

服务保障部工作计划(框架)

一、上学期工作回顾

(一)主要成绩

1. 进一步完善规章制度，不断规范工作，支持教师自主管理。

2. 持续做好安全工作，积极建设平安校园。

3. 以参加“童康杯”比赛为契机，持续开展食育教育，锻炼队伍，提高专业能力，努力提高服务质量。

4. 以服务幼儿健康为核心，积极落实各项卫生保健工作。

5. 努力做好各项保障工作，服务幼儿及园所发展。

(二)存在问题与改进措施

二、本学期工作指导思想

三、工作思路

四、创新点

五、主要任务与措施

(一)坚持人本规范，积极推动管理文化建设

(二)坚持理念引领，积极推进教师文化建设

(三)坚持科学合理，积极推进健康文化建设

(四)做好安全保障，积极推进环境文化建设

(五)其他

第二部分

幼儿园章程与制度

幼儿园章程是一所幼儿园的“宪法”，对一所幼儿园的各项工作起着统领作用，是一所幼儿园质量发展的宏观引领。幼儿园制度是在幼儿园章程的指引下，为确保各项工作开展而设置生成的具体化、细致化的规范与标准，有针对性地指引幼儿园质量发展。章程体现的是原则性的规定，而制度的生成与制定都是以其作为标准，可以说制度是章程的延伸和补充。制定科学合理的幼儿园章程和细致规范的园所制度，是提升办园质量、打造教育品牌不可或缺的重要支撑。

第四章　幼儿园章程

幼儿园章程是园所管理的总纲，是园所各项工作平稳、有序、规范运行的强力保障。制定切实可行的幼儿园章程，一方面能够提升幼儿园科学管理，成为提高教育质量的有效保障；另一方面能够彰显办园思想，渗透文化精髓，促使园所能够适应现代教育发展需要，推进依法办园，全面提高办园品质。

第一节　总则

第一条　为了全面贯彻党和国家的教育方针，深入推进教育领域改革，提高教育质量和办园水平，促进幼儿全面、健康、快乐且富有个性的发展，根据《中华人民共和国教育法》(以下简称《教育法》)及相关法律法规，结合幼儿园实际，特制定本章程。

第二条　园所文化：

做真正的自己。

第三条　办园宗旨：

倾心于孩子的今天，着眼于孩子的明天。

第四条　育人目标：

培养健康、快乐、大气、自主、自信的中华儿童。

第五条　办园特色：

实施主体性教育，人人在快乐发展中做真正的自己。

第六条　办园愿景：

建设中国最好的学前教育。

第七条　幼儿园实行园长负责制，园长全面负责幼儿园工作。

第二节　管理体制

第八条　园长由幼儿园所在地区上级教工委、教委任命，是幼儿园法定代表人，对幼儿园行政工作全面负责。

第九条 幼儿园实行园长负责制，园长有如下职权。

1. 职责：

(1)贯彻执行国家的有关法律、法规、方针、政策和地方的相关规定，负责建立并组织执行幼儿园的各项规章制度。

(2)负责保育教育、卫生保健、安全保卫工作。

(3)负责按照有关规定聘任、调配教职工，指导、检查和评估教师以及其他工作人员的工作，并给予奖惩。

(4)负责教职工的思想工作，组织业务学习，并为他们的学习、进修、教育研究创造必要的条件。

(5)关心教职工的身心健康，维护他们的合法权益，改善他们的工作条件。

(6)组织管理园舍、设备和经费。

(7)组织和指导家长工作。

(8)负责与社区的联系和合作。

2. 权力：

(1)对幼儿园教育教学和其他各项工作有统一的指挥权。

(2)对幼儿园的重大问题有最后的决策权。

(3)对各项财政经费有合理使用权和合理分配权。

(4)有对干部人事任命和教师的聘任权。

第十条 幼儿园党组织建设。

1. 依据《中国共产党章程》规定："幼儿园成立党的基层组织。经上级党组织批准，支部委员会按期换届。"

2. 幼儿园拥护中国共产党的领导，全面贯彻党的教育方针，坚持教育为社会主义现代化服务、为人民服务，把立德树人作为教育的根本任务，全面实施素质教育，培养德智体美劳全面发展的社会主义建设者和接班人，努力办好人民满意的教育。

3. 党组织是党在幼儿园中全部工作和战斗力的基础，全面负责幼儿园党的思想建设、组织建设、作风建设、制度建设和反腐倡廉建设，把握幼儿园发展方向，参与决定重大问题并监督实施，领导幼儿园的德育工作、群团组织、教职工代表大会和统一战线工作，发挥政治核心作用。

4. 党组织是幼儿园管理结构的有机组成部分，在课程体系建设、教育教学管理、评价体系建设、校园文化建设等教书育人关键环节中，发挥政治导向作用。

5. 幼儿园以教育教学中心工作为切入点，研究策划和实施推进党建创新项目，争创党建品牌，做好学习型党组织的建设工作。

6. 幼儿园应明确党的工作机构，配齐配强专兼职党务工作人员，为党组织开展工作、过组织生活提供必要的行政支持，保障党组织的工作经费，将党建工作经费纳入管理费用。

第十一条　坚持教职工代表大会制度。幼儿园教代会按照《中华人民共和国工会法》(以下简称《工会法》)行使其权利和义务。充分发挥教代会民主管理和民主监督的作用。教代会职权有：审议幼儿园发展规划，重大改革和实践方案，幼儿园重大事件的处理等。创造性地开展工会工作，真正发挥基层教育工会的桥梁和纽带作用。

第十二条　教代会的任务、职权、工作程序、组织制度按《北京市中小学教职工代表大会工作意见》执行。

第十三条　副园长、园长助理受园长委托，分工负责管理幼儿园教育教学工作、卫生保健、后勤工作。处理职权范围内的一般问题，遇特殊问题上报园务会。

第十四条　园长、书记、副园长、工会主席、办公室主任、后勤主任组成幼儿园园务会成员，对幼儿园重大事件进行决策。

第十五条　幼儿园实行教职工聘任制和绩效工资制。

1. 幼儿园根据上级有关规定，结合幼儿园实际实行定岗、定编、定责。

2. 教职工由园长聘任，聘期有一年、三年、五年或长期等几种情况。

3. 竞聘与岗位相结合，教职工根据各岗岗位职责与标准进行竞聘，聘任遵循“法人负责、竞争择优、动态聘任、双向选择”的原则。

第十六条　幼儿园接受物价、审计、监察部门的检察监督，接受社会、家长的舆论监督，定期听取意见，自觉规范管理行为。

第三节　教育教学、科研工作

第十七条　教育目标：

北京市北海幼儿园要以《幼儿园工作规程》(以下简称《规程》)为准则，以《幼儿园教育指导纲要(试行)》(以下简称《纲要》)，《3－6岁儿童学习与发展指南》(以下简称《指南》)为引领，以人的可持续发展为着眼点，面向全体幼儿深入实施主体性教育，促进师幼互动，师幼共同成长，最终实现幼儿全面、健康、快乐且富有个性地发展。

第十八条　教师坚持全面贯彻落实《纲要》《指南》精神，深化教学实践改革，全面提高教育质量。

1. 热爱幼儿，尊重幼儿，爱岗敬业，立足日常，保证幼儿一日生活质量。

2. 细心照顾，用心观察，精心指导，有效互动，促幼儿自主、全面地发展。

3. 乐于学习，勤于思考，善于反思，研究幼儿、研究领域、研究教育，做研究型幼儿教师。

4. 根据岗位工作内容及流程，创造性地开展一日工作。

5. 从本园教育实践出发，结合本班幼儿的发展需要和年龄特点，制订切实可行的教育教学计划并灵活执行。

第十九条　以研兴园，以研促教，发挥教科研引领、促进教师专业成长和园所可持续发展的作用。

1. 教科研的指导思想：

贯彻党的教育方针，基于教育实践，深入开展教育科学研究，不断提高教育教学质量，促进幼儿全面、健康、快乐且富有个性地发展。

2. 教科研的主要任务：

(1)推进教育教学改革，提高全园教育质量。

(2)“人人参与教研”，解决教育实践中的问题，提高日常工作质量。

(3)提高教师的研究意识和研究能力，有效地促进教师的专业成长，培养新时代的研究型幼儿教师。

(4)开展保教研究，提高师资水平，为幼儿园的可持续发展提供有效保障。

3. 不断健全和完善园本教研的常规制度，增强园本教研的实效性。

第四节　教职工管理

第二十条　教师享有《中华人民共和国教师法》(以下简称《教师法》)以及有关法律、法规所规定的权利，履行《教师法》及有关法律、法规所规定的义务和责任。

第二十一条　幼儿园保护教师的一切合法权利，不断完善教职工的工作条件和生活条件，保障教职工(包括离退休教职工)享有国家政策规定的一切待遇。

第二十二条　坚持以人为本的管理理念，不断调动教职工的主体性，增强自我管理的能力。

第二十三条　实行岗位管理，教职工按照各岗岗位职责及各岗工作内容创造性地开展工作。

第二十四条　对教职工实行客观、科学、全面、灵活的评价。

教职工的考核和评价结合岗位管理，以岗位评价为主，通过自评与他评相结合，阶段性考评和中长期考评相结合的形式，开展教职工评价工作，并在实践过程中不断转变评价观念，完善教职工的评价体系，做到评价为教职工发展和幼儿园发展服务。

第二十五条　幼儿园要不断为教职工成长创设机会，搭建平台，促进教职工综合素质的提高和专业水平的发展。

第二十六条　对违反《教师法》等法律、法规和《中小学教师职业道德规范》的教职工，按照有关规定予以处罚。教职工对所受处罚不服的，可以按有关规定提出申诉。

第五节　总务管理

第二十七条　卫生保健、后勤、安全工作要树立服务意识，服务幼儿、服务家长、服务教职工，为一线教育教学、教科研工作提供强有力的保障。

第二十八条　卫生保健、后勤、安全工作要以本岗工作中需要解决的问题为切入点，开展实践研究活动，带动日常工作质量的提高。

第二十九条　各种总务工作中要创造性地落实《纲要》精神，为幼儿创设安全、健康、和谐的成长与发展环境。

第三十条　健全财务制度，科学合理地进行幼儿园成本预算，合理有效地使用幼儿园各项经费，做好经费使用的预算、执行和决算，提高经费使用的效益。

第三十一条　幼儿园按照园所建设整体发展规划，有计划、按步骤、合理地进行基本建设和维护管理。

第六节　行为规范

第三十二条　管理干部行为规范：

1. 我要忠诚教育事业，以幼儿园发展为己任。
2. 我要心中有孩子、有教师、有幼儿园。
3. 我要尊重每一个孩子，坚持孩子利益高于一切。
4. 我要设身处地尊重、理解、支持与成就教师。
5. 我要做好顶层设计，整体思考部门工作。
6. 我要发挥桥梁作用，落实工作不打折扣。
7. 我要勤于学习与思考，深入实践，学以致用。
8. 我要有担当意识，首问负责，闭环应对。
9. 我要有正确的友情观，传递正能量，弘扬正风正气。
10. 我要相信自己可以做得更好。

第三十三条　教职工行为规范：

1. 我要忠诚教育事业，遵纪守法，依法履职。
2. 我要为人师表，在一言一行中维护教师尊严。
3. 我要尊重和关爱每一个孩子，公平公正地对待每一个孩子。
4. 我要坚持以儿童视角看教育，支持每一个孩子的自主快乐发展。

5. 我要真诚对待每一位家长，和家长达成教育共识。

6. 我要主动学习，让学习和思考成为一种习惯。

7. 我要深入研究，用专业为幼儿成长提供支持。

8. 我要团结同事，传递正能量，弘扬正风正气。

9. 我要坚持“北幼发展，我的责任”，为园所发展做贡献。

10. 我要相信自己能够扮演好各种角色，成就自己的幸福人生。

第三十四条　幼儿行为规范：

1. 我要热爱祖国，敬畏国旗，升国旗时立正站好，行注目礼，高唱国歌。

2. 我要爱父母、爱老师、爱同伴，主动问好，友好相处。

3. 我要自己的事情自己做，不会的事情学着做。

4. 我要爱护眼睛和牙齿，讲文明、讲卫生、爱锻炼、身体棒。

5. 我要学会保护自己，不做危险的事。

6. 我要有好奇心，大胆探索世界的秘密。

7. 我要爱动手动脑，遇到问题想办法解决。

8. 我要认真倾听别人说话，勇于表达自己的想法。

9. 我要养成阅读的好习惯，与图书交朋友。

10. 我要爱劳动，爱护环境，有一双发现美的眼睛。

第三十五条　家长行为规范：

1. 我要自觉履行教育子女的法律职责与道德义务，为国教子，以德育人。

2. 我要言行举止文明有礼，为孩子的健康成长起到良好的榜样作用。

3. 我要严格遵守园所各项规章制度，以良好的品行修养为孩子做表率。

4. 我要关心、爱护孩子，关注孩子良好的生活习惯和素质能力养成。

5. 我要树立科学育儿观念，尊重孩子的发展规律和个性化特征，因材施教。

6. 我要积极参加园所组织的各项活动，对教育工作提出中肯评价和合理建议。

7. 我要主动配合班级教师工作，尊师重教，传递正能量，树立良好风气。

8. 我要和家庭成员和睦相处，家庭间互相尊重，有问题正面交流，妥善解决。

9. 我要爱护园所公物，教育幼儿爱护园内玩具、器材与设备。

10. 我要把办好教育事业视为己任，与幼儿园、社会密切联系，给孩子讲好“人生第一课”。

第七节　附　则

本章程经教职工代表大会讨论通过，报北京市西城区教委批准。

幼儿园要依据本章程，建立健全各项规章制度，幼儿园原来制定的规章制度凡与本章程相抵触的地方，一律以本章程为准。本章程如与国家法律、法规、规章和相关政策相抵触，一律以法律、法规、规章、政策为准。

本章程的解释权归北京市北海幼儿园。

本章程自批准之日起实行。

第五章　幼儿园制度

幼儿园制度是在幼儿园文化理念引领下，在日常管理中逐步形成的具有人文特色的规章制度，体现幼儿园的价值取向、办园思想和管理理念。幼儿园制度对园所各项工作的开展具有导向、支持的作用，通过渗透在制度条目中的道德规范、行为要求、教育意志等，运用鼓励、奖励、正面宣传等方法对幼儿园全体教职工产生潜移默化的影响，促使广大教职工在执行遵守的过程中形成动力定型，自觉内化为规范行为。把外在的行为标准转化为教职工主动自觉内隐的“规章制度”，不仅有利于保障园内工作平稳有序进行，而且也有利于幼儿园营造一种良好的制度文化氛围，促使每个人都能在园所发展进程中明晰工作标准、找对自己的位置，为自我提升、园所品质发展保驾护航。

第一节　思想建设制度

幼儿园是培养德智体美劳全面发展的社会主义建设者和接班人的重要的基础性社会组织，教师承担着教书育人的历史使命和职责。对于教师思想动态的把握和引领，是培养“合格”建设者和“可靠”接班人的关键。加强对教师思想道德的建设，是全面贯彻党的教育方针的根本保证，也是做好教育工作的必然要求。思想建设制度的形成与实施就是在新形势下对于师德师风建设工作的努力探索，把涉及教师思想动态的主要内容具体化、规范化和制度化，促使幼儿园思想建设工作形成一套长期有效的工作机制。

党建工作责任制度

(一)党支部职责及任务

《中国共产党章程》明确规定党支部是党的基础组织，担负直接教育党员、管理党员、监督党员和组织群众、宣传群众、凝聚群众、服务群众的职责。

1. 宣传和执行党的路线、方针、政策，宣传和执行上级党组织的决议，充分发挥党支部战斗堡垒作用、党员先锋模范作用，团结协作，为建设中国最好的学前教育贡献力量。

2. 组织党员及时、认真地学习马克思列宁主义、毛泽东思想、邓小平理论、“三个代表”重要思想、科学发展观、习近平新时代中国特色社会主义思想，结合幼儿园实际，深入推进“两学一做”学习教育活动常态化、制度化，深入学习贯彻习近平总书记系列重要讲话精神和治国理政新理念、新思想、新战略，深入学习党的路线、方针、政策、决议。

3. 发挥对党员进行教育、管理、监督、服务的职责，支持党员坚定理想信念，加强党性修养；严格党内组织生活，提高党员综合素养；定期开展不同范围的批评与自我批评；监督党员切实履行义务，保障党员权利。

4. 密切联系群众，经常性地了解群众对党员、党的工作的批评与意见，做好群众的思想政治工作。

5. 打造幼儿园骨干教师梯队，将骨干吸纳为党员，支持党员成为骨干，鼓励更多教师明确追求，支持教师不断成长。

6. 经常性地做好积极分子教育和培养，按照规范做好党员培养、发展工作，深入实际指导团支部工作，做实推优入党工作。

7. 加强基层党风廉政建设，监督党员干部和重要岗位人员严格遵守法律法规、严格遵守各项规章制度，严肃整治不正之风。

（二）合格党支部建设规范

1. 信念坚定：坚守共产党人精神追求，坚守共产主义信仰。

2. 制度健全：有完善的党组织制度体系，坚持制度建设与制度执行并重。

3. 业务过硬：打造一支又红又专的党员干部队伍。

4. 作风扎实：以严谨务实、一丝不苟的态度做好每一项工作。

5. 群众满意：党组织在群众中有较高威信，党员在群众中有良好形象。

（三）党小组主要职责及任务

党小组是党支部的重要组成部分，在党支部领导下组织党员开展各种活动的一种形式。

1. 按照党支部整体要求与部署，认真组织党员开展分组学习。

2. 组织和监督党员执行党支部的决议，完成党支部部署的任务。

3. 定期召开组织生活会，开展批评与自我批评，组织监督党员按时参加党支部的活动。

4. 协助党支部做好日常党务工作，严格组织生活，督促党员按月缴纳党费。

5. 协助党支部做好积极分子、群众的思想工作，向支部反映一线群众对党支部的意见与要求。

(四)党支部人员构成及主要职责[①]

党支部成员由党支部书记、组织委员、纪律检查委员、宣传委员、统战委员、青年委员构成，具体职责如下。

1. 党支部书记/专职副书记职责。

在上级党组织领导下，按照支部党员大会、支委会的决议、负责主持党支部日常工作。

(1)召集支委会会议和党员大会，结合本单位的具体情况，认真传达贯彻执行党的路线、方针、政策和上级决议、指示；研究谋划和具体安排支部工作，将支部工作与中心工作有效融合，将支部工作中的重大问题及时提交支委会会议和党员大会讨论决定。组织并主持民主生活会和组织生活会。

(2)抓好支委会的自身建设，认真贯彻民主集中制，充分发挥支委会的集体领导作用。

(3)与支部委员、党员和群众保持密切联系，了解掌握党员和群众的思想、工作和学习情况，及时发现和解决问题，有针对性地做好思想政治工作，充分调动各方面的积极性，保障中心工作任务完成。

(4)检查支部的工作计划、决议的执行情况，按时向支部党员大会和上级党组织报告工作。组织对支部工作进行总结并制订下一年度工作计划。

(5)认真履行全面从严治党责任，切实加强支部的党风廉政建设工作，做到重要工作亲自部署，重大问题亲自过问，重点环节亲自协调，重要案件亲自督办。

(6)经常同行政负责人以及工会、共青团等群众组织保持密切联系，支持他们的工作，充分调动各方面积极性。

支部副书记协助支部书记开展工作。书记不在时，由副书记主持支部日常工作。

2. 组织委员职责。

(1)了解掌握支部的组织建设情况和党员的思想、工作和学习情况，经常向支委会反映。

(2)提出组织工作计划和建议，协助支部领导落实各项制度。

(3)安排民主生活会、组织生活会和民主评议党员等工作，检查、督促党员参加组织生活。

(4)负责培养和发展党员工作，提出发展党员的工作计划，组织对入党积极分子和党员发展对象的培养和考察，办理接收新党员和预备党员的转正手续。

(5)及时搜集、发现和整理党员的模范事迹，提出表扬、奖励党员的建议。

---

① 参考中共北京市西城区委组织部《党支部工作规范》。

(6)负责党内有关统计、党员组织关系接转、党费收缴、组织生活记录、支部换届改选等有关工作。

(7)完成党支部交办的其他工作。

3. 纪律检查委员职责。

(1)加强对党员干部的日常管理监督，监督检查党员遵守党的政治纪律和政治规矩、遵守党章党规党纪及宪法和国家法律法规的情况，保障党的路线、方针、政策和上级决议、指示的贯彻和落实。

(2)维护和执行党的纪律，同各种违反党纪和败坏党风的行为做斗争。受理或者迅速转递对党员的检举、控告及党员的申诉，发现党员、干部违反纪律问题及时教育或者处理，问题严重的及时向上级党组织报告。

(3)加强民主监督，了解党员、群众对党的工作和党的领导干部的批评和意见，定期向支部委员会和上级纪委汇报党员、干部遵纪守法、廉洁履职等情况，及时反映存在的问题。

(4)加强作风建设，协同组织委员、宣传委员对党员进行党性、党风、党纪教育，组织开展警示教育，增强基层党员的纪律意识和法治观念。

(5)考察了解被处分党员改正错误的情况，并给予教育和帮助。

(6)完成党支部交办的其他工作。

4. 宣传委员职责。

(1)了解掌握支部党员和群众的思想状况，根据不同时期党的工作重心和任务及上级党组织的指示，宣传党的理论和党的路线、方针、政策和决议，提出宣传教育工作的计划和意见。

(2)组织党员学习习近平新时代中国特色社会主义思想，学习党的基本理论、基本知识和时事政策，学习科学、文化、法律和业务知识。组织党课学习，做好思想政治工作，负责分配和管理党刊、党报和党员读物。

(3)围绕本单位的中心工作，开展多种形式的宣传活动，丰富党员、群众的文体生活。

(4)充分利用宣传栏、单位内网、新媒体平台等工具渠道，办好本单位的宣传阵地。

(5)完成党支部交办的其他工作。

5. 统战委员职责。

(1)对党员进行党的统战政策的教育，提高党员做好统战工作的自觉性。

(2)经常了解统战对象的政治思想、工作表现、业务能力等情况，做好对他们的安排、使用和培养工作。

(3)经常与统战对象保持联系，倾听他们的意见和要求，帮助他们解决问题。

(4)做好统战政策的落实工作，经常向支部委员会和上级党组织汇报党支部统战工作的情况。

(5)完成党支部交办的其他工作。

6. 青年委员职责。

(1)认真贯彻执行上级机关和党支部关于共青团工作的指示和要求，围绕党的中心工作，指导团支部积极开展活动，充分发挥其党的助手作用。

(2)指导团支部加强对团员和青年的政治思想教育，教育团员和青年努力学习中国特色社会主义理论体系，学习习近平新时代中国特色社会主义思想，学习党的路线、方针、政策，学习现代科学、文化、法律知识；热爱本职工作，精通业务，积极为中国特色社会主义事业做出贡献。

(3)做好基层党建带团建的有关工作，对团组织的“推优”工作及时给予指导，推荐优秀团员作为党的发展对象。

(4)完成党支部交办的其他工作。

幼儿园“三重一大”制度

第一章　总　则

第一条　为全面贯彻落实《中共中央关于建立健全教育、制度、监督并重的惩治和预防腐败体系实施纲要》，切实加强幼儿园反腐倡廉建设，规范决策行为，提高决策水平，防范决策风险，结合本单位实际，就贯彻落实“三重一大”决策制度做如下规定。

第二条　涉及幼儿园“三重一大”事项的都适用于本项制度。国家法律、法规、条例所规定的“三重一大”事项，以及上级部门对“三重一大”事项有规定的，一律从其规定。

第二章　事项范围及决策权限

第三条　“三重一大”事项的主要范围：

1. 重大决策事项。主要包括贯彻落实党的路线方针政策和国家的法律法规及上级重要决定的重大措施，党支部建设、精神文明建设和党风廉政建设工作部署，向上级请示、报告的重要工作事项，事业发展规划、队伍建设规划等，其他须经领导班子集体讨论的重大决策事项。

2. 重要人事任免。按照干部管理权限对干部的推荐、调整、任免，区级以上表彰奖励事项，违法违纪干部的处分、处理。其他须经领导班子集体讨论的重要人事任免问题。

3. 重大项目安排。包括职责范围内的基本建设项目投资，幼儿园资产处置、大宗办公设备采购和固定资产购置等事项，教育培训计划、信息化建设规划等全园性重要工作项目、以幼儿园名义安排的重大活动项目等。其他须经领导班子集体讨论的重大项目。

4. 大额度资金使用。指超过主管财务的领导审批权限资金限额的资金调动和使用。

第四条　行政办公会负责重大项目的安排和大额度资金使用的审核审批。党支部会负责重大决策和重要干部任免的审核审批。

第三章　决策原则

第五条　单位决定“三重一大”事项，实行“集体领导、民主集中、个别酝酿、会议决定”的原则，集体讨论决定。采用集体议事，并以会议决定形式体现集体意志，不以传阅、会签或个别征求意见等形式代替集体议事和会议决定。

第六条　须充分发扬民主，广泛听取意见，完善群众参与、专家咨询和集体决策相结合的决策机制，保证决策的科学性和民主性。决策必须遵守国家法律法规、党内法规和有关政策，确保决策合法合规。

第四章　决策程序及要求

第七条　“三重一大”事项的具体决策程序：

1. 提出事项。“三重一大”事项一般由领导班子成员的分管领导提出，并提供讨论决策的方案和说明，如需在较大范围内征求意见的，应在提出事项前完成前期工作，并形成文字资料提供会议审议。

2. 列入议题。分管领导汇总重大事项材料后，在规定的时间里先交单位领导审定，由单位领导确认是否列入讨论议题，其结果则由单位领导通知分管领导。

3. 召开会议。一般在规定的时间内召开会议，如需要另外安排召开紧急会议，则必须提前 2 天发出会议通知，以保证有关领导准时参加会议。讨论决定重大事项必须有半数以上领导班子成员参加。研究干部任免必须有三分之二以上领导班子成员参加，方能召开会议。

4. 讨论决定。会议由单位领导或委托分管项目领导主持，召开会议时先由事项负责人介绍情况，然后由参会人员对议题进行充分讨论，最后由单位领导在充分听取意见的基础上做出决定。在讨论中参会人员应当表明个人意见，在基本统一意见的基础上再做出决定。研究推荐、提名和决定干部任免、奖惩事项，应当逐个表决。表决事项以超过应到会人数的半数为通过。对意见分歧较大的事项，如无时限要求，应暂缓做出决定，待进一步调查研究、交换意见后，下次再决议。

5. 形成纪要。对单位重大事项做出决策以后，由会议记录员负责整理会议记录，并形成会议议事纪要。会议议事纪要须写明会议名称、会议主持人、法定参会人、会议记录人、事项提出人、方案介绍、形成的意见、会议决定等。

6. 正式行文。对单位决定的重大事项，需要行文的则由单位领导签发、印发和发送。

第八条 单位重大事项的各类会议，须符合法定人数方可举行召开，而且在决定某一重大的项目时，负责该重大项目人员必须到会。

第九条 重大突发事件和紧急情况，无法按照程序召开会议决定的，则由单位领导会同有关人员审核决定，但事后必须及时召开有关会议予以确认。

第五章 决策的执行和督办

第十条 确定需要实施的重要事项由单位负责人或分管领导组织实施，一般事项由会议指定的部门负责组织实施，相关部门负责具体办理及落实。

第十一条 办公室负责对会议决定事项的执行情况进行督办和信息反馈。必要时，重大事项落实情况也可做专题报告。会议决定或决议的事项，在执行时如遇特殊情况无法执行，应提交原审议会议复议。

党支部换届选举制度

根据《中国共产党基层组织选举工作暂行条例》的要求，党的基层党组织设立的委员会任期届满应按时进行换届选举。根据任期相关规定，党支部委员会每届任期两至三年，并于调整前上报上一级党组织。按照换届选举的工作程序规范进行。

选举前准备：

1. 召开支部委员会集体研究换届选举相关事宜。根据上级党组织要求，党支部在任期届满前 4 个月，召开支部委员会，研究召开换届选举相关事宜，包括会议的时间、召开的目的、主要议程、委员名额等。

2. 向上一级党组织递交书面请示。

3. 研究党员大会筹备事宜。上级党组织批准换届选举后，召开支委会，起草工作报告和新一届支委的选举办法，研究召开党员大会相关事宜。

发展党员工作制度

根据《中国共产党发展党员工作细则》，结合发展党员工作的实际，以“坚持标准，保证质量”为原则，开展发展党员工作。

1. 入党积极分子的培养、教育和考察。

每年末，采取党员推荐、群团组织推优等方式确定入党积极分子，由党支部委员会协商决定，报上一级党组织。党支部要指定两名正式党员作为其培养联系人，每半年对入党积极分子进行一次考察，并将考察情况载入考察表。

2. 发展对象的培养、教育和考察。

根据教工委组织部要求，入党积极分子要经过一年以上的培养、教育和考察，在听取党小组、培养联系人、党员和群众意见的基础上，经党支部委员会讨论通过后，上报上一级党组织备案。

发展对象应参加上级党组织不少于24学时的短期集中培训，未经培训或培训不合格的，不能发展入党。

对发展对象要进行政治审查，审查合格后，方可发展入党。

3. 发展党员公示制度。

在支部会议讨论决定是否接收预备党员之前，将拟接收为预备党员发展对象的工作、学习、生活在党务公开栏内公示。公示期一般不少于7天。

4. 预备党员的教育、考察、转正制度。

预备党员预备期为一年。预备党员在预备期满时向党支部提交书面转正申请。

党支部对预备党员要进一步教育、考察，要有明确的考察重点和要求，指出优点和不足。对考察合格的预备党员，党支部应严格按照规定，按时到上级组织部门办理转正手续，对考察不合格的应给予办理延长预备期或取消预备党员资格的手续。

党员学习制度

1. 明确领导职责。学习活动由党支部书记负责，支部宣传委员认真组织学习，党小组组长协助落实、记录学习考勤。

2. 制订学习计划。根据上级部署，结合本园实际，制订年度学习计划和每季度学习时间安排表，明确学习任务、内容，提出学习要求。

3. 规定学习时间。原则上每星期一下午为学习日。根据需要安排集中学习、小组学习、自主学习。

4. 执行考勤登记。建立党员、干部学习考勤登记制度，及时记录参加学习的人员、时间、内容、地点，因故缺席的人员及时填写请假记录表。

5. 交流学习体会。党员、干部要联系本人思想和工作实际，撰写学习体会和论文，以党小组为单位组织学习心得交流，每学期不少于一次。

6. 通报学习情况。每学期整理学习情况，适时通报反馈学习收获，进一步巩固、提高学习成果。

7. 合理安排各项工作，保证每个党员都能参加组织生活。

三会一课制度

1. 支部委员会。每月召开一次以上，由党支部书记主持。主要内容是：学习党的路线、方针、政策；讨论决定重大事情；总结部署工作；研究党员发展、转正和自身建设问题。

2. 党员大会。每季度召开一次，由支部书记主持。主要内容是：学习上级党组织有关文件，传达会议精神；通报支部工作情况，听取党员意见和建议，部署工作；讨论通过党员发展、转正。

3. 党小组会。每季度召开一次，由党小组组长主持。主要内容是：学习上级组织有关文件；汇报党员个人思想和工作情况，开展批评与自我批评；酝酿党员发展、转正。

4. 党课。每季度进行一次，参加人员为全体党员和入党积极分子。授课内容是：传达党的文件，党纪党风和党的有关知识教育，表彰先进人物，播放有教育意义的电视录像等课程。

党风廉政建设制度

为进一步加强幼儿园党风廉政建设，明确幼儿园党风廉政建设中的责任，依据上级党组织要求，结合幼儿园实际情况，制定相关细则。

1. 幼儿园各级领导干部对职责范围内的党风廉政建设肩负直接责任，对不能够正确履行党风廉政建设职责的干部实行追究责任制度。

2. 执行党风廉政责任制要坚持从严治党、依法行政、标本兼治、综合治理、注重预防的原则，扎实推进幼儿园党风廉政建设，确保各项廉政工作落实到位。

3. 坚持各部齐抓共管、纪检协调、群众监督的体系，把廉政工作与幼儿园实际工作紧密结合。

4. 坚持集体领导与个人分工负责相结合，坚持一岗双责，落实谁主管谁负责，逐级压实，做到责权分明、实事求是、常抓不懈。

5. 每学期初始，各部门负责人、重点工作责任人与幼儿园签订廉政风险责任书。

党支部民主评议党员制度

1. 党员民主评议每学期召开一次，以支部党小组为单位召开。

2. 民主评议会主要对党内开展思想、工作、纪律、作风等方面交换意见，沟通思想，开展批评与自我批评，总结经验教训，统一思想，增强党性，提高党员队伍的素质。

3. 民主评议前，支部应提前向党员发出通知，让党员做好思想准备。

4. 民主评议中，要引导党员根据各自的工作职责，总结一段时间以来执行党的路线、方针、政策和上级党组织的指示、决议的情况，总结检查自己的思想、工作、学习、纪律作风的情况，肯定成绩，找出差距，整顿思想和作风。

5. 在民主评议过程中，批评同志要实事求是、以理服人，接受别人的批评要虚心，有不同意见的可以申辩，要本着“团结—批评—团结”的方针，解决党内存在的问题，以达到增强党的战斗力的目的。

6. 民主评议后，对党内存在的普遍性、倾向性、突出性问题，要引导党员制定整改措施。支部抓好检查和督促，切实帮助党员改正缺点。对于党员给支部提出的意见、建议，支委会要认真研究，制定整改方案。认真抓好实施，并发动党员进行监督。

7. 坚持民主评议党员制度的基本要求：

(1)每个党员，无论职务高低，都必须自觉地参加党支部民主评议活动，不允许有不参加民主评议的特殊党员。

(2)要支持民主集中制的原则，在民主评议过程中，党员要解放思想，实事求是，充分发表意见，党组织要充分保障党员的民主权利，避免压制民主、打击报复行为出现。

(3)支部每次及时对民主评议情况进行小结，并做好记录和留档工作。总结经验，及时发现问题，抓好整改。

党支部党员大会制度

党支部党员大会是由支部全体党员参加，讨论决定支部重大问题的会议。

1. 营造平等议事的良好氛围，每位党员享有平等的发言权、表决权、监督权。

2. 坚持科学规范原则，确保党建工作有效落实。

3. 根据党的路线、方针、政策和上级的决议、指示，结合幼儿园实际情况，协商制定贯彻执行的计划和措施。

4. 讨论研究召开支部大会，选举产生新一届党支部书记、委员。

5. 听取、审议、通过支委会工作计划、总结、报告。

6. 讨论培养、确定积极分子，发展对象、预备党员转正、表彰优秀党员、处置不合格党员和处分违纪党员。

7. 讨论决定党支部委员会提交的其他重大问题。

组织生活会制度

组织生活会是党支部组织生活的重要形式之一，每学期至少召开一次。

1. 积极筹备。一般情况下，组织生活会由书记主持，所有中层以上党员干部参加。

2. 组织学习。针对时事热点问题开展集中学习，在学习基础上，结合本职工作谈感受。

3. 谈心谈话。组织生活会前，班子成员之间、干部与党员之间、党员之间、干部党员与群众之间开展坦诚的谈心活动，交流思想，交流意见。

4. 查摆问题。在思想、品行、纪律、作用等方面，对照党章、上级相关要求，梳理问题。

5. 撰写发言。在广泛听取党员、群众意见后，深刻挖掘行为背后思想根源，撰写思想汇报，检查党员干部思想、工作、学习的完成情况。

6. 开展批评与自我批评。正确开展批评与自我批评，分清是非，坚持“团结—批评—团结”，按照照镜子、正衣冠、洗洗澡、治治病的原则，深刻剖析问题，认真制定整改措施。

“党员先锋岗”制度

深入推进“两学一做”学习教育活动，激发党员牢固树立“一个党员就是一面旗帜，一个岗位就是一份责任”意识，充分发挥党员的先锋模范作用。开展创建“共产党员先锋岗”活动，特制定如下实施制度。

(一)目标要求

紧扣“服务中心、建设队伍”两大任务，构建以党建为引领、统筹推进幼儿园各项工作的新机制，把党建工作融入幼儿园工作的各方面、全过程，促进党的建设与幼儿园中心工作深度融合。把“共产党员先锋岗”打造成抓实党建促发展的带动点，专业引领的示范点。

(二)创建原则

1. 坚持围绕中心、服务大局的原则。紧紧围绕幼儿园重点工作，不断提升工作效能，充分发挥党员的先锋模范作用。

2. 坚持广泛参与、推动工作的原则。充分调动党员参与创建活动的积极性，广泛听取多方意见建议，真正把幼儿喜爱、家长满意、业绩突出的部门和个人评选出来。

3. 坚持贴近实践、务求实效的原则。各部门结合工作特点和工作实际，把注重实效贯穿创建活动的始终，找准创建工作着力点，确保质量，扎实推进，真正使共产党员的素质硬起来、责任扛起来、形象树起来。

(三)标准

1. 党性觉悟高。认真学习贯彻党的基本理论和基本路线，在思想上、政治上、行动上与党中央保持高度一致，坚定理想信念，树立正确的世界观、人生观、价值观。

2. 业务素质精。积极参加推门课、各类实践活动，爱岗敬业、勇于担当，能够熟练掌握岗位专业技能，在本领域起示范引领作用。

3. 创先争优佳。自觉执行规章制度，创新意识强，工作效率高，不断掌握新知识、积累新经验、增长新本领，业绩突出。

4. 服务质量优。胸怀大局，牢记全心全意服务幼儿、服务家长、服务教师。

(四)创建方法和管理

1. 创建方法：党小组推荐。党小组认真审核把关，按照各自的岗位创建标准，每月25日前，进行小组推荐，提交支委研究讨论。

2. 创建管理：本着成熟一个、推荐一个的原则，动态管理，每月评选一次。各小组要进行不定期自查，发现问题督促整改，对不符合创建标准的及时调整。

党内监督制度

为保证认真执行党的路线、方针、政策，维护党的纪律，根据《中国共产党党内监督条例》等相关规定，结合幼儿园实际情况，制定本制度。

(一)主要内容

1. 讲党性，严格执行党的基本路线和各项方针、政策，执行中央、上级党组织的决议，时刻与党中央保持一致。

2. 积极参加党内各项活动，自觉履行党员义务，保质保量完成党组织交给的任务。

3. 坚持实事求是，工作中讲实话、办实事、求实效。

4. 坚持深入实践，尽职尽责工作，群众认可度高。

5. 自觉遵守各项规定，做廉洁自律的楷模。

(二)监督办法

1. 借助民主评议，客观真实地了解党员、干部实际情况，在此基础上，召开不同层面、不同范围的民主生活会。

2. 完善组织生活会相关制度，每学期末通报参加组织生活会情况。

3. 及时了解掌握党员、干部的思想、作风、工作情况。

党支部党内情况通报制度

党内情况通报制度即“党内上情下达制度”，是上级党组织向下级党组织和党员通报党内情况的制度。坚持党内情况通报制度，可以切实保障党员的知情权、参与权、建议权、批评权、监督权，调动广大党员参与党内事务、增强党内监督的积极性。

(一)通报主体及对象

党内情况通报的主体是党员大会和幼儿园党支部委员会，通报情况的对象是全体党员。

（二）通报内容

党务工作方面通报的主要内容：贯彻执行上级有关工作指示情况、党风廉政和反腐败工作情况，党支部委员会决议事项，年度工作计划、重要党务活动进展和完成情况，党员领导干部民主生活会情况和整改措施，干部的调整任免，党员干部的奖励和惩戒，党组织调整选举，入党积极分子培养、党员发展，民主评议党员及党费收缴、使用、管理情况等。

与党员密切相关的重大事项方面通报的主要内容：幼儿园改革和发展的重大部署，涉及群众切身利益的重大决策的执行，重大项目安排和大额资金使用情况，重大突发事件的处理结果，党员群众反映强烈的热点、焦点问题的处理等。

（三）通报的形式及程序

通报采取召开专门会议或公示等形式进行。党内情况一般每半年通报一次，也可以根据实际情况不定期进行通报。党支部每半年向党员大会报告一次。通报和报告的具体工作由党支部负责。属于党内秘密，涉及个人隐私，不宜立即公开的重大决策、重大事项、重大案件等免予通报。

党支部重大问题议事制度

为了认真贯彻党的民主集中制，实行“两公开、一监督”，发扬民主，集思广益，客观公正，决策科学、正确，特制定支部议事决策制度。

（一）议事原则

1. 党支部及其成员，必须严格执行个人服从组织、少数服从多数、下级组织服从上级组织的组织原则。

2. 坚持集体领导的原则。凡属重大问题和事项，必须召开党支部会议集体讨论决定。

3. 坚持民主集中制原则。党支部讨论决定问题时，每个党支部成员要充分发表意见，各抒己见，按少数服从多数的原则做出决定。如对重大问题产生不同意见且双方人数接近时，除在紧急情况下，必须按多数意见执行外，一般应暂缓做出决定，需进一步交换意见、统一认识后再做决定。

4. 正确处理集体领导与个人分工负责的关系。坚持集体领导，对党组织的决定，任何个人无权改变。个人或少数人有不同意见，在坚决执行的前提下，可以保留意见，也可以向上级组织报告。

5. 坚持严守党的机密的原则。党支部每一个成员对应该保密的会议内容，必须严守秘密，讲纪律、讲党性。

(二)幼儿园重大问题主要范围

1. 幼儿园发展规划，年度与学期工作计划。

2. 园内机构的增设和撤并。

3. 重大改革措施及规章制度。

4. 幼儿园奖惩工作。

5. 中层干部人事安排。

6. 师资队伍建设实施方案。

7. 幼儿园精神文明建设实施方案。

8. 年度经费预算、决算报告、大额经费支出。

9. 重大基建项目和资金发展计划。

10. 教职工收益分配问题。

11. 其他重大问题。

(三)幼儿园重大问题决策的主要形式

支委会议是审议幼儿园重大问题决策的主要形式。支委会成员为党支部书记、副书记、副园长、各部门主任、工会主席等。会议由书记主持，重大问题经集体讨论，支委会负责决策。

党支部领导干部个人重大问题报告制度

为加强对党员干部的管理和监督，促进党风廉政建设和党员干部思想作风建设，提高党员干部廉洁自律的自觉性，特制定本制度。

1. 报告人应如实报告下列重大事项：

· 本人、配偶、共同生活的子女营建、买卖、出租私房和参加集资建房的情况；

· 本人、子女与外国人通婚以及配偶、子女出国(境)定居的情况；

· 本人因私出国(境)和在国(境)外活动的情况；

· 本人社会兼职情况；

· 配偶、子女受到执法执纪机关查处或涉嫌犯罪的情况；

· 配偶、子女经营个体、私营工商业，或承包、租赁国有、集体工商企业的情况，受聘于三资企业担任企业主管人员或受聘于外国企业驻华、港澳台企业驻境内代办机构担任主管人员的情况；

· 本人认为应当向组织报告的其他重大事项。

2. 报告的重大事项，应由报告人在事后一个月内以书面形式报告。本人认为需要事前请示的事项，也可以事前请示。

3. 党支部纪检监察委员负责受理党员干部个人重大事项的报告。

4. 对于需要答复的请示，由纪检监察委员提交党支部委员会，受理后应认真研究，及时答复报告人。报告人应根据答复意见办理。

5. 对报告的内容，一般应保密。

6. 本规定作为党员干部年终考评的一项内容。

党费收缴管理制度

1. 交纳党费是共产党员应尽的义务，是党员增强党性和组织纪律观念的具体表现。每个共产党员必须按时、按照标准交纳党费。

2. 凡有固定工资收入的党员，应按上级党组织规定的比例交纳党费。党员在交纳党费时，必须严格执行规定，认真按照规定标准交纳党费，做到准确无误。

3. 所有党员应按月自觉地向党支部交纳党费。

4. 党员因外出支教，经支部批准，可以提前集中交纳党费。党员除按规定交纳党费外，本人自愿多交不限。对于不按规定交纳党费的党员，党组织应及时对其进行批评教育。

5. 预备党员应同正式党员一样，按规定交纳党费，以支部大会通过为预备党员之日起开始交纳。

6. 加强对党费的管理。支部组织委员收缴党费，按月上缴后，及时上传E先锋网，统计清楚上交上级党组织，并妥善保管好相关材料。

7. 党员无正当理由连续6个月不交纳党费的，按自行脱党处理。

第二节　行政管理制度

幼儿园行政管理在幼儿园总体工作中占有主导地位。可以说，成就一所高品质幼儿园离不开管理，做好幼儿园行政管理工作才能确保其他各项工作的正常开展和有序进行。

一、园所发展与管理制度

幼儿园发展规划制度

为促进幼儿园的可持续发展，进一步明确办园方向和重要举措，实现幼儿园质量的不断提升，特制定关于幼儿园发展规划的相关制度。

1. 幼儿园发展规划依据国家、市、区五年发展规划的相关政策、精神与理念以及幼儿园发展现状和需求进行制定。

2. 幼儿园成立专门的幼儿园发展规划领导小组。

3. 幼儿园每五年为一个周期制定总体发展规划。

4. 幼儿园各部门专项发展规划以总体发展规划为依据。

5. 幼儿园每年工作计划要与相应的五年发展规划中的阶段目标相对应。

6. 幼儿园发展规划要充分调研、分析问题，并结合实际情况进行调整与修订。

7. 幼儿园每五年要结合发展规划目标进行监管与督导。

8. 幼儿园发展规划的制定要坚持自上而下和自下而上相结合的原则，经行政会、教代会讨论通过。

幼儿园质量督导与监管制度

为进一步提升幼儿园的办园质量，规范办园行为，使每个部门的工作得到有效落实，整体提升幼儿园办园水平，特制定幼儿园质量督导监管制度。

1. 成立质量督导与监管领导小组，园长任组长，直接统筹质量与监管工作。

2. 坚持自评与他评相结合，各部门结合幼儿园办园质量督导评估标准进行自评，明确问题与改进方向。

3. 幼儿园质量督导中心根据幼儿园办园质量督导评估标准，对幼儿园各项工作进行监管自查。

4. 根据自查情况，形成督导评估报告。

5. 各部门结合督导评估报告，明确优势与不足，制订整改措施与计划。

6. 以学期为单位进行质量监管督导。

7. 每学期的督导评估报告作为下学期工作计划的重要依据。

幼儿园轮流值班园长制度

为进一步支持干部发展，提升干部全面统筹能力和组织协调能力，特制定轮值园长制度，担任轮值园长人员为全体中层及以上干部，每月轮换，轮值园长职责为：

1. 协助园长做好教育教学、卫生保健、安全保卫等日常事务性工作。

2. 协助园长指导、检查和评估教职工的工作，并给予奖惩。

3. 定期向园长、园务会汇报工作进展情况，并撰写全园月工作总结。

4. 能够根据幼儿园实际，为园所发展提出建设性意见。

5. 协助负责组织工作人员学习，做好思想工作。

6. 协助组织和指导家长工作。

7. 认真做好记录填写工作，每周填写“轮值手册”(紧急事务需要及时填写)，月末做好交接工作。

幼儿园兼职园长助理制度

为更好体现园所以人为本的管理理念，激发每名教师的工作内驱力，真正落实教师在幼儿园中的主体地位，幼儿园特制定并实施兼职园长助理制度。

(一)任职条件

1. 热爱幼儿，尊重家长，周到为幼儿和家长服务，并得到家长的认可，幼儿的喜爱。

2. 严于律己，模范遵守幼儿园各项规章制度，言行举止符合教师身份。

3. 团结同志，关心他人，坚持正义，具有较广泛的群众基础，得到群众的尊重和信赖。

4. 热爱集体，关心幼儿园未来发展，敢于发表有利于幼儿园发展的意见和建议。

5. 兼职园长助理为不担任任何职务的普通教职工。

(二)工作职责

1. 规范、高质量完成日常本职工作。

2. 密切联系群众，经常深入群众，了解教职工的日常工作和思想动态。

3. 能发挥示范作用，并积极主动地做好教职工的思想工作。

4. 发现问题，能及时向园长反映，并提出建设性的意见。

5. 定期参加兼职园长助理会议，为幼儿园发展献计献策。

(三)聘任办法

1. 由园长聘任，并向全园公布。

2. 任期为一学年，由园长发聘书。

幼儿园新闻发言人制度

为进一步规范幼儿园新闻发布工作，保证幼儿园信息发布的时效性和权威性，更好地宣传幼儿园改革发展成果，展示良好公众形象，提升幼儿园知名度和美誉度，结合幼儿园实际情况，特制定本制度。

(一)原则

1. 坚持党的基本路线，坚持教育方针政策。

2. 发布的内容要准确、及时、公正、严肃。

(二)职责

1. 负责幼儿园新闻发布工作。

2. 负责对幼儿园重大事件以及师幼和社会公众关注的问题，依需发布相关新闻信息。

3. 负责对突发事件的新闻发布，代表幼儿园接受采访。

(三)新闻发布的范围

1. 幼儿园重要决定、重大决策、重要规章和规范性文件的有关内容。

2. 幼儿园发展的阶段性成果和重大成就。

3. 涉及幼儿园重大问题和社会及广大教师普遍关心的热点问题。

4. 幼儿园发生的重大事项、突发性重大事件的事实情况和幼儿园的处置措施等。

(四)发布流程

特别重大的新闻信息，经幼儿园行政会一致决议审定同意后(必要时请示上级部门后)，方可对外发布。

幼儿园干部深入实践制度

1. 幼儿园管理干部要合理安排各项工作。正、副园长深入一线时间每周不少于16～18小时，中层管理干部深入一线指导教学时间每周不少于20～24小时。

2. 各部门主管要分层、分级对干部进班指导实践进行质量评价和考核，定期对干部进班指导教育教学的时间与效果进行评价、分析和反馈。

3. 尝试在课题组教学班中开展干部深入实践的实验。每个干部都要建立自己的实验班级，既能指导教师教学，同时也有助于锻炼干部一线带班和指导教学的能力。

4. 各部门主管要分层、分级对干部进班参加教学时间和效果进行质量评价和考核，每个干部每周带班累计不少于4小时，活动记录交主管领导批阅。

5. 每年年终，各部门主管对干部进班指导教学和参与教学情况实行双向评价与考核，作为干部评价和聘任的重要指标。

二、园务管理制度

(一)办公室管理制度

幼儿园公章使用管理制度

为了进一步实现依法办园，提高内部管理效能，同时有效的保障幼儿园权益，消除隐患，最大限度地促进幼儿园各项工作的规范、到位，特制定以下幼儿园公章使用管理办法。

(一)总则

1. 为使幼儿园公章管理规范化、制度化，保证公章的权威性和严肃性，明确公章的使用权限和范围，严格事务审批程序，规范用印行为，提高服务质量和办事效率，根据上级有关规定，结合幼儿园实际，特制定本规定。

2. 各部门领导应高度重视公章管理与使用工作，规范遵守本规定。各部门公章监管人员要增强法律意识和责任感，认真履行岗位职责。

3. 公章包括园级公章、法人章和部门公章。园级公章、法人章由园务管理中心统一管理。各部门公章由归属部门保管。

（二）公章刻制

4. 各部门刻制公章，必须先持部门负责人签署意见，向幼儿园办公室提出刻章申请，经园领导批准后，报公安部门审批。任何部门和个人不得私自刻制部门公章。

5. 各部门公章正式启用时，必须先到幼儿园办公室留存印鉴备案。未经留样备案的，一律不准自行使用。

（三）公章管理

6. 公章管理实行专人负责制。园级公章、法人章由园办公室专人掌管；部门公章由各部门专人掌管。未经幼儿园领导批准，不得随意交给他人管理和使用。因故需临时交接，需经主管领导批准并严格交接手续。

7. 园级公章存放和使用地点在园办公室，部门公章存放和使用地点在部门办公室内，公章未经存放部门负责人批准，均不得带出存放地点使用。因特殊原因，确需到存放部门以外地点使用，应经存放部门负责人同意，派遣专人携带前往。

8. 掌管公章的人员要自觉加强学习，不断提高政治觉悟和业务素质，坚持原则，秉公办事，严格履行审批登记手续，严禁以印谋私，损害幼儿园利益。

9. 不得伪造、变造、盗用、故意毁坏公章，违反者幼儿园将视其情况给予党纪、政纪处分，情节严重者，交公安机关处理。

10. 因机构名称变更启用新公章或其他原因停用公章，应将原印章缴回园务管理中心，不得私存或自行销毁。启用印章或停用印章应由园务管理中心发文公示。印章不使用时，必须锁于保险柜内。

（四）公章使用

11. 公章的使用要严格控制范围、规格。严禁滥用公章发文、发函、出具凭证。

12. 以幼儿园名义发出各种公文、公函、重要申请以及各类证明材料，必须经各部门负责人和主管领导审批签字后，方可加盖公章。加盖公章的重要材料如需备案，须在《幼儿园印鉴（公章）使用申请表》（见表 5-1）中明示并注明备案科室。

13. 涉及幼儿园重大利益的有关合同、协议书等，必须经园长或主管园长批准，方可盖章。各部门的一般性合同，须经各部门主管领导签字后，方可盖章。

14. 对内、对外发放的各种证件、证明需加盖幼儿园公章时，须由颁发证件、证明的部门负责人及主管领导审批后，方可盖章。

15. 属常规性工作，成批办理的证书、证件等，需盖幼儿园公章的，由主管部门确定 1 人负责办理。每次盖章经部门负责人和园办公室申请同意后，办理人员方可到幼儿园办公室登记并盖章。

16. 幼儿如需幼儿园出具在读证明、毕业证明等有关证明时，应经主管部门审核并出具相关证明后，方可盖章。教师需幼儿园出具收入证明等相关证明时，应经人事干部审核并出具证明后，方可盖章。除此之外的其他证明、申请等均由各部门审核同意后，方可盖章。

17. 一般不允许开具空白介绍信、证明，如因工作需要或其他特殊情况确需开具的，必须经办公室主任同意后方可开出，持空白介绍信外出工作，归来必须向办公室汇报其介绍信的用途，未使用者必须交回。

18. 使用公章，应严格履行审批及登记手续。

（五）附则

19. 各部门公章因管理不善而造成损失的，直接追究公章管理人员和部门负责人的责任。

20. 各部门业务专用章，如财务专用章、注册专用章等，其管理办法参照本规定执行。

21. 本规定自颁发之日起施行。

22. 本办法由相关部门负责解释。

附：

表 5-1　幼儿园印鉴（公章）使用申请表

时间：____年____月____日　　　　申请人/盖章人：

	事　　由	主管干部签字	办公室人员签字	备注
因公				
因私				

幼儿园文件上报制度

随着幼儿园越来越受到国家和社会的重视，社会影响力不断提升，各种事务性工作以及工作中需要上报的文件材料也日益增多。为了进一步实现依法办园、提高内部管理效能，同时进一步规范工作，避免因文件书写不规范或不科学而给幼儿园造成损失的事件发生，特制定本制度，具体内容如下。

1. 任何上报文件内容必须符合党和政府的相关法律、政策，符合幼儿园的实际情况，数据真实、有效。

2. 各部门上报文件必须由负责相关工作的副园长及以上领导干部审阅并批示，方可上报。

3. 凡需签字、盖章的文件必须按要求请相关领导签字、盖章，方可上报。

4. 如无须园长签字、盖章，则必须交由负责相关工作的副园长审批通过，不得擅自上报。涉及党务、教学、科研、后勤等工作的文件由负责相关工作的责任人负责审批。

5. 凡需要园长签字盖章的，必须由园长本人审批，如园长不在园，必须获得园长亲自授权，方可代签，并盖章。

6. 公章一律由专人保管，不得存放他处。公章只用于处理与幼儿园相关的事务，不得转作他用。

7. 无论从局域网上传或是报送纸质文件，负责报送文件的老师必须填写《文件报送登记表》，并由委托人签字。

8. 各部门所辖人员的个人文件(如证明)，如需幼儿园签字盖章，需交由主管领导审批，并代为上报。

9. 凡不遵守上述条例者，如出现问题，后果自负。

幼儿园学习、会议制度

为了进一步提高学习、会议质量，促使学习、会议有效开展，特做出如下要求。

1. 会议主持人、学习组织者事先要对学习的目的、内容、讨论研究的方法、相关程序做好准备工作。

2. 由专人负责做好学习、会议的记录，保存资料。

3. 参加学习、会议者要准时出席，杜绝迟到、早退，因故不能参加者应事先向主管领导请假批准。此制度执行情况将作为考核定级的参考。

4. 参加学习、会议者要专时专用，精神集中，不做与会议无关的事。

5. 参加学习、会议者要认真做好会议和学习记录，积极参加研讨交流活动，敢于发表自己的意见。

6. 班组长要及时、准确地向未参加学习、会议的班组成员传达学习内容和会议精神。

幼儿园外出参加学习、培训制度

教师外出学习、培训是提升教师素质的有效途径之一，有助于教师开阔眼界，了解本园之外的教育动态，通过专家讲座、幼儿园考察、研讨交流、观摩公开课等多种学习形式，学习先进的教学方法和管理理论，提高专业化水平。为了规范教师外出学习、培训行为，完善相关制度，维护教师研训机会的公正与公平，做到有序、有效培养教师自主学习，使教师培训规范化、制度化，特制定幼儿园教师外出学习、培训制度。

(一)教师外出学习、培训的原则

根据园所实际情况，有计划地派出教师参加各类学习、研讨、培训。遵循按需培训、学以致用、注重实效、多种形式并用的原则，派出参加学习、培训的教师，由幼儿园依据有关规定经园长批准后方可参加。

(二)教师外出学习、培训的有关程序

1. 通知：幼儿园按照文件要求通知相关部门，由幼儿园各相关部门合理安排教师外出学习、培训，并由组长通知参加学习的老师。

2. 推荐：外派学习人员应根据学习内容与教师的专业特点综合考虑，遵循学习专业对口和骨干教师为主、轮流外出的原则，通过自荐和推荐的方式产生。坚持可持续发展与公平公正原则，保证让绝大多数教师有外出培训学习的机会。推荐学习人员要明确外出培训学习的目标和方向，要坚持为幼儿园发展、为教师发展服务的原则。

3. 审批和请假：教师外出学习、培训，由个人先向所在部门领取《教师外出学习、培训凭证》并填写《教师外出学习、培训登记表》，妥善安排好外出期间本岗的教学和其他工作事宜。

4. 备案：幼儿园对于外出参加各级学习、培训的教师，要做好登记备案，做到教师外出学习、培训有据可查，作为晋级、评优等活动的主要依据。

(三)外出学习、培训返园后的有关工作

1. 凡外出学习、培训归来的教师，返园后须在一周内将学习情况向分管领导提交梳理培训内容，并登记备案。

2. 幼儿园相关部门要对教师的学习报告进行审阅、存档，并根据《教师外出学习、培训登记凭证》和相关培训学时证明登记教师培训学时。

3. 期望通过个别教师的学习，带动全员的学习，参训教师学习回来后，认真梳理学习收获，与广大教职员工分享信息，最大化利用资源，促进教师的发展。

4. 幼儿园相关部门负责为参加外出学习、培训的教师安排合适时间，通过汇报或在幼儿园网站发表学习报告等形式，向其他教师传达学习的精神实质，传递新信息，使全体教师了解学前教育新动态。

(四)外出人员注意事项

1. 外出学习人员代表幼儿园，要注意个人形象，不能做有损于幼儿园名誉的行为。

2. 外出学习人员以提升专业素养为目标，必须严格遵守学习纪律和要求，不得提前离开。

3. 外出前，认真做好材料的准备，用摄像机、记录本等多种方式记录。

4. 外出学习人员应认真做好学习笔记，多与外园教师交流，掌握最新信息；要积极参与交流活动，发表自己的见解，最大限度地提高学习效果。

5. 外派教师遵守外出学习时间，确保不迟到，不早退。学习活动结束后要立即返回，不得延长时间，耽误工作。

6. 外出学习材料上交幼儿园统一管理，为广大教师提供借阅资源。

7. 外派学习的教师要认真学习、记录，及时梳理、汇报。

8. 外出学习人员要重视人身安全和财物安全，确保旅途平安，避免不必要的意外发生。

(二)幼儿管理制度

幼儿园开具幼儿在园证明制度

在园幼儿因外出需要幼儿园出具幼儿在园证明的，请幼儿家长出具纸质申请，经由班长、部门主管干部审核、签字后，到人力资源中心盖章。

如有特殊情况，酌情处理。

幼儿园幼儿办理退园手续流程

为了进一步规范工作，避免工作出现漏洞，办理班级幼儿退园手续应遵循如下程序：

1. 家长申请。

2. 班长、组长、主任逐级上报，并由主管主任及以上干部将家长的退园书面申请上交招生管理部门留档备案。

3. 负责招生与管理的部门应通知财务部门和保健部门为家长和幼儿办理退园手续。

幼儿园外出活动审批制度

关于幼儿园外出活动的组织与实施，严格按照上级安全保卫部门要求，按时及时进行报备，在上级相关部门审批后方可组织开展。具体要求如下。

1. 教学部门依据教学实际需要提出申请，须有：

(1)活动方案；

(2)安全预案；

(3)外出活动审批表(见表 5-2)。

2. 教学部门主管干部审核、主管教学部门副校级以上干部签字。

3. 每周送文件前统一呈报幼儿园办公室，确认盖章后，上交区教委办公室报备并待审核。

4. 审核批准后，依照审批方案和时间开展活动。

5. 必须提前两周上报上级部门。

附：

表 5-2　外出活动审批表

单位名称：

<table>
<tr><td colspan="2">活动时间</td><td colspan="4">年　月　日　至　　年　月　日</td></tr>
<tr><td colspan="2">活动地点</td><td colspan="4"></td></tr>
<tr><td rowspan="2">人数</td><td>教职工</td><td>幼儿</td><td rowspan="2">出行方式</td><td>自行前往</td><td>统一备车</td></tr>
<tr><td></td><td></td><td></td><td></td></tr>
<tr><td>活动主题</td><td colspan="5"></td></tr>
<tr><td>活动目的</td><td colspan="5"></td></tr>
<tr><td>详细填写
经费来源</td><td colspan="5"></td></tr>
<tr><td>带队副校级
领导</td><td colspan="5"></td></tr>
<tr><td colspan="6">园级领导签名：

盖章
年　月　日</td></tr>
<tr><td colspan="3">教委办公室审批意见：

领导签名：
年　月　日</td><td colspan="3">主管科室审批意见：

领导签名：
年　月　日</td></tr>
</table>

幼儿园大型活动审批制度

幼儿园大型活动的组织与实施，严格按照上级安全保卫部门要求，按时进行报备，在上级相关部门审批后方可组织开展。具体如下。

1. 活动开展的部门依据实际需要提出申请，须有：

(1)活动方案；

(2)安全预案；

(3)大型活动审批表(见表 5-3)；

(4)紧急突发事件处置预案。

2. 部门主管干部审核、副校级以上干部签字。

3. 每周送文件前统一呈报幼儿园办公室，确认盖章后，上交区教委办公室报备并待审核。

4. 审核批准后，依照审批方案和时间开展活动。

5. 必须提前两周上报。

附：

表 5-3　大型活动审批表

申报单位：　　　　　　　　　　　　　　法人签字：

活动名称		参加人员类别	
举办地点		举办时间	
活动形式		参加人数	
总负责人		联系电话	
安全负责人		联系电话	
请交警人数		请公安人数	
机动车停放位置		非机动车停放位置	
活动程序			
邀请的主要领导			
其他需要说明的问题			
教委主管主任意见			

(三)人事管理制度

幼儿园招聘、考核与接收应届毕业生制度

依照幼儿园实际人员需求，经上级人事部门审批核准后，由幼儿园人力资源部门按照上级部门整体部署进行应届毕业生的招聘、考核与接收工作。具体流程如下。

1. 依照上级人事部门部署，填报幼儿园招聘应届毕业生需求。

2. 待审批核准可接收毕业生指标后，幼儿园可参加各类招聘会，收取简历。

3. 由幼儿园招聘工作领导小组开展招聘面试及实习考核工作，双方确认意向。

4. 报上级人事部门审批后，按要求办理接收手续即可。

幼儿园教职工工资审核上报制度

为进一步落实以人为本的管理理念，支持干部、教师在快乐工作中有发展、有收获，特制定本制度。具体内容如下。

1. 每学年末，各部门主管干部结合学年考核工作，对部门人员学年工作进行考核考评。同时，结合考核考评等级，对部门人员第二学年的工资情况进行审核，汇总审核与调整意见。此项工作应于每年8月31日前完成。

2. 汇总审核意见须经行政会、考核小组会审议通过，由部门主管干部与相关涉及教师谈话确认工资的升降(提示：应有谈话确认记录，教师签字)，确无异议后上报人力资源部门。

3. 由人力资源部门审核无误后统一上交财务部门，在第二学年工资中兑现。

4. 工资兑现后，如有异议，请于收到兑现工资后五个工作日内，由部门中心主任汇总后上报人力资源部门，统一核实后再行解答、解决。

幼儿园教职工考勤制度

为了进一步实现依法办园、规范工作，提高内部管理效能，特出台幼儿园教职工考勤制度，就幼儿园教职工考勤相关情况做如下规定。

1. 全园教职工要自觉遵守考勤制度，准时到岗。

2. 教职工要在月总结时如实将自己的出勤情况报告给主管主任，各部门主任负责记录本部门人员出勤情况。

3. 教职工每学期可以利用空班时间参加一次自己孩子的家长会。

4. 关于全勤。

(1)教职工当月无休假、无迟到、无早退、看病时间未超出规定范围为每月全勤。

(2)每月出全勤者年终考核为全年全勤。

5. 关于迟到。

(1)迟到影响当月岗位工资全勤部分。

(2)每学期视迟到情况，酌情考虑享受半年奖励工资。

6. 关于病假。

(1)病假需有合同医院证明，急诊病假有市、区级医院出具证明的只批一天，病假条按时送到幼儿园。

(2)病假天数从病假证明之日算起，连续病休时，根据实际需求在病假的最后一天就医回诊，根据回诊结果，主动通知领导以便安排后续工作。

7. 关于享受看病时间(只限合同医院)。

(1)工龄未满20年的教职工，每月享受4小时看病时间，当月累计超过4小时按病假处理。

(2)工龄满20年的教职工每月享受8小时看病时间，当月累计超过8小时按病假处理。

(3)工龄满30年的教职工每月享受16小时看病时间，当月累计超过16小时按病假处理。

(4)看病结束后及时请主管领导核对处方。

8. 关于事假。

教职工请事假需提前一天以上向主管领导讲明原因，经批准后方可休假。

9. 关于公假。

公假包括婚假、丧假、搬迁假、计划生育假等。公假一旦使用，须连续休完。

10. 关于轮休。

(1)寒暑假期间幼儿园不放假，教职工按教委和幼儿园有关规定进行寒暑假轮休。

(2)轮休阶段所有在岗人员都要根据工作需要，服从轮休安排及轮休调整。

(3)一学期病事假累计天数为22个工作日及以上、44个工作日以下者，享受50%的假期。一学期病事假累计天数44个工作日及以上者不享受假期。

幼儿园教职工日考勤上报流程

为了进一步提高内部管理效能、规范工作，实现教职工考勤动态管理，特出台幼儿园教职工日考勤上报流程，再次明确教职工考勤制度，同时对日考勤上报流程做如下规定。

1. 全园各部门教职工要自觉遵守幼儿园考勤及病事假制度，按规定提前、及时向各部门主管领导请假。

2. 各部门教职工请假均需上报部门或年级主管领导，由主管领导提交分管副园长审批后方可休假。

3. 结合教职工请假审批、实际出勤等情况，主管领导每天早8:30向分管副园长上报当天缺勤教职工情况及请假事由，由分管副园长确认无误后8:40前上报园务办公室。

4. 园务办公室工作人员汇总全园各部门日考勤情况后，幼儿园教职工日考勤登记表(见表5-4)进行记录、存档。

附：

表5-4　幼儿园教职工日考勤登记表

时间：____年____月____日

序号	姓名	缺勤原因	分管部门

幼儿园考勤审核上报制度

为进一步贯彻科学管理理念，实施精细化管理，规范日常工作，提升幼儿园办园质量，特制定此制度。

1. 每月最后一周，各部门组织召开班组会，对当月工作进行阶段性总结，进行月工作自评，上报部门主管或主任。

2. 根据部门人员月工作自评及出勤情况，每月行政会前，各部门中心主任汇总审核当月部门人员考勤、考核结果，提交行政会审议，其中注意事项如下。

(1)有病事假情况人员，部门中心主任按时收齐病事假条，按要求月末与教师本人核对，教师确认后计入教师当月考勤；

(2)对于当月考核有调整的人员，部门意见汇总后提交行政会审议。

3. 考勤考核经行政会审议通过后，统一上交人事部门，人事部门审核无误后上交财务部门，在次月兑现工资。

4. 每次月工资下发后，如有异议，请于收到工资后五个工作日内，由部门中心主任汇总后上报园务管理中心，统一核实后再行解答。

幼儿园关于申请提前休假制度

为进一步贯彻“以人为本”思想，针对幼儿园教职工在体检中个别项目不合格的情况，考虑到教职工的个人利益，特做此规定。

1. 教职工体检不合格，在自己申请的前提下，幼儿园可以酌情处理。

2. 体检不合格的教职工需要提前借假期，填写《提前借假申请书》(见附)。

3. 幼儿园在条件允许的情况下给予审批。

附：

提前借假申请书

________同志由于体检不合格，需要休息______天，特申请提前借用假期______天。如假期不足，已休假期将按照病假处理，并退回相应的酬金。

申请人：

申请日期：

幼儿园值班调休制度

为进一步贯彻“以人为本”思想，支持教职工平衡事业与家庭，快乐工作，快乐生活。因此，在确保节假日期间幼儿园安全的前提下，现尝试对教职员工值班调休做如下规定。

(一)值班原则

值班是节假日及重大活动期间幼儿园安全的基本保障，全体教师应人人为幼儿园服务，人人做幼儿园的主人。依据上级值班要求及全园教师大排行的原则安排值班人员。(每次值班前出通知提示，如有不能值班的教师请主动找保卫干部提出，并从大排行最后重新轮起。)

(二)值班与存休

1. 参加幼儿园节假日及重大活动值班的教师，每值一次班记存休一天(除夕夜班记存休一天半)，值班费取消。

2. 为保证班级工作正常运行，每人每学年原则上累计不超过 3 天存休，超过部分，幼儿园视实际情况酌情处理。

3. 休存休假，需要在休假前一天 18:00 前以纸质版或短信的形式向主管副园长请假，批准后方可使用。以短信形式请假的教师休假后补交纸质申请，作为休存休的依据。

4. 为保证各项工作正常开展，每次同一班级、同一部门原则上只批一人使用存休，极特殊情况酌情处理。

5. 休存休假应单独计算时间，不与其他假以及看病时间叠加使用。

6. 申请使用存休的教师在不影响幼儿及班级正常工作前提下，调休以一天为一个单位。

7. 休存休假不影响年终奖与全勤奖。

幼儿园干部外出请销假制度

幼儿园中层及以上干部严格执行干部外出请销假制度，具体规定如下。

1. 幼儿园党政主要领导干部外出，应按照所属地区区教工委要求，填写并上报《西城区教育系统基层党政主要领导干部外出请假报告单》(见表 5-5)，经上级部门主管领导审批后，方可外出。

2. 幼儿园党政主要领导干部外出回京后，应第一时间向上级主管部门销假。如属公务外出，在规定时间内上交外出学习汇报材料。

3. 幼儿园中层干部外出，须提前向主管副园长、园长请假，说明理由。如因公，须提供外出通知、会议通知或说明理由；如因私，至少须提前一天提交《幼儿园中层干部外出请假报告单》(见表 5-6)。

4. 幼儿园中层干部外出回京，应第一时间向主管副园长、园长销假。

5. 中层干部请假，须上级主管副园长审核批准后方可外出。如遇突发情况，须第一时间与幼儿园联系，避免出现空岗。

附： **表 5-5　西城区教育系统基层党政主要领导干部外出请假报告单**

<table>
<tr><td>单位</td><td colspan="2"></td><td>姓名</td><td colspan="2"></td></tr>
<tr><td rowspan="2">请假
事由</td><td>因公</td><td colspan="4"></td></tr>
<tr><td>因私</td><td colspan="4"></td></tr>
<tr><td>出行
地点</td><td colspan="2"></td><td>请假日期</td><td colspan="2">自　　年　月　日至　　年
月　　日，共计______天。</td></tr>
<tr><td rowspan="2" colspan="2">出行期间学校工作</td><td>临时负责人</td><td colspan="3"></td></tr>
<tr><td>联系方式</td><td colspan="3"></td></tr>
<tr><td rowspan="2">审批
结果</td><td colspan="5">主管领导意见(签字)
年　　月　　日</td></tr>
<tr><td colspan="5">主要领导意见(签字)
年　　月　　日</td></tr>
<tr><td colspan="6">年　　月　　日　销假</td></tr>
<tr><td>备　注</td><td colspan="5"></td></tr>
</table>

××区委教育工委组织部制

表 5-6　幼儿园中层干部外出请假报告单

<table>
<tr><td>单位</td><td colspan="2"></td><td>姓名</td><td colspan="2"></td></tr>
<tr><td rowspan="2">请假
事由</td><td>因公</td><td colspan="4"></td></tr>
<tr><td>因私</td><td colspan="4"></td></tr>
<tr><td>出行
地点</td><td colspan="2"></td><td>请假日期</td><td colspan="2">自　　年　月　日至　　年
月　日，共计______天。</td></tr>
<tr><td rowspan="2" colspan="2">出行期间园内工作</td><td>临时负责人</td><td colspan="3"></td></tr>
<tr><td>联系方式</td><td colspan="3"></td></tr>
<tr><td>个人应急联络电话</td><td colspan="5"></td></tr>
<tr><td colspan="6">年　　月　　日　销假</td></tr>
</table>

主管副园长签字：
日　　　　期：

幼儿园退休教师管理制度

幼儿园退休人员的管理工作依照上级老干部科和老教育工作者协会（以下简称“老教协”）统一要求进行落实。

1. 幼儿园园长为幼儿园老教协的会长。

2. 幼儿园老教协工作由人事干部与老教协工作负责人共同协调完成。

3. 老教协工作负责人的产生，经由幼儿园老教协会全体成员推荐或自荐（必须为本园离退休人员）产生，并由会长核准后，方可行使协会负责人的权利和义务。具体有：

(1)老教师活动计划与组织；

(2)老教师活动经费的使用；

(3)各类活动事项的上报等。

4. 人事干部负责与老教师及其负责人进行日常工作的联络、沟通，支持和协调老教师各项活动的顺利开展。

幼儿园教职工开具单位证明制度

教职工因办理外出、签证等事项需要开具在职等证明的，由教职工个人向主管部门干部提出申请并进行外出报备，经部门主管干部审批签字后，到人事中心盖章。

审批注意事项：

1. 确认教职工大致外出时间范围。

2. 确认外出时紧急联系电话。

3. 幼儿园可协助教职工证明的内容有：姓名、性别、出生日期、参加工作时间、工作情况、工资情况、寒暑假休假时间范围等。

4. 幼儿园无法协助教职工证明的内容有：保证其遵守当地法律法规、保证其按时回国、保证其旅行产生的所有费用自己承担等。另外，幼儿园无法出示包含幼儿园法人基本信息的证件复印件。

5. 如果有外文证明材料，必须与中文证明一一对应。

6. 如有特殊情况，酌情处理。

第三节　工会制度

教职工代表大会制度

根据中华人民共和国教育部印发的《学校教职工代表大会规定》，为依法保障教职工参与幼儿园民主管理和监督，完善现代幼儿园制度，促进依法治园，依据《教育法》《教师法》《工会法》等法律，特制定幼儿园教职工代表大会制度。

1. 教职工代表大会应当高举中国特色社会主义伟大旗帜，以马克思列宁主义、毛泽东思想、邓小平理论和“三个代表”重要思想为指导，深入贯彻落实科学发展观，全面贯彻执行党的基本路线和教育方针，认真参与幼儿园民主管理和监督。

2. 教职工代表大会和教职工代表大会代表应当遵守国家法律法规，遵守幼儿园规章制度，正确处理国家、幼儿园和教职工的利益关系。

3. 教职工代表大会在中国共产党幼儿园基层组织的领导下开展工作。教职工代表大会的组织原则是民主集中制。

4. 教职工代表大会每学年至少召开一次。遇有重大事项，可以临时召开教职工代表大会。

5. 教职工代表大会代表具有以下职权：

(1)听取幼儿园制订和修订学期计划，提出修改意见和建议。

(2)听取幼儿园发展规划、教职工队伍建设、教育教学改革、校园建设以及其他重大改革和重大问题解决方案的报告，提出意见和建议。

(3)听取幼儿园年度工作、财务工作、工会工作报告以及其他专项工作报告，提出意见和建议。

(4)讨论通过幼儿园提出的与教职工利益直接相关的福利、园内分配实施方案以及相应的教职工聘任、考核、奖惩办法。

6. 教职工代表大会代表实行任期制，任期3年或5年，可以连选连任。

幼儿园工会工作积极分子评选及奖励制度

为总结经验、表彰先进，进一步加强幼儿园工会建设，提高工会工作的整体水平，充分发挥工会在幼儿园教育改革、发展和建设中的作用，特制定幼儿园工会工作积极分子评选及奖励办法。

(一)评选范围

凡在岗的工会正式会员均可参加评选。

(二)评选条件

1. 关心、热爱、支持工会工作，积极组织和参加幼儿园工会及工会小组的各项活动，在各级工会组织的各项活动中积极参与，取得突出成绩，为各级工会组织争得荣誉，在活动中发挥重要作用。

2. 主动承担工会工作任务，热心为教职工服务，关心、关爱幼儿园发展，受到广大教职工的一致好评。

3. 有高度的工作责任感，任劳任怨，勤勤恳恳，立足岗位建功立业。全年工作无重大差错或责任事故。

4. 为人正直，办事公道，乐于为教职工说话办事，做教职工之友。

5. 在同等条件下，代表各级工会组织参加各项工会活动，并获得较好成绩的会员，优先评选。

（三）评选办法

以工会小组为单位进行推荐，报工会委员会讨论决定。

（四）评选比例

按本工会小组会员总数的10%进行推荐。工会委员（含女工委员会委员、工会经审委员会委员），工会小组长可在评选比例之外，对工会工作表现突出者可单独推荐。

（五）表彰奖励

“工会积极分子”获得者将由幼儿园工会颁发获奖证书，并给予适当奖励。

幼儿园教职工参加献血工作的慰问办法

（一）制定原则

1. 以法律为依据：制定和执行献血慰问办法，要符合《中华人民共和国献血法》（以下简称《献血法》）的相关规定。

2. 发扬人道主义精神：大力弘扬“奉献、友爱、互助”的志愿者精神，努力营造为幼儿园、为社会、为国家无私奉献的园所氛围。用行动支持无偿献血，让生命的长河奔流不息。

3. 实现共赢：制定和执行新的慰问办法，要放眼全局，兼顾园所、教师和幼儿各方利益，实现共赢。

（二）法律依据

《献血法》第六条规定：“对献血者，发给国务院卫生行政部门制作的无偿献血证书，有关单位可以给予适当补贴。”第十七条规定：“对积极参加献血和在献血工作中做出显著成绩的单位和个人，给予奖励。”

（三）慰问方案

1. 规范献血征集工作：

按照各部门人员比例征集，每年献血指标有固定比例，各部门根据人员总数按照比例上报，合理安排工作。

2. 调整慰问办法：

（1）考虑献血人员需要休息和恢复的现实问题，保留奖励假，提高慰问金标准。

（2）献血者在年终时予以专项奖励，标准参照特殊贡献奖。

（3）献血者在学期各项评优活动中，同等情况下，优先考虑。

（4）献血者在幼儿园组织的各种外出培训活动中，同等情况下，优先考虑。

（四）统一格式

本标准于2018年1月1日起执行，以上相关规定如遇与国家相关规定不符的情况，服从国家规定。

幼儿园哺乳室使用制度

为支持教职工实现“六归一”幸福人生，幼儿园依据国家相关政策，在幼儿园党政工团的支持下，专门为广大处在哺乳期的教职工设置了幼儿园哺乳室。为确保哺乳室的规范使用，真正落实为教师服务的目的，特制定本规定。

（一）服务对象

幼儿园处于哺乳期的女教师。

（二）开放时间

1. 工作日期间7:30至18:00开放。

2. 各岗人员按幼儿园规定的时间使用哺乳室相应设备。

（三）使用规定

1. 每位使用者须签订《哺乳室安全使用责任书》（见附），以确保母乳存放安全。

2. 使用期间，请将“哺乳室使用中”告示牌挂在门外，以免受到打扰。

3. 离开时应将个人物品整理好随身带走，维护环境清洁，关闭电灯、空调等设备，并将告示牌恢复，锁门离开。

4. 母乳于本室收集后，请标示使用者姓名及集乳时间再放入冰箱存放，下班时请取回，勿隔夜存放。

5. 本室冰箱是幼儿园为哺乳期教师提供的服务设施，用于存放当日母乳，并配备冰箱锁以确保安全。

6. 本室设有沙发、饮水机、冰箱等公物，敬请爱惜使用。其他装备如吸奶器、奶瓶、婴儿用品等，由使用者自备。

7. 为保证冰箱内存放环境的干净整洁，请教师们做好冰箱内环境的卫生。

附：

哺乳室安全使用责任书

哺乳期教师如因个人需要使用哺乳室，为确保母乳存放安全，须签订如下责任书。

1. 严格执行幼儿园相关规定，在规定时间内使用哺乳室。

2. 收集的母乳请标示收集者姓名及集乳时间，当日下班时请务必取回。

3. 由哺乳期教师本人存放和拿取母乳，请勿转手他人。

4. 使用时请及时将“哺乳室使用中”告示牌挂在门外，以免受到打扰。

5. 本哺乳室同时兼具谈心室、党员活动站等功能，人员往来较多，为确保母乳存放安全，为冰箱配备了冰箱锁，请每位使用者妥善保管钥匙。

6. 使用后请保持室内清洁，方便其他教师使用。

使用人签字：

年　月　日

幼儿园教职工产检假制度

按照《中华人民共和国劳动合同法》(以下简称《劳动合同法》)和《女职工劳动保护特别规定》等相关文件精神，幼儿园怀孕教师依据怀孕具体月份和情况享受相应的产检假，产检假按正常出勤计算。具体执行办法如下。

1. 怀孕不同阶段产检假的规定。

怀孕第 1～7 个月，每月可享受 1 天产检假，用于妊娠确认以及健康培训等，累计时长不超过 8 小时。

怀孕第 8 个月，每月可享受 2 天假期，用于产前检查与健康培训等，累计时长不超过 16 小时。

怀孕 9 个月以上，每月可享受 4 天假期，但其中 2 天已包括在预产假中(如果不用预产假，则有 2 天产检假)。累计时长不超过 32 小时。

2. 产检假的处理办法。

产检假的工资待遇等同于公假；孕妇因身体需要产生的超过规定时间的产检，一律按照病假计算。

注：(1)产检时间不与其他看病时间累积。

(2)该方案自通过之日起执行。

教师工伤就医及慰问制度

为确保广大教职工的切身利益，维护教职工在园工作的安全、合理开展，依据《工伤保险条例》的相关规定，特制定幼儿园工伤就医及慰问制度。

1. 教职工在受到意外伤害后，根据《工伤保险条例》的相关规定，个人以书面形式提出申报工伤，由幼儿园工会负责具体事宜的办理。

2. 在申报及等待审批结果期间，申请工伤职工的过程中的工资福利待遇按相关绩效工资方案执行。后续审批结果认定为工伤的，按规定进行补发。

3. 教职工因工作遭受事故伤害需要暂停工作接受工伤医疗的，在停工留薪期内，工资按国家规定执行。

4. 被认定为工伤的教职工，享受工伤保险待遇。认定工伤后，需要进行伤残等级鉴定，评定伤残等级后，按照相应等级享受《工伤保险条例》规定的伤残待遇。如未构成伤残等级，则工伤医疗期间的工资按国家规定执行。

5. 受伤职工治疗工伤应当在签订服务协议的医疗机构就医，情况紧急时可以先到就近的医疗机构急救。治疗非工伤引发的疾病，不享受工伤医疗待遇，按照基本医疗保险办法处理。

6. 工伤复发经医院确认需要治疗的，可以享受除一次性待遇(按法律规定)以外的其他工伤保险待遇。

7. 规范幼儿园教职工工伤救治流程(见表5-7)，确保广大教职工身心健康与安全。

附：

表5-7　幼儿园教职工工伤救治流程

环节	人员	目的及主要工作	备注
事故发生	干部	(1)接到消息尽快到场，安抚伤者，了解情况，及时向办公室汇报。 (2)安排好班级工作，确保班级工作正常开展。 (3)根据伤者情况和保健医的建议，及时联系家属，通知后勤部门做好送医准备。	
	保健医	接到通报尽快到场，按首诊制处理伤者情况，根据受伤情况，需要就医的，及时带伤者就医。	
	后勤	接到通知后，做好就医费用、车辆等必要的准备工作。	
医院就诊	干部	(1)安慰受伤职工，联系家属，积极协助配合医生的诊治。 (2)有消息及时向幼儿园主管领导汇报，便于幼儿园及时制定应对方案。	
	保健医	安排受伤职工就诊，配合医生了解情况，根据需要向家属说明受伤情况，便于家属做出就诊需求或决定。如需住院治疗，协助做好后续手续。如需回家休养，根据需要陪同受伤职工安全回家，和家属做好交接。慰问工作直接进入“在家休养期”环节。	
	后勤	主动向在院陪同就医的干部联系诊治情况，根据需要及时提供餐饮等保障服务。	
术前	主管主任	心理疏导，缓解病人术前的心理负担。	
	保健医	协助家属做好术前准备。	
		协助家属做好与医院必要的沟通。	
手术当天	工会主席 保健医 1人	(1)工会主席和保健医提前到场，协助做好术前准备，如园长前去探望，根据手术进展情况及时向园长汇报。 (2)确保园长在第一时间看到病人从手术室出来。 (3)园领导慰问病人和家属，体现人文关怀、了解病人及家属关心的问题，不能回答的问题，后续由相关人员落实。	
	保健医	根据手术情况和家属的需要，在遵守医院相关规定的基础上，协助并指导家属做好病人术后的护理工作。	
	后勤	为病人家属和幼儿园参与护理的人员提供饮食等服务保障。	

续表

环节	人员	目的及主要工作	备注
医院治疗期	干部	在病人住院期间，干部轮流每天前去探视。	
	保健医	根据病人术后恢复情况和病人家属的实际需要，协助对病人进行护理。	
	后勤	视情况在最关键的几天内，为病人家属、前去护理的人员提供饮食，做好服务保障。	
回家休养期	干部	(1)定期联络生病职工，了解恢复情况，对其进行安抚。 (2)及时把握生病职工的诉求，通报相关部门，及时化解矛盾。	
	人事	及时向主管干部介绍相关情况。	
	保健医	定期指导病人做好康复和复查工作，必要时可陪同复检。	
说明	在职工患病期间，幼儿园按照规定慰问一次，特殊情况除外，由后勤部门按照规定准备慰问品。		

第四节　保教管理制度

保教工作在幼儿园整体工作中处于核心位置。保教工作质量决定着园所的质量和水平，决定着幼儿获得发展与成长的实效性，决定着家长和社会的认可度与满意度。实施科学有效的保教管理，对提升保教工作质量、提高教师保教水平能够起到支持和引领的作用。保教管理制度是幼儿园保教工作的“法”，能够指导每一名教师如何开展工作、怎样开展工作，促使教师在其位、行其事、尽其责。

一、教育教学管理制度

幼儿评价制度

1. 树立正确的儿童观、课程观，尊重幼儿个体差异，关注幼儿的原有经验和水平，坚定且明确树立以儿童为主体的评价观。

2. 幼儿的发展与评价应自然地伴随着整个教育过程进行，要综合采用观察、谈话、作品分析、量表等多种方法。

3. 教师应以幼儿发展为本，了解幼儿现有水平，关注其发展动态，对幼儿的五大领域的学习与发展水平进行全面测评。

4. 教师对幼儿发展的测评应以《纲要》《指南》为指导，每学期初、中、末，教师应根据班级幼儿发展情况，对班级幼儿进行项、科学、客观的评估分析。

5. 教师应为每位幼儿建立成长档案册，进行儿童发展性评价，内容应包括：幼儿典型作品、活动游戏中幼儿的观察记录、活动照片等。对幼儿的作品和照片要有能反映幼儿发展水平的文字说明。

6. 幼儿发展评估应由教师、家长、管理人员及幼儿自身共同参与完成。

7. 教师要重视本班幼儿的发展情况与水平，对于幼儿的评价要客观、真实、理性、科学，必须建立在充分了解、观察幼儿的基础上进行。

8. 教师对幼儿的发展与评价可撰写评语及相关报告，作为接班教师制定新学期教育计划的依据和参考。

9. 对幼儿的发展与评价相关测评资料做好归档工作。

幼儿出勤率制度

1. 全园各个班级依据幼儿人数每个月末统计出勤率，每年9月、10月、5月、6月幼儿出勤率应达到80%，11月、12月、3月、4月应达到75%。

2. 遇到雾霾等特殊天气，当日出勤率依据全园幼儿来园情况而定。

3. 遇到传染病情况，传染病隔离期间出勤率依据幼儿出勤情况而定。依据幼儿出勤情况，班级教师可确定是否提前轮休假期。

4. 按上级部门要求规范请假制度，幼儿如有特殊情况不能来园，应由家长提交书面的请假申请，并写清请假原因。

幼儿安全管理及意外伤害事故预防制度

为促进幼儿健康发展，保证幼儿安全，维护正常的教育教学秩序，特制定本制度。

(一)班级环境的安全创设

1. 幼儿园室内外玩具、用品、设备等的购置由副园长、资料室负责，要求符合幼儿年龄特点和安全要求，手续齐全并有安全合格证明。

2. 幼儿园各类室外设施、设备由后勤部门专人、定期进行检修和维护。幼儿园室内玩具、用品的投放由本班保教人员负责，班长负全责。

3. 教学用各种电器插头要放在1.6米高处以上、确保幼儿触及不到的地方，并定期检查，不用的电器要随时关好开关，拔掉插头。

(二)教育活动的准备与组织

1. 来园时，保教人员要做好晨间检查工作，教育幼儿不带危险物品来园，并做好家长沟通工作。

2. 活动前保教人员需提前检查活动场地、运动器械、教学用具、用品的安全。

3. 活动前保教人员需检查幼儿服装、服饰是否符合安全要求。剪刀、裁纸刀等工具需在专人指导下使用，用后妥善保管。

4. 活动前，尤其是户外活动前，教师要带领幼儿做好热身运动，活动后要做放松运动。

5. 幼儿活动要在教师的视线范围之内，活动的密度、强度要符合幼儿的年龄特点。

6. 幼儿在园期间，身体如有不适，保教人员要及时将幼儿送往医务室，并根据保健大夫意见，及时通知家长，并做好交接班工作，密切关注幼儿的身体状况。

7. 教师当班期间着装要求宽松、方便，站位和姿势要方便对幼儿的照顾和保护。

（三）安全教育的组织与开展

1. 幼儿的安全教育要渗透在一日生活的各个环节。

2. 每年的5月、10月为幼儿园的安全教育月，各年龄班在此期间，要开展有针对性的安全教育活动，增强幼儿的安全意识。

3. 凡组织幼儿外出参观、游览、远足、社会实践等大型活动，须提前两周将活动方案上报区教委，写明活动来源、目标、内容、人员安排、安全防范措施等，经教委审批通过后，方可外出。

4. 做好家园共育工作，与家长沟通，共同做好幼儿的安全教育。

幼儿园班级管理制度

1. 班级人员具有大局意识，树立全园一盘棋的思想，为幼儿园的发展献计献策，贡献力量。

2. 班级人员之间相互尊重、相互支持，共同开展班级各项工作，营造和谐向上的班级工作氛围。

3. 班级人员尽职尽责，为幼儿在园健康、快乐、安全的生活创设良好的精神与物质环境。

4. 班级人员根据本岗位职责，制订切实可行的工作计划和个人发展规划，并创造性地开展班级工作。

5. 班级人员每月依据本岗位工作职责对日常工作进行自评与他评，不断改进和提高班级整体工作。

6. 班级人员树立节约意识，对本班的财物有共同保管的责任和义务。

幼儿园交接班制度

1. 保教人员每日认真填写交接班记录，内容要详细、明确(包括幼儿人数、健康情况)，带药品名称及服用方法、服药时间等单独填写。并以口头形式向接班的教师认真交接本班幼儿的情况。

2. 晚班教师下班之前做好安全收尾工作方可离园。

3. 保教人员交接班时要对幼儿进行晨检、午检，做到有病情早发现、早治疗。

4. 在传染病期间，保教人员要详细交接新发病幼儿的情况，并记录在交接班本上。

幼儿园班级卫生检查制度

1. 班级每日必须将活动室、睡眠室等各处打扫干净，窗台、卧室地面、盥洗室、镜子、水池、水台、厕坑、小便池等保持整洁，各种用具放在固定位置。

2. 每天保持室内空气流通，经常开窗保持空气流通。

3. 饮食餐具：杯子、毛巾、餐具、餐车严格消毒，保持清洁卫生。

4. 盥洗室：早晨、中午、晚上各检查一次，注意随时保持干净、防滑、无味。

5. 午睡起床后，要对睡眠室地面、床底进行清扫，保持床栏杆及床缝干净整洁。

6. 每周五进行玩具的清洗和图书晾晒，将玩具刷洗后用消毒液浸泡20分钟，然后放在阳光下晾晒2～3小时，图书打开放在阳光中晾晒2～3小时。

7. 墙面：每个月擦拭一次，每月月底提示家长更换床单、被套、枕套。

8. 每月底周五：早饭后擦洗碗边、餐盒、餐勺，彻底擦洗干净送食堂消毒。

幼儿园教师集体备课制度

集体备课是幼儿园日常工作的一项重要内容，有利于促进教师间相互学习、共同提高、共同发展，是全面提高教学质量、提升教师专业化水平的重要措施。为推动这一工作的开展，特制定本制度。

1. 集体备课是各教研组的一项重要工作，每期的集体备课应在教研组长的安排下，有计划地开展，各教研组应切实列入计划，高度重视。

2. 集体备课应注重实效，合乎实际的需要，在形式上应多样化，备课内容广泛化，参与教师全面化。

3. 各教研组应对幼儿需求和年龄特点进行分析，提高备课的质量。

4. 开展集体备课要求全体教师必须参加，共同提高。

5. 教师以主人翁精神积极参加集体备课，活动中积极发言。

二、教师培训与培养制度

幼儿园继续教育制度

教师继续教育是教师终身学习与发展的重要保障，为满足新时期幼儿教师专业发展的需求，需进一步加强对教师继续教育工作的规划与管理，为教师的专业成长注入持续动力。

1. 幼儿园继续教育工作由副园长负责，培训部门具体落实，教学部门整体推进。

2. 凡已取得教师资格的在职教师都必须参加继续教育。

3. 继续教育类别和对象。

(1)教师继续教育分为新教师培训、教师业务培训、骨干教师培训和高一层次学历进修。

(2)新教师培训的对象是刚刚参加工作的应届毕业生和教龄在一年以内的在职教师；教师业务培训的对象是教龄一年以上的全体教师；骨干教师培训的对象由幼儿园在所有教师中择优推荐。

4. 继续教育的内容和形式。

(1)继续教育的内容包括：依据《纲要》《指南》精神制定培训内容；依据上级精神制定师德师风建设的培训内容；依据五大领域制定培训内容；依据教育前沿信息制定与时俱进的个性化的培训内容。

(2)继续教育的形式：集中培训、远程培训、跟岗培训。

(3)幼儿园组织每周不少于两次的培训活动，每次培训不少于45分钟。

5. 按区教委规定，符合条件的教师必须按时参加继续教育，认真填写西城区教师研修活动记录单(见表5-8)，学期末按时上交。

6. 教师参加继续教育所完成的学时和考核所得学分，按区继续教育中心规定均记入教师继续教育登记册和继续教育证书。

7. 不参加继续教育或擅自中断培训、进修的教师不得参加职称评聘和晋级。

附：

表 5-8 西城区教师研修活动记录单

<table>
<tr><td>工作单位</td><td colspan="2"></td><td>继教编号(姓名)</td><td></td></tr>
<tr><td>活动时间</td><td></td><td></td><td>活动地点</td><td></td></tr>
<tr><td>部门/学科/年级</td><td></td><td></td><td>支持人/主讲人</td><td></td></tr>
<tr><td>课程类型</td><td>公共必修课</td><td>公共选修课</td><td>专业必修课</td><td>专业选修课</td></tr>
<tr><td></td><td></td><td></td><td></td><td></td></tr>
<tr><td>课程名称</td><td></td><td>考核方式</td><td colspan="2"></td></tr>
<tr><td>本次活动主题</td><td colspan="4"></td></tr>
<tr><td>学习内容记录</td><td colspan="4"></td></tr>
<tr><td>学习过程确认</td><td colspan="4">活动组织者盖章(或证书)</td></tr>
</table>

续表

评价与反思	1. 今天的研修活动给我印象最深的是： A. 内容　　B. 形式　　C. 教师　　D. 其他 2. 我对本次活动的评价是： A. 很满意　　B. 满意　　C. 一般　　D. 不满意 3. 通过今天的研修活动，我最突出的感受是： 4. 我对本次活动的建议是：

幼儿园学科带头人评选办法

(一)评定范围

1. 幼儿园学科带头人包括：教育带头人、教科研带头人、管理工作带头人。

2. 在幼儿园连续任教、并具有3年以上一级教师职称者，可申报教育带头人和管理工作带头人。

3. 承担区级以上科研课题并取得成果的教育工作者均可申报教科研带头人。

(二)评定条件

1. 忠诚于幼儿教育事业，模范执行各项教育政策法规，有正确教育思想和高尚的职业道德，热爱幼儿，为人师表，积极主动为家长服务并赢得家长的充分认可。

2. 对学前教育领域具有较系统、较扎实的理论基础和专业知识，能较准确地把握幼儿年龄特点和《纲要》《指南》精神，熟悉幼儿园教育工作原则和方法，工作经验较丰富，工作效果显著。

3. 具有较强的教育科研能力和管理能力，近3年内承担教研、科研课题并取得一定进展，有部分经验总结、论文、著作等在区级以上获奖或发表，任职教师在近3年内承担过区级以上公开课、研究课或经验介绍。

(三)评定程序

1. 本人对照评定条件提出书面申报并上交个人材料。

2. 幼儿园职称评定领导小组对照申报材料进行认定评审。

3. 对幼儿园职称评定领导小组认定的推荐人进行公示，公示期内群众无异议的被评为幼儿园学科带头人。

幼儿园首席教师评聘及管理制度

(一)评聘目的

1. 在教师队伍建设过程中充分发挥优秀教师骨干带头作用和榜样示范作用，加快人才培养，促进梯队的建设。

2. 促进教师队伍专业化发展，切实提高日常教育教学质量。

(二)评聘范围

从事教育、教学实践、管理工作的幼儿园在职并具有教师资格证的工作人员。

(三)评聘条件

1. 具有与学前教育专业相关的本科及以上学历(含破格)。

2. 具有一级教师含以上职称。

3. 师德高尚、爱岗敬业，深受幼儿、家长和同行的好评。

4. 业务能力强，在某领域学科中研究突出，具有一定的教育教学创新能力，能独立承担各级开放教学或观摩任务。

5. 近5年内参与过区级以上(含区级)课题研究，是课题组核心成员，或有一篇区级(含区级)以上相关获奖论文。

6. 具有一定的专业指导能力，在学科领域研究中具有一定的引领作用。

(四)首席教师职责

1. 高质量做好本职工作，任教班级或管理范围内教学工作效果显著，在师生之间享有较高的认可度。

2. 具有示范教学能力，日常教学活动能向园内教师公开，每学期至少要开展两次高水平的观摩活动，并承担区、市级教学研讨活动。

3. 承担一项区级以上课题研究工作，制订计划，组织、管理和指导课题研究的实施，重视教育科研成果的推广。

4. 在本领域教学中有咨询答疑能力，能对本领域教师的公开教学进行指导和评价。

5. 每学年至少承担2～3名本领域教师的培养任务，有培养目标、培养计划、具体实施途径，培养效果较明显。

6. 每学年至少在区级以上刊物发表一篇专业文章，或文章获区级以上奖励，或每学年指导本领域教师撰写论文、案例在区级以上刊物发表或获区级以上奖励。

(五)首席教师评聘办法

教师自愿申报，申报材料包括：

1. 1000字以内申报说明，能说明自己在某领域教育教学中的学术成果与地位的获奖证书、研究成果、观摩教学的文字性材料或影像材料。

2. 幼儿园成立职评小组，对申报人进行综合考察。经职评小组通过，确定首席教师人员。评聘不受名额、学科限制，遵守公开、公平、公正的原则。

3. 首席教师聘期为一学年，期满重新聘任。

（六）补充说明

在任职期间，出现重大师德问题以及违反相关制度规定的行为，给幼儿园造成损失的，评审小组依据相关规定有权取消其任职资格，并在两年内不得再次申报。

幼儿园接待实习教师规章制度

每学期幼儿园都会接待实习教师，为学生提供教育观摩现场。实习教师进入幼儿园，言谈举止都代表教师的形象，需遵守幼儿园的规章制度，规范实习工作。

（一）教育实践

1. 认真贯彻落实《纲要》《指南》精神，尊重热爱每一名幼儿。

2. 师德为先，履行教师职业道德规范，依法执教。尊重幼儿人格，富有爱心、责任心、耐心和细心。

3. 严格遵守幼儿园各项规章制度。

4. 虚心向本班教师学习，并做好实践记录。

5. 将幼儿园所学的知识用于实践中，配合本班老师，做好见习、实习等工作。

6. 实习结束之前，召开实习教师座谈会。每人提交一篇高质量的总结。

（二）行为规范

1. 实习目的明确，实习态度端正。专心致志、虚心好学，高质量地完成实习的各项具体任务。

2. 严格请假制度，保证实习时间。实习教师请假必须经过实习园指导教师、本园管理教师和实习班长的批准，并上交纸质版假条。请假超过2%，将影响实习成绩。

3. 尊重双方指导教师和幼儿园其他工作人员，主动打招呼，虚心接受指导。

4. 注意精神文明，严格遵守大学生行为规范和幼儿园教师专业标准。尊敬师长，礼貌待人，仪表端庄，衣着整洁、朴素。言谈举止要为人师表，做幼儿的表率。

5. 爱护幼儿园公物。各种物品用后要放回原处，保持幼儿园环境的整洁。

（三）常规要求

1. 入园前，实习教师先上交健康证，负责教师接收后，交到医务室暂存，实习结束，交回出入证换健康证。

2. 为了确保校园安全、幼儿安全，实习教师出入幼儿园持出入卡，进园时，主动出示出入卡，配合门口安保工作人员。

3. 本班教师负责幼儿在园的一切活动，鉴于实习教师不全面了解幼儿园、班级、幼儿的情况，因此实习教师不单独与幼儿开展活动，不接待家长。

4. 进餐：回民教师提前告知，安排吃回民餐。进餐时间按幼儿园相关规定执行，食物不带到食堂之外。

5. 上班时间由幼儿园统一规定。

三、教育研究管理制度

幼儿园教研管理制度

1. 教育研究中心要根据幼儿园教师的教学实际情况，对照教育改革精神，以及幼儿园的规划部署，编制切实可行的教研活动计划。

2. 每次教研活动围绕学期教研计划进行，要有主题、有目标、有跟进、有落实，提高教师的理论水平和教研能力。

3. 按照计划开展教研活动，关注计划执行过程中的问题生成，并视具体研究情况进行完善和调整。

4. 主管领导在教研活动前必须详细了解教研活动的主题和内容，做好充分准备，确保实现教研活动的目的性和有效性。

5. 有计划地组织教师学习业务知识，开展观摩、研讨、评比等活动。保证教研活动的时间，每周开展一次教研活动，每次活动有计划、有内容，目的明确，并做好记录。老教师对新教师进行“传、帮、带”活动。

6. 教研活动形式丰富，做到集体教研、年级教研、小组教研、专题教研相结合。活动前有计划，活动中有记录，活动后有评价，并及时对相关材料进行收集与整理。

7. 教师是教研工作的主体，要按时参加活动，在教研过程中认真思考、积极发言、主动反思，增强教师自主发展的意识。

8. 鼓励干部轮流主持教研活动，加强各年级、各部门之间的沟通与交流，实现部门联动合作，相互学习，促进发展。

9. 学期结束时，需对照教研计划进行总结，梳理反思教研过程与效果，做好学期工作、教育研究工作等有关教育教学工作方面的全面总结与专题总结。整理文本，确定可持续研究的方向。

10. 在举办的科研年会中，帮助教师将积累的教育经验、研究成果进行提炼、梳理与总结，并鼓励全园教师进行分享和交流。针对教师在教科研方面的工作进行评定，如实地向园务会汇报并提出奖励建议。

幼儿园兼职教研员制度

为了促进幼儿园教师梯队建设，挖掘和培养科研后备力量，形成理论与实践结合、专职与兼职合作的工作模式和人员梯队，特制定《幼儿园兼职教研员制度》。

兼职教研员是幼儿园日常教研及科研队伍的重要组成部分，要在教科室的带领下，结合幼儿园工作实际，按照教科室工作思路及工作重点，配合、协调教科室及本年级做好教师指导、培训及教学服务工作。

兼职教研员需要具备以下条件：

1. 热爱幼教事业，热爱幼儿，思想积极进取，有责任心。

2. 具有正确的教育理念，愿意参与教科研活动。

3. 有两年以上工作经验，具备一定的带班经验。

4. 具备一定的理论水平，熟悉学前教育相关理论。

5. 文字功底较强，能进行基本的文字编辑及修改工作。

兼职教研员的主要职责：

1. 参与日常调研，了解实践中存在的问题和老师的困惑和需求，及时整理、上报。

2. 参与日常教研，主要负责本组教研活动材料的整理工作。

3. 参与园本课程建设，主要负责教育案例的收集、整理工作。

4. 参与信息整理，主要负责本年级组相关信息的整理、上报。

5. 参与论文评选，主要负责收集、整理教师论文并进行修改。

幼儿园行政教研制度

为提高干部、骨干教师的业务能力与管理能力，加强梯队建设，进一步营造幼儿园学、思、研的氛围，特制定本制度。

1. 行政教研由幼儿园全体行政干部、首席教师、年级组长等骨干教师共同参与。

2. 每学期初，由幼儿园管理人员根据幼儿园管理和师资队伍建设中出现的突出问题，确定学期理论学习与专题研究的主题，并制订学期行政教研计划。

3. 研究主题的选择要有助于促进园所的可持续发展，在活动安排上要能体现出理论与实践的结合以及研究的连贯性和持续性。

4. 认真落实学期行政教研计划，如需对计划进行调整，要拟定调整方案，确保教研活动有计划地开展。

5. 每周固定一天为行政教研活动日，行政教研由中层干部、首席教师、年级组长轮流主持。每次活动要有计划、有记录，能调动大家的积极性和主动性，体现出参与的普遍性。

6. 教研活动后要及时将经验运用在实践中，做到有研究、有实践、有反思、有积累、有提升。

7. 学期结束，围绕研究专题，要形成一定的研究成果(包括教研组总结和教师的研究性文章)，并对成果进行挖掘和整理，使其便于借鉴和推广。

8. 为提高研究水平，每学期将邀请专家参与研究。

幼儿园教师立项科研课题资助制度

在幼儿园经费允许的情况下，为鼓励我园教职工自主申报课题，开展实践研究，全面提升专业素质，做研究型幼儿教师，特制定本制度。

（一）受资助课题的范围

在教育部、全国教育科学规划领导小组、市区规划办以及各级教育学会（包括教育学会下属的二级学会）立项的教师作为负责人的立项课题。

（二）资助内容

1.“课题管理办法”中规定的课题开题专家评审费。

2.“课题管理办法”中规定的课题开展过程专家指导费。

3.“课题管理办法”中规定的课题结题专家评审费。

（三）资助标准

1. 在教育部、全国教育科学规划领导小组、中国学前教育研究会、市规划办立项的课题，可申请全额资助。

2. 在北京市教育学会、北京市学前教育研究会立项的课题，可申请60%的经费资助。

3. 在北京市教育学会下设的二级学会立项课题（北京市学前教育研究会除外），区规划办课题以及区教育学会课题，可申请30%的经费资助。

以上标准根据幼儿园每年财政情况决定。

（四）资助办法

凡符合受资助课题范围的教师自立课题，并符合以下条件的，幼儿园进行资助。

1. 课题负责人具备课题管理和研究能力，带领课题组成员认真、规范开展课题。

2. 课题研究能促进课题负责人及课题组成员的专业化发展，支持幼儿园师资队伍发展。

3. 课题研究取得一定的成果，效果明显，如研究成果在各级各类论文评选中获奖。

4. 课题研究能带动幼儿园相关领域教育教学质量的提升，能促进幼儿的发展。

（五）申请程序

1. 每年年末（11月初），课题负责人向部门主管递交书面申请，包括评审专家信息，同时递交课题研究成果概要和证明研究成果水平（如发表、获奖等）的证明材料。

2. 由幼儿园教育科研领导小组对该课题研究进行评估，由部门主管将评估结果通知本人。

3. 对符合资助的课题，以书面形式通知财务室，课题负责人按规定时间领取。如遇特殊情况，将依据幼儿园实际情况进行调整。

四、教育资源管理制度

幼儿园班级教学与生活资料管理制度

1. 全体教师要牢固树立勤俭节约的意识，爱护教学资料、生活资料，加强对教学资料与生活资料的保管。

2. 在日常使用教学资料和生活资料时，加强对幼儿的教育，引导其正确使用和收放玩具材料及生活日用品等，有节约意识。

3. 电器类教学器材在使用中要注意正确方法，使用后要及时断电，保证器材和人身安全。

4. 在班级教学资料的保管工作中，班长为主要负责人，其他教师也要增强责任意识，确保教学资料的完整。

5. 班级物品及生活物品遗失、坏损时，要按照幼儿园相关规定进行相应赔偿。物品在使用过程中，如有破损，及时如实上报资料员。物品的赔偿，按相关赔偿制度进行。生活物资在使用过程中，如有破损，请在该物品的相关档案中备注，登记，并及时找财产保管员报损，经保管员同意并签字后，方可处理。

6. 每学年期末，各班在交接财产前，须认真清点班级教学资料，该归还资料室的物品清点归还，该交接的物品按照国有财产登记本进行交接。有遗失和坏损的资产在报损、赔偿事宜全部结束后，方可开展交接工作。

7. 交接时除清点物品外，还必须有3年以来的教学资料发放单、自购单、损赔单记录，双方方可在交接单上签字。

8. 交接时请认真清点各项教学物品，并填写《班级教学与生活物品交接单》(见表5-9)；认真清点班级生活物品，填写《班级教学与生活物品损赔单》(见表5-10)。

9. 因各种原因，原班班长调离本班，在调离前需要做好清点、交接本班教学资料和生活资料工作，对遗失部分负相应责任。在调离前需要向班级其他教师清点、交接本班教学与生活资料，遇遗失损坏等将负相应责任，进行相应赔偿。

附：

表5-9 班级教学与生活物品交接单

班级	交接教学物品名称	数量	备注

交接人签字：　　　　　　日期：

接收人签字：　　　　　　日期：

表 5-10　班级教学与生活物品损赔单

日期：　　年　　月　　日

损赔物品名称		损赔责任人签字	
损赔数量		单　价	
部门负责人签字		总计金额	
损赔情况说明：			

幼儿园玩教具管理制度

1. 每学期资料员要了解、掌握各个年级组原有玩教具固定资产的情况 ，以免造成重复采购的浪费现象。

2. 各年级组要根据原有玩教具情况及各班级的玩教具交接情况，并根据本学期开展教学以及日常活动的需要制定出班级购置玩教具的申请单。

3. 具体由资料员与教学部门负责人酌情拟定玩教具购置计划。

4. 玩教具购置计划交由主管教学的副园长审批。

5. 审批完毕，再由资料员与财务部门协商后，按照规范程序进行统一购置。

6. 购置后按照玩教具购置计划清单进行登记存档，并且对玩教具实物进行拍照，留存电子资料。

7. 各年级组负责人根据玩教具购置申请单对玩教具进行分配，领取时登记，并记录在各班玩教具交接记录本上。

8. 每学年期末时，资料员将玩教具清单发给各班班长，班长负责按照交接清单进行玩教具交接工作，并签字留档。

9. 玩教具如有遗失和严重损坏需由责任人酌情赔偿。

幼儿园教学资料借阅制度

1. 各种图书、图片、教具、学具、教学所需日常用品等教学资料，由资料员专人负责，统一管理。

2. 借阅资料需在空班时间进行。

3. 借阅教学资料，领用纸张等用品需严格执行借阅、领用制度，主动在借阅、领用本登记，注明借阅、领用资料的名称、借阅人、借阅时间，归还时注销登记。

4. 借阅资料的最长时间为两周，若需延期使用需办理续借手续。

5. 正确使用、自觉爱护教学资料，若有缺损将进行相应赔偿。杂志、图书丢失按原价赔偿。

6. 如果教学需要领用资料室目前没有的教具、物品，需提前通知资料员并提出购买申请，由资料员上报有关领导，得到批准后方可购买。

幼儿园数字资源管理使用制度

1. 安排专人负责数字资源管理工作。

2. 数字资源管理负责人要根据幼儿园课程设置，做好教学资源数据的分类编组管理，做好数字资源的下载、上传、存储、分类等工作，加强园本数字资源建设，方便教师使用。

3. 定期就数字资源利用与开发情况进行调研，组织教师定期开展针对数字资源的研究。

4. 数字资源共建共享，促进教育资源的发展与提高。

(1)做好教师的个人教学资源收集整理工作，鼓励教师将优质资源上传到幼儿园资源收集空间。

(2)筛选优质园本资源上传到幼儿园数字资源服务平台，实现优质教育资源共建、共享。

5. 上传数字资源必须由幼儿园数字资源负责人按权限严格审查。

6. 未经数字资源负责人批准，不得擅自修改、删除已存的教学资源，不得随意存放资源。

7. 对数字资源定期进行常规性维护和整合，及时处理垃圾资源，保证有足够的空间更顺畅地调用数字资源。

8. 在幼儿园的安排下，设定各级管理人员的权限，保证严谨有秩序地运转数字资源平台。

9. 定期对数字资源平台进行安全检查，防止病毒侵害资源。

10. 要经常与幼儿园相关部门沟通，发现问题及时更正与上报。

幼儿园电教器材管理制度

1. 音像资料由电教管理员专人负责，统一保管，严格执行借阅制度。

2. 教学所需音像资料应提前两天借阅，借阅时要进行借阅登记，借出后要妥善保管，使用完毕立即归还。音像资料在教师手中停留时间不得超过两周，特殊情况应办理续借手续。

3. 音像制品原版资料一律不外借，以免遗失。

4. 所有人员应爱护音像资料，避免划、碰等各种损伤，凡因不慎损坏或丢失音像、电子资料的，按相关规定赔偿。

5. 电教器材使用要严格遵守操作规程，使用后安全关闭电教设备。

6. 计算机管理注意事项：

(1)每台计算机建立管理卡片档案，全园统一编号管理。

(2)卡片应随机移动，便于动态管理。

(3)计算机使用变更时要与固定资产管理员及时沟通。

(4)使用时，若出现设备故障，请及时与电教管理员联系，不得擅自处理，严禁私自拆装硬件设备。

(5)由于个人原因造成设备故障，由本人负责。

(6)不得安装来历不明的软件，以免计算机感染病毒。

(7)定期要对计算机进行检修维护工作，以确保计算机正常使用。

五、幼儿园、家园、社区共育制度

幼儿园家长联系制度

1. 每班设立家园联系栏，向家长介绍幼儿生活、学习情况，宣传科学的教育观念，实现家园共育，宣传内容随活动需要定时更换。

2. 根据幼儿生活和游戏情况认真做好幼儿成长档案，及时与家长沟通、互动，向家长如实介绍幼儿在园内学习、生活的情况，并取得家长的配合。

3. 家长接送幼儿时，教师根据情况与家长进行简短的交谈，交换意见。

4. 教师还可运用其他方式与家长联系，遇到问题坚持做到家园之间及时、有效的沟通。

5. 幼儿连续 3 天不来幼儿园，教师要及时与家长联系询问原因，如遇特殊情况，教师要及时进行家访。

6. 各班设立家长委员会，参与幼儿园的管理，每学期召开一次家长委员会会议，征求家长对本班及幼儿园工作的意见和建议。

7. 根据需要每学期召开 1～2 次家长会。幼儿园每学期为家长提供 2～3 次家长开放日。

幼儿园幼儿家访制度

为全面落实贯彻以幼儿为主体的教育理念，推进家园共育，共同致力于幼儿有效发展，教师应以尊重幼儿、尊重家长为原则，利用寒暑假对新生、老生进行全覆盖的家访，为保证家访工作顺利开展，特制定本制度。

1. 教师家访时衣着应整洁得体，仪表端庄大方。既能充分体现教师职业的特点和健康的审美情趣，又能反映教师热爱生活的精神风貌。

2. 教师家访时，注意言谈举止符合教师身份，尊重家长，关心孩子，让家长和孩子感受到教师对孩子的关爱和良好的职业修养。

3. 教师不得接受家长的任何招待，不接受家长任何形式的送礼。

4. 不以见面会和聚会的形式进行家访，每次家访不可单独前往，保证至少两位教师到访。

5. 家访前要事先联系家长，放假前交家访名单，进行登记，教师按时到访。

6. 每学年保证与每个家庭建立联系，新生入户家访率达到100%，老生入户家访率30%以上，家访回访率达到100%。

7. 家访前认真制订家访计划，设计家长调查问卷，家访后进行家访总结。

8. 家访注意留痕，留存照片、视频、文字等相关资料。

9. 对有特殊需要的个别幼儿，在学期中随时进行家访。

10. 家访中教师注意个人卫生习惯，动用孩子物品前，先用湿纸巾擦手，再接过孩子的物品。

幼儿园社区教育制度

1. 热爱幼儿，积极投身于社区早教工作，加强学习，更新教育观念，树立正确的儿童观，积极做好社区早期教育工作。

2. 认真履行教师职业道德和园内各项规章制度，尊重社区幼儿、家长及看护者，保证以规范和优质的服务，做好社区早教基地工作。

3. 热情接待家长，耐心细致地解答家长疑问，做好解答和咨询工作，对家长提出的问题，当时不能答复的，事后要及时给家长反馈。

4. 更新家庭教育观念，改善家庭教育策略，提高家庭教育质量。充分利用展板、报刊、游戏活动、讲堂、亲子活动等多种形式向家长进行宣传、指导。

5. 为保证教学质量，促进幼儿发展，有效指导家长开展家庭教育活动，每次活动前要制订教学计划，明确教育内容，并提交主管领导检查通过后，方可实施。活动后及时反思、做文字总结，并提出下次活动的初步设想和改进的方案。

6. 认真做好活动前的各项准备，提前检查玩具的投放、教具的准备情况，确保材料安全、丰富。

7. 利用幼儿园及周边的环境资源，组织幼儿开展活动。合理安排室内外活动，注意动静交替，满足幼儿的发展需要，促进社区幼儿身心健康发展。

8. 为参加早教基地的幼儿建立教育、健康个人档案。做好早教基地教育活动的计划、记录、来园登记、音像等各项档案收集、整理工作。

9. 做好早教基地的卫生、消毒工作，检查室内外场地、设施设备的安全，提前踩点，为孩子和家长提供卫生、安全的活动环境。

10. 针对幼儿的年龄特点，组织适宜的亲子活动。关注对家长的指导，向家长介绍活动的目的、内容和要求以及需要配合的地方，提出指导建议和策略。

11. 积极征求家长意见，听取家长的建议，不断调整、改进工作。

12. 每学期通过论文或反思总结社区早教工作经验，注重资料的搜集、整理。

幼儿园社区早教基地卫生保健制度

1. 活动前：

(1)教师打开门窗通风换气。

(2)教室地面、玩具柜、水龙头、厕所、物品柜等，每日使用消毒液擦拭一遍(浓度为 250 毫克/升)。

2. 活动后：

(1)教室玩具每次活动后消毒一次，使用消毒液浸泡 10 分钟后(浓度为 250 毫克/升)再用清水冲洗干净。

(2)图书每周阳光照射一次。

(3)教室内空气用紫外线灯照射消毒一次(灯亮 5 分钟计时)。

(4)户外大型玩具每日使用消毒液(浓度为 250 毫克/升)擦拭消毒。

3. 首次来园的幼儿请家长填写幼儿健康登记表，由保健医生审查。

4. 每次来园进行身体检查，对患有传染病和发烧的幼儿，由保健医生在门口劝其离园，等待幼儿病愈后，持保健科入园证明方可参加活动。

5. 参加活动前，幼儿使用六步洗手法进行洗手。

6. 在活动中出现发烧的幼儿及时隔离，并由家长接幼儿回家休息，教室内及时用紫外线照射消毒 60 分钟，同时使用消毒液擦拭消毒。

第五节　卫生保健制度

健康是儿童全面发展的基础，拥有健壮体魄、良好卫生习惯和自我保护能力等能够为幼儿的终身发展打下良好的基础。为了更好地支持幼儿园卫生保健工作的开展，规范卫生保健服务和管理工作，促使卫生保健工作更加科学化、制度化，卫生保健制度的形成与实施必不可少。

一、健康检查制度

幼儿园幼儿入园健康体检制度

本制度的设立是为了了解幼儿的生长发育及健康状况，判断能否适应集体生活以及早期发现传染病，确保全体幼儿健康快乐成长。

1. 幼儿入园时，须持有“儿童入园健康检查表”(体检单)、“北京市儿童保健记录”和“北京市儿童计划免疫本”办理入园，体检单有效期为 3 个月 。

2. 转园幼儿入园时，如持有 3 个月内北京市妇幼保健机构出具的“儿童转园(所)健康证明”，可不用进行入园体检。

3. 在园幼儿离园 3 个月以上，再次返园时需要重新体检。

4. 对于特殊情况(如短期赴外埠、出境、有传染病接触史等)的离园幼儿，应按照卫生行政部门公布的疫情或《中华人民共和国国境卫生检疫法》接受相关部门的检查及相应传染病的检疫，保健医进行询问并加强晨检，指导教师进行相关症状的观察。

幼儿园幼儿定期健康体检制度

幼儿园应对在园幼儿生长发育进行监测和评价，通过定期检查及时发现疾病和异常情况并进行针对性的防治，促进幼儿健康成长。

1. 健康检查时间：每年两次体检，分别为大体检和小体检，大体检安排在 5 月进行，小体检安排 11～12 月进行。为了更加准确地将体检结果进行自我对比，本年度体检时间与上一年度体检时间间隔不超过 1 个月。

2. 健康检查内容：体重、身高、一般情况、皮肤、血红蛋白、听力、视力、口腔检查等。

3. 预警征筛查：心理行为发育监测(由班级初筛—保健医审核—再次未通过进行转诊)。

4. 在健康检查中，发现任何不能处理的情况均应转诊。

5. 按照市区妇幼保健工作相关要求，将体检数据逐项输入信息系统进行评价。

6. 大体检中出现异常情况，如贫血、预警征阳性、视力低常、体弱儿、肥胖儿等，按要求转诊、管理、追踪。

幼儿园晨、午检及全日健康观察制度

为了了解幼儿健康情况，减少传染病的发生，做到传染病早发现、早隔离、早诊断、早治疗，落实晨、午检及全日健康观察非常重要，必须做到如下要求。

1. 晨检：每天(7:30～8:30)由保健医在幼儿园门口进行晨检，其他时间及午检由

班上老师进行检查，保健医进行全园巡诊，发现问题及时处理。

2. 保健医每天书写晨检及全日健康检查记录。

3. 为保证在园幼儿健康，对晨检中发现异常的幼儿，引导其家长配合并带领幼儿及时就诊或在家观察，直至症状消失方可来园，在此过程中保健医要有随访、有记录。

4. 班级教师负责对幼儿进行午检，发现异常(传染病高发季如发现疑似诺如传染病的可戴上防护品)及时送医务室隔离。记录在交接班本上，并进行追踪排除传染病。

5. 晨、午检重点内容。

(1)一摸：有无发热，对可疑者及时测量体温。

(2)二看：精神状态、面色、咽部、皮肤有无皮疹及传染病早期表现。

(3)三问：了解幼儿的一般健康情况，饮食、睡眠、大小便情况。

(4)四查：有无携带不安全的物品，发现问题迅速处理。

6. 空气重污染晨检工作流程。

(1)依据《北京市教育委员会空气重污染应急预案(2018年修订)》及所在地区分预案，制定幼儿园空气重污染天气晨检工作流程，接到空气重污染预警后启动。

(2)主班教师主要检查：幼儿嗓子咽后壁有无疱疹或溃疡(用手电)，脸部、手部等裸露在外的皮肤有无异常皮疹，眼结膜有无充血及分泌物，有无携带不安全物品来园等，如有身体异常，劝其回家休息或就诊排除传染性，沟通有困难时与医务室联系，并请家长耐心等候。

(3)早班保健医一人在医务室留守，有需要随时进班。另一人在全园各班巡视，对老师的晨检工作进行指导。

(4)保健医8:30前汇总晨检异常幼儿的人数和具体情况，登记在“晨检及全日观察登记本”中。

幼儿园教师健康检查制度

为支持教师及时了解自身健康状况，确保师幼健康，保护在园幼儿健康，及时了解和掌握教职工的健康状况，特制定本制度，具体内容如下。

1. 每位教职工在上岗前及以后每年必须去园所所在地区妇幼保健院或卫生行政部门指定的医疗卫生机构进行健康检查，取得《托儿所、幼儿园工作人员健康证明书》后方可上岗。

2. 食品从业人员需提供有效的《北京市公共卫生从业人员健康检查证明》方可上岗。

3. 本人如实填写既往史，精神病患者或者有精神病史者不得在托幼机构工作。

4. 教职工出现健康问题时积极就诊，必要时离岗治疗，并按照要求记录在“西城区托幼机构工作人员体检情况登记本”上。

5. 凡患有传染性疾病、疑似传染性疾病者必须离岗，治愈后须持卫生行政部门指定的医疗卫生机构出具的诊断证明，并取得《托儿所、幼儿园工作人员健康证明书》后方可返园工作。

6. 对教职工进行慢性病相关知识的宣教工作，提高防病意识。

幼儿园食堂从业人员卫生管理制度

1. 食堂从业人员必须每年进行健康检查，取得有效的健康证明后方可参加工作。炊事人员必须具有有效的《北京市公共卫生从业人员健康检查证明》才能上岗。

2. 根据食品药品监督管理要求，每天如实填写个人健康状况，杜绝带病上岗，如患有碍于食品卫生的传染病、性传播疾病、化脓性或渗出性皮肤病、腹泻、发热、呕吐等病症时，应立即脱离工作岗位，待查明病因、排除有碍食品卫生的病症或治愈后，方可重新上岗。对患有可能造成食品污染的相关疾病(如灰指甲、牛皮癣等)的工作人员应调换工种。

3. 工作前、处理食品原料后、便后要用肥皂及流动清水洗手。接触生熟食品的人员应分开，如为一人承担，则必须在接触直接入口食品之前彻底清洁、消毒双手。

4. 穿戴整洁的工作衣、帽，并把头发置于帽内，如厕前先脱去工作服。

5. 不留长指甲，不得染指甲，加工食品时不戴手环、戒指。

6. 出食堂脱掉操作服。

幼儿园游泳馆从业人员及环境卫生管理制度

1. 上岗人员符合市区卫生防疫部门的要求，具备卫生健康合格证。

2. 患有痢疾、伤寒、病毒性肝炎活动期、肺结核、化脓性或渗出皮肤病、红眼病以及其他有碍公共卫生的病症者，不得进入馆内游泳。

3. 厕所及更衣室各通道及浸脚消毒池应每次训练完后进行清扫冲洗，并用消毒液擦洗。游泳馆禁止任何人穿鞋进入馆内，浸脚消毒池在每次训练前施放次氯酸消毒液以避免传染病的发生。

4. 工作人员及游泳者必须有健康证或合格证。工作人员应有明确分工，熟悉本职工作范围内的卫生知识及操作技术。饮酒、精神不正常或患有传染病者，不得进入场内。

5. 对水质处理的管理：水质消毒开场前及使用过程中，按监测池水余氯含量0.3～0.5毫克/升、pH小于8进行控制并做好记录，发现池水浊水超标时应进行净化。

6. 保持馆内空气流通，定时开启室内排风设施。

7. 教练员与管理人员每次训练后应及时维护及保持地面、池壁的清洁卫生。水的清洁度和水温要符合卫生防疫要求。

8. 每天幼儿离开后要通风，每天对幼儿接触过的地方用消毒液(浓度为125毫克/升)擦拭消毒。

幼儿园日常卫生与消毒制度

为了预防传染病的发生，控制传染性疾病的传播流行，积极做好园所环境卫生及幼儿个人卫生的管理与消毒工作，为儿童提供整洁、安全、舒适的生活环境，特制定本制度。

1. 保健医根据园所实际情况制定符合本园的卫生消毒制度，定期检查，发现问题及时解决。班上助理教师填写班级“幼儿园卫生消毒自查记录表”(见表5-11)。

2. 积极开展卫生防病宣传教育工作。通过各种方式与途径，不断提高全体人员防病及消毒的知识水平和技术水平。

3. 个人卫生与用品消毒。

(1)培养幼儿良好卫生习惯，认真做到饭前便后用流动水洗手，勤剪指甲，保持服装整洁。

(2)幼儿日常生活用品专人专用，儿童每人一巾一杯，每天清洗并消毒一次，用水杯饮用易附着于杯壁的饮品(如牛奶、豆浆)后，应及时清洗消毒。毛巾消毒后条件许可时放在阳光下晾晒。

(3)牙杯、牙刷个人专用，保持清洁，牙杯每周五彻底清洗消毒一次，牙刷保持清洁，每3个月更换一次(出现破损随时更换)。

(4)幼儿梳子有名字，专人专用，拖鞋个人专用，保持清洁，每两周清洗一次。

(5)使用移动幼儿床位的，每个人固定，被褥个人专用，每月为儿童换洗床单、被套、枕套一次，被褥保持清洁、干燥，每月拿回家晾晒一次。床上用品有污物时要及时更换拆洗。

(6)教师应保持仪表整洁，注意个人卫生，饭前便后、护理幼儿及接触幼儿食物前应用肥皂和流动水洗手，不得染指甲及留长指甲。

4. 饮食卫生与消毒。

(1)助理教师熟练掌握幼儿进餐各环节卫生要求。

(2)餐桌消毒应按“清—消—清”程序清洁，第二遍与第三遍相隔10分钟，餐后要擦拭干净。

(3)每餐消毒餐桌时，应擦拭并消毒餐车。餐具每餐使用后送到食堂集中清洗消毒。月末彻底用去污粉擦餐具。

附：

表 5-11　幼儿园卫生消毒自查记录表

______班　　　　______月份

日期	大面消毒				通风		水杯/餐盘	毛巾	教师分配前洗手	餐桌消毒	餐车	抹布墩布	玩具筐玩具架	厕坑挡板厕帘	椅子	洗衣机	塑料玩具	图书	牙杯	梳子	换枕套被套床单	执行人
	消毒液　125 毫克/升				>15 分/次		每日	每日	每日	三餐一点125 毫克/升	三餐消毒液125 毫克/升	每日消毒液500 毫克/升	每周二消毒液125 毫克/升	每周三消毒液125 毫克/升	每周四消毒液125 毫克/升	每周五消毒液100 毫克/升	每周五消毒液125 毫克/升	每周五阳光暴晒	每周五一次	两周一次	每月底一次	
	把手	直饮水（龙头，把手，台面）	大面（窗台、杯格、筐等）	盥洗室（台面，毛巾墙，地面，隔板，厕坑）	卧室	活动室	（个）	（个）	（人）													
1 日																						
2 日																						
3 日																						
4 日																						
5 日																						
6 日																						
7 日																						
8 日																						
9 日																						
10 日																						
11 日																						
12 日																						
……																						

备注：本表中的消毒液指含氯消毒液。

二、幼儿园传染病预防与控制制度

幼儿园传染病管理制度

幼儿园是幼儿密集的地方，一旦发生传染病极易造成流行，为了保护在园幼儿身体健康，应加强传染病管理。传染病包括：国家法定39种传染病、水痘、皮肤传染性疾病、沙眼以及其他新发传染病。

1. 保健医定期对幼儿及其家长开展预防接种和传染病防治知识的健康教育，提高其防护能力和意识。尤其传染病流行高发季，更应加强宣传工作。

2. 培养幼儿良好的生活习惯，如正确的六步洗手法、初步的礼仪教育。

3. 班级规范做好卫生、消毒工作。

4. 园内发现传染病确诊或疑似病例后，按照传染病报告流程，立即向所属地区上级卫生服务中心报告。确诊后进行传染病登记。

5. 必要时启动传染病应急预案，上报幼儿园办公室。

6. 教师每日重点掌握因病幼儿的缺勤原因，排查聚集病例。

7. 按照免疫程序按时进行疫苗的接种工作，做到保护易感儿童。

8. 传染病班级实行双晨检，保健医在门口检查，当班的教师在本班再仔细检查一次，发现疑似传染病例时，立即居家隔离或确诊。

9. 保健医、教师共同做好晨、午检及全日观察工作，发现疑似传染病例时，立即送隔离室隔离，做到早发现、早隔离。

10. 配合疾控中心做好疫情和病例的调查和处理、应急接种、宣传教育等防控措施的实施，对被传染病病原体污染(或可疑污染)的物品和环境实施随时性消毒与终末消毒。

11. 患有传染病的幼儿及工作人员隔离期满痊愈后，必须持有所在社区卫生服务中心的痊愈证明，方可返园。

12. 每年做好防治传染病计划及总结，以便今后更好地开展工作，提高应对措施。

幼儿园传染病疫情报告制度

为进一步加强传染病防治工作，认真落实关于传染病防治工作的指示精神，幼儿园特制定本制度。

1. 本园严格执行《中华人民共和国传染病防治法》和《幼儿园传染病管理制度》等相关文件。

2. 医务人员严格按照国家法定甲类、乙类、丙类的传染病，水痘、皮肤性传染病以及其他新发传染病报告程序和时间上报所属地区卫生服务中心。

3. 每个人均为疫情报告人，有义务、有责任报告各类传染病。

4. 班级出现传染病时，由本班教师及时通知保健医生。

5. 幼儿在家患传染病时，由家长及时通知本班教师或幼儿园保健医生。

6. 保健医生接到报告后立即电话报告幼儿园办公室和所属地区卫生服务中心。

7. 报告内容：病儿班级、姓名、年龄、住址、疾病诊断日期、确诊医院、家长联系电话。

8. 保健医生及时填写传染病登记记录。

幼儿园传染病检疫班级管理制度

1. 教室坚持开窗通风，有条件的开对流风。

2. 按照不同传染病进行检疫，做好家长、教师及幼儿的防病宣传工作。

3. 教室桌椅、直饮水龙头把、门把手、儿童床、椅子、厕所地面、玩具架等幼儿所接触的地方使用消毒液（浓度为500毫克/升）擦拭消毒。经常接触的部位如门把手、水龙头等，增加消毒次数，每日至少两次。

4. 幼儿玩具每日使用消毒液（浓度为500毫克/升）浸泡15分钟后，再用清水冲洗干净，晾干备用。

5. 幼儿餐具采用双消毒制度，即：先用消毒液（浓度为500毫克/升）浸泡15分钟，然后再进行常规蒸气消毒（通知食堂最后清洗、消毒、检疫班级餐具，先用清水冲洗干净后再进行蒸气消毒）。

6. 教师和保健医生加强晨、午健康检查，教师在检查中发现异常及时通知保健医生，并立即做好本班隔离工作，及时记录在交接班记录本上。

7. 教师每天做好缺勤幼儿的家长联系工作，随时了解健康状况，每天填写缺勤统计表，并及时上交医务室。每日上午9:30前报告本班有无新发病幼儿。

8. 检疫班做好与健康班的隔离工作，做到不串班、不混班、不接收新生、不参加集体活动。

9. 班级粘贴检疫标识，提示检疫班级在检疫期暂停疫苗接种。

10. 根据传染病管理办法及上级保健单位要求，开展应急接种工作。确定班级应急接种对象，做好家长解释沟通工作，督促按时完成应急接种。

11. 发生聚集病例时，保健医及时上报保健科，同时园内启动传染病应急预案。积极配合疾病预防控制中心做好流行病调查工作，按要求及时上交报表。

12. 患传染病幼儿病愈返园时，必须到地段保健科开复园证明，家长把证明交到医务室，教师需见保健医生开具的健康证明或口头传达方可让幼儿进班。

13. 认真做好各项记录（消毒记录、交接班记录、缺勤原因记录）。

14. 传染病结束后，保健医进行传染病小结，分析发生原因及改进措施。

幼儿园隔离室制度

在园幼儿发现疑似传染病应立即送隔离室，减少对其他幼儿的传染。

1. 隔离室应备有专用的消毒药品，保证隔离室物品专用，各种物品用后常规消毒。

2. 呼吸道传染病及时隔离，隔离室进行空气紫外线消毒，通风，防止交叉感染。

3. 消化道传染病(肝炎、痢疾)床边隔离，防止交叉感染。

4. 每次病人隔离结束后，隔离室进行终末消毒：幼儿用品用消毒液(浓度为500毫克/升)擦拭消毒，水杯、餐具等使用后用消毒液(浓度为500毫克/升)浸泡15分钟后，清洗，再进行蒸气消毒。

5. 病人的排泄物、呕吐物，按传染病分类进行消毒。

6. 做好各项记录(隔离、消毒)。

7. 传染病人使用的物品用黄色垃圾袋分装，送保健科。

幼儿园预防接种制度

为了保证在园幼儿健康，有效控制传染病的发生，保护易感幼儿，特对预防接种事宜做如下规定。

1. 保健医要掌握入园和在园幼儿的预防接种情况。

2. 查验每位新入园幼儿的预防接种证，并将疫苗接种记录填写在“儿童免疫规划疫苗接种情况登记表”中。

3. 在查验中发现未按照要求接种北京市免疫规划程序规定疫苗的幼儿，及时了解情况并进行补种(一个月内完成补种)，记录在“儿童免疫规划疫苗接种情况登记表”中。

4. 卡介苗的补种工作由本片社区进行。

5. 保健医协助保健科做好在园幼儿常规免疫预防接种的审核、预约、通知工作。

6. 掌握特殊幼儿的解冻日期(特殊疾病不能进疫苗接种，病愈后可进行接种的日期)，及时安排补种，避免漏苗。

7. 保健医以宣传栏、微信等形式，定期向幼儿家长进行按时预防接种的重要性和有关传染病知识的宣传，告知在园适龄幼儿监护人及时接种疫苗等预防接种的宣教工作。

8. 按照免疫程序做好各种疫苗接种的数据上报工作。

9. 按照要求做好传染病时的应急接种、上报数据等工作。

三、体弱儿及肥胖儿管理制度

幼儿园蛋白质—能量营养不良管理制度

1. 园内在体检中发现的蛋白质—能量营养不良幼儿，及时进行干预、指导及护理，使其尽早康复，促进健康成长。

2. 对筛查出来的低体重、生长迟缓和消瘦的幼儿进行管理、登记、建专案。

3. 向家长发放调查问卷，了解幼儿在家的各种生活及饮食习惯，做好家园共育工作。

4. 查找造成营养不良的原因，如早产、低出生体重、喂养不当、反复感染等，以便更具有针对性地指导、护理。

5. 每月对幼儿进行营养监测，测量身高和体重、生长发育评估和指导，直至恢复正常结案。

6. 指导班级教师在饮食、运动等生活方面对幼儿给予关注。

7. 转诊：重度营养不良幼儿、中度营养不良幼儿连续两次治疗体重增长不良或营养改善3～6个月后身高仍增长不良者，需及时转上级妇幼保健机构或专科门诊进行会诊或治疗。转诊后，应定期了解儿童转归情况，出院后及时纳入专案管理，按上级妇幼保健机构或专科门诊的治疗意见协助幼儿进行恢复期治疗，直至恢复正常生长。

幼儿园超重和肥胖儿管理制度

1. 将定期体检及入园体检中筛查出来的超重和肥胖儿进行管理，对肥胖儿建专案。

2. 向超重和肥胖幼儿家长发放调查问卷，分析、查找原因，有针对性地进行指导。

3. 对肥胖儿的管理。

(1)每月测量一次身高和体重，输入妇幼二期系统并监测体重生长情况，避免过度喂养和过度进食，适当控制体重增长速度。

(2)采用行为疗法改变不良的饮食行为，培养健康的饮食习惯，少吃高糖、高热量食品。

(3)培养和指导幼儿养成良好的运动习惯和生活方式。

(4)多进行户外活动，尽量不看电视或电子产品。运动形式应多样化，选择适合幼儿年龄特点并富有趣味性的活动项目，提高幼儿对运动的兴趣。

(5)幼儿在改变不良生活习惯时，及时给予表扬与奖励，增强其自信心，鼓励幼儿多参加集体活动。

(6)重点做好家园共育工作，帮助幼儿养成良好的生活习惯，对家长进行科学指导。

(7)根据卫生保健管理要求进行结案。

幼儿园发育行为异常儿童管理制度

为及时掌握不同年龄幼儿的心理行为发育状况，早期发现幼儿心理行为问题，促进幼儿健康发展，减少残疾的发生，特做如下规定。

1. 每年一次对幼儿进行心理行为发育评估—预警征。

2. 为了保证评估的准确性，每年对评估者进行培训，由各班教师对本班幼儿进行预警征初筛工作，不太确定的症状要向家长了解幼儿在家表现，力求准确。

3. 保健医将阳性体征的儿童再进行一次筛查，阳性的幼儿转诊到上一级保健机构进行干预。

4. 将筛查结果记录在儿童保健手册上。

5. 幼儿如有吸吮行为、咬指(趾)甲、饮食行为问题、睡眠问题、遗尿、异食癖、口吃、过度依赖、退缩行为、屏气发作、暴怒发作、习惯性摩擦综合征等疑似心理行为异常表现时，将筛查情况记录在“北京市儿童保健记录”—健康检查记录表—“心理行为问题”栏中。

6. 复查后如果有任何一条预警征阳性的幼儿，将其信息登记在“体弱儿童及肥胖儿童登记册”上。

7. 追访：幼儿转诊后3个月内进行追访，追踪转诊情况及诊断结果，并填写在“体弱儿童及肥胖儿童登记册”中。

四、五官保健与膳食管理制度

幼儿园儿童视力保健管理制度

本制度旨在通过眼保健宣传教育，保护幼儿视力，培养良好的用眼卫生习惯。

1. 每年一次对4岁及以上幼儿进行视力检查。

2. 对筛出的视力低常幼儿进行转诊，转诊率达到100%，矫治率达到95%。

3. 具有视物行为异常的应及时转诊。

4. 将测查结果及时录入二期系统，并进行登记管理。

5. 每3个月对视力异常幼儿进行一次视力测查，将结果反馈给家长，提供治疗依据。

6. 对幼儿进行眼部保健措施的宣传。

7. 保健医定期对班级采光及幼儿用眼卫生情况进行检查，并指导教师培养幼儿良好的用眼卫生习惯。

8. 教师指导幼儿养成正确的书写、看书习惯。

幼儿园儿童口腔保健管理制度

1. 对在园幼儿进行口腔健康检查及健康宣教，培养幼儿养成良好的口腔卫生习惯，预防幼儿龋齿等口腔疾病。

2. 采用多种形式，根据儿童的年龄阶段，从饮食、口腔卫生指导等方面进行宣传教育。

3. 由专业的口腔医生每半年进行一次口腔检查，记录在口腔登记表上，督促家长为患龋幼儿及时矫治，矫治率力争达80%以上。

4. 为了有效地预防龋齿，每半年一次为3岁以上幼儿涂氟。

5. 按照要求将龋齿检查和矫治情况记录在“3～6岁儿童龋齿治疗记录表”并及时录入二期系统。

6. 让幼儿从小养成良好的口腔卫生习惯，在园幼儿早晚饭后漱口，中大班幼儿午餐10分钟后刷牙。

五、幼儿膳食管理制度

幼儿园幼儿膳食管理制度

1. 加强膳食的科学管理，为幼儿提供合理的营养膳食，科学制定食谱，保证膳食平衡，促进幼儿健康成长。

2. 建立健全幼儿膳食管理相关的各项工作职责及管理制度。

3. 为了提高膳食质量，每个月召开一次伙食委员会，由园长、保健人员、管理员、保教人员、炊事人员、财会人员及家长代表组成。广泛征求家长意见，总结经验，找不足，有记录。每学期向家长征求意见及建议，对提出的意见给予回复。

4. 幼儿食品的采购在具有《食品生产许可证》或《食品流通许可证》的单位进行。食品进货前必须采样查验及索票索证，建立食品采购和验收记录，做好出入库账目登记。

5. 幼儿伙食费专款专用，精打细算，每月结算后向家长公布账目，每学期膳食收支盈亏不超过2%。

6. 根据幼儿生理需求，以《中国居民膳食指南》为指导，参考中国居民膳食营养素参考摄入量(DRIs)和各类食物每日参考摄入量，制订幼儿膳食计划和食谱。

7. 为了更好地掌握幼儿营养素的摄入情况，每月进行一次营养计算，并分析不足，为下月制定食谱提供依据。

8. 准确统计各班实际来园儿童数，做到少剩饭(主食量最好控制在5%以内)，不浪费。

9. 根据季节、年龄特点等，每周制定合理的平衡带量食谱。

幼儿园幼儿进餐指导制度

1. 为幼儿创设卫生、整洁、舒适的进餐环境，在进餐过程中，教师不擦地、不扫地、不铺床。

2. 做好餐前的准备工作，幼儿在餐前15分钟不做剧烈活动，避免过度兴奋，影响食欲。

3. 餐前和进餐时要保持幼儿情绪愉快，不处理幼儿问题，保证专心进餐。

4. 餐前组织幼儿洗手，做到随洗随吃，既不能人等饭，也不能饭等人。体弱和吃饭慢的幼儿先洗先吃，给予必要的照顾。

5. 掌握进食量(每餐时间不少于20分钟)，保证吃饱、吃好，教育幼儿充分咀嚼，不要过分催饭。对食欲不好的幼儿要分析原因，给予照顾。

6. 让幼儿了解营养知识，促进食欲，可以向幼儿介绍食谱(大班可以让值日生介绍)。

7. 培养肥胖幼儿良好的进餐习惯，如细嚼慢咽，一口饭嚼20～30下以减慢进餐速度，控制主食量、多给菜、少盛多添，进餐时间控制在30分钟内。

8. 纠正幼儿偏食、挑食，培养良好的饮食行为和卫生习惯。

9. 饭后指导幼儿擦嘴、漱口或刷牙，以达到预防龋齿的目的。

六、班级健康管理制度

幼儿园班级服药制度

为规范幼儿园卫生保健管理，保障幼儿的在园服药安全，促进每个孩子的健康成长，特制定幼儿园班级服药制度。

1. 家长给幼儿在园服药，要详尽填写《家长委托教师服药记录单》(见表5-12)，在药袋(药瓶)上注明幼儿姓名、服用方法，并签字确认。当天未服完的药物请及时带回家保管，服过的药袋或药瓶要放入药箱中保留3天。

2. 教师为幼儿服药前一定要仔细核对委托服药记录单上的幼儿姓名、药名、剂量、服法，且与药瓶(袋)一致，服药后填写执行时间、服药剂量并签字。

3. 在园服用的药物，应在家已用过且没有产生过敏反应，每次只带一天的药量，且药品限制2种以下；连续服用3天后，为了幼儿的用药安全以及不延误病情，请家长带幼儿及时就诊复查，有新医嘱后才可在园继续服药。

4. 幼儿园不宜服用需要冷藏保存的汤药及其他药物。

5. 抗生素类药物因易产生过敏以及幼儿病情未得到控制，不建议在园服用。

6. 非治疗性药物如维生素、钙片等没有严格时间要求的，请家长在家自行喂幼儿服用。

附：

表 5-12　家长委托老师服药记录单

______ 班

为了幼儿的服药安全，请家长每次带当天药量，限 2 种以下，抗生素类、眼药水等请不要带到幼儿园；中药汤剂由于园内保存条件有限，建议您在家服用；相同药物连续服用 3 天，如果第 4 天仍要继续服用，需要提供医院病例及处方，以免延误幼儿病情。感谢家长的配合！

日期	姓名	年龄	服药原因	药名	服药剂量	服药时间	家长签字	执行教师签字及执行时间					
								时间	剂量	签字	时间	剂量	签字
3 月 1 日	××	3 岁	咳嗽	清肺颗粒	1 袋	早、中	××	9 点	1 袋	×老师			

7. 眼药水类如散瞳药滴眼后可能会引起视物不清、畏光、眼胀等不适，不宜参加集体活动，请家长在家用药，可以更好地关注幼儿情况。幼儿出现眼红、有分泌物等，如确诊是传染性结膜炎，为了避免交叉感染，请暂缓来园，待症状消失或医院出示无传染性的诊断证明方可来园。

幼儿园幼儿人身安全制度

为了保护幼儿安全，预防和减少伤害事故的发生，特制定本制度。

1. 幼儿园的房屋、场地、家具、玩教具、生活设施等要符合国家相关安全标准和规定。

2. 幼儿园已建立重大自然灾害、食物中毒、踩踏、火灾等突发事件的应急预案，如果发生重大伤害时应当立即采取有效措施，并及时向上级有关部门报告。

3. 加强对教职工、幼儿及家长的安全教育和突发事件应急处理能力的培训，定期进行安全演练，掌握安全知识，提高自我保护和自救的能力。

4. 保健医定期对教职工进行预防儿童伤害相关知识和急救技能的培训，做好儿童安全工作，消除安全隐患，预防跌落、溺水、交通事故、烧(烫)伤、中毒、动物致伤等伤害的发生。

5. 每月由后勤专人负责检查幼儿园的大型器械，排除安全隐患，确保安全使用，有记录。

6. 保健医定期检查班级消毒药品的储存及使用，确保安全。

7. 后勤定期进班检查电器等安全使用，做好记录。

8. 儿童发生意外伤害后，先进行初步处理，再转院，填写“儿童伤害与事故登记册”。

幼儿园健康教育制度

通过对家长、教职工和在园幼儿进行健康宣传，更新健康理念，传播健康知识，培养健康行为，改善周围环境，促进幼儿健康发展。

1. 根据不同季节、疾病流行等情况制订全年健康教育工作计划，并认真贯彻执行，年末总结计划完成情况及分析不足。

2. 健康教育的内容包括传染病防控、儿童营养、心理卫生、疾病预防、儿童安全、预防意外伤害以及良好行为习惯的培养等。

3. 开展形式多样的健康教育活动，包括举办健康教育大课堂，开设宣传专栏，发放健康教育资料，表演情景剧等。

4. 每班应提供健康教育图书，设置健康教育空间区域，并组织开展相关健康教育活动，引导儿童掌握健康常识，养成健康的行为习惯。

5. 定期评估儿童健康常识知晓情况、良好生活卫生习惯养成情况、儿童健康状况等健康教育效果。

6. 做好健康教育记录及资料存档，填写“健康教育册”。

7. 每年做好健康教育活动、宣传资料的档案装订留存工作。

第六节　总务管理制度

幼儿园总务工作是幼儿园开展其他工作的安全与服务保障，关系到园所每个人工作、学习和生活，是涉及面最广的一项全局性工作，与人、财、物等方面联系密切。总务管理制度对保障总务工作开展具有重要意义和价值，有利于总务工作更加具有服务性、全局性，严格规范的制度能够有助于总务管理牢固树立服务意识，明确安全管理的职责与要求，切实保证园所各项工作协调开展，提高工作实效性，提升办园品质。

一、安全制度

幼儿园安全技术防范设施管理制度

（一）幼儿园安全技术防范设施使用保护制度

根据北京市教育委员会和北京市公安局联合发布的《关于进一步加强中小学校和幼儿园安全技术防范工作的意见》（京教勤[2005]3号）和北京市质量管理监督局颁发的《中小学校和幼儿园安全技术防范规范》（DB11/528—2008）文件精神，确保在园师生的人身安全以及公共财产的安全，维护幼儿园正常的生活与工作秩序，特制定幼儿园安全技术防范设施使用保护制度。

1. 幼儿园安全技术防范设备设施安装于幼儿园各个场所，任何人都要爱护设备设施，不得随意破坏。

2. 设备设施运行中任何人不得随意对机器进行操作。

3. 任何人不得随意对技防的图像录制情况进行擅自删除和处理。

4. 各班级各部门人员发现设备设施有异常情况，有责任和义务及时向园里保卫部门汇报。

5. 设备设施运行中出现问题，由专业人员进行调试、维修。

6. 幼儿园凡发现因为个人故意破坏设施设备情况的，视情节轻重予以处罚并在幼儿园教职工考核月评价中兑现。

（二）幼儿园监控室管理规定

1. 严格执行《北京市公共安全图像信息系统管理办法》（北京市人民政府令第185

号)》相关规定，确保图像信息资料的安全。

2. 机房重地，除监控人员外，其他人员未经批准一律禁止进入。其他人员因特殊原因进入机房，须经主管领导批准，机房人员要做好进出记录。

3. 爱护机房中的设备，机房中的各种设备不得擅自搬离、开拆或调换配件，改变设备用途。需要做维护的设备，须向主管领导报告。维护完毕要将设备恢复原状并做好维护记录。

4. 严禁易燃易爆和强磁物品及其他与机房工作无关的物品。

5. 机器运行时，机房温度应保持在5℃～25℃。

6. 定期进行设备检查，保证设备的正常运行。

(三)监控员岗位职责

1. 认真学习与岗位相关的业务知识，积极参与相关的培训活动。

2. 负责对幼儿园全天24小时不间断地动态监控。

3. 负责对重要设施、消防通道、机房、会计室等其他要害部位的重点监控。

4. 负责对异常和可疑情况的跟踪监控和同步录像，并在第一时间告知各部门负责校级干部或主任。

5. 负责每天擦拭、检测监控设备(发现异常或故障应立即报修)，维护监控设备的正常工作状态。

6. 负责认真详实地做好监控记录。

7. 负责认真落实监控室出入管理规定。

8. 完成领导交办的其他工作。

9. 认真填写维修、报修记录表。

二、安全制度

幼儿园保密工作制度

为了进一步实现依法办园、提高内部管理效能，同时进一步规范工作，特出台幼儿园保密工作制度，就幼儿园相关岗位保密工作职责做如下要求。

1. 涉密岗位工作人员要强化保密意识，严守秘密。严禁泄露未公开的干部人事、招生入学等工作规定，不得传播小道消息，不得通过微信等网络个人交流空间发布不利于工作开展的信息。

2. 计算机网络工作人员必须遵守国家相关法律、法规，严格安全保密制度。

3. 任何个人不得利用计算机网络从事危害国家安全、泄漏国家机密的活动。

4. 做好机密文件的收发、登记、保密工作，存档备查。

5. 因工作需要携带密件外出，须经主管领导批准，绝密文件不准携出。

6. 计算机、传真机、复印机指定专人管理，不得随意使用。

7. 档案室安全工作由办公室负责。

幼儿园舆情应对制度

(一)总则

为提高舆情信息应急处置水平，明确舆情信息预防、预警、应对的组织机构和程序，及时、准确发布有关信息，澄清事实，引导舆论，最大程度避免、缩小和消除因媒体报道可能对幼儿园造成的各种负面影响，特制定本办法。

(二)原则

1. 及时主动，准确把握。重大舆情信息发生后，主管部门要在第一时间做出反应，向上级主管部门报送准确信息，以便及时了解情况，及时指导，整体掌控。

2. 明确职责，严格制度。按照分工协作、归口处置、集中应对的原则，由园长会统一协调指导，各相关部门密切配合。具有较大影响的特别重大舆情信息的处置工作，及时上报上级有关部门。

3. 突出导向，分类处理。舆情发生时，新闻宣传工作服从现场处置工作。涉及重大政治性、群体性事件，危害国家安全、损害单位形象的事件，由主管部门负责，相关部门紧密配合形成准确报道。

(三)要求

1. 快速反应，确认事实，正面回应，妥善处理。

2. 审定舆情处置预案，确定宣传报道内容，安排新闻发布，接待、引导采访事件的媒体记者。

3. 收集、跟踪、分析、处置境内外舆情，及时向主要领导汇报情况，并向有关单位和部门通报舆情进展情况，采取相应措施，指导相关单位澄清事实，批驳谣言，引导舆论。

幼儿园安全责任层级管理及岗位安全职责制度

为加强幼儿园基础建设，全面落实幼儿园安全管理工作，使全园教职员工牢固树立“安全人人有责”的观念，推动园所建立并完善岗位安全职责，特编制《幼儿园安全责任层级管理及岗位安全职责制度》，做到安全管理责任层次清楚、安全职责明确、安全责任落实到岗、到人。

(一)安全责任的层级

幼儿园安全责任层级分为七个层次，即第一责任、主管责任、监管责任、分管责任、直接责任、主体责任和行为责任。

(二)岗位安全管理职责

按照安全责任的七个层次，分别制定与之相对应的岗位安全管理职责。

1. 第一责任：决策层。

第一责任人：为幼儿园党政一把手，为园所安全管理决策人，全面领导幼儿园公共安全工作、安全生产工作和治安安全工作。

主要安全职责：

(1)贯彻、执行各级政府关于公共安全工作、安全生产工作和治安安全工作精神。

(2)健全安全管理组织机构，加强安全管理队伍建设，明确职责，建立科学的管理机制。

(3)建立对教职员工进行相关法律、法规教育制度。

(4)组织制定本园安全工作制度。

(5)构建完善的安全防范体系。

(6)对在园内外组织的大型活动、外出活动进行安全可行性论证，严格审批安全预案。

(7)加强幼儿园安全文化建设，开展安全文化宣传活动。

(8)严格落实教育部《中小学公共安全教育指导纲要》精神，开展安全课程教育。

(9)建立安全经费投入保障机制。

(10)组织安全工作责任倒查，决定奖惩。

2. 主管责任：管理层。

主管责任人：幼儿园副园长、副书记，对所主管部门工作的安全负责任。

主要安全职责：

(1)认真贯彻执行幼儿园行政会议关于安全工作的决议。

(2)组织所负责部门人员认真执行幼儿园各项安全制度，落实安全措施。

(3)对本部门的教职员工进行安全责任教育，对幼儿进行安全教育。

(4)对本部门的教职员工岗位安全责任落实情况进行检查，并督促整改。

(5)带领并鼓励本部门的教职员工参与平安校园创建活动。

(6)将岗位安全工作纳入个人年终工作总结、考核之中。

(7)督促落实主管的大型活动、外出活动安全预案。

3. 监管责任：监管层。

保卫干部和后勤办公室的教师组成安全监管机构。

安全工作监管责任人：保卫干部，负责幼儿园安全工作日常监督管理。

主要安全职责：

(1)认真贯彻执行幼儿园行政会议关于安全工作的决议。

(2)为幼儿园行政会议关于安全工作决策提出建议、提供依据。

(3)监督、检查执行层面落实幼儿园安全工作决议的情况。

(4)做好幼儿园安全管理基础工作(档案建设、制度建设、队伍建设、技防建设等)。

(5)对全体教职员工、幼儿定期进行安全教育。

(6)定期组织对全园进行安全检查，督促整改，落实措施。

(7)审核大型活动、集体外出活动安全预案。

(8)建立幼儿园安全管理机制，执行安全责任倒查制。

(9)做好安全工作计划和总结，严格考评，向幼儿园行政会议建议奖惩事宜。

(10)安排好节假日值班人员和力量。

4. 分管责任：部门管理层。

分管责任人：是指幼儿园的各教学组、各科室、各部门，在自己分管主要工作中的安全责任。

(1)保教管理中心安全职责：

①认真贯彻执行幼儿园行政会议关于安全工作的决议。

②加强对各班教师、幼儿的安全教育、法律法规教育和安全管理。

③督促所属教学部门教职员工认真执行幼儿园各项安全制度，落实各项安全措施。

④在来离园环节，组织资料室、医务室、会计室等科室人员协助维护操场、楼空等场地秩序。

⑤对幼儿生活起居室实施管理，加强幼儿的安全教育。

⑥对班级幼儿进行教育和管理，控制幼儿意外伤害率。

⑦协助有关部门协查通缉犯的案件。

⑧做好师生的心理调适，防范群体性校园暴力事件的发生。

⑨认真制定主管的大型活动、集体外出活动、户外活动的安全预案以及工作目标。

⑩落实教育部《中小学公共安全教育指导纲要》的要求。

(2)总务管理中心安全职责：

①认真贯彻执行幼儿园行政会议关于安全工作的决议。

②对校舍建筑及各类设备、设施进行定期安全管理。

③对财务、财产进行安全管理。

④对所属部门进行安全管理。

⑤对园内的施工进行安全监管。

⑥对所属部门的正式工、临时工进行安全教育。

⑦定期对教职工休息室的设施进行安全检查，履行管理责任。

⑧保证安全经费正常使用，储备应急物资，组织应急、抢险队伍。

⑨落实各项安全措施。

(3)园务管理中心安全职责：

①适时建议召开幼儿园安全工作会议，并为会议做好准备，形成会议记录。

②督促各部门、各岗位认真执行幼儿园安全工作会议决定，落实各项安全措施。

③做好安全信息管理工作。

④督促领导和有关人员落实好值班工作。

⑤保证电传上通下达。

⑥负责联系协调幼儿园周边单位、居民及职能部门，维护校园安全。

⑦编制全体教职员工联络表。

(4)其他中心安全职责：

①认真贯彻执行幼儿园行政会议关于安全工作的决议。

②对财务、财产进行安全管理。

③对所属部门进行安全管理。

④对所属部门的正式工、临时工进行安全教育。

⑤协助其他部门排查安全隐患、组织安全教育与培训、安全演习等工作。

5. 直接责任：执行层。

直接责任也可称为岗位责任，是指具体工作岗位教职员工的安全责任。由于事故总是发生在某个具体工作岗位上，因此，直接责任是幼儿园安全管理工作的最基本责任单位，是安全管理工作最终着眼点。

(1)班级教师安全职责：

①对幼儿进行安全教育和安全管理。

②对班内公共财产进行管理，提醒班级成员保管好自己的私人物品。

③对本岗位配置使用的电器设备、教学设备、设施、教具等的安全状况负责。

④掌握幼儿的思想、行为动态，防止意外事情发生。

⑤负责全天候对幼儿的生活、活动等秩序进行管理。

⑥做好幼儿集中上、下楼和集中活动时的安全管理。

⑦遇突发事件时，负责组织本班幼儿紧急避险和对幼儿进行紧急救助。

(2)电教教师(网络、计算机、语音等机房、教室及其他电教教师)安全职责：

①上课期间履行班级教师安全职责。

②对本室配备的各类电化教学设备的安全使用全面负责。

③掌握处置电器事故的方法。

④杜绝电器火灾。

⑤杜绝治安案件。

⑥保证网络技术安全、治安安全。

(3)会计室安全职责：

①妥善保管现金、支票、公章、账册。

②正确使用保险柜。

③保证到银行存取款安全。

④保证会计室内治安、防火安全。

⑤及时催收、保管好各类收费的现金。

⑥会报警。

(4)财产保管员安全职责：

①财产库内禁止吸烟。

②账物相符，防止丢失。

③贵重物品专柜保管。

④防止发生治安案件。

⑤防止火灾。

(5)电工安全职责：

①保证配电室环境安全。

②保证配电室技术设备安全。

③保证分供电线路安全。

④检查、管理全园各岗位安全用电情况。

⑤检查各种电器的安全状况。

⑥对安全用电提出建议，对电器报废、淘汰提出建议。

⑦对用电隐患负责组织整改，并采取临时安全措施。

⑧杜绝电器火灾。

⑨禁止违章操作。

(6)热力运行工安全职责：

①负责热力站的安全管理。

②保证各种仪器、仪表、保险装置、报警装置正常有效。

③定期清理水碱，防止堵塞。

④常压设备禁止有压运行。

⑤禁止违章操作。

⑥持证上岗，按时年检。

(7)门卫安全职责：

①注意幼儿园门口治安状况，有问题立即汇报。

②大门紧闭，出入开门，防止外来人员冲闯校园。

③询问进出人员，检查进出车辆，来客登记。

④通知接访人员接访。

⑤认真检查来信来件，防止恐怖事件发生。

(8)行政轮值干部安全职责：

①轮值、职守期间全面负责幼儿园的安全管理工作。

②检查各值守部门、岗位的履职情况。

③检查各重点部位、部门的安全状况。

④妥善应对偷盗、破坏事件。

⑤组织所有值守力量、在园的教职员工处置突发事件。

⑥保证联络信息畅通。

(9)监控室人员安全职责：

①保证监控室安全，防止恐怖、破坏事件发生。

②保证各种设备安全运转。

③负责信息管理，防止失密、泄密。

④保证信息及时上报行政值班人员。

⑤防止触电，杜绝火灾。

(10)医务室安全职责：

①保管好各类药品。

②安全使用电器、杜绝火灾。

③保管好各种设备，防止丢失。

④正确使用各类消毒、杀菌药品，禁止违章操作。

(11)传达室监管自行车棚安全职责：

①车辆摆放整齐有序，便于存取。

②自行车、电动车无损坏、丢失。

③负责指导外单位来园办公人员将自行车有序摆放，并妥善看管。

(12)保洁员安全职责：

①工作时发现园内有外来人员应进行询问或汇报。

②发现可疑物应看管并立即汇报，防止恐怖、破坏事件。

③一旦发现保洁区内的建筑、设备、设施等有破损、松动应立即汇报给部门领导。

④保管好清洁用的化学品，禁止存放、使用强酸。

6. 主体责任：集体外出、大型活动组织者安全职责。

幼儿园集体活动的组织者要对本园组织的各项活动的安全负责，幼儿园的党政、工会、共青团、老教协都要对自己组织活动的安全负主体责任。

主要安全职责：

(1)组织成立本项活动的安全管理机构。

(2)对交通路线、活动场所的安全状况进行考察，并组织相关人员进行风险分析。

(3)制订详细的安全预案和安全措施。

(4)对意外情况、突发情况做出安全决策。

7. 行为责任：幼儿个人行为安全责任。

要使每位幼儿明确，在幼儿园组织的活动中应该遵守游戏规则和教师提出的安全要求，能够学会保护自己的安全，同时爱护同伴。

主要安全职责：

(1)遵守在园期间学习活动、生活活动的纪律、秩序。

(2)不到有危险的环境中去。

(3)避开可能对自己造成伤害的人、物品。

(4)不做可能伤害他人的动作和事情。

(5)会保护自己，关心帮助他人。

幼儿园消防安全制度

(一)幼儿园消防安全责任人职责

为了加强和规范幼儿园消防安全工作，明确消防责任，贯彻预防为主、防消结合的方针，园所消防安全责任人应当履行下列消防安全职责。

1. 幼儿园的主要负责人是幼儿园的消防安全责任人，对本单位的消防安全工作全面负责。

2. 建立健全幼儿园内部的消防组织，掌握消防安全情况。

3. 将消防安全工作纳入幼儿园整体计划，指导制定幼儿园灭火和应急疏散预案，并实施演练。

4. 为幼儿园消防安全工作提供必要的经费和组织保障。

5. 认真落实上级单位有关消防安全工作的指示精神，及时对全体人员进行消防安全教育，提高全体人员的消防意识。

6. 组织防火检查，督促落实火灾隐患整改，及时处理涉及消防安全的重大问题。

(二)幼儿园逐级消防安全责任人职责

为了加强和规范幼儿园消防安全工作，明确消防责任，贯彻预防为主、防消结合的方针，逐级消防安全责任人应当履行下列消防安全职责：

主管后勤的副园长：

1. 主管后勤的副园长是幼儿园具体消防安全管理人。

2. 负责拟订年度消防工作计划，组织实施日常消防安全管理工作。

3. 组织制定消防安全工作制度和保障消防安全的操作规程并检查督促其落实。

4. 拟订消防安全工作的资金投入和组织保障方案。

5. 组织实施防火检查和火灾隐患整改工作。

6. 组织实施对幼儿园的消防设施、灭火器材和消防标志的维护保养，确保其完好有效，确保疏散通道和安全出口畅通。

7. 组织管理义务消防队。

8. 组织开展消防知识、技能的宣传教育和培训，牵头组织灭火和应急疏散预案的实施和演练。

9. 认真完成幼儿园消防安全责任人委托的消防安全管理工作。

主管教育教学的副园长：

1. 主管教育教学的副园长是幼儿园教育教学部门的消防安全管理人。

2. 将消防安全纳入部门工作计划中，督促、指导班级开展消防安全教育和紧急疏散演练。

3. 结合日常工作组织实施消防安全检查和火灾隐患排查工作，发现隐患及时和后勤部门沟通。

4. 重视并落实幼儿园各教学班消防设施、灭火器材和消防标志的正确使用，确保其完好有效，确保疏散通道和安全出口畅通。

5. 支持男教师参加幼儿园义务消防队工作，共同维护幼儿园消防安全。

6. 结合主题活动开展消防知识、技能的宣传教育和培训，配合服务保障部门开展应急疏散预案的实施和演练。

7. 认真完成幼儿园消防安全责任人委托的消防安全管理工作。

主管党建工作的副书记：

1. 主管党建工作的副书记是幼儿园思想建设部门的消防安全管理人。

2. 将消防安全纳入部门工作计划中，督促、指导本部门开展消防安全教育和紧急疏散演练。

3. 结合日常工作组织实施消防安全检查和火灾隐患排查工作，发现隐患及时和后勤部门沟通。

4. 确保本部门配备的消防设施、灭火器材和消防标志的正确使用，确保其完好有效，确保疏散通道和安全出口畅通。

5. 支持男教师参加幼儿园义务消防队工作，共同维护幼儿园消防安全。

6. 积极参与并配合开展消防知识、技能的宣传教育和培训，配合服务保障部门开展应急疏散预案的实施和演练。

7. 认真完成幼儿园消防安全责任人委托的消防安全管理工作。

保卫干部：

1. 保卫干部是幼儿园消防安全具体责任人。

2. 自觉接受有关消防法律法规和消防安全知识的学习和培训，掌握消防安全的基本知识和逃生自救技能。

3. 积极组织幼儿园的消防安全培训和教育，落实消防演练工作，做好档案和总结工作。

4. 日常工作中及时清理可燃物，检查本部门的消防器材、用电等设备设施是否完好，检查疏散通道是否畅通。

5. 善于发现火灾隐患，纠正消防违章行为，做到及时发现及时上报，避免火灾隐患的发生。

6. 一旦出现火情能够及时采取有效措施，扑灭初期火情，能够正确报警。

7. 配合教学部门开展幼儿消防安全教育，教育幼儿不动火、不玩火、不动电源电器等，指导幼儿掌握简单逃生方法。

部门主任：

1. 部门主任是本部门消防安全责任人。

2. 能够带领本中心人员遵守国家的法律法规和规章制度，做合法公民。

3. 自觉接受有关消防法律法规和消防安全知识的学习和培训，掌握消防安全的基本知识和逃生自救技能。

4. 积极参加幼儿园组织的消防宣传，日常工作中及时清理可燃物，检查本部门的消防器材、用电等设备设施是否完好，检查疏散通道是否畅通。

5. 善于发现火灾隐患，纠正消防违章行为，做到及时发现及时上报，避免火灾隐患的发生。

6. 一旦出现火情能够及时采取有效措施，扑灭初期火情，能够正确报警。

7. 带领本班组成员经常对幼儿进行消防安全教育，教育幼儿不动火、不玩火、不动电源电器等，指导幼儿掌握简单逃生方法。

各班、各部门班组长：

1. 各班、各部门班组长是本班组消防安全责任人。

2. 能够带领本部门人员遵守国家的法律、法规和规章制度，做合法公民。

3. 自觉接受有关消防法律法规和消防安全知识的学习和培训，掌握消防安全的基本知识和逃生自救技能。

4. 积极参加幼儿园组织的消防宣传活动，日常工作中及时清理可燃物，检查本部门的消防器材、用电等设备设施是否完好，检查疏散通道是否畅通。

5. 善于发现火灾隐患，纠正消防违章行为，做到及时发现及时上报，避免火灾隐患的发生。

6. 一旦出现火情能够及时采取有效措施，扑灭初期火情，正确报警。

7. 带领本班组成员经常对幼儿进行消防安全教育，教育幼儿不动火、不玩火、不动电源电器等，指导幼儿掌握简单逃生方法。

(三)幼儿园消防安全管理规定

1. 幼儿园责任人组织和具体贯彻市区政府、公安消防机关、幼儿园的消防工作规定要求和规章制度，实行消防安全责任制。

2. 消防安全工作领导小组经常监督指导各部门的防火工作，确保责任人落实、规章制度上墙、防范措施到位、消防器材完好有效。

3. 各级责任人组织制定幼儿园以及本部门的消防规章制度，修订完善本部门的防火安全操作规程和灭火措施预案。

4. 各级责任人组织消防安全检查，排除本部门、班组的火灾隐患，解决消防工作的问题。

5. 教育全体教职工掌握救灾逃生常识，杜绝火灾事故或将火灾损失降低到最低限度。特殊工种的操作人员(如电工)必须持证上岗，并严格遵守消防安全操作规程。

6. 房屋改建工程要按照防火要求设计，工程竣工后，需经消防部门验收合格后方可使用。

7. 所有部门均按规定配备消防器材，由所在部门负责人管理，不得丢失、损坏、不得随意挪动或转作他用。

(四)有关消防安全规定

1. 严禁私拉乱接电线、私装插座和私自增设电器设备。

2. 严禁超负荷使用电器。幼儿园统一安装的空调、淋浴器等大功率用电设备例外。

3. 严禁在公共场所吸烟或动用明火。

4. 严禁在室内、走道或院外焚烧杂物。

5. 严禁用可燃物做灯罩或用灯泡(管)烘烤可燃物。

6. 严禁封闭或堵塞消防通道。

7. 严禁挪用消防水带或其他消防器材。

8. 严禁擅自开启消防龙头或损坏消防设施。

幼儿园安全保卫制度

1. 幼儿园成立安全保卫领导小组，由园长、副园长、保卫干部及各部门班组长组成。幼儿园安全保卫工作由园长全面负责，副园长直接管理，保卫干部负责具体落实，做好幼儿园的安全保卫工作和交通安全工作。

2. 小组成员要及时学习、贯彻上级主管部门对安全保卫工作的指示，并向全体教职工传达。

3. 安全领导小组每月至少研究一次幼儿园安全保卫工作，发现问题及时研究，并制定改进措施。

4. 幼儿园把安全保卫工作纳入议事日程，对全园教职工每月进行一次安全教育。注意防火防盗、防意外事故、防伤害事故、防交通事故和防幼儿走失。

5. 每月检查一次大型运动器械、燃气管道及电气设备，由保卫干部负责。

6. 值班园长负责节假日安全工作和周末安全检查工作。

7. 严格执行各室安全制度。

幼儿园计算机机房及网络安全管理制度

1. 计算机机房及网络安全应列入幼儿园安全防范的重要内容，并建立相应的岗位职责和安全管理制度。

2. 计算机机房严禁非公务人员进入，无本室工作人员在场严禁他人入内，严禁在机房内会客、聊天、就餐。

3. 计算机机房必须安装“三铁一器”设备，室内严禁存放个人贵重物品。

4. 室内应保持清洁，废纸随时清理，不准存放易燃、易爆物品。

5. 网络计算机应专人使用，严禁借他人使用，严禁利用计算机进行个人上网和游戏。

6. 做好计算机机房的保密工作和网络安全工作，安装防火墙和屏蔽软件，不得用联网计算机处理涉密文件、资料。

7. 计算机机房主机、显示器应定期吸尘。

8. 工作人员应定期参与园内安全学习、培训，掌握必要的安全防范知识，具备处理紧急情况的能力，会熟练正确地使用消防器材。

9. 室内配置的专用灭火器要经常查看，不得占用、堵塞、封闭机房的疏散通道与安全出口。

10. 工作结束后应进行线路检查，关闭电源，发现问题及时上报。

11. 每日下班前做好安全收尾工作，关好门窗、电灯、电源。

幼儿园设施安全检查与检修维护制度

为确保各项安全设施的正常运行，特对安全设施的检修维护做如下规定：

1. 幼儿园的安全设施主要指技防设备、消防设备、消防报警、烟雾报警以及照明设备、锥筒、护栏等保护人、财、物安全的设施。

2. 对上述安全设施的检修维护采用“谁施工谁维护”原则，由施工方定期上门检修，并作检修记录，发现问题及时上报，做到“早发现、早处理、早防范”。

3. 对不属于由专业公司维护的安全设施，如照明、高压电箱、锥筒、护栏等，由保卫干部安排专业人员负责定期检修，确保正常使用。

4. 上述安全设施的检修维护由保卫干部负责安排落实。

5. 除了定期维护外，保卫干部随时检查设备的使用情况，发现问题及时与专业公司联系，确保设备的正常运行。

6. 各部门、科室人员要熟练掌握安置在本部门、科室的安全设备的使用方法，熟悉报警信号的内容和上报流程。此项工作由保卫干部负责落实。

幼儿园幼儿活动室安全制度

幼儿生活、学习的一切房舍由后勤部门定期检查和维修，班级保教人员要保证室内投放的生活设施、学习、生活用具的安全，发现安全隐患，要及时报告，及时消除。

各部门各班每周五要做好收尾工作，当班人员负责关好各幼儿活动室门窗，拔下电器插头，各班钥匙交传达室统一管理，并做好登记。

幼儿园档案室、资料室安全制度

1. 档案室、资料室安全由资料室负责。

2. 非本室人员未经许可，不得入内。

3. 严禁吸烟，不准用明火照明及取暖。

4. 室内保持整洁，废纸即时清理，不准存放易燃品。

5. 平日随时锁门关窗，下班前进行安全检查，切断电源。

6. 严格执行保密制度。

7. 一旦发生火情，立即切断电源，及时报警。

幼儿园计算机房安全制度

1. 计算机房安全由资料室负责。

2. 计算机房设备由电教员专人管理，定期维护和保养。

3. 计算机房内严禁吸烟，不准用明火照明及取暖。

4. 教师在使用设备过程中要遵守操作规程，如发现设备有异常情况，要及时联系电教员，及时维修。

5. 使用过程中不得安装来历不明的软件，以免计算机感染病毒。

6. 每天下班前要关窗、锁门，离开时关灯、拉总闸。

7. 注意计算机房的环境清洁，废纸即时清理，不准存放易燃品同时保持室内安静。

8. 一旦发生火情，立即切断电源，及时报警。

幼儿园广播室安全制度

1. 广播室安全由资料室负责。

2. 广播室钥匙由资料室统一保管，设备专人负责，非本室人员未经许可，不得入内。

3. 使用设备时工作人员不得离开广播室。

4. 使用设备时插上总插销，停止使用时一定要拔下总插销。

5. 使用时如发现扩音器内电阻圈冒烟，应及时关上开关，并拔下总插销。

6. 资料室人员要定期检查设备，发现问题及时解决。

7. 离开时及时关灯，锁好门。

8. 保持广播室内清洁和卫生，废纸即时清理，不准存放易燃品。

9. 一旦发生火情，立即切断电源，及时报警。

幼儿园教师备课室安全制度

1. 备课室钥匙由资料室统一保管。

2. 备课室计算机由电教员管理、维护和保养。

3. 备课室卫生由各年级组负责。

4. 教师备课室仅做教师备课使用，不做他用。

5. 教师备课要爱护备课室的一切设备，遵守操作规程，使用中如发现设备有异常情况，要及时联系电教员，及时维修。

6. 教师在使用过程中不得安装来历不明的软件，以免计算机感染病毒。

7. 注意保持备课室的环境清洁，废纸即时清理，不准存放易燃品同时保持室内安静。

8. 一旦发生火情，立即切断电源，及时报警。

幼儿园医务室安全制度

为保证幼儿园工作的正常进行，保证幼儿、教职工用药安全及幼儿园财产安全，现制定医务室安全制度。

1. 物品要分类、妥善保管。

2. 传染病防护用具要专放、专锁、专人负责。

3. 消毒用品根据班上需要发放，并远离幼儿可接触的地方。

4. 电器用品使用后，立即拔掉插销。

5. 医务室注意随时锁门，妥善管理好钥匙。

幼儿园厨房安全制度

为保证为幼儿、家长、教职工提供最优质服务，保证厨房安全，现制定厨房安全制度。

1. 严格执行上级相关规定，严格执行“五四”制，严防食品中毒。

2. 严格执行幼儿园各项制度，值班必须两人，下班前做好安全检查(灭火、拔掉电源插销)。

3. 严格按规定，安全使用燃气。

4. 严把食品关，发现安全隐患，立即报告，相关食品停止食用。

5. 对刀具、食品做到心中有数，确保安全。

6. 坚守岗位，不得擅离职守，严格做到人离门锁。

7. 厨房无关人员不准随便入内。

8. 如遇火险，首先切断电源，边报告边进行初期灭火。

9. 掌握灭火常识，熟知灭火器位置，牢记火警电话119。

10. 不准在厨房内存放易燃、易爆及有毒物品，不得在灶旁烘烤物品，严禁吸烟。

幼儿园传达室安全制度

1. 传达室工作人员要时刻坚守岗位，严防幼儿走失。

2. 坚持做到来客登记，了解入园人员理由后方可放行。

3. 保证电话畅通，电话不外借用。

4. 不允许无关人员在室内闲坐、在大门内逗留。

5. 为确保幼儿园安全，传达室不为任何人存放任何物品。

6. 严禁机动车入内。如环卫、园林专用车辆因公需入园内，由专人前方引领、陪同，直到离园。

7. 对来访、来客以及施工等人员认真执行登记制度，如进出人数等。

8. 在幼儿来、离园环节严格执行一人一卡制度，杜绝陌生人入园，疏导家长按交通部门要求停车，保证幼儿园门前交通畅通。

9. 为方便家长、幼儿正常出入，积极做好疏导工作，园外50米严禁推销人员逗留。

10. 如发生异常情况边妥善处理边及时汇报。

幼儿园配电室防火安全制度

为确保幼儿园用电安全，现制定配电室防火安全制度。

1. 严格遵守国家相关规定，定期对全园线路、电器设备进行检查、维修，确保安全。

2. 配电室要保持整洁，严禁存放易燃、易爆和其他物品。

3. 定期对变压器开关等进行维护清扫，保持清洁，防止因尘污而造成短路。

4. 值班人员要坚守岗位，认真监护电压负荷的变化情况，填写运行记录，严格执行制度。

5. 停电清扫检修时，严禁用汽油、煤油擦洗。

6. 电工在安装、维修电器设备时，必须按规程操作。

7. 非电工人员不可随便进入配电室，严禁与正在工作的电工人员交谈。

8. 电工必须坚守岗位，及时处理园内相关问题。

幼儿园教职工休息室安全管理制度

1. 教职工休息室要随时保持清洁、卫生，及时清理废弃物，严禁存放易燃易爆品。

2. 休息室内严禁吸烟，不准用明火照明及取暖。

3. 周末下班前要关好门窗，关掉水、电开关，进行各项安全检查。

4. 一旦发生火情，立即切断电源，及时报警。

5. 严禁任何人在休息室内为电动车充电，一经发现按照幼儿园教职工月考核相关规定进行处理。

幼儿园直饮水设备管理制度

为切实保障在园教师和幼儿的饮水卫生安全，防止水污染发生，依据《中华人民共和国传染病防治法》和《生活饮用水卫生监督管理办法》的有关规定，特制定本制度。

1. 幼儿园使用直饮水时，原水水质应符合《生活饮用水卫生标准》，幼儿园的自备水源不能作为管道直饮水的原水。

2. 幼儿园在选购涉水产品时，应当查验该产品的卫生许可批件(包括附件)和用户使用说明书，索取加盖供货商公章的上述材料复印件，存档备查。

3. 饮水设备的水质处理器必须具备国家卫生部批件，其他配件必须具备省级卫生部门的批件。

4. 幼儿园在购买饮水设备时，应与供应商签订饮用水卫生安全保障协议及相关组件的更换、维护合同。协议必须注明购买的产品名称、型号、批次、使用期限、质量保证、执行卫生标准、使用范围；合同应注明滤芯清洗以及更换频率、设备清洗消毒频率。

5. 幼儿园供、管水人员(教职工)须持有效健康合格证明上岗。凡患有痢疾、伤寒、病毒性肝炎、活动性肺结核、化脓性或渗出性皮肤病及其他有碍饮用水卫生的疾病或病原携带者，不得从事供、管水工作。

6. 供、管水人员(教职工)须保持良好的个人卫生，不得留长指甲、涂指甲油等，不得进行有碍饮用水卫生安全的活动。

7. 加强水质监测管理。幼儿园根据直饮水工艺流程特点，落实专人(教职工)进行直饮水的日常检测工作。当水质出现感官异常(如异色、异味等)或检测结果出现异常时，幼儿园应立即停止供水，查明原因，采取切实有效的整改措施，在保证水质安全后再进行供水。必要时，应向教育和卫生行政主管部门报告并检测水质。

8. 切实做好饮水设施日常维护工作。幼儿园落实专人做好直饮水设施的日常维护工作。直饮水设施每天使用前，应打开每个水龙头放水60秒，以排尽管道中的水。每天还要进行必要的清洁工作，以保持饮水台水槽无茶叶、饭渣等杂物，外壳清洁光亮，无污染物黏附其上。

9. 根据水质、设计要求以及饮水机水表的流量，及时更换过滤器、吸附剂等水处理材料(每学期至少一次)，定期清洗、消毒管道，特别是节日长假或新学期开学后，必须对饮水设施、设备进行全面清洗消毒后方能使用。同时应做好自检、清洗、消毒的记录，记录内容必须注明日期、工作内容(检查、清洗或更换组件)、耗材的型号是否与合同一致、健康证持证情况等。

幼儿园公务用车管理办法

为加强对幼儿园公务用车和驾驶员的管理，根据区政府的有关文件精神和教委交通安全委员会工作要求，特制定如下管理办法。

1. 幼儿园公车出行安排及驾驶员管理统一由办公室负责。

2. 各科室工作人员用车须先报告办公室，由办公室根据工作的轻重缓急安排用车。其他人员不得直接向司机派车。

3. 实行公务用车按照“定人定车”标准驾驶与保养车辆，不得随意转由他人驾驶使用。

4. 本园车辆一般不向外单位和个人出借，如特殊情况确需出借的，须经幼儿园领导同意并报办公室批准后方可出借。出借期间发生的一切费用由借车单位负担，且车辆和驾驶员不得分离。

5. 赴外省市办事、开会，经幼儿园领导批准后，由办公室安排用车。遇婚丧、生病住院、突发事件等特殊情况需要用车，须幼儿园领导同意后由办公室安排使用公务车。

6. 驾驶员要全心全意做好服务工作，遵守道路交通法规和幼儿园交通安全的管理规定，爱护车辆，保持车况良好，车容整洁，并遵守以下规定：不准酒后驾车；不准患病或过度疲劳时驾车；不准擅自出车或擅自带学徒驾车；不准穿拖鞋驾车；不准超速、违章驾车；不准将车辆私自借给别人使用。凡违反上述规定，造成的一切后果均由本人负全部责任。

7. 本园车辆实行政府采购“三统一”的原则：定点加油、维修保养与保险。

8. 车辆日常用品由幼儿园服务保障办公室统一购置。

9. 驾驶员协助做好有关园内外的临时性勤务工作。

二、财务制度

幼儿园固定资产管理制度

(一)总　则

第一条　为了贯彻落实《北京市行政事业单位国有资产管理暂行办法》《西城区行政事业单位国有资产处置管理办法》等有关规定，结合本单位实际，特制定本制度。

第二条　固定资产是指使用期限超过一年，单位价值 1000 元以上(其中，专用设备单位价值在 1500 元以上)，并在使用过程中基本保持原有物质形态的资产。单位价值虽未达到规定标准，但耐用时间在一年以上的大批同类物资，作为固定资产管理。

固定资产一般分为六类：房屋及构筑物；通用设备；专用设备；文物和陈列品；图书、档案；家具、用具、装具及动植物。

第三条　固定资产管理信息系统是资产管理的有效手段，归口管理科室应按照资产的实际状态，及时对资产动态库的数据资料进行更新、维护，与区财政局固定资产的动态管理保持一致性。

(二)管理科室及职责

第四条　总务管理中心是单位固定资产的归口管理科室，具体负责固定资产实物管理工作，下设固定资产管理员和库管员。归口管理科室主要职责包括：

1. 负责制定固定资产管理的规章制度，并组织实施。

2. 负责固定资产动态库的登记、维护，以及资产条形码的打印工作。

3. 负责固定资产日常管理的各项工作，包括购置资产的预算编制、办理验收入库、领用分配、资产转移、制定报废方案、退回入库等实物管理工作。

4. 负责组织固定资产的清查盘点工作，汇总审核各科室资产盘点情况，负责资产的日常监督检查工作。

5. 接受区财政部门的指导和监督，按上级部门要求完成资产管理相关工作。

6. 负责办理本单位国有资产的配置、处置、出租、出借等事项的报批手续；负责本单位用于出租、出借的国有资产的保值增值。(事业单位：负责本单位用于对外投资和担保的国有资产的保值增值；负责本单位国有资产对外投资和担保事项的报批手续。)

7. 审核本部门本系统所属行政、事业单位利用国有资产出租、出借，事业单位利用国有资产对外投资、担保等事项，按规定权限审核或者审批资产购置、处置事项。

8. 组织实施对本部门本系统所属行政、事业单位国有资产管理和使用情况的评价考核。

第五条　财务室作为固定资产的资金管理科室，主要职责包括：

1. 负责申报固定资产年度预算。

2. 负责固定资产采购的资金审核和结算等相关账务处理工作。调整相关处置资产会计账目（固定资产做销账处理等）；按照规定及时、足额缴纳国有资产收益。

3. 负责配合归口管理科室固定资产的验收入库、清查盘点工作。

4. 记账人员与财物保管人员的职责权限明确，相互分离、相互制约。

第六条　各资产使用科室具体负责本科室固定资产的日常管理。资产使用科室主要职责包括：

1. 负责本科室固定资产的领用、使用过程中的保养、科室内资产盘点等日常工作，提高固定资产使用效能，保证固定资产安全完整以及账实相符。

2. 各科室应配合归口管理科室进行资产登记和清查等相关工作。

3. 科室负责人对本科室占有的固定资产的安全与完整承担领导责任，具体使用人对本人使用和保管的固定资产的安全与完整承担直接责任。

（三）固定资产购置与领用

第七条　各科室固定资产配置标准应执行《西城区行政事业单位日常办公设备配置标准和最低使用年限标准》（以下简称《标准》）。现有办公设备数量已超过《标准》的，原则上不予新增或更新，待设备数量自然淘汰至《标准》以下后再行新增或更新。对没有规定配备标准的资产，从实际需要出发，从严控制，合理配备；能调剂解决的，不重新购置。

第八条　各科室固定资产购置计划应结合科室存量及履职所需，参照《标准》编制本科室办公设备年度需求计划，经科室负责人批准后，报固定资产后勤办公室，后勤办公室汇总整理后向财务室进行预算申报。根据西城区财政局固定资产更新购置预算批复，单位有关科室按职责分工，依据西城区采购管理要求组织实施固定资产采购。

第九条　固定资产的验收入库：

1. 对于购入的固定资产，凭固定资产购置合同及票据办理固定资产入库，由采购人员会同归口管理科室和后勤一同对资产进行验收。根据采购清单对资产数量、规格、品牌等清点无误后，由三方共同在《固定资产验收入库单》（见表 5-13）上签字确认。验收合格后，固定资产管理员根据验收入库单登记固定资产动态库。

2. 资产调入或接受捐赠时，调入（接收）科室还应出具调出（捐出）单位提供的资产价值证明及相关批文。

第十条　固定资产的领用程序：

1. 固定资产领用分为两种情况，一是后勤办公室固定资产管理员根据年度资产更新指标，结合各科室设备使用现状及维修情况，制定资产更新分配方案，报领导审批后，通知各科室办理具体领用事宜。二是各科室未在年度预算进行申报，根据实际工作需要临时申请的特殊需求。

2. 各科室由于特殊需求申请领用固定资产的，须由使用科室资产使用人填写《固定资产领用申请单》(见表 5-14)，经科室负责人审核后，提交至归口管理科室，经归口管理科室资产管理员和负责人审核后，办理领用手续。

使用人领取资产和资产条形码并在《固定资产领用申请单》上签字确认。固定资产保管员根据《固定资产领用申请单》变更资产动态库信息。

(四)固定资产日常管理

第十一条　固定资产日常管理包括资产转移、回收、更换、维修等全过程的管理工作，以及在相关环节中发生的固定资产使用科室及使用人的变更。

第十二条　固定资产的转移指因人员调动、机构调整等原因，对固定资产在各科室之间进行的调整。具体固定资产转移程序如下。

1. 单位人员在各科室之间调动时，人员调出科室依据人事科的人员调动通知向后勤办公室提出资产调整申请，填写《固定资产转移单》(见表 5-15)，单位固定资产管理员、资产转入科室、转出科室共同完成转移资产的实物交接，并在《固定资产转移单》上分别签字确认。资产管理员重新打印资产条形码监督使用人及时粘贴。

2.《固定资产转移单》一式三联，由资产转出科室分别交相关人员，一联由资产转出科室留存，二联交资产转入科室留存，三联交归口管理科室固定资产管理员作为调整资产动态库的依据。

第十三条　固定资产的回收指因人员调动、机构调整、设备老化等原因，对闲置资产进行退回入库。具体固定资产回收程序如下。

1. 设备损坏无法维修或耗材等不再生产导致固定资产无法继续使用的，或使用科室工作内容调整等原因造成固定资产闲置的，可办理固定资产回收入库手续，按以下流程进行回收入库。

(1)资产使用科室填写《固定资产回收申请单》(见表 5-16)，资产使用科室负责人签署意见后，报后勤办公室负责人签署意见。

(2)固定资产管理员确定各科室回收入库的固定资产清单，通知库管员安排存放回收的资产实物。

(3)《固定资产回收申请单》一式三联，一联由库管员留存，二联由归还科室留存，三联交后勤办公室固定资产管理员作为调整资产动态库的依据。

2. 因人员调动、退休等原因，需对在用固定资产退回处理的，调离人员所在科室需打印调离人员名下固定资产清单，在办理调离手续前与归口管理科室固定资产管理员进行沟通，共同确认调离人员名下无固定资产后，在调离人员固定资产清单上签字确认。对要求交回的固定资产应办理回收入库，未要求交回的固定资产可由原科室内部重新分配。

第十四条 各科室及资产使用人应本着合理使用、确保安全的原则使用本科室资产。对于可以内部调剂使用的资产，各科室应统筹安排，以发挥资产的最大使用效益，避免资产的闲置浪费。在资产的日常使用中应严格遵照资产的使用及维护保养要求，确保资产的使用安全。可移动资产原则上应由科室集中管理，不得带出工作区域外使用。确因工作需要携带外出的，须经科室负责人批准，并由使用人妥善保管。各科室不得擅自对外单位出租、出借资产。

第十五条 固定资产在使用过程中发生丢失或损坏的，应写明情况说明及时报后勤办。

后勤办负责监督各科室固定资产日常管理情况，定期对固定资产管理存在的问题进行通报。

第十六条 财产保管员应按照区财政局规定的资产报告格式、内容及要求，定期报送资产统计报告，确保其内容真实、准确、及时、完整，并对固定资产占有、使用、变动、处置等情况附有文字分析说明。

拟将占有、使用的国有资产对外出租、出借的，报区财政局审批(事业单位：利用国有资产对外投资、担保，应当进行必要的可行性论证后，报区财政局审批)。涉及房屋、土地等重大事项的，由区财政局报区政府审议。法律、行政法规另有办法的，依照其办法实行。

经批准利用国有资产出租、出借的(事业单位：经批准利用国有资产对外投资和担保的)，实行专项管理，并在单位财务会计报告中对相关信息进行充分披露。

(五)固定资产清查

第十七条 后勤办公室、财务室不定期对各科室的资产管理情况进行抽查，年度终了前应当进行一次全面清查盘点，核对资产实有数量与账面数量是否相符，检查资产的保管、使用、维护情况，各科室应配合做好资产清查工作。

第十八条 具体固定资产清查程序如下：

1. 后勤办公室制定清查盘点实施方案，编制清查盘点表，布置具体实施办法和步骤安排。

2. 在各科室自查的基础上，后勤办公室在现场对科室资产数量、规格型号、使用人、存放地点等进行实地盘点与复核，并记录复核结果。对于资产未粘贴条形码的监督使用人及时粘贴，保证物码一致，账实相符。

3. 清查盘点结束后，财产保管员根据各科室盘点结果，编制固定资产盘点汇总表，撰写资产清查盘点报告，将盘点程序、盘点最终结果、盘点发现的问题与处理意见等报相关领导。

（六）固定资产处置

第十九条　固定资产处置的审批权限、实物处置严格按照《西城区行政事业单位国有资产处置管理办法》规定执行。依据上级批复结果，取得相关处置凭证后，后勤办公室与财务室及时调整资产数据信息及其相关账务。

第二十条　后勤办公室应会同财务室、技术人员对拟处置资产进行审核鉴定，提出书面意见。经单位领导审核同意后，按照资产拟处置的方式同步在资产管理信息系统进行网上申报，打印《西城区行政事业单位资产处置申报审批表》，并加盖公章。

拟处置资产在审批限额以上的：提出审核意见，完成资产管理信息系统网上相应的审核操作，并汇总本部门所属单位的处置申请以公文形式提交区财政局审批。

拟处置资产在审批限额以下：按规定进行审核，对符合规定的，办理批准手续，同时完成资产管理信息系统网上相应的审批操作，并于5个工作日内报区财政局主管科室备案。

附：

表5-13　固定资产验收入库单

入库单号				登入日期			
				经办人			
单位名称	资产编号	名称	品牌与规格型号	数量	价值（元）	取得日期	管理人

主管：　　　　会计：　　　　保管员：　　　　经手人：

表5-14　固定资产领用申请单

申请科室		申请人		申请日期	
申请资产及原因					

续表

<table>
<tr><td>申请科室</td><td colspan="5">科室负责人：　　年　月　日</td></tr>
<tr><td rowspan="2">资产归口管理科室</td><td colspan="5">科室负责人：　　年　月　日</td></tr>
<tr><td colspan="5">固定资产管理员：　　年　月　日</td></tr>
<tr><td rowspan="7">资产详情</td><td rowspan="3">资产 1</td><td>资产名称</td><td></td><td>资产编码</td><td></td></tr>
<tr><td>资产类别</td><td></td><td>规格型号</td><td></td></tr>
<tr><td>存放地点</td><td></td><td>备注</td><td></td></tr>
<tr><td rowspan="3">资产 2</td><td>资产名称</td><td></td><td>资产编码</td><td></td></tr>
<tr><td>资产类别</td><td></td><td>规格型号</td><td></td></tr>
<tr><td>存放地点</td><td></td><td>备注</td><td></td></tr>
<tr><td colspan="5">领用人：　　　　　　　库管员：
年　月　日　　　　　　年　月　日</td></tr>
</table>

表 5-15　固定资产转移单

<table>
<tr><td>资产名称</td><td></td><td>资产编码</td><td></td></tr>
<tr><td>规格型号</td><td></td><td>资产类别</td><td></td></tr>
<tr><td>转移原因</td><td colspan="3"></td></tr>
<tr><td colspan="2">转出科室</td><td colspan="2">转入科室</td></tr>
<tr><td>科室名称</td><td></td><td>科室名称</td><td></td></tr>
<tr><td>科室主要负责人</td><td></td><td>科室主要负责人</td><td></td></tr>
<tr><td>使用人</td><td></td><td>使用人</td><td></td></tr>
<tr><td>资产归口管理科室意见</td><td colspan="3"></td></tr>
</table>

表 5-16 固定资产回收申请单

资产编号		资产名称	
规格型号		固定资产价值	
使用科室		资产使用人	
固定资产回收原因			
使用科室负责人意见	年 月 日		
归口管理 科室意见	年 月 日		

交回人： 库管员：

幼儿园物品赔偿制度

（一）书刊赔偿制度

1. 10 年以上的图书遗失时，凡能明确分清责任的，由责任人按现价 5～10 倍赔偿；凡分不清责任的，在现价 5～10 倍的基础上，按班长 40%、教师 30%、助理教师各 15% 的比例进行赔偿。同时追究班长的责任，在年度考核中作为班长责任心的一部分进行考核。

2. 10 年以内的图书遗失时，凡能明确分清责任的，由责任人按现价 3～5 倍赔偿；凡分不清责任的，在现价 3～5 倍的基础上，按班长 40%、教师 30%、助理教师各 15%的比例进行赔偿。同时追究班长的责任，在年度考核中作为班长责任心的一部分进行考核。

3. 一般杂志丢失按 3 倍赔偿。

4. 成套的图书，无论丢失或损坏其中任何一册，均酌情按原套价格赔偿。

（二）物品赔偿制度

为促使全园职工爱护公共财产，以利于增产节约，特规定如下：

1. 严格执行财产登记制度，及时、如实填写财产登记簿。

2. 每学期由主管人员、保管员抽查各班财产一次并签字。

3. 各班组财产管理人员要定期清点并管理好本班财产。

4. 物品丢失要及时查找，财产损坏或丢失由责任人照价赔偿。

5. 借用物品要按时交还，并撤回借条。

6. 主管领导对损坏或丢失的财产要及时报告，总务主任做好赔偿工作的跟进。

7. 外单位经批准借用而损坏的财产，按折旧后余额的百分之百赔偿。

第六章　幼儿园预案

第一节　教育教学相关预案

幼儿园空气重污染停课预警应急预案

为应对空气重污染，保护幼儿身体健康，依据《北京市空气重污染应急预案(2018年修订)》《北京市教育委员会空气重污染应急预案(2018年修订)》有关规定，制定本预案。

(一)适用范围

本预案适用于具有相关需求的地区及幼儿园内部运行。

(二)预警分级

本市将空气重污染分为四个预警响应级别，由轻到重顺序依次为预警四级(蓝色)、预警三级(黄色)、预警二级(橙色)、预警一级(红色)。预警一级(红色)为最高级别。

(三)应急措施

1. 预警四级(蓝色)：幼儿园减少户外运动。

2. 预警三级(黄色)：幼儿园避免户外运动。

3. 预警二级(橙色)：幼儿园停止户外运动。

4. 预警一级(红色)：幼儿园停课。

停课之前，对全体教师按照全园应急预案，开展教育宣传工作，并做好教育教学工作安排，并由各班班长将停课通知，通知到全体幼儿。停课期间，幼儿园应按照“停课不停学”的原则，通过网络、通信等途径与家长和幼儿保持联系，并将停课期间的教学安排通过网络进行宣传，同时，提出可参考的合理化游戏、生活及学习建议；教师合理调整教学方式，灵活安排学习内容，充分利用班级微信群等信息化手段指导幼儿开展自主学习，提示家长在家对幼儿进行生活和安全教育。

(四)预警发布与解除

幼儿园空气重污染应急领导小组办公室接收区教委空气重污染应急领导小组预警

发布与解除指令后，报领导小组组长，并按照领导小组要求，通过电话、网络、传真等方式向各部门发布与解除预警信息。各部门在幼儿园组织下启动预警响应预案。

（五）幼儿园各部门各岗位职责

1. 副园长。

按照幼儿园应急工作领导小组的要求，制定本部门应急预案，召集各部门主任，做好停课期间的人员与各项工作的安排。教学部门要安排各年级停课期间教育教学内容、进度和宣传方式；拟定家长通知；做好全体教师思想动员工作，密切关注全园家长和幼儿的需求与反应，全力以赴，做好停课期间幼儿教育教学工作和家长服务工作。24小时保持通信畅通，发现问题及时向上一级领导反映，全力以赴促进幼儿快乐发展。

2. 中层干部。

(1)办公室主任：履行幼儿园应急预案中规定的相应职责。在停课期间保持和上级(区教委)的联系，接到指示及时上报幼儿园负责领导，并根据要求做好向上级回复的工作。

(2)保教主任：履行幼儿园应急预案中规定的相应职责。根据教育教学部门应急期间工作安排与要求，制定本年级应急预案，安排本年级停课期间教育教学内容、进度和宣传方式；将停课通知下达到各班班长，做好本年级全体教师思想动员工作，密切关注本年级家长和幼儿的需求与反应，做好停课期间幼儿教育教学工作和家长服务工作。24小时保持通信畅通，发现问题及时向上一级领导反映，全力以赴，促进幼儿快乐发展。

(3)教科室主任：履行幼儿园应急预案中规定的相应职责，及时梳理、总结幼儿园在停课应急响应中开展工作的情况，并上报区教委宣传部门。24小时保持通信畅通，发现问题，及时向上一级领导反映，全力以赴做好各项临时性工作。

(4)后勤主任：履行幼儿园应急预案中规定的相应职责，做好停课期间幼儿园的安全工作和值班人员的服务保障工作。24小时保持通信畅通，发现问题，及时向上一级领导反映，全力以赴做好各项临时性工作。

3. 班组长。

按照年级组要求，召集本班教师，制定本班应急预案，通过网络对教育教学内容、进度和方式进行合理安排；将停课通知传达给每一位家长；密切关注本班家长和幼儿的需求与反应，做好停课期间幼儿教育教学工作和家长服务工作。24小时保持通信畅通，发现问题，及时向上一级领导反映，全力以赴促进幼儿快乐发展。

4. 教师。

协助班长落实本班停课期间幼儿安全、教育和家长服务工作，24小时保持通信畅通，发现问题及时向上一级领导反映，全力以赴促进幼儿快乐发展。

5. 医务室。

向家长和幼儿做好卫生保健方面的日常宣传和教育，在停课期间指导各班利用微信、QQ和班级微信群等信息技术手段，继续进行宣传，并向各班提供促进幼儿健身、防病方面的指导性建议。24小时保持通信畅通，发现问题及时向上一级领导反映，全力以赴促进幼儿快乐发展。

6. 食堂。

结合季节特点和天气情况与医务室合作，向各班提供营养饮食的建议和食谱，为增强幼儿体质、促进幼儿健康发展做好服务工作。24小时保持通信畅通，发现问题及时向上一级领导反映，全力以赴做好各项临时性工作。

7. 其他科室。

在停课期间创造性开展工作，保质保量完成本职工作，并根据分工配合班级开展相关工作。24小时保持通信畅通，发现问题及时向上一级领导反映，全力以赴做好各项临时性工作。

幼儿园大型活动安全预案

(一)指导思想

以正确的观念为引领，以全心全意为教师和幼儿做好服务保障和安全保障为目标，从全局出发，从大局出发，全方位地规范做好服务及安全工作，保障大型活动的顺利进行，促进师幼快乐发展。

组　长：园长兼书记

副组长：副书记、副园长

成　员：建设保障中心主任、保卫干部、园务管理中心主任兼人事干部、卫生保健中心主任、保教管理中心主任、分址执行园长

(二)工作原则

1. 安全第一：所有工作中，以安全为第一重要任务，一旦出现危及安全的事件，要首先解决安全问题。

2. 分工合作：根据职责进行合理分工，同时要有相互配合。

3. 主动服务：主动观察、询问，把服务保障做到前。

4. 全程保障：工作有始有终，不放松每一个环节。

（三）安全及保障工作目标

1. 通过主动、周到、细致的服务，为教师幼儿活动提供支持，为大型活动的顺利进行提供保障。

2. 通过细致、周密的排查和防范工作，确保安全工作万无一失，保障大型活动安全进行。

（四）安全及保障工作的内容

1. 安全工作内容。

(1)防恐防暴、门口交通及出入安全，校园各种安全防范（如消防、设备设施、场地、房屋等）以及各种意外事故的紧急处理（具体的事故应急处理流程见图 6-1）。

(2)大型活动安全工作内容：会场安全、车辆管理（停放以及避免拥堵）、人员的管理（严禁陌生人进入、避免人员拥挤等）、设备设施、场地材料等。

2. 保障工作内容。

活动前：保证场地卫生、场地准备、环境布置、材料准备。

活动中：根据活动需要及时提供、及时补充和调整。

活动后：撤场和收尾工作。

（五）各岗位人员职责

1. 大型活动主管领导职责及标准。

(1)制定大型活动的安全预案，并进行宣传，做到相关人员人人知晓，如需要可进行演练。

(2)明确各岗工作职责，由主管主任负责落实到人，确保贯彻执行。

(3)活动过程中，抽查各岗执行职责的情况，发现问题及时提出，立刻纠正。

(4)活动后，查缺补漏，完善制度，并对各岗安全职责的完成情况进行梳理，与评价相结合。

2. 教师职责及标准。

(1)以主体性思想为指导，日常中重视对班级幼儿的安全教育和实践，加强幼儿对突发事件中的自我保护意识和能力的培养。

(2)大型活动之前熟悉安全预案，明确本班幼儿所在位置和疏散路线，必要时需要提前勘查现场，做到心中有数。

(3)班长负责对班上教师做合理的分工，确保每位教师明确自己当天的岗位和职责，做到有分工、有合作。

(4)对活动当天幼儿出勤情况做到了如指掌，过程中要关注到每名幼儿，做好对幼儿的生活照顾和安全防护。

(5)一旦发生突发事件，以保护幼儿安全为第一要务，组织幼儿有序地按照预定路线疏散，确保每一名幼儿都安全到达疏散区域。

(6)清点人数，向部门主管领导汇报本班幼儿疏散情况。如果出现人员受伤情况，及时联系医务室进行处置。

3. 保安员大型活动职责及标准。

(1)对门口两侧的社会人员进行疏散，确保入口畅通。

(2)准备好来客来访登记本和胸牌。如是家长参加，提前熟知家长进园的通知单，并提醒服务保障中心主任和各班沟通，将没有及时发出的通知送到传达室，以便现场确认。一是避免陌生人入园，确保活动安全。二是避免家长等待时间过长。

(3)来宾进园时，礼貌地请来宾登记。如是多人来访，为避免拥堵，请同一个单位的来宾派一个代表登记。保安员要确认人数相符，杜绝陌生人混入。

(4)家长进园时，保安员要有分工。一人在门口维持秩序，避免拥挤，提示家长拿出通知单；另一人在门内，与保安队长配合，收取家长盖公章原件的通知单，对不能提供通知单，或通知单与原件不符的，礼貌地请家长稍候，并立刻通知在场的幼儿园保卫干部、其他干部，进行及时解决处理。

活动开始后有家长入园的，凭盖公章原件的通知单放行。对没有通知单，用内线给班上打电话或者联系后勤主任，确认该名幼儿家长可以放行后，礼貌请家长进园，同时做好记录，记录内容是时间、幼儿班级、姓名、接电话教师。

(5)活动过程中，关注门口车辆、人员情况，保证人和车随时出入。如有中场离开的人员，礼貌地向来宾收回胸牌，做到发出和回收数量相符。

(6)活动结束来宾或家长往外走时，做好门内外的人员、车辆疏导工作。如果家长和孩子共同离开，要提示家长和孩子手拉手，杜绝孩子独自出园门。所有来宾和家长离开后，要关紧大门做好所有收尾工作。

4. 安全员大型活动职责及标准。

(1)在活动开始前，巡视全园各个角落，确保无安全隐患，对主会场的场地、设施和材料要心中有数，确保活动安全。

(2)如遇家长活动，家长进园时，到门口协助保安员做好家长进园工作，要提前熟知通知单样式和内容，对没带通知单的家长，礼貌请家长等待，并告知现场干部进行处理。

(3)大多数家长或来宾进园后，到主会场负责现场安全巡视，重点看场地设施使用、人员拥挤、有无个别离散幼儿，如发现出现安全隐患，要第一时间进行处理，并上报主管主任，做后续处理。

(4)活动过程中要全程在场，根据自查和他人发现，及时处理各种安全隐患。

(5)活动结束后，负责现场人员疏导，待全部离园后，再清理现场，注意保护人财物的安全。

(6)如遇突发事件，以安全为第一要务，先疏散人，再解决隐患最大的问题，同时上报主管主任。

(六)保障工作

1. 门区保障。

(1)根据通知预留停车场地。(保安)

(2)负责门区直至二道门卫生，主要是铁栅栏、栏杆玻璃、导视图、车棚卫生及停车整齐。(保安)

(3)准备接待用的场地、登记表、胸牌，桌布要铺整齐。(保安)

(4)清理场地卫生，提前清理鱼池。(保洁)

2. 活动保障。

(1)活动前。

· 在大型活动前，有后勤班长协调好工作，组织保洁人员提前清理户外环境卫生，做到路面无杂物，草丛无杂物，下水道、雨箅子无堵塞，路灯、草坪灯及汉白玉栏杆等户外设施干净。室内卫生做到，地面整洁，无污物，窗台干净无杂物，玻璃透亮，卫生间物品整齐，洗手池、洗手液、香皂盒干净。

· 活动前，主动与教学部门沟通，了解活动意图和想法，提前做相应准备。如有幼儿园自身不能满足的需要，则尽快联系相关的单位协助解决，保证活动顺利进行。

(2)活动期间。

· 主管后勤工作的干部、后勤班长全程在场，做全场安全及保障巡视，发现问题，及时处理。

· 保洁人员负责不同的区域卫生，随时发现，随时清理，随时解决。确实有困难的，向后勤班长汇报，确认不能独立处理的，进行协调解决。

· 对幼儿园的设施、材料存放的地点、数量要心中有数，能根据活动组织者的需要，尽可能地提供所需材料，支持活动的进行。

(3)活动后。

· 待家长和来宾离开幼儿园后，清理会场及各处环境，设备设施要归位，卫生要整洁。

· 当日事当日毕，如有特殊情况延迟完成，需向主管主任说明情况。

附：

幼儿园大型群体活动事故应急处理流程

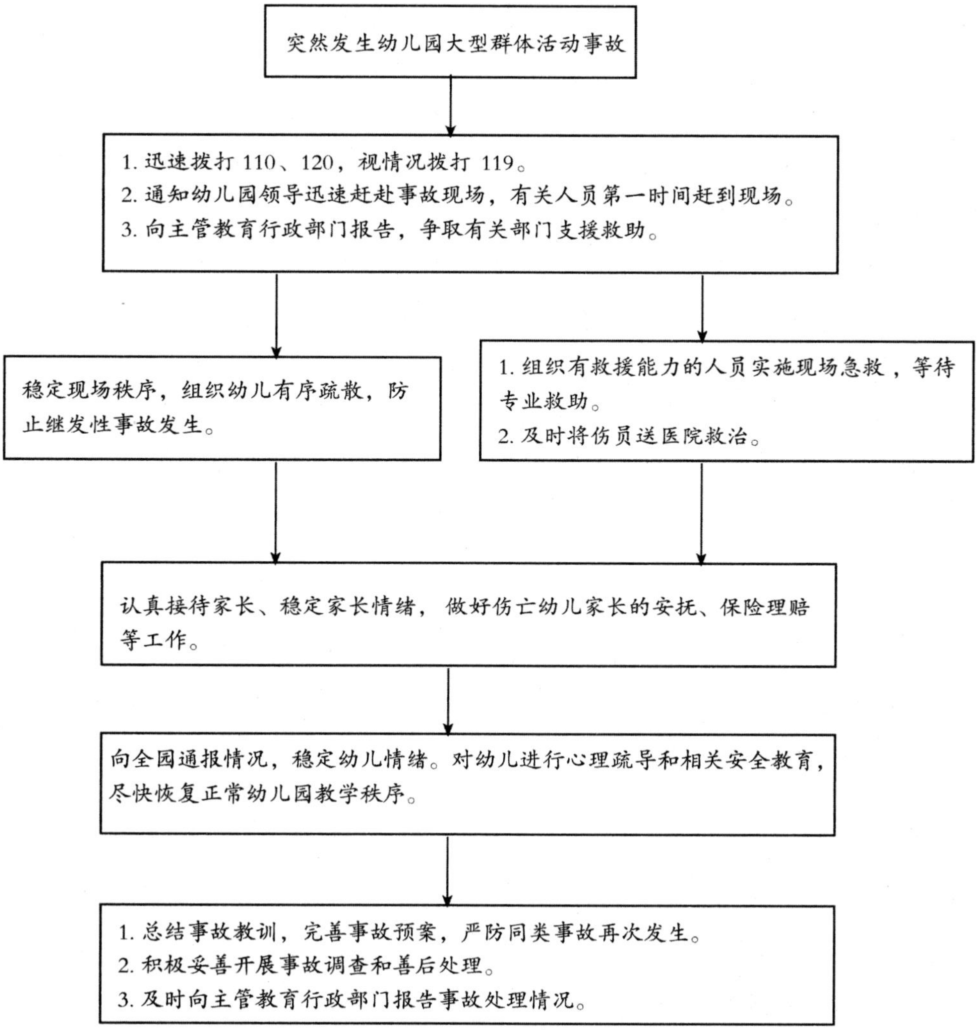

图 6-1　幼儿园大型群体活动事故应急处理流程

第二节　卫生保健相关预案

幼儿园传染病应急预案

为进一步做好园所传染病预防与控制工作，维护正常的教育教学秩序，保障全体幼儿和教职工的身体健康和生命安全，根据《中华人民共和国传染病防治法》（以下简称《传染病防治法》）及《突发公共卫生事件应急条例》等文件精神，结合幼儿园实际情况，特制定本预案。

（一）指导思想

高度树立保障师幼生命安全的思想意识，建立幼儿园传染病防控工作责任制，坚持预防为主，防治结合，提高快速反应和应急处理能力，按要求做到“早发现、早报告、早隔离、早治疗”，采取有效措施，控制疾病发生和蔓延。

(二)适用范围

适用于幼儿园出现的各类型传染病(具体处置方式因传染病不同而变化)。

(三)实施原则

1. 成立组织机构。

认真贯彻落实上级部门指示精神和工作部署，成立“幼儿园传染病防控领导小组”，根据疫情和季节变化，定期召开防病工作会议，研究工作决策，采取相应措施，开展宣传工作，严防传染病的发生。

幼儿园传染病防控领导小组名单及职责：

组长

园 长：负责幼儿园传染病整体工作的协调。

组员

副园长(主管教学)：负责教师及幼儿、家长传染病工作的协调。

副园长(主管后勤)：负责后勤保障及食堂、保健等工作的协调。

教学主任：负责大中小班传染病具体工作的协调落实。

如有分园，分园主任：负责分园全面工作的协调落实。

保健主任：负责全园防病各项具体工作。

后勤主任：负责防病物资保障及食品安全工作。

保健组长：负责本部传染病具体工作的落实。

食堂管理员：负责食品安全具体工作的落实。

2. 坚持预防为主。

坚持预防为主的方针，增强防病意识，面向教师及家长开展传染病基本常识和预防知识的宣传教育活动，既要普及科学防范知识，又要避免产生不必要的恐慌情绪，重点教育老师及家长培养幼儿良好的卫生习惯，提高自我保护意识和防病能力。

3. 依法管理到位。

严格遵守《传染病防治法》，及时做好疫情报告工作。对于出现漏报、瞒报、防控措施不得力者，或在防控工作中出现渎职、懈怠，并因人为因素引起传染病在园所大面积流行者，将依法追究责任。

4. 筹备各项物资。

做好各项防病物资的准备工作，确保消毒药品、测温仪器、帽子、口罩、手套等数量充足。

（四）日常工作要求

1. 认真贯彻区疾病预防控制中心卫生防病工作精神，严格执行《传染病防治法》的各项规章制度及防病措施，落实幼儿园传染病的防控工作。

2. 严格执行晨、午检制度，做到早发现、早报告、早诊断、早隔离、早治疗。保健医要加强检查、监督、指导防病和日常消毒、隔离工作，及时发现问题进行解决并记录。

3. 保健医以多种形式向教职工、家长、幼儿宣传《传染病防治法》及传染病相关知识，利用网站、宣传栏、温馨提示等向家长宣传预防传染病知识。

4. 加强幼儿户外体育锻炼，增强机体抗病能力。均衡饮食、合理营养。积极培养儿童良好的卫生习惯，用正确的方法洗手。教育幼儿打喷嚏或咳嗽时用纸巾遮住口鼻，并丢进垃圾箱中。工作中有检查和记录，保留照片，整理存档。

5. 积极开展爱国卫生运动，搞好环境卫生和除“四害”工作，尤其是做好通风换气、清洁卫生，并依据相关要求定期消毒。彻底清除幼儿园卫生死角，消灭蚊虫等，每月由保健医生组织检查、指导，做好记录。

6. 加强幼儿园食品卫生管理工作，食堂加工猪肉或猪产品要煮熟、煮透，确保食品卫生安全。

7. 落实零报告制度：各班级实行零报告制度，即有情况报情况、无情况报平安。各班级确定专人负责报告，不得瞒报、漏报。

（五）规范工作，责任到人

1. 经常保持开窗通风，有条件的开对流风。（责任人：当班教师）

2. 大面每日消毒一次，水龙头、门把手每日早、中、晚消毒，玩具每天消毒一次，图书每天10:00以后拿到室外阳光下暴晒，墩布用后消毒，认真记录。（责任人：助理教师）

3. 掌握班级幼儿缺勤原因并做好登记。（责任人：各班班长）

4. 操场大型玩具每天中午擦拭消毒一次。（责任人：保洁员）

5. 做好食堂卫生、消毒及食品安全工作。（责任人：当班食品从业人员）

（六）应急处理流程

1. 班级出现疑似传染病后，当班保健医根据各类型传染病的不同情况，及时对本班幼儿进行集体检疫，患病幼儿立即送至隔离室隔离观察，保健医逐级上报园领导和社区保健科，同时做好记录。

2. 出现甲类传染病（鼠疫、霍乱）时，立即封闭本班幼儿和教师，当班教师电话通知保健医生→幼儿园办公室→所属社区卫生服务中心保健科→学前科。

3. 保健医及时指导本班教师做好日常消毒和家长联系工作，检疫班级停止一切大型活动，并做到不串班，不接收、不转出新幼儿。

幼儿园聚集性发热应急处理方案

根据市区卫生主管单位部署，为认真做好聚集性发热事件的防控工作，妥善处理在园内发热的幼儿及教师，避免造成群体聚集发热事件，特制定此方案。幼儿园领导负责检查制定防病方案；保健医负责具体防病、检查各项工作落实情况。

同一班级(同一办公室为单位)在三天内出现3例发热情况(37.5℃以上)，则为聚集性发热事件。一周内10例以上发热者(免疫接种导致者除外)定义为爆发性发热事件。

(一)报告程序

1. 幼儿园在晨检及全日健康巡视中建立发热患者登记制度，登记中详细记录姓名、班级、家庭联系电话。

2. 建立隔离观察记录(包括隔离时间、处理意见)及时了解发热病人的家庭情况。

3. 由接诊保健医负责填写观察记录并与家长联系，请家长接幼儿回家治疗。

4. 对于发热儿童追踪就诊情况，了解幼儿病情及退热情况。

5. 发热幼儿须退热48小时后，待症状消失或明显好转后方可返园。

6. 每日上午10时上报过去24小时幼儿园发热儿童情况。

7. 幼儿园出现群体发热事件应及时上报保健科。

(二)负责人

当班保健医。

(三)处理措施

1. 凡是发热37.5℃以上的幼儿及时送保健室、隔离、观察、治疗。

2. 对发热幼儿所在班及时进行消毒：

(1)开窗通风(对流风)。

(2)教室大面使用消毒液擦拭消毒(浓度为500毫克/升)。保健医指导本班保教老师完成。

3. 隔离室幼儿离园后，隔离室及时消毒(见隔离室消毒制度)。(责任人：当班保健医)

第三节　校园安全相关预案

幼儿园网络舆情预案

为维护幼儿园安全稳定确保学校发生舆情安全问题时各项应急工作高效、有序地进行，最大限度地减少损失，根据幼儿园安全相关条例及教育部门有关文件精神，结合幼儿园的工作实际，特制定本预案。

（一）指导思想

以邓小平理论、“三个代表”重要思想和科学发展观为指导，深入学习贯彻党的精神和习近平同志系列讲话精神，坚持稳定压倒一切的方针，以维护地方稳定和社会正常秩序为根本目标，按照集中领导、统一指挥、分工负责、协调合作的原则和预防为主、教育疏导、防止激化、依法处理的要求，切实做好幼儿园舆论安全稳定工作。

（二）应急机构组成

为维护幼儿园安全稳定，确保幼儿园发生舆情安全问题时各项应急工作高效、有序地进行，幼儿园成立了舆情监测及应急处置工作领导小组，其构成及职责如下。

组长：园长（总指挥）

副组长：副书记、副园长

成员：全体教师

（三）主要职责

1. 加强领导，健全组织，强化工作职责，完善各项应急预案的制定和各项措施的落实。

2. 充分利用各种渠道进行舆情安全知识的宣传教育，组织、指导全校舆情安全常识的普及教育。

3. 采取一切必要手段，组织各方面力量全面进行舆情安全事故处理工作，把不良影响与损失降到最低。

4. 调动一切积极因素，及时积极捕捉分析舆情信息，全面保证和促进学校舆情安全稳定地运行。

（四）预防措施

1. 在幼儿园重大活动中对重要网络设备提供备份，出现问题需尽快更换设备。

2. 加强对校园网内计算机设备的管理，加强对学校网络使用者的网络安全教育。

3. 加强对重要网络设备的软件防护及硬件防护，确保其正常运行。

4. 针对各民族在园的情况，要充分了解掌握师幼的民族习俗、生活习惯等，努力构建和谐平安的校园生活和育人环境。

5. 事先应向领导小组汇报本次事件中所需用到的设备、环境以及可能出现的事故与影响，在事件过程中出现任何问题应立刻向领导小组组长汇报。

（五）舆情安全事故发生后有关处理措施

1. 及时汇报、通报信息，确保主管领导了解此次事故的发生情况、发生原因、处理过程。

2. 领导小组依法发布有关消息和警报，全面组织各项舆情安全防御、处理工作。

3. 如发现舆情恶意攻击，按流程处置，立刻确定该攻击来源，降低影响和损失。

4. 从事故一发生到处理的整个过程，相关人员必须及时向领导小组组长及相关职能部门汇报，听从安排，注意做好保密工作。

5. 事后迅速查清事件发生原因，查明责任人，并报领导小组根据责任情况进行处理。

6. 在应急行动中，各部门要密切配合，服从指挥，确保政令畅通和各项工作的落实。积极做好广大师生的思想宣传教育工作，迅速恢复正常秩序，全力维护校园安全稳定。

幼儿园应对突发事件的处置预案

为有效预防、及时控制和消除幼儿园内外重大突发事件的危害，保障在园师生身体健康与生命安全，维护幼儿园正常的教育教学秩序，根据幼儿园的实际情况特制订幼儿园应对突发工作预案。

(一)指导思想

遵照教委有关学校安全工作的重要指示，自觉维护幼儿园的安全稳定，为全面贯彻落实科学发展观，坚持以人为本、预防为主、统一领导、分级负责的原则，全面提高幼儿园应对突发事件的能力，保障师幼的生命财产安全。

(二)工作目标

有效预防、及时控制和妥善处理幼儿园可能发生的各类突发事件，形成指挥统一、决策科学、保障有力、行动高效的应急管理体系，控制事态发展，限制在最短时间，最小范围内，使负面影响和损失减小到最低程度，做好师幼工作，安定师幼情绪，尽快恢复幼儿园的正常教育教学和生活秩序。

应对突发事件领导小组：

组长：园长

副组长：主管副书记、副园长

成员：行政会其他人员

工作职责：承担幼儿园应急指挥小组的工作职能，传达上级指示精神，协调全园各部门对突发事件处置，并随时向幼儿园指挥部汇报和联络工作。根据教委和幼儿园领导小组的指令，编播有关制止事态发展的通告，开展法制宣传教育等。

(三)工作原则

1. 以人为本原则。把保障师幼的生命安全和身体健康作为幼儿园的首要任务，最大限度地减少突发公共事件造成的在园人员伤亡和危害，切实加强对应急救援人员的安全防护。

2. 快速反应原则。幼儿园一旦发生重大突发事件，第一时间向园领导小组报告，第一时间赶到现场，第一时间果断处置。

3. 预防为主原则。努力提高幼儿园防范突发公共事件的意识，落实各项预防措施，做好应对突发公共事件的思想准备、组织准备、物资准备等各项工作。及时对各类可能引发突发公共事件的情况进行分析、预警，做到早发现、早报告、早处置。

4. 防止激化原则。重在加强对教职工的思想教育。

5. 统一领导、分级负责原则。根据突发公共事件的范围、性质和危害程度，对突发公共事件实行分级处置。每组的主要负责人是本组公共事件处置工作的第一责任人。

(四)各组职责

1. 幼儿园门外现场处置组：保卫干部及教学干部。

按照幼儿园领导小组指令，具体组织实施现场处置工作。稳定师幼或家长情绪，开展劝阻、疏导和维护秩序工作，制止破坏幼儿园公共财产及其他破坏活动等，及时向幼儿园领导报告事态发展及处置情况。

2. 通信联络组：办公室。

要确保通信畅通和有关现场信息收集，为现场指挥提供可靠信息保障。

3. 保卫疏导工作：保卫干部及后勤人员。

根据幼儿园领导小组指令迅速封锁现场，切断闹事群体与外界的联系，控制事态发展，及时做好幼儿园重要部位的安全工作，根据事态发展的轻重情况，负责与110联系。

4. 后勤保障组。

根据幼儿园领导小组指令，组织动员后勤工作人员，配合其他工作小组，进一步做好幼儿园涉及的通信、交通、水电、食堂以及安全防护各项措施，为平息事态提供一切物质保障。

(五)处置措施

1. 即时响应，启动预案，上报上级指挥中心。

2. 控制事态发展，做好教职工思想工作，共同维护好幼儿利益、保护幼儿安全。

3. 幼儿园指挥领导小组迅速召开有关部门会议，明确处置措施，全力稳定师幼情绪，以避免幼儿、教师卷入事件中。

4. 保卫部门迅速将闹事者与围观者隔开，情况紧急和必要时直接与公安部门取得联系，依法强行制止事态发展。

5. 妥善处理事后工作，组织力量采取有效措施迅速恢复正常的工作秩序，尽可能减少恐怖事件带来的损失和影响。

幼儿园落实安保专项反恐怖工作预案

（一）目标

为维护国家的政治稳定和社会安定，幼儿园牢固树立“政治意识、大局意识、核心意识、看齐意识”，按照“党政同责、一岗双责、失职追责、齐抓共管”的工作总要求，坚定幼儿园“倾心于孩子的今天，着眼于孩子的明天”的办园宗旨，时刻以“平安校园”“和谐校园”“法治校园”的建设为目标，确保幼儿园教育教学和各项活动的正常进行、确保在园师幼的平安与健康，营造安全、稳定、和谐的园所环境。

（二）幼儿园处理突发事件工作领导小组成员及主要职责

1. 领导小组成员：

组　长：园长

副组长：副书记、副园长

成　员：行政会成员及各部门班组长

2. 主要职责：

组　长：全面协调幼儿园各项工作，统一下达工作部署和要求。

事业发展部：在突发事件中，负责信息汇总、总协调和上级汇报等工作，及时关注教职工的思想动态，传播正能量，落实“四个意识”；了解、关注有特殊需求的人群，指导各部门做好工作，稳定队伍；积极开展师德建设，坚持立德树人，提高教师的职业道德，将“幼儿的利益高于一切”落实在日常活动中、体现在突发事件中。

教育发展部：以社会主义核心价值观为指导，开展各种教育教学活动，坚持立德树人，为培养社会主义接班人奠定扎实基础；贯彻落实教育部有关家长工作的文件精神，积极开展家园共育，家园携手共同为幼儿营造充满正能量的游戏、生活和学习环境；立足日常开展以自我保护、安全疏散为主题的教育活动，增强教师责任感，提高幼儿自我保护的意识和能力；突发事件中紧急疏散幼儿，确保幼儿安全；注重日常及突发事件中的影音资料的收集，为后续的总结和档案管理做好准备。

建设保障部：全面做好安全保障工作，确保制度健全、责任明确、台账清晰、保障及时到位。加强保安队伍的培训和演练，确保入门第一关的安全；加强安全知识、技能的宣传培训，积极开展有针对性的演练活动；加强自查自纠，将隐患消除在萌芽阶段；加强日常各种急救知识的宣传和培训，降低应急处理突发事件过程中的人员伤害程度；加强与各部门的沟通协调，行程安保的合力，共建平安校园。

各分园负责人：全面落实领导小组组长要求、执行组长决议，协调所负责的各分园全面工作，及时向本部报告分园的情况。

（三）突发事件的报告程序

各分园工作人员第一目击者应第一时间向本部主管领导报告，各分园负责人应做出采取相应措施的决定。

如遇到难以采取措施较为严重的事件时，由幼儿园本部领导小组组长采取相应措施控制事态发展的同时，向上级有关机关进行报告。

（四）突发事件的处理程序

1. 第一目击者或现场责任人：

在采取必要防范措施后能排除的自己进行处理。自己处理有困难的，在采取必要防范措施的同时，向主管领导报告。

2. 接到报告的主管领导：

应根据事件的性质、状态提出相应的处理意见，同时要亲自到现场进行指挥和观察，做出事件发展的预测。通过现场的指挥和观察认为遇到暂时难以控制局面的情况时，应立即向园领导报告。

3. 接到报告的园领导：

应根据现场的实际情况做出处理决定，幼儿园领导认为有必要向上级机关报告时，应立即报告并协助上级机关进行处理。

（五）工作重点及突发事件的处理方法

1. 突发事件的处理原则：

面对突发事件，人员一定要保持冷静的头脑、采取有效的措施、避免或减少人员的伤亡，人人都要树立孩子的利益高于一切的思想，以确保孩子的安全为第一己任。

2. 遇到不同性质的突发事件应采取不同的处理方法。

(1)恐怖活动：包括犯罪嫌疑人进入园内劫持人质、抢劫，扬言杀人、放火、爆炸、投毒等各类违法犯罪的活动。遇到此类现象不要惊慌失措，要稳住犯罪嫌疑人，千万不能激化矛盾。寻找时机及时向有关领导报告，领导接到报告后应立即向上级机关报告，同时想方设法制止犯罪嫌疑人的阴谋得逞。

(2)各类爆炸：所谓爆炸，分意外爆炸和图谋爆炸两种情况。不论哪一类爆炸都应立即报警，并以抢救孩子和确保孩子的安全为准则，在做好救援工作的同时要保护好现场，为公安机关破案提供线索。一旦由于爆炸而引发火灾，在报警的同时开展相应的救援工作。

(3)危及人身生命安全的事件：除上述各类情况之外，还有诸如户外体育等活动引发的摔伤、昏厥等。不论是哪一种危及人身生命安全的事件发生，现场老师第一时间通知当班的医务室大夫先进行必要的处置或抢救(送往医院，避免发生因抢救不及时造成的伤亡)。随即向分园负责领导和幼儿园本部领导报告。

(4)确保大小食堂师生的饮食、饮水安全，杜绝出现群体食物中毒及季节性腹泻的意外情况发生。加强食堂安全巡视，保证不发生人为污染食品事件。

（六）疏散路线

根据事情发生的具体位置和地点，随时听从组长指挥和命令。

（七）执行方案中注意事项

1. 各分园各部门工作人员都要确保安全、坚守岗位、团结协作、万无一失。

2. 各分园各部门负责人注意做好本部门教职工、幼儿及家长的情绪安抚工作。

3. 如果意外出现在室内，应尽快断电、把窗户打开，疏散室内人员。

4. 如果发现可疑物品，不要轻易接触，及时向有关单位汇报。

第三部分

幼儿园岗位管理与评价

管理的核心是人，岗位管理从本质上说，就是把最适合的人放在最适合的岗位，从而从整体上增强组织运转效能、提高工作效率、提升管理水平。幼儿园的岗位管理是关乎人的发展的最重要的工作之一，涉及岗位设置与聘任、岗位职责与标准、岗位工作重点与流程、岗位评价与考核等项内容，这些内容既彼此关联，又一脉相承；既可以反映幼儿园发展的某一个阶段岗位管理的现状，又会因时、因事不断调整和完善，从而发挥人员配置的最优效果。

第七章　幼儿园岗位设置与聘任

幼儿园岗位设置为幼儿园建设一支高素质、善保教的教职工队伍提供了可能，岗位职责与标准的建立则为这支队伍的可持续发展提供了科学保证。一方面，通过对每个岗位的工作职责与质量标准要求进行明确的规定和详尽的说明，使各岗工作有据可依、有章可循，实现科学、有效的管理；另一方面，支持广大教职工在实际工作中对标对表，主动提升，自觉完善，不断优化，在调动教职工工作内驱力的同时，确保幼儿园教育质量的持续提升。

第一节　幼儿园教职工岗位设置制度

为进一步完善幼儿园岗位设置与管理，为每位教师提供适宜的发展平台，发挥与挖掘每位教师的最大价值，特制定岗位设置制度。

1. 岗位设置要依据国家、市、区的相关文件精神以及最新指示进行设定。

2. 岗位设置要坚持科学规划幼儿园未来发展，大胆尝试组织机构改革，服务园所长期可持续发展。

3. 进行岗位设置要结合每年组织机构情况，并对幼儿园实际班额以及队伍现状进行专门的分析。

4. 岗位设置要坚持以人为本，最大限度地挖掘教师的专业价值，为每位教师提供适宜的发展平台。

5. 岗位设置每学年依据幼儿园实际情况进行调整。

6. 幼儿园岗位设置方案(见表 7-1)经园长会、行政会、教代会代表讨论通过。

7. 此制度适用于所有在编教职工。

表 7-1　幼儿园岗位设置方案

序号	岗位	人数	备注
1	后海分园执行园长		兼专任教师
2	党工团建设中心主任		兼专任教师

续表

序号	岗位	人数	备注
3	规划发展中心主任		兼专任教师
4	园务管理中心主任		兼专任教师
5	教育研究中心主任		兼专任教师
6	保教管理中心主任		兼专任教师
7	课程建设中心主任		兼专任教师
8	教师培养中心主任		兼专任教师
9	卫生保健中心主任		兼专任教师
10	建设保障中心主任		兼任教师
11	保卫干部		兼专任教师
12	教研组长		兼专任教师(脱产)
13	教研副组长		兼专任教师(不脱产)
14	助教组长		
15	保健组长(本部)		兼专任教师
16	会计组长		兼专任教师
17	食堂管理员		兼任教师
18	教学班班长		
19	资料室班长		兼专任教师
20	信息化班长		兼专任教师
21	食堂班长		本部儿童食堂正、副班长各1人
22	保健班长		兼专任教师
23	教研员		兼专任教师
24	教学班教师		
25	助理教师		
26	保健医		兼专任教师
27	出纳		兼专任教师
28	财产管理员		兼库房管理、兼专任教师
29	资料员		资料、图书、玩教具，兼特色教师
30	厨师		兼任教师
31	特色教师		
总计	____个岗位		

备注：园(校)级干部由上级工委组织部任命，不参加园内岗位聘任。因全体教职工都是教育者，因此，所有有教师身份的人和专业技术人员(如会计、保健医等)均为专任教师；无教师身份的教职工

均为兼任教师，都有支持全园幼儿发展的责任。

第二节　幼儿园分层聘任、双向选择制度

为贯彻落实“双支持、双自主”的管理理念，提高管理效能，将管理重心下移，幼儿园将实施“分层聘任、双向选择”的聘任制度。“分层聘任、双向选择”的聘任制度，采取自下而上、自上而下相结合的方式，给广大教师充分的专业发展的自主权，真正调动教师自主发展的内驱力，不断优化教师队伍建设，促进幼儿园办园质量的进一步提升。

一、目的及意义

1. 进一步优化教师队伍建设，促进每位教职工自主提升、自我完善。

2. 加强有效管理，为幼儿更好地发展提供支持，实现“六归一”幸福人生。

二、原则

1. 以德为先。各岗教师符合幼儿园教师职业道德规范，具备高尚师德。

2. 以幼儿利益为重。本着对班级、孩子及家长负责的态度填报聘任意向。

3. 自主聘任。教职工根据自己的工作特点，选择与自己能力互补，且有利于工作开展的合作伙伴及部门领导，实现自主聘任，双向选择。

4. 择优聘任。幼儿园从工作的实际出发，全面考核教职工的政治思想、道德修养、业务水平、工作能力、出勤等情况，择优聘任。

5. 公平、公正、公开。该制度面向全体教职工，全体教职工均具有自主竞聘和被聘的权利。竞聘的过程严格按照制度执行，所有程序及结果均向全体教职工公开。

6. 尊重教师。尊重教师的主体地位，尊重教师的个性特点，倾听教师合理建议。

三、实施方案

1. 岗位设置方案经教师代表大会表决通过后，召开全园大会予以公布。

2. 全体教师(指全体教职工)根据幼儿园公布的岗位需求情况及条件，选择自己的应聘意向并填写《应聘意向书》。

3. 公示教师竞聘岗位的《应聘意向书》，相互之间了解竞聘意愿，做好竞聘准备。

4. 召开双向聘任大会：

(1)主任、教研组长、大组长、班长分别做竞聘陈述，教师进行投票选举(教师按照岗位标准进行投票)。

(2)如果有新任教师岗，则拟聘教师岗人员做竞聘陈述，教师进行投票选举(教师按照岗位标准进行投票)。

(3)教师填写《双向聘任意向书》。

5. 召开园长会，根据月评价、考核及教师投票结果，最终确定主任、教研组长、大组长以及班长人选。

6. 召开园长会，综合幼儿园实际工作需要、教师意向及教师考核评价情况进行统筹安排，确定教师各岗人员。

7. 召开全园会：公布主任、教研组长、大组长和班长名单；公布新一学年的分班安排。

8. 年度考核不合格、双向聘任中落选的人员，经由行政会综合幼儿园实际工作需要，安排机动岗位。

四、管理办法

1. 聘任中要任人唯贤，票数只是参考指标，而非唯一标准。

2. 聘任中对于双向聘任达成一致的，应以有利于幼儿发展为标准，判断是否应给予满足(要综合考核双方的德、能、勤、绩)。

3. 聘任中对于德、能、勤、绩都能得到各方认可的老师，给予择优聘任。

4. 凡双向聘任成功或园方根据工作需要调整的相应岗位且个人同意者，为受聘人员。

5. 凡双向聘任中落选人员或年度考核不合格者，由园方安排到其他岗位，享受相应工资待遇。

6.“分层聘任、双向选择”每学年度进行一次，聘期为一学年。

7. 本制度最终解释权归幼儿园办公室。

第三节 幼儿园教职工岗位聘任条件

一、各岗位教职工聘任标准

为进一步规范教职工岗位聘任工作，幼儿园对各岗位教职工聘任条件有一定的规定，全园岗位聘任设四大类：干部岗、教师岗(含助教)、职员岗、技工岗，分别制定岗位聘任标准。

在指标维度上，按照市教委对事业单位专业技术人员的考核办法，分为“德、能、勤、绩”4个项目、10个指标和20个维度，岗位聘任标准和具体维度见表7-2。

表 7-2　岗位聘任标准

<table>
<tr><th rowspan="2">项目（4）</th><th colspan="2">干部岗</th><th colspan="2">教师岗（含助教）</th><th colspan="2">职员岗</th><th colspan="2">技工岗</th></tr>
<tr><th>指标（10）</th><th>维度（20）</th><th>指标（10）</th><th>维度（20）</th><th>指标（10）</th><th>维度</th><th>指标（10）</th><th>维度（20）</th></tr>
<tr><td rowspan="2">德</td><td>师德高尚</td><td>热爱儿童
热爱事业
团结协作
廉洁从业</td><td>师德高尚</td><td>热爱儿童
热爱事业
团结协作
廉洁从业</td><td>师德高尚</td><td>热爱儿童
热爱事业
团结协作
廉洁从业</td><td>师德高尚</td><td>热爱儿童
热爱事业
团结协作
廉洁从业</td></tr>
<tr><td>政治素养</td><td>大局意识</td><td>政治素养</td><td>大局意识</td><td>政治素养</td><td>大局意识</td><td>政治素养</td><td>大局意识</td></tr>
<tr><td rowspan="5">能</td><td>管理能力</td><td>沟通协调
开拓进取</td><td rowspan="2">实践能力</td><td rowspan="2">学历职称
履行职责</td><td rowspan="2">实践能力</td><td rowspan="2">学历职称
履行职责
服务保障</td><td rowspan="2">实践能力</td><td rowspan="2">学历职称
履行职责
服务保障</td></tr>
<tr><td>实践能力</td><td>学历职称
履行职责</td></tr>
<tr><td>研究能力</td><td>实践研究</td><td>研究能力</td><td>日常研究
课题研究</td><td>研究能力</td><td>实践研究</td><td>研究能力</td><td>实践研究</td></tr>
<tr><td>安全责任</td><td>安全责任</td><td>安全责任</td><td>安全责任</td><td>安全责任</td><td>安全责任</td><td>安全责任</td><td>安全责任</td></tr>
<tr><td></td><td></td><td>建言献策</td><td>建言献策</td><td>建言献策</td><td>建言献策</td><td>建言献策</td><td>建言献策</td></tr>
<tr><td rowspan="2">勤</td><td>劳动纪律</td><td>遵纪守法</td><td>劳动纪律</td><td>遵纪守法</td><td>劳动纪律</td><td>遵纪守法</td><td>劳动纪律</td><td>遵纪守法</td></tr>
<tr><td>工作态度</td><td>责任担当
出勤情况</td><td>工作态度</td><td>责任担当
出勤情况</td><td>工作态度</td><td>责任担当
出勤情况</td><td>工作态度</td><td>责任担当
出勤情况</td></tr>
<tr><td rowspan="2">绩</td><td>工作质量</td><td>考核评价
教师发展
各方反馈</td><td>工作质量</td><td>考核评价
幼儿发展
家长反馈</td><td>工作质量</td><td>考核评价
师幼发展
各方反馈</td><td>工作质量</td><td>考核评价
师幼发展
各方反馈</td></tr>
<tr><td>实践成果</td><td>成果荣誉
组织开放
经验交流</td><td>实践成果</td><td>成果荣誉
示范观摩
经验交流</td><td>实践成果</td><td>成果荣誉
示范检查
经验交流</td><td>实践成果</td><td>成果荣誉
示范检查
经验交流</td></tr>
</table>

二、各岗位教职工聘任具体条件

干部岗、教师岗、职员岗、技工岗各岗位教职工聘任条件详见表 7-3、表 7-4、表 7-5 和表 7-6。

表 7-3 干部岗岗位聘任条件

项目(4)	指标(10)	维度(20)	一级	二级	三级	四级	五级	六级	七级	八级	九级	十级
德	师德高尚	热爱儿童 热爱事业 团结协作 廉洁从业	忠诚于党的教育事业，以“四有”教师为目标，争做四个引路人，团结同事，廉洁从业。	忠诚于党的教育事业，以“四有”教师为目标，争做四个引路人，团结同事，廉洁从业。	忠诚于党的教育事业，以“四有”教师为目标，争做四个引路人，团结同事，廉洁从业。	忠诚于党的教育事业，以“四有”教师为目标，争做四个引路人，团结同事，廉洁从业。	忠诚于党的教育事业，以“四有”教师为目标，争做四个引路人，团结同事，廉洁从业。	忠诚于党的教育事业，以“四有”教师为目标，争做四个引路人，团结同事，廉洁从业。	忠诚于党的教育事业，以“四有”教师为目标，争做四个引路人，团结同事，廉洁从业。	忠诚于党的教育事业，以“四有”教师为目标，争做四个引路人，团结同事，廉洁从业。	忠诚于党的教育事业，以“四有”教师为目标，争做四个引路人，团结同事，廉洁从业。	忠诚于党的教育事业，以“四有”教师为目标，争做四个引路人，团结同事，廉洁从业。
	政治素养	大局意识	有看齐意识，顾全大局，勇于担当分内外工作，并高质量完成。	有看齐意识，顾全大局，勇于担当分内外工作，并高质量完成。	有看齐意识，顾全大局，勇于担当分内外工作，并高质量完成。	有看齐意识，顾全大局，能够担当分内外工作，较高质量完成。	有看齐意识，顾全大局，能够担当分内外工作，较高质量完成。	有看齐意识，顾全大局，能够担当分内外工作，较高质量完成。	有看齐意识，顾全大局，能够担当分内外工作，较高质量完成。	有看齐意识，顾全大局，能够担当分内外工作，较高质量完成。	有看齐意识，顾全大局，能够完成分内外工作，并保质保量地完成。	有看齐意识，顾全大局，能够完成分内外工作，并保质保量地完成。
能	管理能力	沟通协调 开拓进取	能整体规划部门工作，组织协调部门人员并落实好各项工作，执行工作不走样，具有管理艺术。	能整体规划部门工作，组织协调部门人员并落实好各项工作，执行工作不走样，具有管理艺术。	能整体规划部门工作，组织协调部门人员并落实好各项工作，执行工作不走样，具有管理艺术。	能整体规划部门工作，组织协调部门人员并落实好各项工作，执行工作不走样，具有一定管理艺术。	能整体规划部门工作，组织协调部门人员并落实好各项工作，执行工作不走样，具有一定管理艺术。	能整体规划部门工作，组织协调部门人员并落实好各项工作，执行工作不走样，具有一定管理艺术。	能整体规划部门工作，组织协调部门人员并落实各项工作，执行工作不走样。	能整体规划部门工作，组织协调部门人员并落实各项工作，执行工作不走样。	能组织协调部门人员并落实各项工作，具有一定的执行力。	能组织协调部门人员并落实各项工作，具有一定的执行力。

续表

项目(4)	指标(10)	维度(20)	一级	二级	三级	四级	五级	六级	七级	八级	九级	十级
能	实践能力	学历职称履行职责	具备本科及以上学历，正高级教师或具备特级教师荣誉；规范、自觉履行岗位职责；从事管理岗位10年以上。	具备本科及以上学历，任高级教师职称5年以上；规范、自觉履行岗位职责；从事管理岗位8年以上。	具备本科及以上学历，高级教师职称；规范、自觉履行岗位职责；从事管理岗位8年以上。	具备本科及以上学历，一级教师职称5年以上；规范、自觉履行岗位职责；从事管理岗位5年以上。	具备本科及以上学历，一级教师职称3年以上；规范、自觉履行岗位职责；从事管理岗位3～5年。	具备本科及以上学历，一级教师职称3年以上；规范、自觉履行岗位职责；从事管理岗位3～5年。	具备本科及以上学历，一级教师职称；规范、自觉履行岗位职责；从事管理岗位1～3年。	具备大专及以上学历，一级教师职称；规范、自觉履行岗位职责；从事管理岗位1～3年。	具备大专及以上学历，一级教师职称；规范、自觉履行岗位职责；从事管理岗位1～3年。	具备大专及以上学历，一级教师职称；规范、自觉履行岗位职责；从事管理岗位1～3年。
	研究能力	实践研究	研究意识和能力极强，善于以研究的方式提高日常工作质量；独立主持国家级（或市规划）科研课题，研究效果突出，具有推广价值。	研究意识和能力极强，善于以研究的方式提高日常工作质量；独立主持国家级（或市规划）科研课题，研究效果突出，具有推广价值。	研究意识和能力强，善于以研究的方式提高日常工作质量；独立主持市级科研课题，研究效果突出，具有推广价值。	研究意识和能力强，善于以研究的方式提高日常工作质量；独立主持市级科研课题，研究效果突出，具有推广价值。	研究意识和能力强，能以研究的方式提高日常工作质量；独立主持或作为核心成员参与市区级科研课题，研究效果较明显。	研究意识和能力较强，能以研究的方式提高日常工作质量；独立主持或作为核心成员参与市区级科研课题，研究效果较明显。	研究意识和能力较强，能以研究的方式提高日常工作质量；独立主持或作为成员参与市区级科研课题，研究效果较明显。	研究意识和能力较强，能以研究的方式提高日常工作质量；独立主持或作为成员参与市区级科研课题，研究效果较明显。	研究意识和能力较强，能以研究的方式提高日常工作质量；独立主持或作为成员参与区级科研课题，研究效果较明显。	研究意识和能力较强，能以研究的方式提高日常工作质量；独立主持或作为成员参与区级科研课题，研究效果较明显。
	安全责任	安全责任	具有高度的安全意识，严格落实“一岗双责”，保障师幼安全。	具有高度的安全意识，严格落实“一岗双责”，保障师幼安全。	具有高度的安全意识，严格落实“一岗双责”，保障师幼安全。	具有高度的安全意识，严格落实“一岗双责”，保障师幼安全。	具有高度的安全意识，严格落实“一岗双责”，保障师幼安全。	具有高度的安全意识，严格落实“一岗双责”，保障师幼安全。	具有高度的安全意识，严格落实“一岗双责”，保障师幼安全。	具有高度的安全意识，严格落实“一岗双责”，保障师幼安全。	具有高度的安全意识，严格落实“一岗双责”，保障师幼安全。	具有高度的安全意识，严格落实“一岗双责”，保障师幼安全。

续表

项目(4)	指标(10)	维度(20)	一级	二级	三级	四级	五级	六级	七级	八级	九级	十级
勤	劳动纪律	遵纪守法	严格遵守法律法规及幼儿园各项规章制度。	严格遵守法律法规及幼儿园各项规章制度。	严格遵守法律法规及幼儿园各项规章制度。	严格遵守法律法规及幼儿园各项规章制度。	严格遵守法律法规及幼儿园各项规章制度。	严格遵守法律法规及幼儿园各项规章制度。	严格遵守法律法规及幼儿园各项规章制度。	严格遵守法律法规及幼儿园各项规章制度。	严格遵守法律法规及幼儿园各项规章制度。	严格遵守法律法规及幼儿园各项规章制度。
	工作态度	责任担当出勤情况	爱岗敬业，责任心极强;保证出勤;甘于奉献，不计较个人得失。	爱岗敬业，责任心极强;保证出勤;甘于奉献，不计较个人得失。	爱岗敬业，责任心极强;保证出勤;甘于奉献，不计较个人得失。	爱岗敬业，责任心强;保证出勤;甘于奉献，不计较个人得失。	爱岗敬业，责任心强;保证出勤;甘于奉献，不计较个人得失。	爱岗敬业，责任心强;保证出勤;甘于奉献，不计较个人得失。	爱岗敬业，责任心强;保证出勤;甘于奉献，不计较个人得失。	爱岗敬业，责任心强;保证出勤;甘于奉献，不计较个人得失。	爱岗敬业，责任心较强;保证出勤;甘于奉献。	爱岗敬业，责任心较强;保证出勤;甘于奉献。
绩	工作质量	考核评价教师发展各方反馈	能有效支持师幼发展;在各种考核评价中均获极高评价;家长、教师特别满意，有突出事例;在全园教师中认可率极高。	能有效支持师幼发展;在各种考核评价中均获极高评价;家长、教师特别满意，有突出事例;在全园教师中认可率极高。	能有效支持师幼发展;在各种考核评价中均获极高评价;家长、教师特别满意;在全园教师中认可率极高。	能有效支持师幼发展;在各种考核评价中均获较高评价;家长、教师特别满意;在全园教师中认可率极高。	能有效支持师幼发展;在各种考核评价中均获较高评价;家长、教师比较满意;在全园教师中认可率较高。	能有效支持师幼发展;在各种考核评价中均获较高评价;家长、教师比较满意;在全园教师中认可率较高。	能有效支持师幼发展;在各种考核评价中均获较高评价;家长、教师比较满意;在本部门教师中认可率较高。	能有效支持师幼发展;在各种考核评价中均获较高评价;家长、教师比较满意;在本部门教师中认可率较高。	能较好地支持师幼发展;在各种考核评价中评价较高;在本部门教师中认可率较高。	能较好地支持师幼发展;在各种考核评价中评价较高;在本部门教师中认可率较高。

续表

项目(4)	指标(10)	维度(20)	一级	二级	三级	四级	五级	六级	七级	八级	九级	十级
绩	实践成果	成果荣誉组织开放经验交流	获国家级荣誉称号；实践研究成果获国家级或市级奖项；文章、经验在国家级会议、报纸或核心期刊上发表或交流；承担国家级交流，部门工作受到高度好评。	获市级荣誉称号；实践研究成果获市级或市级奖项；文章、经验在市级会议、报纸或核心期刊上发表或交流；承担市级以上交流，部门工作受到高度好评。	获市级及以上荣誉称号；实践研究成果获市级及以上奖项；文章、经验在市级及以上会议、报纸或核心期刊上发表或交流；承担市级及以上交流，部门工作受到高度好评。	获市级及以上荣誉称号；实践研究成果获市级及以上奖项；文章、经验在市级及以上会议、报纸或核心期刊上发表或交流；承担市级以上交流，部门工作受到高度好评。	获市区级荣誉称号；实践研究成果获市区级奖项；文章、经验在市区级会议、报纸或核心期刊上发表或交流；承担市级以上交流，部门工作受到高度好评。	获市区级荣誉称号；实践研究成果获市区级奖项；文章、经验在市区级会议、报纸或核心期刊上发表或交流；承担市区级交流，部门工作受到高度好评。	获区级荣誉称号；实践研究成果获区级奖项；文章、经验在区级会议上交流或在区级刊物发表；承担区级交流活动，部门工作受到高度好评。	获区级荣誉称号；实践研究成果获区级奖项；文章、经验在区级会议上交流或在区级刊物发表；承担区级交流活动，部门工作受到高度好评。	获区级荣誉称号；实践研究成果获区级奖项；文章、经验在区级会议上交流或在区级刊物发表；承担区级交流活动，部门工作受到好评。	获区级荣誉称号；实践研究成果获区级奖项；文章、经验在区级会议上交流或在区级刊物发表；承担区级交流活动，部门工作受到好评。

说明：

1. 岗位标准当中涉及岗位职责的请参照各岗岗位职责、流程与标准，以及幼儿园相关制度。
2. 学历、职称以在岗位聘任时所具备的学历、职称为准。
3. 建言献策主要指在日常工作中主动为园所发展出谋划策。如担任班组长或教代会代表、兼职园长助理、工会委员等职务，并充分发挥作用。
4. 考核评价主要指综合月考核、学年考核，以及其他各方面的考核、评价情况。
5. 成果荣誉：国家级、市级荣誉终身有效；区级荣誉 10 年内有效；课题、论文、发表等研究成果 5 年内有效；教学评比、技能评比等 3 年内有效；观摩接待 1 年内有效。成果之间的关系是“且”的关系，而不是“或”的关系。
6. 经验交流泛指各种观摩、交流、教研、检查等。

表 7-4 教师岗岗位聘任条件(含助教)

项目(4)	指标(10)	维度(20)	一级教师	二级教师	三级教师	四级教师	五级教师	六级教师	七级教师	八级教师	九级教师	十级教师
德	师德高尚	热爱儿童 热爱事业 团结协作 廉洁从业	忠诚于党的教育事业,尊重和热爱儿童,团结同事,廉洁从业。	忠诚于党的教育事业,尊重和热爱儿童,团结同事,廉洁从业。	忠诚于党的教育事业,尊重和热爱儿童,团结同事,廉洁从业。	忠诚于党的教育事业,尊重和热爱儿童,团结同事,廉洁从业。	忠诚于党的教育事业,尊重和热爱儿童,团结同事,廉洁从业。	忠诚于党的教育事业,尊重和热爱儿童,团结同事,廉洁从业。	忠诚于党的教育事业,尊重和热爱儿童,团结同事,廉洁从业。	忠诚于党的教育事业,尊重和热爱儿童,团结同事,廉洁从业。	忠诚于党的教育事业,尊重和热爱儿童,团结同事,廉洁从业。	忠诚于党的教育事业,尊重和热爱儿童,团结同事,廉洁从业。
	政治素养	大局意识	有看齐意识,顾全大局。	有看齐意识,顾全大局。	有看齐意识,顾全大局。	有看齐意识,顾全大局。	有看齐意识,顾全大局。	有看齐意识,顾全大局。	有看齐意识,顾全大局。	有看齐意识,顾全大局。	有看齐意识,顾全大局。	有看齐意识,顾全大局。
能	实践能力	学历职称 履行职责	具备本科及以上相关学历并具有正高级教师职称或特级教师荣誉,规范、自觉履行岗位职责。	具备本科及以上相关学历并具有高级教师职称,规范、自觉履行岗位职责。	具备本科及以上相关学历并具有高级教师职称,规范、自觉履行岗位职责。	具备本科及以上相关学历并具有10年以上一级教师职称,规范、自觉履行岗位职责。	具备本科及以上相关学历并具有5年以上一级教师职称,规范、自觉履行岗位职责。	具备本科及以上相关学历并具有一级教师职称,规范、自觉履行岗位职责。	具备大专及以上相关学历并具有3年以上二级教师职称,规范、自觉履行岗位职责。	具备大专及以上相关学历并具有二级教师职称,规范、自觉履行岗位职责。	具备大专及以上相关学历并具有三级教师职称,规范履行岗位职责。	具备大专及以上相关学历并具有三级教师职称,规范履行岗位职责。

续表

项目(4)	指标(10)	维度(20)	一级教师	二级教师	三级教师	四级教师	五级教师	六级教师	七级教师	八级教师	九级教师	十级教师
能	研究能力	日常研究课题研究	研究意识和能力极强，善于以研究的方式提高日常工作质量；独立主持国家级（或市规划）科研课题，研究效果突出，具有推广价值。	研究意识和能力强，能以研究的方式提高日常工作质量；独立主持市级科研课题，研究效果明显，具有推广价值。	研究意识和能力强，善于以研究的方式提高日常工作质量；独立主持市级科研课题，研究效果明显，具有推广价值。	研究意识和能力较强，能以研究的方式提高日常工作质量；独立主持或作为核心成员参与市区级科研课题，研究效果较明显。	研究意识和能力较强，能以研究的方式提高日常工作质量；独立主持或作为核心成员参与市区级科研课题，研究效果较明显。	研究意识和能力较强，能以研究的方式提高日常工作质量；独立主持或作为核心成员参与市区级科研课题，研究效果较明显。	有一定研究意识，能以研究的方式提高日常工作质量；作为核心成员参与市区级科研课题，研究有一定效果。	有一定研究意识，能以研究的方式提高日常工作质量；作为核心成员参与市区级科研课题，研究有一定效果。	有一定研究意识，能以研究的方式提高日常工作质量。	有一定研究意识，能以研究的方式提高日常工作质量。
	安全责任	安全责任	具有高度的安全意识，责任心极强，工作严谨，无责任事故。	具有高度的安全意识，责任心强，工作严谨，无责任事故。	具有高度的安全意识，责任心强，工作严谨，无责任事故。	具有高度的安全意识，责任心较强，工作严谨，无责任事故。	具有高度的安全意识，责任心较强，工作严谨，无责任事故。	具有高度的安全意识，责任心较强，工作严谨，无责任事故。	具有安全意识，有责任心，工作严谨，无责任事故。	具有安全意识，有责任心，工作严谨，无责任事故。	具有安全意识，有责任心，无责任事故。	具有安全意识，有责任心，无责任事故。

续表

项目(4)	指标(10)	维度(20)	一级教师	二级教师	三级教师	四级教师	五级教师	六级教师	七级教师	八级教师	九级教师	十级教师
能	建言献策	建言献策	能立足于幼儿园长远发展，积极主动地为幼儿园的建设和发展提出合理化建议，采纳率极高。	结合当前实际情况和需要，积极主动地为幼儿园的建设和发展提出合理化建议，有利于提高幼儿园办园质量。采纳率高。	结合当前实际情况和需要，积极主动地为幼儿园的建设和发展提出合理化建议，有利于提高幼儿园办园质量。采纳率高。	积极主动地为幼儿园的建设和发展提出合理化建议，采纳率较高。	积极主动地为幼儿园的建设和发展提出合理化建议，采纳率较高。	积极主动地为幼儿园的建设和发展提出合理化建议，采纳率较高。	积极主动地为幼儿园的建设和发展提出合理化建议。	积极主动地为幼儿园的建设和发展提出合理化建议。	能为幼儿园的建设和发展提出合理化建议。	能为幼儿园的建设和发展提出合理化建议。
勤	劳动纪律	遵纪守法	严格遵守法律法规及幼儿园各项规章制度。	严格遵守法律法规及幼儿园各项规章制度。	严格遵守法律法规及幼儿园各项规章制度。	严格遵守法律法规及幼儿园各项规章制度。	严格遵守法律法规及幼儿园各项规章制度。	严格遵守法律法规及幼儿园各项规章制度。	严格遵守法律法规及幼儿园各项规章制度。	严格遵守法律法规及幼儿园各项规章制度。	能遵守法律法规及幼儿园各项规章制度。	能遵守法律法规及幼儿园各项规章制度。
	工作态度	责任担当	责任心极强，勇于担当分内外工作并高质量完成。	责任心强，勇于担当分内外工作并高质量完成。	责任心强，勇于担当分内外工作并高质量完成。	责任心较强，勇于担当分内外工作并高质量完成。	责任心较强，勇于担当分内外工作并高质量完成。	责任心较强，勇于担当分内外工作并高质量完成。	责任心较强，勇于担当分内外工作并保质保量完成。	责任心较强，勇于担当分内外工作并保质保量完成。	有责任心，保质保量完成本职工作。	有责任心，保质保量完成本职工作。
		出勤情况	爱岗敬业，保证出勤；甘于奉献，不计较个人得失；班级幼儿出勤率高。	爱岗敬业，保证出勤；甘于奉献，不计较个人得失；班级幼儿出勤率高。	爱岗敬业，保证出勤；甘于奉献，不计较个人得失；班级幼儿出勤率高。	爱岗敬业，保证出勤；甘于奉献，不计较个人得失；班级幼儿出勤率较高。	爱岗敬业，保证出勤；甘于奉献，不计较个人得失；班级幼儿出勤率较高。	爱岗敬业，保证出勤；甘于奉献，不计较个人得失；班级幼儿出勤率较高。	爱岗敬业，保证出勤。	爱岗敬业，保证出勤。	爱岗敬业，保证出勤。	爱岗敬业，保证出勤。

续表

项目(4)	指标(10)	维度(20)	一级教师	二级教师	三级教师	四级教师	五级教师	六级教师	七级教师	八级教师	九级教师	十级教师
绩	工作质量	考核评价 幼儿发展 家长反馈	在各种考核评价中均获极高评价；家长、幼儿特别满意，有突出事例；在全园教师中认可率极高。	在各种考核评价中均获极高评价；家长、幼儿特别满意；在全园教师中认可率极高。	在各种考核评价中均获极高评价；家长、幼儿特别满意；在全园教师中认可率极高。	在各种考核评价中均获较高评价；家长、幼儿满意；在全园教师中认可率较高。	在各种考核评价中均获较高评价；家长、幼儿满意；在本部门教师中认可率较高。	在各种考核评价中均获较高评价；家长、幼儿满意；在本部门教师中认可率较高。	在各种考核评价中评价较好；家长、幼儿比较满意；在本部门教师中有一定认可率。	在各种考核评价中评价较好；家长、幼儿比较满意；在本部门教师中有一定认可率。	在各种考核评价中评价较好；在本部门教师中有一定认可率。	在各种考核评价中评价较好；在本部门教师中有一定认可率。
	实践成果	成果荣誉 示范观摩 经验交流	获国家级荣誉称号；实践研究成果获国家级或市级奖项；文章、经验在国家级会议、报纸或核心期刊上发表或交流；独立承担国家级观摩，班级工作受到高度好评。	获市级及以上荣誉称号；实践研究成果获市级及以上奖项；文章、经验在市级及以上会议、报纸或核心期刊上发表或交流；独立承担市级及以上观摩，班级工作受到高度好评。	获市级及以上荣誉称号；实践研究成果获市级及以上奖项；文章、经验在市级及以上会议、报纸或核心期刊上发表或交流；独立承担市级及以上观摩，班级工作受到高度好评。	获市区级荣誉称号；实践研究成果获市区级奖项；文章、经验在市区级会议、报纸或核心期刊上发表或交流；独立承担市区级观摩。班级工作受到好评。	获市区级荣誉称号；实践研究成果获市区级奖项；文章、经验在市区级会议、报纸或核心期刊上发表或交流；独立承担市区级观摩。班级工作受到好评。	获区级荣誉称号；实践研究成果获市区级奖项；文章、经验在市区级会议、报纸或核心期刊上发表或交流；承担市区级观摩。	获园级荣誉称号；能撰写论文并被幼儿园推荐参与区级以上论文评选。承担园级观摩。	获园级荣誉称号；能撰写论文并被幼儿园推荐参与区级以上论文评选。承担园级观摩。	获园级荣誉称号；能按要求撰写论文，参加幼儿园及以上级别论文评选。	获园级荣誉称号；能按要求撰写论文，参加幼儿园及以上级别论文评选。

说明：

1. 岗位标准当中涉及岗位职责的请参照各岗岗位职责、流程与标准，以及幼儿园相关制度。
2. 学历、职称以在岗位聘任时所具备的学历、职称为准。
3. 建言献策主要指在日常工作中主动为园所发展出谋划策。如担任班组长或教代会代表、兼职园长助理、工会委员等职务，并充分发挥作用。
4. 考核评价主要指综合月考核、学年考核，以及其他各方面的考核、评价情况。
5. 成果荣誉：国家级、市级荣誉终身有效；区级荣誉 10 年内有效；课题、论文、发表等研究成果 5 年内有效；教学评比、技能评比等 3 年内有效；观摩接待 1 年内有效。成果之间的关系是“且”的关系，而不是“或”的关系。
6. 经验交流泛指各种观摩、交流、教研、检查等。

表 7-5　职员岗岗位聘任条件

项目(4)	指标(10)	维度(20)	一级	二级	三级	四级	五级	六级	七级	八级
德	师德高尚	热爱儿童 热爱事业 团结协作 廉洁从业	忠诚于党的教育事业，做师德楷模，认真、规范、自觉履行竞聘岗位职责。	模范遵守教师职业道德规范，认真、自觉履行职员竞聘岗位职责。	模范遵守教师职业道德规范，认真、自觉履行竞聘岗位职责。	模范遵守教师职业道德规范，认真、自觉履行竞聘岗位职责。	严格遵守教师职业道德规范，自觉履行竞聘岗位职责。	严格遵守教师职业道德规范，自觉履行竞聘岗位职责。	严格遵守教师职业道德规范，自觉履行竞聘岗位职责。	能遵守教师职业道德规范，履行竞聘岗位职责。
	政治素养	大局意识	大局意识 政治意识极强	大局意识 政治意识极强	大局意识 政治意识强	大局意识 政治意识强	大局意识 政治意识较强	大局意识 政治意识较强	大局意识 政治意识较强	大局意识 政治意识较强
能	实践能力	学历职称 履行职责 服务保障	模范履行岗位职责；自觉、规范、高标准落实好各项工作；具备大本以上相关学历，并具有副主任医师或副主任护师或高级会计师职称。	模范履行岗位职责；高标准、自觉落实好各项工作；具备大本以上相关学历，并具有主治医师、主管护师职称；在幼儿园工作满20年。	规范、自觉履行岗位职责；自觉按标准严格落实好各项工作；具备大本以上(或大专学历且工龄满30年)相关学历并具有主管、主治医(护)师或会计师职称，在幼儿园工作满15年。	规范、自觉履行岗位职责；自觉按标准严格落实各项工作；具备大本以上(或大专学历且工龄满30年)相关学历并具有主管、主治医(护)师或会计师职称，在幼儿园工作满10年。	自觉、认真履行岗位职责；自觉按标准落实好各项工作；具备大专或大专以上相关学历并具有医(护)师及以上或会计师及以上职称；在幼儿园工作满8年。	自觉、认真履行岗位职责；自觉按标准落实各项工作；具备大专以上相关学历并具有医(护)师及以上或助理会计师及以上职称；在幼儿园工作满5年。	认真履行岗位职责；按标准落实好各项工作；具备大专以上相关学历并具有医(护)士或助理会计师职称；在幼儿园工作满3年。	认真履行岗位职责；按标准落实各项工作；具备大专以上相关学历并具有医(护)士及以上或助理会计师及以上职称；在幼儿园工作1年。
	研究能力	实践研究	研究意识和能力极强，善于从工作中发现问题，能带动大家以研究的方式提高工作质量，效果显著；主持国家级及以上科研课题，研究效果突出，具有广泛的推广价值。	研究意识和能力极强，善于从工作中发现问题，能积极主动地以研究的方式解决问题，提高工作质量，效果好；善于总结梳理研究成果，并纳入园本培训教材被培训活动采用，在提升质量、师资培养培训方面效果显著。	研究意识和能力强，能从工作中发现问题，善于以研究的方式提高工作质量，效果较好；善于总结梳理研究成果，并纳入园本培训教材或被培训活动采用，在提升质量、师资培养培训方面效果好。	研究意识和能力较强，能从工作中发现问题，愿意以研究的方式提高工作质量，有成效；善于总结梳理研究成果，并纳入园本培训教材被培训活动采用，在提升质量、师资培养培训方面效果较好。	具有一定的研究意识和能力，积极主动地参与园内各级研究性实践活动，在活动中发挥积极作用，能有效改善工作状况，提高工作质量。	具有一定的研究意识和能力，能积极参加部门组织的研究性实践活动，能在实践中运用，有效果。	对研究感兴趣，能积极参加部门组织的研究性实践活动，能在实践中运用，有效果。	有参与研究的愿望，能参加班组组织的研究性实践活动，能在实践中运用。

续表

项目(4)	指标(10)	维度(20)	一级	二级	三级	四级	五级	六级	七级	八级
能	安全责任	安全责任	有事业心,责任心强,工作严谨,无责任事故。	责任心强,工作严谨,无责任事故。	责任心强,工作严谨,无责任事故。	责任心较强,工作严谨,无责任事故。	责任心较强,工作严谨,无责任事故。	有一定的责任心,工作严谨,无责任事故。	有一定的责任心,工作较严谨,无责任事故。	有一定的责任心,无责任事故。
	建言献策	建言献策	能立足幼儿园长远发展,积极主动地为幼儿园的建设、发展提出合理化建议,采纳率极高。	积极主动地为幼儿园的建设、发展提出合理化建议,有利于提高办园质量,采纳率高。	积极主动地为幼儿园的建设、发展提出合理化建议,有利于提高办园质量,采纳率高。	积极主动地为幼儿园的建设、发展提出合理化建议,有利于提高办园质量,采纳率高。	积极主动地为幼儿园的建设、发展提出合理化建议,采纳率较高。	积极主动地为幼儿园的建设、发展提出合理化建议,采纳率较高。	积极主动地为幼儿园的建设、发展提出合理化建议,采纳率较高。	能为幼儿园的建设、发展提出合理化建议。
勤	劳动纪律	遵纪守法	严格遵守法律法规及幼儿园各项规章制度。	严格遵守法律法规及幼儿园各项规章制度。	严格遵守法律法规及幼儿园各项规章制度。	严格遵守法律法规及幼儿园各项规章制度。	严格遵守法律法规及幼儿园各项规章制度。	严格遵守法律法规及幼儿园各项规章制度。	严格遵守法律法规及幼儿园各项规章制度。	严格遵守法律法规及幼儿园各项规章制度。
	工作态度	责任担当出勤情况	有大局意识、责任心极强,勇于担当分内外工作,并高质量完成;爱岗敬业,保证出勤;甘于奉献,不计较个人得失。	有大局意识、责任心极强,勇于担当分内外工作,并高质量完成;爱岗敬业,保证出勤;甘于奉献,不计较个人得失。	有大局意识、责任心强,勇于担当分内外工作,并较高质量完成;爱岗敬业,保证出勤;甘于奉献,不计较个人得失。	有大局意识、责任心强,勇于担当分内外工作,并较高质量完成;爱岗敬业,保证出勤;甘于奉献,不计较个人得失。	有大局意识、责任心较强,勇于担当分内外工作,并较高质量完成;爱岗敬业,保证出勤;甘于奉献,不计较个人得失。	有大局意识、责任心较强,勇于担当分内外工作,并较高质量完成;爱岗敬业,保证出勤;甘于奉献,不计较个人得失。	有大局意识、责任心较强,勇于担当分内外工作,并按质量完成;爱岗敬业,保证出勤;甘于奉献,不计较个人得失。	有大局意识、责任心较强,勇于担当分内外工作,并按质量完成;爱岗敬业,保证出勤;甘于奉献,不计较个人得失。
绩	工作质量	考核评价师幼发展各方反馈	能高效服务师幼发展;在各种考核评价中均获极高评价;家长、教师特别满意,有突出事例;在全园教师中认可率极高。	能高效服务师幼发展;在各种考核评价中均获极高评价;家长、教师特别满意;在全园教师中认可率极高。	能有效服务师幼发展;在各种考核评价中均获较高评价;家长、教师比较满意;在全园教师中认可率较高。	能有效服务师幼发展;在各种考核评价中均获较高评价;家长、教师比较满意;在本部门教师中认可率较高。	能较好地服务师幼发展;在各种考核评价中评价较高;在本部门教师中认可率较高。	能服务师幼发展;能以较好地成绩通过各项考核评价;在本部门教师中认可率较高。	能服务师幼发展;能以较好地成绩通过各项考核评价;在本部门有一定的认可率。	能服务师幼发展;能按标准通过各项考核评价;能被本部门教师认可。

续表

项目(4)	指标(10)	维度(20)	一级	二级	三级	四级	五级	六级	七级	八级
绩	实践成果	成果荣誉示范检查经验交流	荣获国家级荣誉称号或论文获市级及以上奖励；文章、经验在国家级报刊上发表或交流，效果显著，并在全国范围内做过经验介绍，讲座受到好评，且参加国家级支教活动，反响好；接受国家级相关业务部门的联合检查工作，各项指标成绩优异，评价极高。	荣获市级荣誉称号或论文获市级奖励；文章、经验在市级报刊上发表或交流，效果显著，或在北京市范围内做过经验介绍、教研讲座受到好评；接受市级及相关业务部门的专项检查工作，各项指标成绩优异，评价极高。	荣获区级及以上荣誉称号或论文获区级及以上奖励；文章、经验在区级或以上报刊上发表或交流，效果突出，或在区级或以上做过经验介绍、讲座，效果突出；接受区级以上相关业务综合检查工作，各项指标成绩优异，评价极高。	荣获区级及以上荣誉称号或论文获区级及以上奖励；文章、经验在区级报刊上发表或交流，效果好，或在区级做过经验介绍、讲座，效果好；接受区级以上相关业务部门专项检查工作，各项指标成绩优异，评价极高。	荣获区级及以上荣誉称号或征文获区级及以上奖励；参加系统内业务部门的文章、经验征集活动，并获奖；或代表本组在幼儿园范围内进行交流，质量高，效果好；接受辖区管片以上部门专项检查工作，表现较好，评价较高。	荣获园级荣誉称号或征文荣获区级及以上奖励；参加系统内业务部门的文章、经验征集活动；或参与本班组在幼儿园的经验介绍、讲座活动，有明确分工，落实效果较好；接受教委主管科室或部门检查工作，表现好，评价高。	荣获园级奖励或能主动参与园级或园级以上各种征文活动，能入选；文章、经验在幼儿园网站上发表，或在部门内做过经验介绍，有效果；接受园级检查工作，有效果。	能按要求参与幼儿园组织的各种征文活动；能撰写与本岗相关的文章、经验，参与幼儿园网站投稿或班组以上交流活动；积极参与各级检查工作。

说明：

1. 岗位标准当中涉及岗位职责的请参照各岗岗位职责、流程与标准，以及幼儿园相关制度。

2. 学历、职称以在岗位聘任时所具备的学历、职称为准。

3. 建言献策主要指在日常工作中主动为园所发展出谋划策。如担任班组长或教代会代表、兼职园长助理、工会委员等职务，并充分发挥作用。

4. 考核评价主要指综合月考核、学年考核，以及其他各方面的考核、评价情况。

5. 成果荣誉：国家级、市级荣誉终身有效；区级荣誉 10 年内有效；课题、论文、发表等研究成果 5 年内有效；教学评比、技能评比等 3 年内有效；观摩接待 1 年内有效。成果之间的关系是“且”的关系，而不是“或”的关系。

6. 经验交流泛指各种观摩、交流、教研、检查等。

表 7-6　技工岗岗位聘任条件

项目(4)	指标(10)	维度(20)	一级	二级	三级	四级	五级	六级	七级	八级
德	师德高尚	热爱儿童 热爱事业 团结协作 廉洁从业	忠诚于党的教育事业，尊重和热爱儿童，团结同事，廉洁从业。	忠诚于党的教育事业，尊重和热爱儿童，团结同事，廉洁从业。	忠诚于党的教育事业，尊重和热爱儿童，团结同事，廉洁从业。	忠诚于党的教育事业，尊重和热爱儿童，团结同事，廉洁从业。	忠诚于党的教育事业，尊重和热爱儿童，团结同事，廉洁从业。	忠诚于党的教育事业，尊重和热爱儿童，团结同事，廉洁从业。	忠诚于党的教育事业，尊重和热爱儿童，团结同事，廉洁从业。	忠诚于党的教育事业，尊重和热爱儿童，团结同事，廉洁从业。
	政治素养	大局意识	大局意识 政治意识极强	大局意识 政治意识极强	大局意识 政治意识强	大局意识 政治意识强	大局意识 政治意识较强	大局意识 政治意识较强	大局意识 政治意识较强	大局意识 政治意识较强
能	实践能力	学历职称 履行职责 服务保障	模范履行岗位职责；自觉、规范、高标准落实好各项工作；具备大本以上相关学历并具有技师职称。	模范履行岗位职责；高标准、自觉落实好各项工作；具备大本以上相关学历并具有高级技工职称，在幼儿园工作满 20 年。	规范、自觉履行岗位职责；自觉按标准严格落实好各项工作，具备大专以上相关学历并具有高级技工职称；在幼儿园工作满 15 年。	规范、自觉履行岗位职责；自觉按标准严格落实各项工作；具备大专以上相关学历并具有高级技工职称；在幼儿园工作满 10 年。	自觉、认真履行岗位职责；自觉按标准落实好各项工作；具备大专以上相关学历并具有中级技工或以上职称；在幼儿园工作满 8 年。	自觉、认真履行岗位职责；自觉按标准落实各项工作；具备中专或以上相关学历并具有中级技工或以上职称；在幼儿园工作满 5 年。	认真履行岗位职责；按标准落实好各项工作；具备中专或以上相关学历并具有初级技工职称；在幼儿园工作满 3 年。	认真履行岗位职责；按标准落实各项工作；具备中专或以上相关学历并具有初级技工职称；在幼儿园工作 1 年。
	研究能力	实践研究	研究意识和能力极强，善于从工作中发现问题，能带动大家以研究的方式提高工作质量，效果显著；主持国家级及以上科研课题，研究效果突出，具有广泛的推广价值。	研究意识和能力极强，善于从工作中发现问题，能积极主动地以研究的方式解决问题，提高工作质量，效果好；善于总结梳理研究成果，并纳入园本培训教材被培训活动采用，在提升质量、师资培养培训方面效果显著。	研究意识和能力强，能从工作中发现问题，善于以研究的方式提高工作质量，效果较好；善于总结梳理研究成果，并纳入园本培训教材或被培训活动采用，在提升质量、师资培养培训方面效果好。	研究意识和能力较强，能从工作中发现问题，愿意以研究的方式提高工作质量，有成效；善于总结梳理研究成果，并纳入园本培训教材被培训活动采用，在提升质量、师资培养培训方面效果较好。	具有一定的研究意识和能力，积极主动地参与园内各级研究性实践活动，在活动中发挥积极作用，能有效改善工作状况，提高工作质量。	具有一定的研究意识和能力，能积极参加部门组织的研究性实践活动，能在实践中运用，有效果。	对研究感兴趣，能积极参加部门组织的研究性实践活动，能在实践中运用，有效果。	有参与研究的愿望，能参加班组组织的研究性实践活动，能在实践中运用。

续表

项目(4)	指标(10)	维度(20)	一级	二级	三级	四级	五级	六级	七级	八级
能	安全责任	安全责任	有事业心，责任心强，工作严谨，无责任事故。	责任心强，工作严谨，无责任事故。	责任心强，工作严谨，无责任事故。	责任心较强，工作严谨，无责任事故。	责任心较强，工作严谨，无责任事故。	有一定的责任心，工作严谨，无责任事故。	有一定的责任心，工作较严谨，无责任事故。	有一定的责任心，无责任事故。
	建言献策	建言献策	能立足幼儿园长远发展，积极主动地为幼儿园的建设、发展提出合理化建议，采纳率极高。	积极主动地为幼儿园的建设、发展提出合理化建议，有利于提高办园质量，采纳率高。	积极主动地为幼儿园的建设、发展提出合理化建议，有利于提高办园质量，采纳率高。	积极主动地为幼儿园的建设、发展提出合理化建议，有利于提高办园质量，采纳率高。	积极主动地为幼儿园的建设、发展提出合理化建议，采纳率较高。	积极主动地为幼儿园的建设、发展提出合理化建议，采纳率较高。	积极主动地为幼儿园的建设、发展提出合理化建议，采纳率较高。	能为幼儿园的建设、发展提出合理化建议。
勤	劳动纪律	遵纪守法	严格遵守法律法规及幼儿园各项规章制度。	严格遵守法律法规及幼儿园各项规章制度。	严格遵守法律法规及幼儿园各项规章制度。	严格遵守法律法规及幼儿园各项规章制度。	严格遵守法律法规及幼儿园各项规章制度。	严格遵守法律法规及幼儿园各项规章制度。	严格遵守法律法规及幼儿园各项规章制度。	严格遵守法律法规及幼儿园各项规章制度。
	工作态度	责任担当出勤情况	有大局意识、责任心极强，勇于担当分内外工作，并高质量完成；爱岗敬业，保证出勤；甘于奉献，不计较个人得失。	有大局意识、责任心极强，勇于担当分内外工作，并高质量完成；爱岗敬业，保证出勤；甘于奉献，不计较个人得失。	有大局意识、责任心强，勇于担当分内外工作，并较高质量完成；爱岗敬业，保证出勤；甘于奉献，不计较个人得失。	有大局意识、责任心强，勇于担当分内外工作，并较高质量完成；爱岗敬业，保证出勤；甘于奉献，不计较个人得失。	有大局意识、责任心较强，勇于担当分内外工作，并较高质量完成；爱岗敬业，保证出勤；甘于奉献，不计较个人得失。	有大局意识、责任心较强，勇于担当分内外工作，并较高质量完成；爱岗敬业，保证出勤；甘于奉献，不计较个人得失。	有大局意识、责任心较强，勇于担当分内外工作，并按质量完成；爱岗敬业，保证出勤；甘于奉献，不计较个人得失。	有大局意识、责任心较强，勇于担当分内外工作，并按质量完成；爱岗敬业，保证出勤；甘于奉献，不计较个人得失。
绩	工作质量	考核评价师幼发展各方反馈	能高效服务师幼发展；在各种考核评价中均获极高评价；家长、教师特别满意，有突出事例；在全园教师中认可率极高。	能高效服务师幼发展；在各种考核评价中均获极高评价；家长、教师特别满意；在全园教师中认可率极高。	能有效服务师幼发展；在各种考核评价中均获较高评价；家长、教师比较满意；在全园教师中认可率较高。	能有效服务师幼发展；在各种考核评价中均获较高评价；家长、教师比较满意；在本部门教师中认可率较高。	能较好地服务师幼发展；在各种考核评价中评价较高；在本部门教师中认可率较高。	能服务师幼发展；能以较好地成绩通过各项考核评价；在本部门教师中认可率较高。	能服务师幼发展；能以较好地成绩通过各项考核评价；在本部门有一定的认可率。	能服务师幼发展；能按标准通过各项考核评价；能被本部门教师认可。

续表

项目(4)	指标(10)	维度(20)	一级	二级	三级	四级	五级	六级	七级	八级
绩	实践成果	成果荣誉示范检查经验交流	荣获国家级荣誉称号或论文获市级及以上奖励；文章、经验在国家级报刊上发表或交流，效果显著，并在全国范围内做过经验介绍、讲座受到好评，且参加国家级支教活动，反响好；接受国家级相关业务部门的联合检查工作，各项指标成绩优异，评价极高。	荣获市级荣誉称号或论文获市级奖励；文章、经验在市级报刊上发表或交流，效果显著，或在北京市范围内做过经验介绍、教研讲座受到好评；接受市级及相关业务部门的专项检查工作，各项指标成绩优异，评价极高。	荣获区级及以上荣誉称号或论文获区级及以上奖励；文章、经验在区级或以上报刊上发表或交流，效果突出，或在区级或以上做过经验介绍、讲座，效果突出；接受区级以上相关业务综合检查工作，各项指标成绩优异，评价极高。	荣获区级及以上荣誉称号或论文获区级及以上奖励；文章、经验在区级报刊上发表或交流，效果好，或在区级做过经验介绍、讲座，效果好；接受区级以上相关业务部门专项检查工作，各项指标成绩优异，评价极高。	荣获区级及以上荣誉称号或征文获区级及以上奖励；参加系统内业务部门的文章、经验征集活动，并获奖；或代表本组在幼儿园范围内进行交流，质量高，效果好；接受辖区管片以上部门专项检查工作，表现较好，评价较高。	荣获园级荣誉称号或征文荣获区级及以上奖励；参加系统内业务部门的文章、经验征集活动；或参与本班组在幼儿园的经验介绍、讲座活动，有明确分工，落实效果较好；接受教委主管科室或部门检查工作，表现好，评价高。	荣获园级奖励或能主动参与园级或园级以上各种征文活动，能入选；文章、经验在幼儿园网站上发表，或在部门内做过经验介绍，有效果；接受园级检查工作，有效果。	能按要求参与幼儿园组织的各种征文活动；能撰写与本岗相关的文章、经验，参与幼儿园网站投稿或班组以上交流活动；积极参与各级检查工作。

说明：

1. 岗位标准当中涉及岗位职责的请参照各岗岗位职责、流程与标准，以及幼儿园相关制度。

2. 学历、职称以在岗位聘任时所具备的学历、职称为准。

3. 建言献策主要指在日常工作中主动为园所发展出谋划策。例如担任班组长或教代会代表、兼职园长助理、工会委员等职务，并充分发挥作用。

4. 考核评价主要指综合月考核、学年考核，以及其他各方面的考核、评价情况。

5. 成果荣誉：国家级、市级荣誉终身有效；区级荣誉 10 年内有效；课题、论文、发表等研究成果 5 年内有效；教学评比、技能评比等 3 年内有效；观摩接待 1 年内有效。成果之间的关系是“且”的关系，而不是“或”的关系。

6. 经验交流泛指各种观摩、交流、教研、检查等。

第八章　幼儿园岗位职责与标准

岗位职责与标准是教职工开展日常工作的行为准则，也是评价教职工工作质量的重要依据。岗位职责是该岗位应当承担的责任，而标准则是落实岗位职责需要达到的具体要求。本章将以表格的形式从管理岗位、教学岗位、后勤岗位三部分介绍幼儿园各岗位职责与标准①。

第一节　幼儿园管理岗位职责与标准

表 8-1　园长岗位职责与标准

一级指标	二级指标	三级指标	岗位职责(37)	质量标准(50)
遵纪守法职业道德	专业理念与师德	职业理解与认识	1. 贯彻党和国家教育方针政策，严格落实党对教育工作的全面领导，遵守教育法律法规，依法依规办园。	1. 坚持依法办园，熟悉《规程》《纲要》《指南》等学前教育的相关政策，明确国家对幼儿园管理的政策要求，全面做好幼儿园党建工作。
			2. 热爱学前教育事业，具有职业理想和敬业精神，提升幼儿园品牌影响力。	2. 以德治园，注重园长榜样示范、人格魅力和专业引领在支持幼儿园可持续发展中的积极作用。
			3. 有职业追求，注重园所发展与规划，推动幼儿园良性发展。	3. 重视幼儿园发展规划的制定和实施，与全体教职工确立共同发展愿景，明确发展目标，形成办园合力。
		对教师的态度	4. 树立正确的教师观。	4. 尊重、信任、团结和赏识每一位教职工，凝心聚力，团结合作，激励教职工不断提升专业水平。
			5. 树立正确的友情观。	5. 落实师德师风建设，实事求是，针对教师违反职业道德规范和职业道德的行为敢于劝阻或制止。
		对幼儿的态度与行为	6. 树立正确的教育观、儿童观。	6. 树立幼儿利益高于一切的教育思想，尊重幼儿的主体地位，全心全意支持幼儿的自主发展。
			7. 关爱、重视幼儿身心健康，保护幼儿生命安全。	7. 坚持保教结合的基本原则，把幼儿的安全与健康放在首位，激发全体教师科学有效地实施安全教育课程。

① 各岗位职责与标准依据教育部颁布的《幼儿园园长专业标准》和《幼儿园教师专业标准(试行)》，并结合幼儿园实际情况编订而成。

续表

一级指标	二级指标	三级指标	岗位职责(37)	质量标准(50)
遵纪守法 职业道德	专业理念 与师德	对幼儿的 态度与行为	8. 尊重幼儿人格，维护幼儿合法权益，平等对待每一位幼儿。	8. 引导教师提高道德情操，不断强化师德师风建设，严禁幼儿园出现歧视、虐待、体罚和变相体罚等损害幼儿身心健康的行为。
		个人修养 与行为	9. 严格遵守幼儿园规章制度和教师职业道德规范。	9. 自觉遵守幼儿园各项规章制度及教师职业道德规范，自觉接受教职工、家长和社会的监督。
			10. 具有责任心、使命感、大局意识。	10. 具备管理者的责任感和使命感，有大局意识，能站在幼儿园整体发展的高度上开展各项工作。
			11. 勤于学习，善于思考，具有终身学习的意识和能力。	11. 善于系统性学习，并进行深度思考，能够形成具有独特风格的教育思想和管理理念。
岗位职责 工作质量	专业知识	法律知识	12. 了解与儿童生存与发展权利、教师及教育工作等有关的法律法规。	12. 尊重教育发展规律与管理规律，严格按照相关法律法规要求进行科学施教与民主管理。
		幼儿发展 知识	13. 掌握幼儿不同年龄阶段的发展目标和幼儿园保育教育目标。	13. 支持全体教师树立“以游戏为基本活动”的教育理念，珍视游戏和生活对幼儿发展的重要作用。
			14. 尊重和珍视幼儿身心发展规律，对幼儿发展有合理期望。	14. 严格落实教育部关于严禁幼儿园小学化的要求，引导全体教师用正确的理念支持幼儿的健康成长。
			15. 了解幼儿常见问题与有特殊需要儿童的相关知识。	15. 树立融合教育理念，引导全体教师公平、公正地对待每一名儿童。
				16. 调动全体教师能够自觉学习特殊教育领域专业知识，对有特殊需要的儿童给予适宜的教育支持。
		本岗位 专业知识	16. 熟悉幼儿园文化建设的基本理论。	17. 能够凝聚幼儿园文化建设力量，发挥教师在文化建设过程中的主导作用，鼓励社会(社区)和家庭参与幼儿园文化建设。
			17. 熟知教育管理的基本知识。	18. 运用相关知识，对幼儿园各项工作进行科学有效管理，确保教育质量稳步提升。
		通识性知识	18. 具有一定的自然科学和人文社会科学知识。	19. 视野开阔，能主动运用多领域知识思考和解决学前教育的问题，具有良好的品德和艺术修养。
			19. 了解中国教育基本情况。	20. 了解中国教育改革概况、学前教育发展概况以及不同学段的衔接情况，能站在宏观层面把握学前教育事业发展的现状，明确幼儿园发展思路。
			20. 了解国内外学前教育发展动态和改革经验。	21. 能够主动学习借鉴国内外优质幼儿园办园经验，探寻教育发展规律。
				22. 思想开放，主动加强教育交流与合作，促进优质教育资源共享。
			21. 掌握一定的现代化信息技术手段。	23. 了解教育信息技术在幼儿园管理和保教活动中的应用方法，引导教师合理、正确地使用现代化信息技术。

续表

一级指标	二级指标	三级指标	岗位职责(37)	质量标准(50)
岗位职责工作质量	专业能力	规划幼儿园发展	22. 把握幼儿园发展现状，立足幼儿园实际，制定科学的规划，因地制宜办好幼儿园。	24. 能够正确分析幼儿园发展过程中面临的问题和挑战，做好幼儿园近期和长远规划。
			23. 依据规划，做好幼儿园学年、学期工作计划，并根据实际情况不断调整与完善。	25. 有具体明确的行动方案，实时关注幼儿园发展规划的实施与推进，确保幼儿园整体工作质量持续提升。
		营造育人文化	24. 重视幼儿园文化建设，把师幼发展作为文化建设的核心，以文化推动幼儿园内涵式发展。	26. 坚持文化育人，营造体现文化理念的自然环境和人文环境，陶冶教师和幼儿情操，充分实现文化对园所及人的发展的推动作用。
			25. 重视文化的教育功能，将中华优秀传统文化融入幼儿园文化建设中。	27. 把文化育人作为办园的重要内容与途径，掌握促进优秀文化融入幼儿园教育的方法和途径，支持全体教师将传统文化融入幼儿一日生活和游戏中。
			26. 重视幼儿园制度建设，提高管理的科学性与规范性。	28. 建立健全幼儿园管理的各项规章制度，完善岗位职责，提高幼儿园管理规范化、科学化水平。
		指导保育教育	27. 支持和保障保育教育活动的开展，提升保育教育水平。	29. 建立园长深入班级实践制度，利用日常观察、常态研究等方式，及时了解、评价保育教育活动情况并给予建设性的建议。
			28. 熟悉幼儿园一日生活的组织与实施，有效开展幼儿园课程建设。	30. 立足本园实际，尊重全体教师保育教育经验和智慧，鼓励并激发全体教师组织实施适宜的保育教育活动，形成科学的园本课程体系，支持幼儿获得有效发展。
		支持教师发展	29. 发挥园长在教师专业发展过程中的引领作用，积极创设条件，激励教师的专业发展。	31. 建立健全教师专业发展的培养与培训机制，为教师创造并提供专业发展的条件和环境。
			30. 了解教师发展需求，搭建多元发展平台，维护和保障教职工的合法权益。	32. 构建教、研、训一体机制，为干部、教师专业成长提供有效支持。
				33. 搭建园本教研、合作学习、资源共享等多种平台，支持不同层面与水平的教师主动提升专业水平。
				34. 能够全方位、全过程关注全体教师发展，支持教职工处理好工作与生活的关系。
			31. 发挥幼儿园领导班子凝聚力，严格贯彻落实“三重一大”相关要求。	35. 实施民主管理，科学决策，尊重和保障干部、教师参与幼儿园管理的民主权利，实现园务公开。
			32. 支持各岗人员进行月、年终考核，严格执行考核评价标准，以评价促质量提升。	36. 建立优质优酬、多劳多得的评价与激励机制，评价标准科学合理，能够对各岗位人员进行真实有效的评价。

续表

一级指标	二级指标	三级指标	岗位职责(37)	质量标准(50)
岗位职责工作质量	专业能力	调试外部环境	33. 做好与上级主管部门的有效沟通。	37. 与各级主管领导主动沟通，及时汇报，有效落实工作。
			34. 建立幼儿园与家庭、社会协同共育机制和对外合作与交流机制。	38. 加强与幼教同行的共同探讨与研究，增强园际沟通与交流，共同推动学前教育质量提升。
				39. 通过家长委员会等形式支持家长参与幼儿园教育与管理工作，开放办园，形成家园良性互动机制。
				40. 充分利用社区及社会教育资源，为教师丰富幼儿园教育活动提供支持。
			35. 积极发挥优质教育资源辐射作用。	41. 积极挖潜幼儿园内部教育资源，扩班、扩学位，努力解决“入园难”问题。
				42. 积极与姊妹园、手拉手园进行交流与合作，传递先进、正确的教育理念与思想。
				43. 加强多种办园模式的探索，让优质教育资源惠及更多家庭。
				44. 面向家庭和社会(社区)开展公益性科学育儿指导和宣传，帮助家长转变育儿观念，提高家长育儿能力。
安全责任	安全管理	校园建设	36. 落实“一岗双责”要求，认真履行安全管理的职责，为幼儿和教职工创设安全的学习、工作环境。	45. 注重幼儿园各项安全制度的完善和安全工作的落实和检查，加强对全体教职工的安全教育，严格落实“一岗双责”，确保无责任事故。
				46. 建立和完善幼儿园安全应急机制，制定相应的安全预案。支持教师定期开展安全演练活动，支持全体教职工正确应对和妥善处置各类突发事件。
				47. 根据师幼发展需求对幼儿园基础设施进行建设与改造，幼儿园各项设施设备功能齐全、完善，支持师幼有效发展。
				48. 建立健全财务管理体系，规范落实财务管理制度。
		服务保障	37. 牢固树立服务意识，全心全意支持师幼发展。	49. 树立服务理念，为全体师幼的发展服务，为老百姓对优质教育的需求服务，让每个家庭都有获得感。
				50. 不断改善办园条件与环境，为师幼发展提供有力保障。

表 8-2　副书记(事业发展部)岗位职责与标准

一级指标	二级指标	三级指标	岗位职责(42)	质量标准(50)
遵纪守法职业道德	专业理念与师德	职业理解与认识	1. 贯彻党的方针、政策，遵守教育法律法规。	1. 遵守《教育法》《教师法》《中华人民共和国未成年人保护法》(以下简称《未成年人保护法》)，贯彻《规程》《纲要》《指南》精神，及时了解党的教育方针政策。
				2. 能遵守幼儿园各项规章制度，支持幼儿身心健康成长。
			2. 热爱党的教育事业，具有职业理想和敬业精神。	3. 爱岗敬业，自觉维护幼儿教师形象。
			3. 有职业追求，注重自身专业发展。	4. 对自身专业发展有明确目标，有切实可行的专业发展规划。
		对教师的态度	4. 树立正确的教师观。平等对待每一位教师。	5. 尊重教师，团结同事，具有团队合作精神。
			5. 树立正确的友情观。	6. 勇于劝阻或制止同事违反教师行为规范的行为。
		对幼儿的态度与行为	6. 树立正确的教育观、儿童观。	7. 树立幼儿利益高于一切的思想，尊重幼儿的主体地位。
			7. 关爱、重视幼儿身心健康，保护幼儿生命安全。	8. 组织任何活动均把幼儿生命安全放在首位。
			8. 尊重幼儿人格，维护幼儿合法权益。	9. 对幼儿进行正面教育和引导，不讽刺、挖苦、歧视幼儿，不体罚或变相体罚幼儿。
		个人修养与行为	9. 严格遵守幼儿园的规章制度，遵守教师职业道德规范。	10. 严格遵守教师行为规范及幼儿园各项规章制度。
			10. 具有政治敏感度。	11. 及时关注党的思路、方针与政策。
			11. 有高度责任心、使命感、大局意识。	12. 具备干部的责任感和使命感，有大局意识，能站在幼儿及园所发展的角度开展工作。
			12. 为人正直、乐观向上，有亲和力，善于做思想工作。	13. 在教师中做师德高尚的楷模，得到大家的认可。
			13. 勤于学习，不断进取。	14. 善于学习，掌握做思想工作的方法与艺术。
			14. 衣着整洁得体，语言规范健康，举止文明礼貌。	15. 着装及言谈举止符合教师行为规范。

续表

一级指标	二级指标	三级指标	岗位职责(42)	质量标准(50)
岗位职责工作质量	专业知识	法律知识	15. 了解与儿童生存与发展权利有关的法律法规。	16. 严格按照相关法律法规要求开展日常工作。
			16. 熟知党章，了解党员的权利与义务。	17. 按照党章相关规定开展党务工作。
			17. 熟知教师法，了解教师的权利与义务。	18. 遵循教师法，保护教师合法权益。
			18. 熟知工会相关法律、法规、条例。	19. 遵循工会相关法律法规，保护教师合法权益。
		幼儿发展知识	19. 贯彻落实《纲要》《指南》相关精神。	20. 深入学习《纲要》《指南》相关文件精神，并自觉将其运用到日常工作中。
			20. 了解与幼儿身心发展规律相关的知识。	21. 在实践与研究中有效运用幼儿发展的相关知识评价幼儿的发展、支持教师的专业发展。
		本岗位专业知识	21. 了解党史相关知识。	22. 运用相关知识，科学、有效、创造性地开展党建工作。
			22. 了解党员统计相关知识。	23. 科学、及时做好党员统计工作。
			23. 了解党建相关知识。	24. 规范做好党建工作。
			24. 熟知发展党员工作相关知识。	25. 严格遵守党章，做好幼儿园发展党员工作。
			25. 了解人事相关政策、法规、规定。	26. 严格遵守人事制度，并按机关制度做好人事工作。
		通识性知识	26. 了解语言文字相关知识及法规。	27. 做好语言文字各项工作。
				28. 确保做好各项工作的留档，工作留痕。
			27. 了解市区妇联的相关政策法规。	29. 做好市区妇联和关心下一代工作委员会的各项工作。
			28. 具有一定的自然科学和人文社会科学知识。	30. 在实践中视野开阔，能主动运用多领域知识思考和解决学前教育的问题。
			29. 了解中国教育基本情况。	31. 了解中国教育改革概况、学前教育发展概况以及不同学段的衔接情况。
			30. 具有一定的现代信息技术知识。	32. 掌握常用的现代信息技术并运用到实际工作中，配合组织部开展“互联网+”党建工作。

续表

一级指标	二级指标	三级指标	岗位职责(42)	质量标准(50)
岗位职责工作质量	专业能力	工作计划制订与实施	31. 能制订思想建设部工作计划、总结。	33. 党务计划能落实，有总结，有档案。
			32. 有个人职业追求，有明确的个人发展规划。	34. 能制定个人发展规划，有职业追求，有档案。
		队伍建设	33. 狠抓师德建设，每月组织开展师德教育活动。	35. 做好幼儿园师德建设，利用道德讲堂、恳谈会等有计划地开展师德建设，有材料记录。
			34. 做好教职工培养计划，注重队伍的梯队建设。	36. 抓好党员培训，有计划、有档案。
				37. 抓好团员、积极分子培训，有计划、有档案。
				38. 抓好全体教职工思想工作。
		研究工作	35. 创造性开展学习型党组织建设。	39. 能立足于幼儿园实际，创造性开展党务工作。
				40. 能够采取多种学习形式，满足不同教师需求，提升教师政治素养。
		沟通与合作	36. 做好与上级、平级、下属的沟通工作。	41. 及时向书记汇报工作。
				42. 与同事的沟通能做到相互尊重，彼此理解。
			37. 做好对外交流与沟通工作。	43. 积极加强对外交流学习与互鉴，发展互助友好关系，推动幼儿园可持续发展。
			38. 与相关人员建立友好合作关系。	44. 相互尊重、相互理解，确保工作落实到位。
		反思与发展	39. 完善工作流程和工作标准。	45. 健全制度，积极开展学习，理解并落实制度，提升工作实效性。
			40. 能积极进行自我反思，不断完善自身专业素质。	46. 通过考核自评，找到自身的优势和不足；结合个人发展规划，制定完善措施，并有落实。
		履职情况	41. 对本岗位的职责明确，能按标准落实。	47. 严格按标准履行本岗位职责，完成本月各项工作计划和任务。
				48. 确保各项工作开展有质量，效果显著。
安全责任	安全管理	安全工作	42. 做好与本岗位相关的安全工作。	49. 在各项党团活动中，认真履行安全责任。
				50. 牢固树立安全意识，做好教职工思想安全教育。

表 8-3 副园长(建设保障部)岗位职责与标准

一级指标	二级指标	三级指标	岗位职责(46)	质量标准(50)
遵纪守法 职业道德	专业理念 与 师德	职业理解与认识	1. 贯彻党和国家教育方针政策，遵守教育法律法规。	1. 遵守《教育法》《教师法》《未成年人保护法》，贯彻《规程》《纲要》《指南》精神。
			2. 热爱学前教育事业，具有职业理想和敬业精神。	2. 爱岗敬业，自觉维护幼儿教师形象。
			3. 有职业追求，注重自身专业发展。	3. 对自身专业发展有明确目标，有切实可行的专业发展规划。
		对教师的态度	4. 树立正确的教师观。	4. 尊重教师，团结同事，具有团队合作精神。
			5. 树立正确的友情观。	5. 勇于劝阻或制止同事违反教师行为规范的行为。
		对幼儿的态度与行为	6. 树立正确的教育观、儿童观。	6. 树立幼儿利益高于一切的思想，尊重幼儿的主体地位。
			7. 关爱、重视幼儿身心健康，保护幼儿生命安全。	7. 组织任何活动均把幼儿生命安全放在首位。
			8. 尊重幼儿人格，维护幼儿合法权益，平等对待每一位幼儿。	8. 对幼儿进行正面教育和引导，不讽刺、挖苦、歧视幼儿，不体罚或变相体罚幼儿。
		个人修养与行为	9. 严格遵守幼儿园规章制度和教师职业道德规范。	9. 严格遵守教师行为规范及幼儿园各项规章制度。
			10. 具有责任心、使命感、大局意识。	10. 具备干部的责任感和使命感，有大局意识，能站在幼儿及园所发展的角度开展工作。
			11. 为人正直、乐观向上，有亲和力。	11. 在教师中做师德高尚的楷模，得到大家的认可。
			12. 勤于学习，不断进取。	12. 善于学习，有学习笔记及思考。
			13. 衣着整洁得体，语言规范健康，举止文明礼貌。	13. 着装及言谈举止符合教师行为规范。

续表

一级指标	二级指标	三级指标	岗位职责(46)	质量标准(50)
岗位职责工作质量	专业知识	法律知识	14. 了解与儿童生存与发展权利、卫生保健等有关的法律法规。	14. 严格按照相关法律法规要求开展日常工作。
		幼儿发展知识	15. 熟知《纲要》《指南》相关精神。	15. 熟知《纲要》《指南》精神，并自觉将其运用到日常工作中。
			16. 了解幼儿身心发展规律的相关知识。	
			17. 了解幼儿常见问题和有特殊需要儿童的相关知识。	
		本岗位专业知识	18. 了解关于文化建设的相关知识。	16. 运用相关知识，对分管工作进行科学有效的管理。
			19. 了解幼儿园卫生保健相关知识。	
			20. 了解后勤管理相关知识。	
		通识性知识	21. 具有一定的自然科学和人文社会科学知识。	17. 在实践中视野开阔，能主动运用多领域知识思考和解决学前教育的问题。
			22. 了解中国教育基本情况。	18. 了解中国教育改革概况、学前教育发展概况以及不同学段的衔接情况。
			23. 具有一定的现代信息技术知识。	19. 熟练掌握常用现代信息技术并运用到实际工作中。
	专业能力	工作计划制订与实施	24. 能制定并指导分管部门主任制定个人发展规划，有职业追求。	20. 能制定并指导分管部门主任制定个人发展规划，有职业追求，有档案。
				21. 部门计划能落实全园工作计划，有总结，有档案。
		履行管理职能	25. 对本部门工作负有管理责任，公平、公正指导部门人员履行职责。	22. 了解掌握本部门人员按标准执行岗位职责的情况，发现问题，敢于管理，有方法、有策略。
		队伍建设	26. 狠抓师德建设，每月组织开展部门的师德教育活动。	23. 有计划、有记录。
			27. 做好教职工培养计划，注重队伍的梯队建设。	24. 重视班组长培训，规划、策划并组织班组长培训，有档案。
				25. 重视骨干教职工培养，并督促指导首席职工履职，有档案。
				26. 制定每学期技术练兵和培训方案，有落实、有跟进、有记录。

续表

一级指标	二级指标	三级指标	岗位职责(46)	质量标准(50)
岗位职责工作质量	专业能力	反思与发展	28. 完善各岗工作流程和工作标准，为各岗人员规范工作提供支持。	27. 健全制度，积极开展学习，理解并落实制度。
			29. 指导各岗人员进行月、年终考核，严格执行标准，以评价促质量。	28. 评价客观、真实，有反馈，有跟进。
			30. 能积极进行自我反思，不断完善自身专业素质。	29. 通过考核自评，找到自身的优势和不足；结合个人发展规划，制定完善措施，并有落实。
		沟通与合作	31. 做好与上级的沟通工作。	30. 与主管领导及时沟通，及时汇报和落实工作。
			32. 做好与平级、下属交流与沟通工作。	31. 与同事的沟通能做到相互尊重，彼此理解。
			33. 与相关人员建立友好合作关系。	32. 能够与他人合作共事，确保工作完成有质量。
安全责任	安全管理	安全检查	34. 落实“一岗双责”，认真履行安全管理的职责。	33. 注重部门各项工作的安全检查，加强部门人员的安全教育，严格落实“一岗双责”，无责任事故。
		后勤工作	35. 完善后勤管理制度，注重制度的落实。	34. 能依据新形势下后勤工作的特点，及时调整和完善制度。
				35. 组织后勤部门工作人员开展制度学习，加强制度的落实。
			36. 高度重视安全工作，明确安全职责，规范安全工作。	36. 及时排查、处理各项安全隐患，建设平安校园。
				37. 高度重视食品卫生和安全，确保每日膳食营养卫生。
			37. 规范财务工作，保障幼儿园正常运转。	38. 指导财务部门科学编制预算，及时执行预决算工作。
				39. 严格审查原始凭证，账目清楚，科目准确，手续完备，日清月结。
			38. 树立服务意识，做好日常的服务保障工作。	40. 认真做好校园的环境卫生，做到干净、整齐。
				41. 积极主动做好日常维护工作，为各项工作顺利开展提供保障。
		校园建设	39. 落实幼儿园文化建设方案，努力建设有文化内涵的幼儿园。	42. 以幼儿园文化建设主题为指导，积极开展文化建设。
				43. 建设、维护好体现幼儿园文化特色的校园环境。
			40. 依据园所发展需要和整体规划，积极开展基础建设工作。	44. 及时配备基础设备设施，确保各项工作的正常开展。

续表

一级指标	二级指标	三级指标	岗位职责(46)	质量标准(50)
安全责任	安全管理	校园建设	41. 认真做好文物保护和科学使用工作。	45. 保护性使用各级文物，接受各级文物单位的指导和检查，及时完善文物保护工作。
			42. 树立节能减排意识，开展节约型幼儿园建设。	46. 有节能减排的具体措施，有实施，有记录。
			43. 积极推动幼儿园信息化建设。	47. 能根据幼儿园发展规划积极推进信息化建设工作，保障设备设施的正常运转。
		卫生保健	44. 深入实践，关心、支持卫生保健工作的落实，为师幼健康保驾护航。	48. 从服务师幼身心健康出发，与教学部门、食堂部门积极协调，确保卫生保健常规、传染病防控、大体检、五官保健、体弱儿管理、营养膳食等工作的落实。
			45. 加强健康宣传与指导，努力提高卫生保健工作水平。	49. 指导保健部门开展经常性的面向幼儿和家长的健康教育宣传活动，增强教师、家长和幼儿的健康意识。
			46. 注重卫生保健工作档案的规范与管理。	50. 规范做好档案的收集和整理工作。

表 8-4 副园长(教育发展部)岗位职责与标准

一级指标	二级指标	三级指标	岗位职责(45)	质量标准(50)
遵纪守法职业道德	专业理念与师德	职业理解与认识	1. 贯彻党和国家教育方针政策，遵守教育法律法规。	1. 遵守《教育法》《教师法》《未成年人保护法》，贯彻《规程》《纲要》《指南》精神。
			2. 热爱学前教育事业，具有职业理想和敬业精神。	2. 爱岗敬业，自觉维护幼儿教师形象。
			3. 有职业追求，注重自身专业发展。	3. 对自身专业发展有明确目标，有切实可行的专业发展规划。
		对教师的态度	4. 树立正确的教师观。	4. 尊重教师，团结同事，具有团队合作精神。
			5. 树立正确的友情观。	5. 勇于劝阻或制止同事违反教师行为规范的行为。
		对幼儿的态度与行为	6. 树立正确的教育观、儿童观。	6. 树立幼儿利益高于一切的思想，尊重幼儿的主体地位；把幼儿生命安全放在首位。
			7. 关爱、重视幼儿身心健康，保护幼儿生命安全。	
			8. 尊重幼儿人格，维护幼儿合法权益，平等对待每一位幼儿。	

续表

一级指标	二级指标	三级指标	岗位职责(45)	质量标准(50)
遵纪守法 职业道德	专业理念 与师德	个人修养 与行为	9. 严格遵守幼儿园的规章制度，遵守教师职业道德规范。	7. 严格遵守教师行为规范及幼儿园各项规章制度。
			10. 具有责任心、使命感、大局意识。	8. 具备干部的责任感和使命感，有大局意识，能站在幼儿及园所发展的角度开展工作。
			11. 为人正直、乐观向上，有亲和力。	9. 在教师中做师德高尚的楷模，得到大家的认可。
			12. 勤于学习，不断进取。	10. 善于学习，有学习笔记及思考。
			13. 衣着整洁得体，语言规范健康，举止文明礼貌。	11. 着装及言谈举止符合教师行为规范。
岗位职责 工作质量	专业知识	幼儿发展 知识	14. 了解与儿童生存与发展权利有关的法律法规。	12. 深入学习相关法律法规，并了解其相关规定与要求。
			15. 了解各种有关儿童安全的规定和要求。	13. 严格按照相关法律法规要求开展日常工作。
			16. 熟知《纲要》《指南》相关精神。	14. 熟知《纲要》《指南》精神，并自觉将其运用到日常工作中。
			17. 了解幼儿身心发展规律的相关知识。	15. 在实践与研究中有效运用幼儿发展的相关知识评价幼儿的发展、支持教师的专业发展。
			18. 了解幼儿常见问题与有特殊需要儿童的相关知识。	16. 在实践中能运用相关知识指导教师判断幼儿的常见问题及特殊需求。
		本岗位 专业知识	19. 了解幼儿园保教相关知识。	17. 运用相关知识，对教育教学工作进行科学、有效的指导。
			20. 了解幼儿园教科研相关知识。	18. 运用相关知识，对教育科研工作进行科学、有效的指导。
			21. 了解幼儿园保教管理相关知识。	19. 能够科学有效进行教学管理工作，促进园所发展。
		通识性知识	22. 具有一定的自然科学和人文社会科学知识。	20. 实践中视野开阔，能主动运用多领域知识思考和解决学前教育的问题。
			23. 了解中国教育基本情况。	21. 了解中国教育改革概况、学前教育发展概况、以及不同学段的衔接情况。
			24. 具有一定的现代信息技术知识。	22. 熟练掌握常用现代信息技术并运用到实际工作中。

续表

一级指标	二级指标	三级指标	岗位职责(45)	质量标准(50)
岗位职责工作质量	专业能力	工作计划制订与实施	25. 能制定并指导分管部门主任制定个人发展规划，有职业追求，有档案。	23. 在保教管理的过程中注重方法和艺术，提升管理实效性。
				24. 部门计划能落实全园工作计划，有总结、有档案。
		队伍建设	26. 狠抓师德建设，每月组织开展部门的师德教育活动。	25. 做到学习有计划，有记录。
				26. 狠抓师德建设，规划、策划并定期组织师德教育活动，有档案。
			27. 做好教职工培养计划，注重队伍的梯队建设。	27. 每学期制定系统的教师培养与培训方案，有落实、有跟进、有记录。
				28. 狠抓骨干教职工培养，并督促指导首席职工履职，有档案。
		教科研工作	28. 树立“以科研为先导”意识，对各岗的日常管理能紧扣核心思想开展管理工作。	29. 立足于幼儿园的长期可持续发展，指导教科室结合实践工作开展调研活动，并提交研究分析和报告。
				30. 完善幼儿园教科研管理制度，引导和支持各岗教职工在研究中实现发展。
			29. 积极推进园本课程的研究建设，为教师的实践教学提供支持，提高幼儿园教育教学质量。	31. 及时梳理研究成果，利用论文评选、出版等方式，支持教师专业发展。
			30. 对课题进行统筹规划管理，并通过策划年会、成果交流等形式组织分享、推广成果。	32. 支持教师参与或独立申报课题研究，鼓励教师以研究的方式工作，研究有总结、有成果。
		保教工作	31. 制订和实施保教工作计划。	33. 根据全园工作重点和保教工作实际，制订切实可行的保教工作计划。
			32. 重视教师职业生涯发展规划。	34. 制定并指导教师制定个人发展规划，有职业追求，有档案。
			33. 做好保教工作总结。	35. 全面负责保教工作，高质量地完成各项工作计划与任务，有总结、有档案。
			34. 做好教师的培养、培训、评价与考核工作。	36. 做好培训总结、跟进与评价工作，落实档案记录。
				37. 指导教师日常工作，为教师创造培训和学习的机会。
		常规工作	35. 与其他部门相互合作，统筹开展幼儿园各项工作。	38. 支持社区、早教基地等相关部门工作，执行上级文件精神。
				39. 与部门内部成员齐心协力，互相监督，全面提升保教质量。
				40. 在做好本职工作的同时，做好各部门的联动，保证幼儿园各项工作的有效开展。

续表

一级指标	二级指标	三级指标	岗位职责(45)	质量标准(50)
岗位职责工作质量	专业能力	常规工作	36. 关心班级卫生保健工作，了解班级与医务室工作配合情况。	41. 做好班级卫生和传染病预防管理相关工作，保证幼儿健康。
			37. 服从工作安排，认真完成主管领导交给的其他工作任务。	42. 在做好本职工作的同时，完成好园长交于的其他工作任务。
		管理职能	38. 对本部门工作负有管理责任，公平、公正指导部门人员履行职责。	43. 了解掌握本部门人员按标准执行岗位职责的情况，发现问题，敢于管理，有方法、有策略。
		沟通与合作	39. 做好与上级、平级、下属的沟通工作。	44. 与主管领导及时沟通，及时汇报和落实工作。
				45. 与家长、同事的沟通能做到相互尊重，彼此理解。
			40. 做好各级各类观摩、对外交流与沟通工作；与相关人员建立友好合作关系。	46. 加强对外联络，做好交流工作。
		反思与发展	41. 完善各岗工作流程和工作标准，为各岗人员规范工作提供支持。	47. 健全制度，积极开展学习，理解并落实制度。
			42. 指导各岗人员进行月、年终考核，严格执行标准，以评价促质量。	48. 评价客观、真实，有反馈，有跟进。
			43. 能积极进行自我反思，不断完善自身专业素质。	49. 通过考核自评，找到自身的优势和不足；结合个人发展规划，制定完善措施，并有落实。
安全责任	安全管理	安全工作	44. 落实“一岗双责”，树立安全意识，定期对本部门安全进行排查，确保班级各项工作无安全隐患。	50. 开展安全培训，提高安全意识。对日常活动、重大活动、外出活动做好相关计划和安全预案，无责任事故。
			45. 严格执行上级有关政策，履行安全管理的责任。	

表 8-5 分园执行园长岗位职责与标准

一级目标	二级目标	三级目标	岗位职责(34)	质量标准(50)
遵纪守法职业道德	专业理念与师德	职业理解与认识	1. 贯彻党和国家教育方针政策，遵守教育法律法规。	1. 遵守《教育法》《教师法》《未成年人保护法》，贯彻《规程》《纲要》《指南》精神。
			2. 热爱学前教育事业，具有职业理想和敬业精神。	2. 爱岗敬业，自觉维护幼儿教师形象。
			3. 有职业追求，注重自身专业发展。	3. 对自身专业发展有明确目标，有切实可行的专业发展规划。
		对教师的态度	4. 树立正确的教师观、友情观。	4. 尊重教师，团结同事，具有团队合作精神；勇于劝阻或制止同事违反教师行为规范的行为。
		对幼儿的态度与行为	5. 树立正确的教育观、儿童观；关爱幼儿，重视幼儿身心健康，保护幼儿生命安全。	5. 树立幼儿利益高于一切的思想，尊重幼儿的主体地位；组织任何活动均把幼儿生命安全放在首位。
			6. 尊重幼儿人格，维护幼儿合法权益，平等对待每一位幼儿。	6. 对幼儿进行正面教育和引导，不讽刺、挖苦、歧视幼儿，不体罚或变相体罚幼儿。
		个人修养与行为	7. 严格遵守幼儿园规章制度和教师职业道德规范。	7. 严格遵守教师行为规范及幼儿园各项规章制度。
			8. 具有责任心、使命感、大局意识。	8. 具备干部的责任心、使命感，有大局意识，能站在幼儿及园所发展的角度开展工作。
			9. 为人正直、乐观向上，有亲和力。衣着整洁得体，语言规范健康，举止文明礼貌。	9. 在教师中做师德高尚的楷模，得到大家的认可。着装及言谈举止符合教师行为规范。
岗位职责质量标准	专业知识	法律知识	10. 了解与儿童生存与发展权利有关的法律法规。	10. 严格按照《教师法》《未成年人保护法》开展日常工作。
			11. 熟知《纲要》《指南》相关精神。	11. 能够贯彻落实相关法律法规精神，并自觉运用于一日工作中。
		幼儿发展知识	12. 了解幼儿身心发展规律的相关知识。	12. 能够尊重幼儿的年龄特点和发展规律，切实有效地支持幼儿健康、快乐、自主发展。
			13. 了解幼儿常见问题与有特殊需要儿童的相关知识。	13. 牢固树立融合教育理念，关注有特殊需要的儿童，尊重幼儿多元化、个性化的发展需求。

续表

一级目标	二级目标	三级目标	岗位职责(34)	质量标准(50)
岗位职责质量标准	专业知识	本岗位专业知识	14. 了解幼儿园保教相关知识。	14. 在实践中能运用相关知识指导教师判断幼儿的常见问题及个性化需求。
				15. 狠抓观念引领，尊重、关心、热爱幼儿。
			15. 了解幼儿园教科研相关知识。	16. 积极参与教科研活动，有效开展年级教研活动，提高教师专业能力。
			16. 了解幼儿园保教管理相关知识。	17. 能够结合实际工作进行科学、有效的管理，提升保教质量。
		通识性知识	17. 具有一定的自然科学和人文社会科学知识。	18. 在实践中视野开阔，能主动运用多领域知识思考和解决学前教育的问题。
			18. 了解中国教育基本情况。	19. 了解中国教育改革概况、学前教育发展概况、以及不同学段的衔接情况。
			19. 具有一定的现代信息技术知识。	20. 熟练掌握常用现代信息技术并运用到实际工作中。
	专业能力	保教工作计划制订与实施	20. 制订和实施保教工作计划并做好保教工作总结。	21. 根据全园工作重点和保教工作实际，制订切实可行的保教工作计划，能体现年级特点。
				22. 全面负责保教工作，高质量地完成各项工作计划与任务，并做好各项总结工作。
			21. 配合各中心主任做好教师的培养、培训及后勤保障工作。	23. 指导教师日常工作，为教师创造培训和学习的机会，并及时总结梳理。
				24. 做好后勤保障工作。
			22. 服从工作安排，认真完成主管领导交给的其他工作任务以及临时性事务。	25. 在做好本职工作的同时，完成好主管领导交给的其他工作任务。
		质量评价	23. 做好各项考核工作。	26. 严格执行标准，对教师进行月、年终考核，并有日常检查记录和各类统计记录为依据，以评价促质量提升。
			24. 依据实践需求，设计并实施科学、有效的教研活动。	27. 能借助日常和研训赛活动，加强对本组课程质量和教师专业水平的评价考核，促进质量提高。

续表

一级目标	二级目标	三级目标	岗位职责(34)	质量标准(50)
岗位职责质量标准	专业能力	质量评价	25. 指导教师开展适宜的教育活动。	28. 能在支持教师开展教育教学活动方面有具体措施，促进幼儿五大领域和谐发展。
				29. 落实幼儿园课程要求，加强目标管理，带领教师将三级目标纳入教育教学计划，关注幼儿的长远发展。
				30. 带领本组教师参与课程决策，开发建构园本课程。①每月组织教师进行年级集体备课。②每周督促指导各班集体备课，立足园内外资源，开展贴近生活、吸引幼儿兴趣的主题活动。
				31. 评价和监控课程的实施，包括：①指导教师撰写笔记，对上交情况每周有统计记录，每月宣传栏有公示。②督促教师严格按计划开展教学活动，每日进班有检查。③每周监测各班教育活动安排，注重每个班、每位教师、每周教学活动的均衡性。
				32. 加强本组各班户外活动指导和管理，每天检查各班户外活动时间和质量，有记录、有公示。
			26. 指导教师开展家长工作。	33. 支持教师做好家园共育工作，每学期能组织一次家长问卷调查，了解家长对年级工作的意见和建议。
				34. 为家长提供各项优质服务，年级内家长无投诉，满意率高；以上工作有文字档案。
		日常工作指导与管理	27. 坚持深入实践，做好日常各项保教工作的管理工作，提出建设性意见和建议。	35. 落实《干部深入实践管理办法》，每周进班时间不少于20小时，有目的、有计划地指导班级保教工作。
				36. 坚持以游戏为基本活动，支持教师结合幼儿年龄特点，科学、合理安排幼儿一日生活。
				37. 坚持执行保教制度，严格要求每位教师认真履行岗位职责，尊重、关心、热爱幼儿。
				38. 强化卫生保健意识，主动配合医务室做好相关卫生保健工作。
				39. 坚持规范整洁意识，加强对门前三包、室内大面、物品摆放、门窗水电等方面的检查。

续表

一级目标	二级目标	三级目标	岗位职责(34)	质量标准(50)
岗位职责质量标准	专业能力	实践活动评价与指导	28. 了解实践情况，科学、客观地评价教育教学活动。	40. 深入实践开展研讨，发挥专业支持与引领作用。
				41. 指导教师参加园内业务学习、教研活动和继续教育，为教师提供培训机会，有统计和档案记录。
				42. 能够及时对教师组织与实施的教育活动进行反馈与研讨，对教育活动进行客观、科学的评价，有效支持教师明确自身优势与不足，提升自身专业水平。
			29. 收集整理课程资源，在实践中不断完善园本课程建设。	43. 和教师共同开展课程建设，开发优质课程资源，丰富园本课程。
				44. 收集和整理优质课程资源，指导教师进行实践案例的梳理、总结，不断完善园本课程。
			30. 加强对课程实施的评价。	45. 结合实践进行科学、有效的课程评价。
		沟通与合作	31. 做好与上级、平级、下属的沟通工作，做好对外交流与沟通工作，与相关人员建立友好合作关系。	46. 与主管领导及时沟通，汇报和落实工作。与各部门、教师进行沟通，共同开展培训、学习与教研活动。
				47. 与园外相关部门有效沟通，加大对实践研究成果的宣传与推广。
			32. 做好社区以及早教中心的各项工作。	48. 合理、有效地做好社区及早教中心工作，能够产生良好的社会影响力，得到社区及社会人士认可。
		反思与发展	33. 能积极进行自我反思，不断完善自身专业素质。	49. 通过管理笔记进行自我反思，每周至少两篇笔记。
安全责任	安全管理	安全工作	34. 主动加强本部门安全检查，教育工作人员加强安全意识。	50. 安全意识强，能够对老师加强安全教育，管理规范到位，无责任事故发生。

表 8-6 党工团建设中心主任岗位职责与标准

维度	项目(15)	岗位职责(41)	质量标准(50)
专业理念与师德	职业理解与认识	1. 贯彻党的路线、方针、政策，遵守教育法律法规。	1. 遵守《教育法》《教师法》《未成年人保护法》，贯彻落实《规程》《纲要》《指南》精神。
			2. 及时了解党的教育方针政策。
		2. 热爱党的教育事业，具有职业理想和敬业精神。	3. 爱岗敬业，自觉维护幼儿教师形象。
		3. 有职业追求，注重自身专业发展。	4. 对自身专业发展有明确目标，有切实可行的专业发展规划。

续表

维度	项目(15)	岗位职责(41)	质量标准(50)
专业理念与师德	对教师的态度	4. 树立正确的教师观。	5. 尊重教师，团结同事，具有团队合作精神。
		5. 树立正确的友情观。	6. 勇于劝阻或制止同事违反教师行为规范的行为。
	对幼儿的态度与行为	6. 树立正确的教育观、儿童观。	7. 树立幼儿利益高于一切的思想，尊重幼儿的主体地位。
		7. 关爱幼儿，重视幼儿身心健康，保护幼儿生命安全。	8. 组织任何活动均把幼儿生命安全放在首位。
		8. 尊重幼儿人格，维护幼儿合法权益，平等对待每一名幼儿。	9. 对幼儿进行正面教育和引导，不讽刺、挖苦、歧视幼儿，不体罚或变相体罚幼儿。
	个人修养与行为	9. 严格遵守幼儿园的规章制度，遵守教师职业道德规范。	10. 严格遵守教师行为规范及幼儿园各项规章制度。
		10. 具有政治敏感度。	11. 及时关注党的政策，了解国家大事。
		11. 有高度责任心、使命感、大局意识。	12. 具备干部的责任感和使命感，有大局意识，能站在幼儿及园所发展的角度开展工作。
		12. 为人正直、乐观向上，有亲和力，善于做思想工作。	13. 师德高尚，能够发挥带头作用，得到大家的认可。
		13. 勤于学习，不断进取。	14. 善于学习，掌握做思想工作的方法与艺术。
		14. 衣着整洁得体，语言规范健康，举止文明礼貌。	15. 着装及言谈举止符合教师行为规范。
专业知识	法律知识	15. 了解与儿童生存与发展权利相关的法律法规。	16. 严格按照相关法律法规要求开展日常工作。
		16. 熟知党章，了解党员的权利与义务。	17. 按照党章相关规定开展党务工作。
		17. 熟知《教师法》，了解教师的权利与义务，了解《工会法》《中国工会章程》等相关法律法规。	18. 遵循《教师法》，保护教师合法权益，遵守与儿童相关的法律法规，严格按照工会相关法律法规开展工作。
	幼儿发展知识	18. 熟知《纲要》《指南》相关精神。	19. 熟知《纲要》《指南》精神，并自觉将其运用到日常工作中。
		19. 了解幼儿身心发展规律的相关知识。	20. 在实践与研究中有效运用幼儿发展的相关知识评价幼儿的发展、支持教师的专业发展。
		20. 了解幼儿常见问题与有特殊需要儿童的相关知识。	21. 在实践中能运用相关知识指导教师判断幼儿的常见问题及特殊需求。

续表

维度	项目(15)	岗位职责(41)	质量标准(50)
专业知识	本岗位专业知识	21. 了解党的基本理论、基本路线、方针政策。	22. 认真学习、领会各级党团文件和会议精神，确保与党中央、团中央的精神保持一致。
		22. 了解党建相关知识。	23. 运用相关知识，科学有效、创造性地开展党建工作。
		23. 了解工会工作相关知识。	24. 合理保护教职工的合法权益。
		24. 了解共青团相关知识。	25. 在党支部的指导下，加强团组织建设，规范团组织管理。
		25. 了解民族和统战相关理论政策。	26. 贯彻落实民族团结和统战政策。
	通识性知识	26. 具有一定的自然科学和人文社会科学知识。	27. 在实践中视野开阔，能主动运用多领域知识思考和解决学前教育的问题。
		27. 了解中国教育基本情况。	28. 了解中国教育改革概况、学前教育发展概况以及不同学段的衔接情况。
		28. 具有一定的现代信息技术知识。	29. 熟练掌握常用的现代信息技术并运用到实际工作中，组织开展“互联网+”党建工作，负责党员E先锋平台的日常更新，确保信息及时准确。
专业能力	工作计划制订与实施	29. 在上级指导下，能制订党务工作计划，党务工作档案健全。	30. 坚持党领导一切原则，落实党支部党务计划，及时总结和归档。
		30. 制订和完善工会工作计划，并按计划实施工会活动。	31. 根据市区工会的精神，结合全园工作重点，制订切实可行的工会工作计划。
		31. 有个人职业追求，有明确的个人发展规划。	32. 能制定个人发展规划，制定个人发展的近期目标、中期目标和长远目标，有职业追求。
	队伍建设	32. 协助党支部做好师德建设工作，每月组织开展部门的师德教育活动。	33. 协助党支部、做好幼儿园师德建设，利用道德讲堂、恳谈会等有计划地开展师德建设活动，并做好记录。
			34. 协助党支部做好教职工思想工作。
		33. 协助党支部做好教职工培养工作，开展丰富多彩的工会活动，提升教职工政治素养和思想境界，提升教师幸福感。	35. 在党支部指导下，开展党员培训活动，有计划、有档案。
			36. 协助党支部组织开展多种形式的党团活动，丰富教职工生活。
			37. 设置工会档案管理，做好工会工作总结。
		34. 指导幼儿园团支部贯彻落实上级党组织、团组织的工作安排。	38. 指导团支部开展各项工作，做好团员、积极分子培训，有计划、有档案。
			39. 指导团组织开展团的活动，做好网络文明志愿者和社区活动。

续表

维度	项目(15)	岗位职责(41)	质量标准(50)
专业能力	实践研究	35. 创造性开展学习型党组织实践研究活动，学习各级工会组织的文件和会议精神，确保依法依规开展工会工作。	40. 认真学习、领会上级工会组织的会议精神和文件精神，立足于幼儿园的持续发展，创造性地开展党务工作。
	沟通合作	36. 做好与上级、平级、下属的沟通工作。	41. 及时向思想建设部主管汇报工作。
			42. 及时了解部门教师思想动态，保持良好沟通。
		37. 与相关人员建立友好合作关系。	43. 开展多种形式的思想交流活动，凝聚团队，提升团队的综合实力。
			44. 与同事的沟通能做到相互尊重，彼此理解。
		38. 做好对外交流与沟通工作。	45. 在对外交流中，做到相互尊重，互相理解，确保工作完成。
	反思发展	39. 完善本岗工作职责和工作流程。	46. 工作中积极思考与学习，不断完善并落实岗位职责。
		40. 能积极进行自我反思，不断完善自身专业素质。	47. 通过考核自评，找到自身的优势和不足；结合个人发展规划，制定完善措施，并落实在工作中。
			48. 前置工作计划，根据上年度工作总结，提前制订下一学年工作计划。
安全责任	安全工作	41. 加强安全意识。	49. 树立安全第一的意识，保证各项工作的安全。
			50. 主动做好本岗的安全检查工作。

表 8-7　园务管理中心主任岗位职责与标准

一级指标	二级指标	三级指标	岗位职责(37)	质量标准(50)
遵纪守法职业道德	专业理念与师德	职业理解与认识	1. 贯彻党和国家方针政策，遵守法律法规。	1. 遵守《劳动合同法》《中华人民共和国保密法》，贯彻落实信访法、档案、人事管理规定等相关法律文件精神。
			2. 热爱学前教育事业，具有职业理想和敬业精神。	2. 爱岗敬业，自觉维护幼儿教师形象。
			3. 有职业追求，注重自身专业发展。	3. 对自身专业发展有明确目标，有切实可行的专业发展规划。
		对教师的态度	4. 树立正确的教师观。	4. 尊重教师，团结同事，具备团队合作精神。
			5. 树立正确的友情观。	5. 勇于劝阻或制止同事违反教师行为规范的行为。

续表

一级指标	二级指标	三级指标	岗位职责(37)	质量标准(50)
遵纪守法 职业道德	专业理念 与师德	对幼儿的 态度与行为	6. 树立正确的教育观、儿童观。	6. 树立幼儿利益高于一切的思想，尊重幼儿的主体地位。
			7. 关爱、重视幼儿身心健康，保护幼儿生命安全。	7. 组织开展任何活动把幼儿生命安全放在首位。
			8. 尊重幼儿人格，维护幼儿合法权益，平等对待每一位幼儿。	8. 对幼儿进行正面教育和引导，不讽刺、挖苦、歧视幼儿，不体罚或变相体罚幼儿。
		个人修养 与行为	9. 严格遵守幼儿园的规章制度，遵守教师职业道德规范。	9. 严格遵守教师行为规范及幼儿园各项规章制度。
			10. 具有责任心、使命感、大局意识。	10. 具备干部的责任心和使命感，有大局意识，能站在幼儿及园所发展的角度开展工作。
			11. 为人正直、乐观向上，有亲和力。	11. 在教师中做师德高尚的楷模，得到大家的认可。
			12. 勤于学习，不断进取。	12. 善于学习，有笔记、有思考、有总结。
			13. 衣着整洁得体，语言规范健康，举止文明礼貌。	13. 着装及言谈举止符合教师行为规范。
岗位职责 工作质量	专业知识	法律知识	14. 了解与幼儿园人事工作、办公室工作等有关的法律法规，了解有关安全保密相关知识。	14. 严格按照相关法律法规要求开展日常工作，高度重视幼儿园办公室安全保密工作。
		本岗位 专业知识	15. 了解幼儿园办公室工作的相关知识。	15. 了解幼儿园办公室工作的相关知识。
				16. 了解幼儿园人事工作相关知识。
			16. 了解幼儿园办公室工作规律以及协调各部门开展工作的相关知识。	17. 了解幼儿园办公室工作规律以及协调各部门开展工作的相关知识。
				18. 了解有关招聘、招生、人事档案等工作的相关知识。
			17. 基本了解幼儿园各岗位工作的基础知识。	19. 基本了解幼儿园各岗位工作的基础知识。
				20. 了解退休教师的相关政策、知识。
		通识性知识	18. 具有一定的自然科学和人文社会科学知识。	21. 在实践中视野开阔，能主动运用多领域知识思考和解决学前教育的问题。
			19. 了解中国教育基本情况。	22. 了解中国教育改革概况、学前教育发展概况以及不同学段的衔接情况。
			20. 具有一定的现代信息技术知识。	23. 熟练掌握常用现代信息技术并运用到实际工作中。

续表

一级指标	二级指标	三级指标	岗位职责(37)	质量标准(50)
岗位职责工作质量	专业能力	工作计划制订与实施	21. 制订和实施办公室工作计划。	24. 根据幼儿园工作计划，制订切实可行的办公室工作计划。
				25. 深入细致地做好办公室工作，确保工作计划落实到位。
			22. 协助园领导制订幼儿园招聘计划与人事工作计划并实施。	26. 结合幼儿园人员结构，依据实践需求，做好招聘计划。
				27. 做好人事工作计划，并能认真实施。
		档案工作	23. 做好幼儿园人事管理工作。	28. 做好人事管理工作的开展与总结。
				29. 做好教职工的入离职工作。
			24. 做好幼儿园教职工考核职评、奖励晋级等工作。	30. 能根据相关文件精神，做好幼儿园教职工考核、职称评定、奖励晋级等工作。
				31. 工作有计划、有记录、有档案。
			25. 做好幼儿园人事档案管理工作。	32. 做好教职工的考勤考纪工作。
				33. 做好教师人事档案管理，有序、规范。
		接待工作的协调与布置	26. 做好外事接待工作。	34. 制定外事接待方案，细化外事接待的流程与标准。
				35. 能准确及时地向来宾介绍幼儿园基本情况。
			27. 接待信访工作有耐心，顾全大局。	36. 耐心细致地做好信访工作，自觉维护幼儿园形象，传达正确的理念。
				37. 在不违反原则的情况下，针对信访人员的疑问进行耐心解答与情绪疏导。
			28. 做好离退休教师的工作。	38. 关心离退休教职工生活，积极协助园领导解决他们的后顾之忧。
				39. 做好离退休职工的慰问和活动组织等工作。
		招生工作	29. 协助园领导做好幼儿园招生工作。	40. 做好招生登记、材料审核等相关工作，及时与报名幼儿家长沟通情况。
		沟通与合作	30. 做好与上级、平级、下属的沟通工作。	41. 及时准确做好上传下达工作，根据实际情况，积极协助园领导做好各部门协调工作。
			31. 与相关单位及部门人员建立友好合作关系，做好对外交流与沟通工作。	42. 做好对外接待、对外交流与沟通工作，与相关单位及部门人员建立友好合作关系。

续表

一级指标	二级指标	三级指标	岗位职责(37)	质量标准(50)
岗位职责工作质量	专业能力	履职情况	32. 明确本岗位的职责，能严格按标准遵守。	43. 严格按标准履行本岗位职责。
				44. 完成各项工作计划和任务，效果好。
		反思与发展	33. 深入一线，关心教职工的思想动态。	45. 能够及时关注教师的思想动态，了解教师需求与想法，积极帮助教师解决问题，提升教师工作的幸福感与获得感。
			34. 能积极进行自我反思，不断完善自身专业素质。	46. 能够对自身的一言一行进行及时反思，不断提升工作效率与质量。
安全责任	安全管理	安全工作	35. 加强安全意识。	47. 树立安全第一的意识，保证各项工作的安全。
			36. 注重本岗位人员的安全教育。	48. 落实安全责任。
			37. 注重部门各项工作的安全检查。	49. 主动做好本岗位的安全检查工作。
				50. 无安全责任事故。

表 8-8　规划发展中心主任岗位职责与标准

一级指标	二级指标	三级指标	岗位职责(31)	质量标准(50)
遵纪守法职业道德	专业理念与师德	职业理解与认识	1. 贯彻党和国家教育方针政策，遵守教育法律法规。	1. 遵守《教育法》《教师法》《未成年人保护法》，贯彻《规程》《纲要》《指南》精神。
				2. 把握党和国家的教育方针政策，以及市区各级政府、教育主管部门的重要指示精神。
			2. 热爱学前教育事业，具有职业理想和敬业精神。	3. 爱岗敬业，自觉维护幼儿教师形象。
			3. 有职业追求，注重自身专业发展。	4. 对自身发展有明确目标，有切实可行的发展规划。
		对教师的态度	4. 树立正确的教师观。	5. 尊重教师，团结同事，具有团队合作精神。
			5. 树立正确的友情观。	6. 勇于劝阻或制止同事违反教师行为规范的行为。
		对幼儿的态度与行为	6. 树立正确的教育观、儿童观。	7. 树立幼儿利益高于一切的思想，尊重幼儿的主体地位。
			7. 关爱、重视幼儿身心健康，保护幼儿生命安全。	8. 组织任何活动均把幼儿生命安全放在首位。
			8. 尊重幼儿人格，维护幼儿合法权益，平等对待每一位幼儿。	9. 尊重幼儿，公平、公正地对待每一位幼儿。
				10. 对幼儿进行正面教育和引导，不讽刺、挖苦、歧视幼儿，不体罚或变相体罚幼儿。

续表

一级指标	二级指标	三级指标	岗位职责(31)	质量标准(50)
遵纪守法职业道德	专业理念与师德	个人修养与行为	9. 严格遵守幼儿园的规章制度，遵守教师职业道德规范。	11. 严格遵守教师行为规范及各项规章制度，不做违反教师职业道德的事情。
			10. 具有责任心、使命感、大局意识。	12. 具备干部的责任感和使命感，有大局意识，能站在幼儿及园所发展的角度开展工作。
			11. 为人正直、乐观向上，有亲和力。	13. 在教师中做师德高尚的楷模，得到大家的认可。
			12. 勤于学习，不断进取。	14. 善于学习，积极参加各级各类学习和培训活动，不断提升自己的综合能力。
			13. 衣着整洁得体，语言规范健康，举止文明礼貌。	15. 着装及言谈举止符合教师行为规范和礼仪。
岗位职责工作质量	专业知识	法律知识	14. 了解与儿童生存与发展权利有关的法律法规。	16. 了解《教育法》《教师法》《未成年人保护法》《幼儿园工作规程》等相关内容。
				17. 严格按照相关法律法规要求开展日常工作。
		幼儿发展知识	15. 熟知《纲要》《指南》相关精神。	18. 熟知《纲要》《指南》精神，自觉运用到工作中，提升工作质量。
			16. 了解幼儿身心发展规律的相关知识。	19. 熟知幼儿年龄特点和学习方式。
				20. 在实践与研究中有效运用幼儿发展的相关知识评价幼儿的发展、支持教师的专业发展。
		本岗位专业知识	17. 了解园所发展规划的相关知识。	21. 了解园所发展规划的核心要素和基本路径，并运用到工作中。
			18. 了解园所制度建设的相关知识。	22. 了解幼儿园制度建设的基本结构框架和制度实施的相关机制，并运用到工作中。
			19. 了解园所文化建设的相关知识。	23. 了解园所文化建设的要素和基本路径，并运用到园所文化建设中。
		通识性知识	20. 具有一定的自然科学和人文社会科学知识。	24. 在实践中视野开阔，能主动运用多领域知识思考和解决学前教育的问题。
			21. 了解中国教育基本情况。	25. 了解中国教育改革概况、学前教育发展概况以及不同学段的衔接情况。
			22. 具有一定的现代信息技术知识。	26. 熟练掌握常用现代信息技术并运用到实际工作中。

续表

一级指标	二级指标	三级指标	岗位职责(31)	质量标准(50)
岗位职责工作质量	专业能力	园所发展规划与计划制订和总结	23. 协助园领导制定幼儿园五年发展规划。	27. 调研、分析影响和制约幼儿园未来发展的主要因素，提出可行性建议。
				28. 依据幼儿园未来发展需要制定切实可行的幼儿园五年发展规划。
				29. 协调各部门落实规划任务。
			24. 协助园领导制订全园工作计划。	30. 在进行全方位需求调研的基础上，依据市区相关精神制订切实可行的全园学期工作计划。
				31. 协助各部门落实学期工作计划。
			25. 做好全园工作的总结和梳理工作。	32. 在部门总结的基础上，做好全园工作的总结和梳理工作。
		制度建设	26. 推进幼儿园制度建设。	33. 协调各部门完善相关岗位职责与标准。
				34. 根据实际做好幼儿园各项制度的调整、完善与修订。
				35. 建立和完善幼儿园制度实施的保障机制。
		文化建设	27. 落实幼儿园文化建设。	36. 做好幼儿园文化建设历史的梳理。
				37. 挖掘幼儿园文化建设的内涵，完善文化建设的体系及实践形态。
				38. 协助各部门做好文化理念的落实工作。
		深入实践	28. 坚持深入实践调研。	39. 有目的、有计划地深入实践，了解师幼发展情况，并进行分析和反思。
				40. 科学、客观地评价实践活动，并对相关部门提出建设性意见和建议。
		沟通与合作	29. 做好上传下达工作。	41. 与主管领导积极沟通，及时汇报并落实工作。
				42. 与平行部门有效沟通，共同落实相关工作。
				43. 与教师进行有效沟通，了解教师需求。
				44. 与园外相关部门进行有效沟通。
		反思与发展	30. 积极进行自我反思，不断完善自身专业素质。	45. 通过管理笔记进行自我与实践的反思，每周至少两篇管理笔记。
				46. 基于实践反思，为园所发展出谋划策，并体现在幼儿园发展规划和工作计划中。
				47. 以大局为重，积极做好各项临时性工作。

续表

一级指标	二级指标	三级指标	岗位职责(31)	质量标准(50)
安全责任	安全管理	安全工作	31. 主动加强本部门安全检查，教育部门人员要提高安全意识。	48. 安全意识强，加强教师安全教育，管理规范。
				49. 对照幼儿园相关安全制度，细致排查本部门安全隐患，落实安全主体责任。
				50. 能够做好各项安全收尾工作，无责任事故。

表 8-9　教育研究中心主任岗位职责与标准

一级目标	二级目标	三级目标	岗位职责(41)	质量标准(50)
遵纪守法职业道德	专业理念与师德	职业理解与认识	1. 贯彻党和国家教育方针政策，遵守教育法律法规。	1. 遵守《教育法》《教师法》《未成年人保护法》，贯彻《规程》《纲要》《指南》精神。
			2. 热爱学前教育事业，具有职业理想和敬业精神。	2. 爱岗敬业，自觉维护幼儿教师形象。
			3. 有职业追求，注重自身专业发展。	3. 对自身专业发展有明确目标，有切实可行的专业发展规划。
		对教师的态度	4. 树立正确的教师观，树立正确的友情观。	4. 尊重教师，团结同事，具有团队合作精神。勇于劝阻或制止同事违反教师行为规范的行为。
			5. 坚持公平、公正的管理原则。	5. 公平、公正地对待每一位教师，真诚地为老师的学习与发展提供支持。
		对幼儿的态度与行为	6. 树立正确的教育观、儿童观。	6. 树立幼儿利益高于一切的思想，尊重幼儿的主体地位。
			7. 关爱幼儿，重视幼儿身心健康，保护幼儿生命安全。	7. 组织任何活动均把幼儿生命安全放在首位。
			8. 尊重幼儿人格，维护幼儿合法权益，平等对待每一位幼儿。	8. 对幼儿进行正面教育和引导，不讽刺、挖苦、歧视幼儿，不体罚或变相体罚幼儿。
		个人修养与行为	9. 严格遵守幼儿园的规章制度，遵守教师职业道德规范。	9. 严格遵守教师行为规范及幼儿园各项规章制度。
			10. 具有责任心、使命感、大局意识。	10. 具备干部的责任感和使命感，有大局意识，能站在幼儿及园所发展的角度开展工作。
			11. 为人正直、乐观向上，有亲和力。	11. 在教师中做师德高尚的楷模，得到大家的认可。
			12. 勤于学习，不断进取。	12. 善于学习，有笔记、有思考。
			13. 衣着整洁得体，语言规范健康，举止文明礼貌。	13. 着装及言谈举止符合教师行为规范。

续表

一级目标	二级目标	三级目标	岗位职责(41)	质量标准(50)
岗位职责工作质量	专业知识	幼儿保育和教育知识	14. 了解与幼儿生存与发展权利有关的法律法规，熟知《纲要》《指南》相关精神。	14. 了解《未成年人保护法》，并严格按照相关法律法规要求开展日常工作；熟知《纲要》《指南》精神，并自觉将其运用到日常工作中。
			15. 了解与著作、知识产权相关的法律法规。	15. 严格按照相关法律法规要求开展日常工作，保护园所和教师的研究成果。
			16. 了解幼儿身心发展规律的相关知识。	16. 在实践与研究中有效运用幼儿发展的相关知识评价幼儿的发展、支持教师的专业发展。
			17. 了解幼儿常见问题与有特殊需要儿童的相关知识。	17. 在实践中能运用相关知识指导教师判断幼儿的常见问题及特殊需求。
			18. 了解教研、科研相关知识；了解课题研究相关知识。	18. 能组织教研活动以及与科研相关的学习与培训，并能独立及指导教师开展课题研究。
			19. 了解教科研管理相关知识。	19. 运用相关知识对教科研工作进行科学、有效的管理。
		通识性知识	20. 具有一定的自然科学和人文社会科学知识。	20. 在实践中视野开阔，能主动运用多领域知识思考和解决学前教育的问题。
			21. 了解中国教育基本情况。	21. 了解中国教育改革概况、学前教育发展概况以及不同学段的衔接情况。
			22. 具有一定的现代信息技术知识。	22. 熟练掌握常用的现代信息技术并运用到实际工作中。
	专业能力	教科研计划制订与实施	23. 制订和实施全园教科研工作计划。	23. 根据全园工作重点和保教工作实际，制订切实可行的教科研工作计划。
			24. 做好教科研工作总结。	24. 全面负责教科研工作，高质量地完成各项工作计划与任务。
				25. 做好教科研工作的逐月与学期、学年工作总结。
			25. 做好教研员的培养、培训、评价与考核工作。	26. 指导教研员日常工作，为教研员创造培训和学习的机会；依据考核评价标准，对教研员进行逐月、学年考核。
			26. 服从工作安排，认真完成主管领导交给的其他工作任务。	27. 在做好本职工作的同时，完成好主管领导交予的其他工作任务。
			27. 积极开展后备力量的培养工作。	28. 积极推进兼职教研员工作，按制度执行，有培养、有支持、有检查。

续表

一级目标	二级目标	三级目标	岗位职责(41)	质量标准(50)
岗位职责工作质量	专业能力	教研活动设计与实施	28. 依据实践需求，设计并实施科学、有效的教研活动。	29. 在调研的基础上，及时发现、分析和判断实践中的真问题。
				30. 依据教师发展需求，与保教部门共同制订和实施园本教研计划。
				31. 依据实践需求，设计和开展科学、有效的教研活动，解决实践中的真问题。
		科研课题设计、实施与管理	29. 做好各级各类课题的申报及管理工作。	32. 带领科室成员，做好对各项科研课题的申报、设计、组织、实施、总结、汇报等工作，保证课题的顺利开展。
				33. 规范课题管理，认真做好教科研资料的收集、整理、存档工作。指导教师开展课题研究，每月开展一次课题交流活动。
			30. 做好教科研成果总结、梳理、出版、评选等工作。	34. 及时总结、梳理教科研成果，积极参加各类成果申报，促进成果推广与应用。
				35. 制定和实施科研年会方案，支持教师交流分享实践研究的成果。
		实践活动评价与指导能力	31. 坚持深入实践，了解实践情况。	36. 有目的、有计划地深入实践，了解师幼发展情况，每周至少两篇深入实践记录。
			32. 科学、客观地评价教育教学活动，并提出建设性意见和建议。	37. 有效运用观察、访谈、案例分析等多种方式，客观、全面地了解、评价教师和幼儿的发展。
				38. 有效运用评价结果，为实践提出指导性意见和建议。
				39. 深入实践，开展实践观摩与研讨活动，发挥专业支持与引导作用。
		园本课程建设	33. 制定园本课程建设方案。	40. 能基于实践和研究，设计园本课程建设思路，参与课程决策。
			34. 在实践中不断完善园本课程建设。	41. 指导干部、教师以课程的思路开展实践活动。
				42. 收集和整理优质课程资源，不断完善园本课程体系与结构。
			35. 支持、指导园本课程的实施与评价。	43. 指导教师进行实践案例的梳理、总结，不断完善园本课程，结合实践进行科学有效的课程评价。
		业务管理	36. 对本部门工作有管理责任，公平、公正指导部门人员履行职责。	44. 了解掌握部门人员按标准执行岗位职责的情况，发现问题，敢于管理，有方法，能及时处理。

续表

一级目标	二级目标	三级目标	岗位职责(41)	质量标准(50)
岗位职责工作质量	专业能力	沟通与合作	37. 做好与上级、平级、下属的沟通工作。	45. 与主管领导及时沟通，及时汇报和落实工作；与其他部门有效沟通，共同落实好各项工作。
				46. 基于教师的需求，积极与教师沟通有关论文、案例书写、课题申报与开展、教育教学等相关情况，支持教师专业发展。
			38. 做好对外交流与沟通工作。	47. 与园外相关部门有效沟通，做好信息、年鉴、论文评选等工作的统筹管理，加大对实践研究成果的宣传与推广。
		反思与发展	39. 积极开展调研工作，并提出建设性的意见和建议。	48. 深入实践调研，挖掘真问题、真需求，反思制约质量提升的因素，每学期形成一篇高质量调研报告。
			40. 能积极进行自我反思，不断完善自身专业素质。	49. 基于实践调研，为园所发展出谋划策。通过管理笔记进行自我与实践的反思，每周至少写两篇管理笔记。
安全责任	安全管理	安全工作	41. 安全意识强，高度重视安全工作，做好部门安全工作部署，安全工作细致到位。	50. 重视部门安全工作，做好部门人员安全工作培训，确保无责任事故发生。

表 8-10　保教管理中心主任岗位职责与标准

一级目标	二级目标	三级目标	岗位职责(33)	质量标准(50)
遵纪守法职业道德	专业理念与师德	职业理解与认识	1. 贯彻党和国家教育方针政策，遵守教育法律法规。	1. 遵守《教育法》《教师法》《未成年人保护法》，贯彻《规程》《纲要》《指南》精神。
			2. 热爱学前教育事业，具有职业理想和敬业精神。	2. 爱岗敬业，自觉维护幼儿教师形象。
			3. 有职业追求，注重自身专业发展。	3. 对自身专业发展有明确目标，有切实可行的专业发展规划。
		对教师的态度	4. 树立正确的教师观、友情观。	4. 尊重教师，团结同事，具有团队合作精神，勇于劝阻或制止同事违反教师行为规范的行为。
		对幼儿的态度与行为	5. 树立正确的教育观、儿童观。	5. 树立幼儿利益高于一切的思想，尊重幼儿主体地位。

续表

一级目标	二级目标	三级目标	岗位职责(33)	质量标准(50)
遵纪守法职业道德	专业理念与师德	对幼儿的态度与行为	6. 关爱幼儿，重视幼儿身心健康，保护幼儿生命安全。	6. 组织任何活动均把幼儿生命安全放在首位。对幼儿进行正面教育和引导，不讽刺、挖苦、歧视幼儿，不体罚或变相体罚幼儿。
		个人修养与行为	7. 严格遵守幼儿园的规章制度，遵守教师职业道德规范。	7. 严格遵守教师行为规范及幼儿园各项规章制度。
			8. 具有责任心、使命感、大局意识。	8. 具备干部的责任感和使命感，有大局意识，能站在幼儿及园所发展的角度开展工作。
			9. 为人正直、乐观向上，有亲和力。	9. 在教师中做师德高尚的楷模，得到大家的认可。
			10. 衣着整洁得体，语言规范健康，举止文明礼貌。	10. 着装及言谈举止符合教师行为规范。
岗位职责工作质量	专业知识	幼儿发展知识	11. 了解与儿童生存与发展权利有关的法律法规。	11. 严格按照《教师法》《未成年人保护法》开展日常工作。
			12. 熟知《纲要》《指南》相关精神。	12. 能够将正确理念与实践工作相结合，有效支持教师专业发展和幼儿自主发展。
			13. 了解幼儿身心发展规律的相关知识。	13. 在实践工作中能运用幼儿身心发展规律的相关知识指导教育教学活动。
			14. 了解幼儿常见问题与有特殊需要儿童的相关知识。	14. 牢固树立融合教育理念，关注有特殊需要的儿童，尊重幼儿多元化、个性化的发展需求。
		本岗位专业知识	15. 了解幼儿园保教相关知识。	15. 树立正确教育观，尊重、关心、热爱每一位幼儿。
			16. 了解幼儿园教科研相关知识。	16. 积极参与教科研活动，有效开展园级、年级教研活动，支持教师专业发展。
			17. 了解幼儿园保教管理相关知识。	17. 在实践中能够主动运用相关知识，进行科学有效的保教管理，保障日常教学工作高质量运行。

续表

一级目标	二级目标	三级目标	岗位职责(33)	质量标准(50)
岗位职责工作质量	专业知识	通识性知识	18. 具有一定的自然科学和人文社会科学知识。	18. 能够对简单的自然科学知识、现象有一定了解，知晓人文科学信息。
			19. 了解中国教育基本情况。	19. 了解中国教育改革概况、学前教育发展概况以及不同学段的衔接情况。
			20. 具有一定的现代信息技术知识。	20. 熟练掌握常用现代信息技术，运用到实际工作中。
	专业能力	保教工作计划制订与实施	21. 制订和实施保教工作计划，做好保教工作总结。	21. 根据全园工作重点和保教工作实际，制订切实可行的保教工作计划，能体现年级特点。
				22. 全面负责本年级保教工作，高质量地完成各项工作计划与任务。
			22. 配合培训部门做好教师的培养、培训、评价与考核工作。	23. 指导组长日常工作，为教师创造培训和学习机会。
				24. 制定并指导教师做好个人发展规划。
		质量评价	23. 做好各项考核评价工作。	25. 严格依据岗位标准，对教师进行月、年终考核，并有日常检查记录和各类统计记录，以评价促质量提升。
				26. 能为本年级保教人员建立业务档案和考核档案，每学期对教师进行业务发展专门反馈。
				27. 能借助日常和研训赛活动，加强对本组课程质量和教师专业水平的评价考核，促进质量提高。
		园本教研与课程建设	24. 依据实践需求，设计并实施科学、有效的教研活动，积极建构园本课程。	28. 落实幼儿园课程要求，加强目标管理，将三级目标纳入教学计划，支持教师正确处理主导与主体的关系。

续表

一级目标	二级目标	三级目标	岗位职责(33)	质量标准(50)
岗位职责工作质量	专业能力	园本教研与课程建设	24. 依据实践需求，设计并实施科学、有效的教研活动，积极建构园本课程。	29. 带领本组教师参与课程决策，开发年级园本课程：①每月组织教师进行年级集体备课。②每周指导各班集体备课，立足园内外资源，开展贴近生活、有趣、有意义的主题活动。
				30. 指导和监控课程的实施，包括：①指导教师撰写笔记，对上交情况每周有统计记录，每月宣传栏有公示。②督促教师按计划开展教学活动，有检查、有记录。③每周监测各班教育活动安排，注重每个班、每位教师、每周教学活动五大领域的均衡性。
				31. 加强对实践研究成果及课程建设成果的及时梳理与总结。
		日常工作指导与管理	25. 坚持深入实践，做好日常各项保教工作的管理工作，提出建设性意见和建议。	32. 坚持“保教合一”原则，保教管理细致，每周进班时间不少于20小时，有目的、有计划地指导教师的实践活动。
				33. 坚持以游戏为基本活动，熟知幼儿年龄特点，支持各班一日生活安排科学、有序、灵活，有幼儿自主空间。
				34. 支持教师面向全体、关注个体，让每个幼儿都有发展。
				35. 贯彻落实保教制度，引导教师认真履行岗位职责，尊重、关心、热爱幼儿，无歧视、体罚、变相体罚和侮辱幼儿人格等现象，无品行不良和违章问题。
				36. 关注幼儿习惯培养，特别关注幼儿认真刷牙防龋齿、正确用眼防近视等工作。
				37. 强化卫生保健意识，主动配合医务室，指导各班做好卫生消毒、预防接种、家长健康宣传、出勤和交接班记录、卫生检查等工作。

续表

一级目标	二级目标	三级目标	岗位职责(33)	质量标准(50)
岗位职责工作质量	专业能力	队伍建设与实践指导能力	26. 全面做好教师培养及梯队建设。	38. 加强本年级班组长建设，带领班组长参加全员培训，做好本组活动策划、指导和梳理总结工作。
				39. 深入实践，开展实践观摩与研讨活动，发挥专业支持与引领作用。协调和安排做好本组教师培训工作，保证教师每月定期开展教研或培训活动。
				40. 指导教师参加园内业务学习、教研活动和继续教育，为教师提供培训机会，有统计和档案记录。
				41. 鼓励并指导本组教师积极参加园内外各项教学竞赛、对外观摩、论文评选、支教和代培等活动，并对参与职评教师给予关注和指导，有文字和照片存档。
			27. 收集整理课程资源，在实践中不断完善园本课程建设。	42. 收集和整理优质课程资源，指导教师进行实践案例的梳理、总结，不断完善园本课程。
			28. 课程的实施与评价。	43. 结合实践对教师所实施的课程进行科学有效的评价。
		沟通与合作	29. 做好与上级、平级、下属的沟通工作。	44. 积极与主管领导沟通、汇报工作，与各部门沟通，共同开展培训、学习与教研活动。
				45. 基于教师的需求，积极与教师沟通教育教学、课程建设等相关情况，支持教师专业发展。
			30. 做好对外交流与沟通工作，与相关人员建立友好合作关系。	46. 与园外部门有效沟通，做好教师继续教育、教学评比等工作的统筹安排。
		反思与发展	31. 积极配合教育研究中心开展调研工作，并提出建设性的意见和建议。	47. 调动部门人员深入实践调研，挖掘实践中的真问题、真需求，反思制约质量提升的因素，每学期至少形成一篇高质量的调研报告。
				48. 基于实践调研，为园所发展出谋划策，并体现在保教工作计划中。
			32. 能积极进行自我反思，不断完善自身专业素质。	49. 通过管理笔记、论文等方式进行自我反思，每周至少写两篇管理笔记。
安全责任	安全管理	安全工作	33. 主动加强本部门安全检查，教育部门人员要加强安全意识。	50. 安全意识强，能对教师加强安全意识教育，规范到位，无责任事故发生。

表 8-11　课程建设中心主任岗位职责与标准

一级指标	二级指标	三级指标(15)	岗位职责(42)	质量标准(50)
遵纪守法职业道德	专业理念与师德	职业理解与认识	1. 贯彻党和国家教育方针政策，遵守教育法律法规。	1. 遵守《教育法》《教师法》《未成年人保护法》，贯彻《规程》《纲要》《指南》精神。
			2. 热爱学前教育事业，具有职业理想和敬业精神。	2. 爱岗敬业，自觉维护幼儿教师形象。
			3. 有职业追求，注重自身专业发展。	3. 对自身专业发展有明确目标，有切实可行的专业发展规划。
		对教师的态度	4. 树立正确的教师观、友情观。	4. 尊重教师，团结同事，具有团队合作精神。勇于劝阻或制止同事违反教师行为规范的行为。
			5. 坚持公平、公正的管理原则。	5. 公平、公正地对待每一位教师，真诚地为教师的学习与发展提供支持。
		对幼儿的态度与行为	6. 树立正确的教育观、儿童观、课程观。	6. 树立幼儿利益高于一切的思想，尊重幼儿的主体地位；组织任何活动均把幼儿生命安全放在首位。
			7. 关爱幼儿，重视幼儿身心健康，保护幼儿生命安全。	
			8. 尊重幼儿人格，维护幼儿合法权益，平等对待每一位幼儿。	7. 对幼儿进行正面教育和引导，不讽刺、挖苦、歧视幼儿，不体罚或变相体罚幼儿。
		个人修养与行为	9. 严格遵守幼儿园的规章制度，遵守教师职业道德规范。	8. 严格遵守教师行为规范及幼儿园各项规章制度。
			10. 具有责任心、使命感、大局意识。	9. 具备干部的责任心和使命感，有大局意识，能站在幼儿及园所发展的角度开展工作。
			11. 为人正直、乐观向上，有亲和力。	10. 在教师中做师德高尚的楷模，得到大家的认可。
			12. 勤于学习，不断进取。	11. 善于学习，有笔记、有思考。
			13. 衣着整洁得体，语言规范健康，举止文明礼貌。	12. 着装及言谈举止符合教师行为规范。

续表

一级指标	二级指标	三级指标(15)	岗位职责(42)	质量标准(50)
岗位职责工作质量	专业知识	幼儿保育和教育知识	14. 了解与儿童生存与发展权利有关的法律法规；熟知《纲要》《指南》相关精神。	13. 了解《未成年人保护法》，并严格按照相关法律法规要求开展日常工作；熟知《纲要》《指南》精神，并自觉将其运用到日常工作中。
			15. 了解与著作、知识产权相关的法律法规。	14. 严格按照相关法律法规要求开展日常工作，保护园所和教师的研究成果。
			16. 了解幼儿身心发展规律的相关知识。	15. 在实践与研究中有效运用幼儿发展的相关知识评价幼儿的发展、支持教师的专业发展。
			17. 了解幼儿常见问题与有特殊需要儿童的相关知识。	16. 在实践中能运用相关知识指导教师判断幼儿的常见问题及特殊需求。
		通识性知识	18. 了解课程研发、设计相关知识。	17. 能组织与课程相关的学习与培训。
			19. 了解课程设计原理及方法。	18. 运用相关知识对课程建设工作进行科学、有效的管理。
			20. 具有一定的自然科学和人文社会科学知识。	19. 在实践中视野开阔，能主动运用多领域知识思考和解决学前教育的问题。
			21. 了解中国教育基本情况。	20. 了解中国教育改革概况、学前教育发展概况以及不同学段的衔接情况。
			22. 具有一定的现代信息技术知识。	21. 熟练掌握常用的现代信息技术并运用到实际工作中。
	专业能力	园本课程开发与实施	23. 制订和实施园本课程建设工作计划。	22. 根据全园工作重点和课题研究实践，制订课程建设工作计划。
			24. 做好课程建设工作计划与总结。	23. 全面负责园本课程的总结梳理工作，高质量地完成各项工作计划与任务。
			25. 了解课题相关知识，能够开发相关课程。	24. 深入实践，调研课程实施情况，并及时组织教师总结整理，做好园本课程规划与整理工作。
			26. 服从工作安排，认真完成主管领导交给的其他工作任务。	25. 在做好本职工作的同时，完成好主管领导交给的其他工作任务。
			27. 积极开展后备干部的培养工作。	26. 积极推进园本课程开发，支持教师的课程设计与组织。

续表

一级指标	二级指标	三级指标(15)	岗位职责(42)	质量标准(50)
岗位职责工作质量	专业能力	课程设计与实施	28. 依据课题实践需求，进行相关课程设计与实施。	27. 在调研的基础上，及时发现、分析和判断课程实施中的“真问题”。
				28. 依据幼儿和教师发展需求，与保教部门共同制订和实施园本课程计划。
		课程建设与总结整理工作	29. 做好课程的设计开发和实践研究整理工作。	29. 带领部门成员，共同做好相关课题和课程的开发、设计、实施工作。
				30. 规范课程设计与书写，及时做好资料的收集、整理、存档工作。
				31. 支持教师开展课程研究，及时跟进课程的开展。
			30. 做好相关课程成果总结、梳理、出版、评选等工作。	32. 及时总结、梳理园本课程，积极参加各类成果申报，促进成果推广与应用。
				33. 配合做好制定和实施科研年会方案，支持教师交流分享实践研究的成果。
		实践活动评价与指导能力	31. 坚持深入实践，了解实践中课程实施情况。	34. 有目的、有计划地深入实践，支持教师提升课程设计与实施能力。
				35. 运用观察、访谈、案例分析等多种方式，及时了解课程实施情况。
			32. 科学、客观地评价教育教学活动，并提出建设性意见和建议。	36. 有效运用评价结果，为课程实施提出指导性意见和建议。
				37. 与保教部门结对，深入实践，开展实践观摩与研讨活动，发挥专业支持与引导作用。
		园本课程建设	33. 制定园本课程建设方案。	38. 能基于实践和研究，设计园本课程建设思路，参与课程决策。
			34. 在实践中不断完善园本课程建设。	39. 指导干部、教师以课程的思路开展实践活动。
				40. 指导教师进行实践案例的梳理、总结，不断完善园本课程。
				41. 收集和整理优质课程资源，不断完善园本课程体系与结构。
			35. 支持、指导园本课程的实施与评价。	42. 结合实践进行科学有效的课程评价。

续表

一级指标	二级指标	三级指标(15)	岗位职责(42)	质量标准(50)
岗位职责工作质量	专业能力	业务管理	36. 对本部门工作有管理责任，公平、公正指导部门人员履行职责。	43. 了解掌握部门人员按标准执行岗位职责的情况，发现问题，敢于管理，有方法，能及时处理。
		沟通与合作	37. 做好与上级、平级、下属的沟通工作。	44. 与主管领导及时沟通，及时汇报和落实工作。
				45. 尊重教师，能够基于教师工作中的困惑和需求，积极与教师沟通和交流，支持教师专业发展。
			38. 做好对外交流与沟通工作。	46. 与园外相关部门有效沟通，做好相关信息、论文评选等工作的统筹管理，加强课程开发与推广。
			39. 与相关人员建立友好合作关系。	47. 与保教部门沟通，结合教科研工作，共同开展课程设计活动。
		反思与发展	40. 积极开展调研工作，并提出建设性的意见和建议。	48. 调动部门人员深入实践调研，挖掘实践中的真问题、真需求，反思制约质量提升的因素。
			41. 能积极进行自我反思，不断完善自身专业素质。	49. 基于实践调研，为园所发展出谋划策；通过管理笔记及时梳理总结经验，不断提升管理能力。
安全责任	安全管理	安全工作	42. 安全意识强，高度重视安全工作，做好部门安全工作部署，落实平安校园的建设。	50. 重视部门安全工作，带领科室成员主动做好本岗的安全检查工作，确保无责任事故发生。

表 8-12　教师培养中心主任岗位职责与标准

一级目标	二级目标	三级目标	岗位职责(39)	质量标准(50)
遵纪守法职业道德	专业理念与师德	职业理解与认识	1. 贯彻党和国家教育方针政策，遵守教育法律法规。	1. 遵守《教育法》《教师法》《未成年人保护法》《幼儿园教师专业标准(试行)》，贯彻《规程》《纲要》精神。
			2. 热爱学前教育事业，具有职业理想和敬业精神。	2. 爱岗敬业，自觉维护幼儿教师形象。
			3. 有职业追求，努力提升自我，注重自身专业发展。	3. 对自身专业发展有明确目标，有切实可行的专业发展规划。

续表

一级目标	二级目标	三级目标	岗位职责(39)	质量标准(50)
遵纪守法职业道德	专业理念与师德	对教师的态度	4. 树立正确的发展观、教育观、儿童观。	4. 不断提升自身专业水平和师德修养，更新教育观念，学习先进的教育思想，树立终身学习和幼儿利益高于一切的思想，尊重幼儿的主体地位。
			5. 树立正确的友情观。	5. 勇于劝阻或制止同事违反教师行为规范的行为。
			6. 坚持公平、公正的管理原则。	6. 平等对待每一位教师，真诚地为每位教师的培训提供支持。
		对幼儿的态度与行为	7. 关爱幼儿，重视幼儿身心健康，保护幼儿生命安全。	7. 组织任何活动均把幼儿生命安全放在首位。
			8. 尊重幼儿人格，维护幼儿合法权益，平等对待每一位幼儿，信任幼儿，尊重个体差异。	8. 主动了解和满足有益于幼儿身心发展的不同需求，对幼儿进行正面教育和引导，不讽刺、挖苦、歧视幼儿，不体罚或变相体罚幼儿。
		个人修养与行为	9. 严格遵守幼儿园的规章制度，遵守教师职业道德规范，为人正直、乐观向上，有亲和力。	9. 严格遵守教师行为规范及各项规章制度；在教师中做师德高尚的楷模，得到大家的认可。
			10. 具有责任心、使命感、大局意识，勤于学习，不断进取。	10. 具备干部的责任感和使命感，有大局意识，能站在幼儿及园所发展的角度开展工作，勤学善思，按时书写学习笔记及思考。
			11. 衣着整洁得体语言规范健康，举止文明礼貌。	11. 着装及言谈举止符合教师行为规范。
			12. 了解幼儿身心发展规律的相关知识。	12. 在实践与研究中有效运用幼儿发展的相关知识评价幼儿的发展，支持教师的专业发展。

续表

一级目标	二级目标	三级目标	岗位职责(39)	质量标准(50)
岗位素养工作质量	专业知识	幼儿发展知识	13. 了解与儿童生存与发展权利有关的法律法规。	13. 严格按照相关法律法规要求开展日常工作。
			14. 熟知《纲要》《指南》《幼儿园教师专业标准(试行)》相关精神。	14. 认真落实《纲要》《指南》精神，认真履行《幼儿园教师专业标准(试行)》，并自觉将其运用到日常工作中。
			15. 掌握不同年龄幼儿身心发展特点、规律的相关知识。了解幼儿常见问题与有特殊需要儿童的相关知识。	15. 在实践中有效运用幼儿发展的相关知识，接纳尊重幼儿，支持教师的专业发展。同时在实践中能运用相关知识指导教师判断幼儿的常见问题及特殊需求。
			16. 了解幼儿发展中容易出现的问题与适宜的对策。	16. 能够了解不同年龄、不同性格幼儿的发展特点、规律，掌握支持幼儿全面发展的策略与方法 。
		本岗位专业知识	17. 了解教师培训工作的相关政策，了解培训相关知识。	17. 能够运用相关政策支持教师参加培训，解答教师培训问题。
			18. 了解培训管理相关知识。	18. 运用相关知识，对培训工作进行科学有效的管理。
		通识性知识	19. 具有一定的自然科学和人文社会科学知识。	19. 运用多元的知识，丰富培训内容，提升相关专业知识。
			20. 了解中国教育基本情况。	20. 了解中国教育改革概况、学前教育发展概况，把握教师培养的科学方向。
			21. 具有一定的现代信息技术知识。	21. 熟练掌握常用现代信息技术并运用到实际工作中。
	专业能力	教师培养工作计划制订与实施	22. 制订和实施全园培训工作计划。	22. 根据全园工作重点和保教工作实际，制订切实可行的培训工作计划。
			23. 开展教师培训工作。	23. 全面负责培训工作，高质量完成工作计划与任务。
				24. 多种形式、灵活开展教师培训工作，全面落实培训工作。
			24. 做好培训工作总结。	25. 结合培训理念、目标，完成各项任务的总结，有工作重点，有反思，有措施。
				26. 及时总结、梳理教师培训成果。
			25. 积极开展后备力量的培养工作。	27. 积极推进骨干教师培养，按制度执行，有计划，有支持，有检查。

续表

一级目标	二级目标	三级目标	岗位职责(39)	质量标准(50)
岗位素养工作质量	专业能力	队伍建设	26. 关注教师思想工作和师德建设。	28. 每月开展部门师德培训，有材料和相关记录。
			27. 积极开展助理教师的培养工作。	29. 积极推进助教管理工作，按制度执行，有培养，有支持，有检查。
		教师培养活动设计与实施	28. 依据实践需求，设计并实施科学有效的培训活动。	30. 在调研的基础上，及时发现、分析和判断实践中的真问题。
				31. 依据教师发展需求，与保教部门共同制订和实施园本培训计划。
				32. 依据实践需求，设计和开展科学、有效的培训活动，解决实践中的真问题。
				33. 做好各项园本培训，支持教师规范、有质量地做好日常工作。
		资源管理	29. 利用园内优秀教师资源(市区骨干和首席教师等)，开展教师的梯队建设，提高教师队伍的整体水平。	34. 利用人才资源、图书资源等为教师提供科学的专业支持，为教师遇到的实际问题答疑解惑。
				35. 充分发挥教师资源，为教师提供交流分享介绍的平台，增加教师培训、学习和交流的机会。
		成长档案	30. 支持教师梳理个人成长档案工作。	36. 制定不同层面教师的成长档案模板，支持不同教师梳理、整理个人成长档案。
				37. 指导新入职教师整理成长档案。
		继续教育工作的开展	31. 组织开展好教师继续教育工作。	38. 合理安排教师参加继续教育，保证教师完成学时。教师按时出勤和认真完成继教作业。
		沟通与合作	32. 做好与上级、平级、下属的沟通工作。	39. 与主管领导积极沟通，及时汇报并落实工作。
				40. 与保教部门、教科研部门沟通，共同开展相关培训、学习与教研活动。
			33. 与相关人员建立友好合作关系，做好代培接待实习生交流与沟通工作。	41. 与园外相关部门有效沟通，做好信息、培训工作。
			34. 做好各级各类论文征集动员工作。	42. 基于教师的需求，积极与教师沟通专业发展的优势与不足，支持教师专业发展。
				43. 带领科室成员，做好论文征集的介绍、动员工作。
				44. 规范课题管理，认真做好教科研资料的收集、整理、存档工作。

续表

一级目标	二级目标	三级目标	岗位职责(39)	质量标准(50)
岗位素养 工作质量	专业能力	反思与发展	35. 积极开展调研工作，并提出建设性的意见和建议。	45. 与教师深入实践调研，挖掘实践中的真问题、真需求。
				46. 基于实践调研，为园所发展出谋划策，并体现在幼儿园发展规划和工作计划中。
			36. 能积极进行自我反思，不断完善自身专业素质。	47. 通过管理笔记进行自我与实践的反思，每周写两篇管理笔记或者教育笔记。
		业务管理	37. 对本部门工作有管理责任，公平、公正指导部门人员履行职责。	48. 了解掌握部门人员按标准执行岗位职责的情况，发现问题，敢于管理，有方法，能及时处理。
安全责任	安全管理	安全工作	38. 主动加强本部门各项安全工作检查，注重对本部门人员的安全教育，无责任事故。	49. 全面负责安全工作，提高本部门人员的安全责任意识，落实安全工作。
			39. 安全工作细致到位，落实平安校园的建设。	50. 带领科室成员主动做好本岗的安全检查工作，确保无责任事故发生。

表 8-13　卫生保健中心主任岗位职责与标准

一级指标	二级指标	三级指标	岗位职责(48)	质量标准(50)
遵纪守法 职业道德	专业理念 与师德	职业理解 与认识	1. 贯彻落实国家医药卫生工作的相关法律法规，明确医务人员的医德规范。	1. 熟练把握有关卫生保健工作的法规制度，做好幼儿园卫生保健整体工作。
			2. 热爱学前教育事业，严格执行幼儿园各项规章制度，具有职业理想和敬业精神。	2. 遵守《教育法》《教师法》《未成年人保护法》，贯彻《规程》《纲要》《指南》精神，爱岗敬业，自觉维护医务人员和幼儿教师形象。
			3. 有职业追求，注重自身专业发展。	3. 对自身专业发展有明确目标，能制定个人发展规划，有明确目标，有档案。
		对家长的态度	4. 树立真诚为家长服务的观念，尊重家长。	4. 尊重家长，热心为家长服务，与家长沟通积极主动有礼，认真听取家长意见，努力改进工作切实为家长提供各项优质服务，家长满意率高。

续表

一级指标	二级指标	三级指标	岗位职责(48)	质量标准(50)
遵纪守法职业道德	专业理念与师德	对同事的态度	5. 树立团队意识，在团队中起模范带头作用。	5. 团结同事，具有团队合作精神。
			6. 树立正确的友情观。	6. 勇于劝阻或制止同事违反教师行为规范的行为。
		对幼儿的态度与行为	7. 树立正确的教育观、儿童观。	7. 树立幼儿利益高于一切的思想，尊重幼儿，在幼儿面前能树立良好师德形象，在各种活动中注重发挥幼儿的主体地位，与幼儿关系融洽。
		个人修养与行为	8. 为人正直、乐观向上，有亲和力。	8. 做师德高尚的楷模，得到大家的认可。
			9. 勤于学习，不断进取。	9. 善于学习，在园内外的各种学习活动有笔记、有思考。
			10. 衣着整洁得体，语言规范健康，举止文明礼貌。	10. 着装及言谈举止符合教师行为规范；上班时间着有领有袖上衣，下装过膝，下蹲不露后腰，鞋跟不超过3厘米；语言规范。
岗位职责工作质量	专业知识	法律知识	11. 严格执行各项医药卫生及保健工作的相关制度。	11. 能熟练把握卫生保健工作的相关规定，确保科学，符合规范。
			12. 严格遵守幼儿园的卫生保健制度，遵守教师职业道德规范。	12. 严格遵守教师行为规范及相关制度。
		卫生保健工作知识	13. 熟知幼儿园卫生保健工作特点、内容及标准。	13. 熟读并领悟国家、北京市各级政府及主管单位有关卫生保健工作的文件精神，提高工作实践质量。
				14. 对卫生保健工作有全面的认识和理解，准确把握教育机构各项卫生保健工作的时间内容和工作标准，并能按时保质完成本岗工作。
		本岗位专业知识	14. 能注重自身的专业学习，丰富自身的专业知识。	15. 积极参加各项业务学习、教研活动、继续教育、园外培训等，不断提高业务能力；参加各种学习活动，做好签到和学习记录。
			15. 能不断把学习的理论知识与实践相结合，从而不断提升自身的专业能力。	16. 能熟练把握保健医岗位的工作内容和工作标准，按时、高质地完成工作。指导并积极参加岗位练兵、对外观摩、支教、代培等工作，在活动中锻炼业务能力。
			16. 结合本岗工作，积极参加课题研究、论文评选、杂志投稿等工作，积累工作和研究经验。	17. 积极参加各种征文活动，在幼儿园网站、园刊有文章入选，或在各级征文中获奖、在专业期刊上发表。

续表

一级指标	二级指标	三级指标	岗位职责(48)	质量标准(50)
岗位职责工作质量	专业知识	通识性知识	17. 了解当前学前教育发展的基本情况。	18. 了解中国学前教育发展概况，能基本把握当前的主流观点以及幼儿园核心教育理念。
			18. 具有一定的教育学和心理学知识。	19. 在实践中能胜任基本的教育实践工作。
			19. 具有一定的现代信息技术知识。	20. 熟练掌握常用的现代信息技术并运用到实际工作中。
	专业能力	规划计划	20. 能制定并指导部门保健医制定个人发展规划，有明确目标，有档案。	21. 有符合个人实际的职业发展规划。
			21. 制订部门学期工作计划，能落实部门工作要求。	22. 能依据全园及后勤部门工作计划制订本部门计划，计划切实可行。
		常规工作	22. 有计划、有目的地组织成员开展学习、培训以及技术练兵等活动，促进保健队伍整体可持续发展。	23. 有学习、培训计划、记录和工作总结，班组成员的专业发展有成效。
			23. 积极开展研究活动，善于总结分析实践中的重点、难点问题，注重过程中资料的收集整理和经验的及时梳理总结。	24. 在实践工作中以师幼健康发展为出发点，提升研究实效性，并及时梳理总结，形成可推广的经验。
			24. 做好保健医队伍建设，更好地服务幼儿的健康发展。	25. 支持保健医胜任各项工作，定期培训、指导、检查并有记录。
			25. 支持部门成员做好日常保健工作，包括卫生常规、良好习惯、消毒、日常伤害处理等。	26. 每月听取部门各项工作落实情况汇报，做好每天的晨、午、晚检及幼儿全天的健康观察工作，按时深入班级进行巡诊、卫生检查、消毒等工作。
			26. 带领部门成员负责对全园各部门卫生保健工作的监督、指导、检查与评估，采用定期检查与日常抽查相结合的方式，及时公布检查结果。	27. 客观、公正，有明确要求，有指导建议，进班指导工作轻声交流，不干扰幼儿正常活动。

续表

一级指标	二级指标	三级指标	岗位职责(48)	质量标准(50)
岗位职责工作质量	专业能力	常规工作	27. 带领部门成员认真落实十项保健制度，做好各项卫生保健工作的记录与统计(如体弱儿、肥胖儿的专案管理；幼儿发病率、传染病的登记，幼儿安全事故的登记、分析、处理等)。	28. 记录准确、清楚、完整。
			28. 带领部门成员贯彻预防为主的方针，及时做好计划免疫和疾病防治工作，积极做好防病宣传，及时采取防病措施，降低幼儿发病率。	29. 熟知幼儿计划免疫工作的流程和要求，认真开展各项工作，无差错。
			29. 带领部门成员严格履行幼儿入园体检工作，不断提高幼儿健康水平。	30. 对在园幼儿进行体格检查，按时无误完成幼儿各项预防接种工作，做好幼儿身高、体重、内科、牙齿、视力的测查和分析，主动指导保教人员加强对特殊幼儿的护理。
			30. 带领部门成员做好幼儿园卫生保健宣传工作，通过多种方式和途径积极向家长和教职工宣传科学育儿与防病、治病的工作。	31. 宣传工作有一定的针对性和前瞻性，易于理解和接受。
			31. 指导部门成员积极与食堂、教学班级沟通，制订科学、合理的膳食计划，指导儿童食堂、成人食堂做好营养膳食工作，服务师幼的健康发展。	32. 每月有指导检查，提出合理建议。
			32. 服从工作安排，认真完成主管领导交给的其他工作任务。	33. 在做好本职工作的同时，完成好主管领导交办的其他工作任务。

续表

一级指标	二级指标	三级指标	岗位职责(48)	质量标准(50)
岗位职责 工作质量	专业能力	业务工作 服务工作	33. 积极组织健康教育进课堂活动。	34. 结合保教需求和幼儿年龄特点，能体现一定的创造性。
			34. 带领部门成员指导班级健康教育，培养幼儿良好习惯，及时纠正幼儿不良习惯。	35. 深入班级，不影响幼儿正常活动，指导过程中能与教师密切配合。
			35. 带领部门成员强化对幼儿健康护理指导，指导教师对幼儿生活各环节的护理。	36. 工作有目的、有计划，细致、耐心。
			36. 带领部门成员强化对各班幼儿五官保健的卫生指导，加强相关卫生检查。包括各班幼儿刷牙、漱口等环节检查。	37. 工作有目的、有计划，每周有检查记录与公示。
			37. 带领部门成员强化对各班进餐环节、卫生消毒和进餐习惯的培养指导，对各班进食量有检查记录与公示。	38. 有培训，有指导，有记录，检查结果客观、公正。
			38. 指导部门成员对各班户外活动指导与检查，提出建设性指导意见。	39. 按时深入实践，每周有检查记录和公示。
			39. 指导并带领部门成员强化对各班卫生消毒工作指导与检查。	40. 各项检查有记录，并能及时将检查结果进行公示。
			40. 指导部门成员注重分管工作活动照片、资料的积累，择优上传网站。	41. 资料完整、清楚，有计划、过程记录和总结，每学期有1～3篇文章符合网站入选要求。
			41. 带头树立为教职工服务的意识和责任心，热心为教职工服务。	42. 耐心细致，态度好。
			42. 指导部门定期完成教职工的体检工作。	43. 提前准备，做好前期调查，体检工作有成效、有总结。

续表

一级指标	二级指标	三级指标	岗位职责(48)	质量标准(50)
岗位职责工作质量	专业能力	沟通与合作	43. 做好与上级、平级、下属的沟通工作。	44. 与主管领导及时沟通，及时汇报和落实工作，与同事的沟通能做到相互尊重，彼此理解。
			44. 做好对外交流与沟通工作。	45. 与园外相关部门有效沟通，确保卫生保健工作落到实处。
		节能减排	45. 树立规范整洁意识，做好部门的环境卫生工作。	46. 日常坚持“规范整洁”意识，管好门前三包、室内大面、物品摆放，无卫生死角。
			46. 树立节能意识，在各项工作中注重绿色环保、节能。	47. 日常落实“节能减排”意识，工作中做到环保节能，降低能耗和办公耗材。
		反思与发展	47. 能积极进行自我反思，不断完善自身专业素质。	48. 每月积极参与班会，开展自评与他评，能对本职工作进行客观、真实的考核自评，找到自身的优势和不足，做好下一步工作措施。
安全责任	安全管理	安全工作	48. 落实一岗双责，认真履行安全管理的职责	49. 管理医疗器械、药品，杜绝出现安全问题。
				50. 监督指导检查班级消毒药品的使用、放置等安全问题。

表 8-14　服务保障中心主任岗位职责与标准

一级指标	二级指标	三级指标	岗位职责(40)	质量标准(50)
遵纪守法职业道德	专业理念与师德	职业理解与认识	1. 贯彻党和国家方针政策，遵守法律法规。	1. 遵守《中华人民共和国政府采购法》《中华人民共和国文物保护法》《中华人民共和国消防法》(以下简称《消防法》)和各级主管部门下发的工作指示精神。
			2. 热爱学前教育事业，具有职业理想和敬业精神。	2. 爱岗敬业，自觉维护幼儿教师形象。
			3. 有职业追求，注重自身专业发展。	3. 对自身专业发展有明确目标，有切实可行的专业发展规划。
		对教师的态度	4. 树立正确的教师观。	4. 尊重教师，团结同事，具备团队合作精神。
			5. 树立正确的友情观。	5. 勇于劝阻或制止同事违反教师行为规范的行为。
		对幼儿的态度与行为	6. 树立正确的教育观、儿童观。	6. 树立幼儿利益高于一切的思想，尊重幼儿的主体地位。
			7. 关爱幼儿，重视幼儿身心健康，保护幼儿生命安全。	7. 组织开展任何活动把幼儿生命安全放在首位。
			8. 尊重幼儿人格，维护幼儿合法权益，平等对待每一位幼儿。	8. 对幼儿进行正面教育和引导，不讽刺、挖苦、歧视幼儿，不体罚或变相体罚幼儿。

续表

一级指标	二级指标	三级指标	岗位职责(40)	质量标准(50)
遵纪守法职业道德	专业理念与师德	个人修养与行为	9. 严格遵守幼儿园的规章制度，遵守教师职业道德规范。	9. 严格遵守教师行为规范及各项规章制度。
				10. 按照“四有教师”“四个引路人”不断修炼自己、完善自己。
			10. 具有责任心、使命感、大局意识。	11. 具备干部的责任感和使命感，有大局意识，能站在幼儿及园所发展的角度开展工作。
			11. 为人正直、乐观向上，有亲和力。	12. 在教师中做师德高尚的楷模，得到大家的认可。
			12. 勤于学习，不断进取。	13. 善于参与学习，有笔记、有思考。
			13. 衣着整洁得体，语言规范健康，举止文明礼貌。	14. 上班着装及言谈举止符合教师行为规范。
				15. 注重自己言谈举止，不给园内和社会造成不良影响。
岗位职责工作质量	专业知识	法律知识	14. 了解与幼儿园总务管理有关的法律法规，高度重视校园安全工作。	16. 严格按照相关法律法规要求开展日常工作，确保各项安全工作落实。
		幼儿发展知识	15. 熟知《纲要》《指南》相关精神。	17. 熟知《纲要》《指南》相关精神，并能落实在一日工作中。
				18. 了解幼儿身心发展规律的相关知识。
			16. 了解幼儿身心发展规律的相关知识。	19. 依据幼儿身心发展规律开展各项后勤工作，服务幼儿自主发展。
		本岗位专业知识	17. 熟知《消防法》《食品卫生法》等相关法律文件精神。	20. 依据幼儿园发展的整体规划，以系统思考、顶层设计为原则，积极推动校园建设。
			18. 了解后勤管理工作规律的相关知识。	21. 运用相关知识，对后勤工作进行科学、有效的管理；在实践中能运用相关知识指导后勤各岗为幼儿、家长、教职工服务。
		通识性知识	19. 具有一定网络信息安全相关知识，了解基本的自然科学和人文社会科学等相关知识。	22. 在实践中视野开阔，能主动运用多领域知识思考和解决学前教育在建设投入中有关基建的问题。
			20. 不断学习中国学前教育基本情况。	23. 了解中国教育改革概况、学前教育发展概况。
			21. 具有一定现代信息技术、建筑行业和装修的基本知识。	24. 熟练掌握常用的现代信息技术和建筑装修知识并运用到园所建设的实际工作中。

续表

一级指标	二级指标	三级指标	岗位职责(40)	质量标准(50)
岗位职责工作质量	专业能力	工作计划制订与总结	22. 制订本中心工作计划和工作总结。	25. 中心计划能落实全园和部门工作计划，有总结，有档案。
			23. 能制定并指导本中心教职工制定个人发展规划，有职业追求，有档案。	26. 能制定并指导中心教职工制定个人发展规划，有职业追求，有档案。
		管理职能	24. 对本部门工作负有管理的责任，公平、公正地指导部门人员履行职责。	27. 了解、掌握本部门人员按照岗位职责标准履职的情况，发现问题敢于管理，有方法，能及时处理；指导后勤人员规范开展日常工作。
		队伍建设	25. 抓好师德建设，每月组织开展部门的师德教育活动，有学习和检查材料记录。	28. 按照幼儿园计划，认真做好学习活动记录以及本部门参会活动记录。
				29. 抓好后勤教师的师德建设，做好学习材料的梳理。
			26. 做好教职工培养计划，注重队伍的梯队建设。	30. 制定每学期培养与培训方案，有方案、有记录。
		安全工作管理与实施	27. 落实“一岗双责”，认真履行安全管理的职责。	31. 完善幼儿园安全制度、预案、流程等，落实各项安全措施。及时排查、处理各项安全隐患，有检查记录、有处置记录，建设平安校园。
		日常保障工作实施与管理	28. 完善后勤管理制度，注重制度的落实。	32. 能依据新形势下后勤工作的特点，及时调整和完善制度；组织中心工作人员开展制度学习，有助于制度的落实。
			29. 高度重视各类安全工作，明确安全职责，规范安全工作。	33. 加强对工作人员的健康管理，规范工作行为。
			30. 重视膳食的安全管理和创新，保证膳食的科学、营养和色香味，服务师幼健康发展。	34. 严格执行工作流程和标准，确保每日膳食的营养和卫生。
				35. 基于师幼的膳食需要、季节特点等，调动厨师积极开展食品创新研究活动。
			31. 规范财务工作，保障幼儿园正常运转。	36. 完善财务制度，依法开展财务工作。
				37. 按照幼儿园编制预算的要求和进度，按时提出本部门的预算需求，并提交给部门进行汇总。
				38. 指导财务部门科学编制、及时执行预、决算工作。
				39. 严格审查原始凭证，账目清楚，科目准确，手续完备，日清月结。
				40. 督促会计部门认真做好收费工作，项目清晰，金额准确。
			32. 树立服务意识，做好日常的服务保障工作。	41. 牢固树立服务意识，全心全意为师幼发展服务。

续表

一级指标	二级指标	三级指标	岗位职责(40)	质量标准(50)
岗位职责工作质量	专业能力	沟通与合作	33. 做好与上级、平级、下属的沟通工作。	42. 与主管领导积极沟通，及时汇报并落实工作；与本部门沟通，共同开展相关培训、学习活动。
			34. 做好与外单位交流与沟通工作，建立友好合作关系。	43. 与园外相关部门有效沟通，做好信息、活动情况上报、应急演练等工作的统筹管理，加大对幼儿园的经验宣传与推广。
		反思与发展	35. 能进行自我反思，不断完善自身专业素质。	44. 在工作中，能够及时有效进行反思，剖析自身优势与不足，明确前进的方向与目标。
			36. 完善各岗工作流程和工作标准，为各岗人员规范工作提供支持。	45. 健全制度，积极开展学习，理解并落实制度。
			37. 指导各岗人员进行月、年终考核，严格执行标准，以评价促质量。	46. 评价客观、真实，有反馈，有跟进。
安全责任	安全管理	安全工作	38. 主动加强本部门安全检查，教育工作人员要加强安全意识，无责任事故发生。	47. 树立安全工作的责任意识，注重本中心各项工作的安全检查，加强对部门人员的安全教育。
				48. 主动做好各级对所负责的安全督察与整改工作，无责任事故发生。
			39. 能主动做好本岗安全检查工作。	49. 依据安全工作需求，排查全园范围内和校园周边的安全隐患，建设平安校园。
			40. 有安全意识，积极开展安全教育，保证幼儿的安全。	50. 积极参加和组织开展师生员工的安全教育活动。

第二节　幼儿园教学岗位职责与标准

表 8-15　教研组长岗位职责与标准

一级目标	二级目标	三级目标	岗位职责(39)	质量标准(50)
遵纪守法职业道德	专业理念与师德	职业理解与认识	1. 贯彻党和国家教育方针政策，遵守教育法律法规。	1. 遵守《教育法》《教师法》《未成年人保护法》，贯彻《规程》《纲要》《指南》精神。
			2. 热爱学前教育事业，具有职业理想和敬业精神。	2. 爱岗敬业，自觉维护幼儿教师形象。
			3. 有职业追求，注重自身专业发展。	3. 对自身专业发展有明确目标，有切实可行的专业发展规划。

续表

一级目标	二级目标	三级目标	岗位职责(39)	质量标准(50)
遵纪守法职业道德	专业理念与师德	对教师的态度	4. 树立正确的教师观。	4. 尊重教师，团结同事，具有团队合作精神。
			5. 树立正确的友情观。	5. 勇于劝阻或制止同事违反教师行为规范的行为。
		对幼儿的态度与行为	6. 树立正确的教育观、儿童观。	6. 树立幼儿利益高于一切思想，尊重幼儿主体地位。
			7. 关爱、重视幼儿身心健康，保护幼儿生命安全。	7. 组织任何活动均把幼儿生命安全放在首位。
			8. 尊重幼儿人格，维护幼儿合法权益，平等对待每一位幼儿。	8. 对幼儿进行正面教育和引导，不讽刺挖苦、歧视幼儿，不体罚或变相体罚幼儿。
		个人修养与行为	9. 严格遵守幼儿园的规章制度，遵守教师职业道德规范。	9. 严格遵守教师行为规范及幼儿园各项规章制度。
			10. 具有责任心、使命感、大局意识。	10. 具备组长的责任感和使命感，有大局意识，能站在幼儿及园所发展的角度开展工作。
			11. 为人正直、乐观向上，有亲和力。	11. 在教师中做师德高尚的楷模，得到大家的认可。
			12. 勤于学习，不断进取。	12. 善于学习，有学习笔记及思考。
			13. 衣着整洁得体，语言规范健康，举止文明礼貌。	13. 着装及言谈举止符合教师行为规范。
岗位职责工作质量	专业知识	幼儿发展知识	14. 了解与儿童生存与发展权利有关的法律法规。	14. 狠抓年级师德教育，对照《教职工行为规范》开展组内学习和检查。
				15. 严格按照相关法律法规要求开展日常工作。
			15. 熟知《纲要》《指南》相关精神。	16. 熟知《纲要》《指南》精神，并自觉将其运用到日常工作中。
			16. 了解幼儿身心发展规律的相关知识。	17. 在实践中能运用相关知识指导教师判断幼儿的常见问题及特殊需求。
			17. 了解幼儿常见问题与有特殊需要儿童的相关知识。	18. 在实践与研究中有效运用幼儿发展的相关知识评价幼儿的发展、支持教师的专业发展。

续表

一级目标	二级目标	三级目标	岗位职责(39)	质量标准(50)
岗位职责工作质量	专业知识	本岗位专业知识	18. 了解幼儿园保教管理相关知识。	19. 注重观念引领，尊重、关心、热爱幼儿，及时撰写管理笔记和反思。
			19. 了解幼儿园教科研相关知识。	20. 对教科研工作进行科学、有效的管理。
		通识性知识	20. 具有一定的自然科学和人文社会科学知识。	21. 在实践中视野开阔，能主动运用多领域知识思考和解决学前教育的问题。
			21. 了解中国教育基本情况。	22. 了解中国教育改革概况、学前教育发展概况、以及不同学段的衔接情况。
			22. 具有一定的现代信息技术知识。	23. 熟练掌握常用现代信息技术运用到实际工作中。
	专业能力	保教工作计划制订与实施	23. 了解幼儿园保教管理相关知识。	24. 根据全园工作重点和保教工作实际，制订切实可行的保教工作计划，能体现年级特点。
			24. 制订和实施保教工作计划，做好保教工作总结。	25. 能够熟知本年级组师幼发展水平和需求，根据实际情况制订切实可行的年级保教工作计划。
				26. 全面负责本年级保教工作，高质量地完成各项工作计划与任务，期末有总结、有档案。
			25. 配合教师培训中心主任做好教师的培养、培训、评价与考核工作。	27. 指导教师日常工作，为教师创造培训和学习机会。
				28. 做好保教工作的逐月与学期、学年工作总结。
			26. 服从工作安排，认真完成主管领导交给的其他工作任务。	29. 在做好本职工作的同时，完成好主管领导交于的其他工作任务。
		质量评价	27. 做好各项考核工作。	30. 严格按照岗位标准对教师进行月、年终考核，并有日常检查记录和各类统计记录，以评价促质量提升。
				31. 组织教师进行幼儿发展评价，各班观测认真，原始记录真实，统计数据准确，方法妥当，资料完整。
				32. 能为本年级保教人员建立业务档案和考核档案，每学期对教师进行业务发展专门反馈。
				33. 教研组长整月工作有具体措施，促进幼儿五大领域全面和谐发展。

续表

一级目标	二级目标	三级目标	岗位职责(39)	质量标准(50)
岗位职责 工作质量	专业能力	年级工作 设计与实施	28. 引导教师在正确观念下开展日常工作。	34. 紧扣幼儿园核心思想开展工作。落实幼儿园课程要求，加强目标管理，带领教师将三级目标纳入教育教学计划。
			29. 依据实践需求，设计并实施科学、有效的课程与教学活动。	35. 带领本组教师参与课程决策，开发年级园本课程：①每月组织教师进行年级集体备课。②每周督促指导各班集体备课，立足园内外资源，开展贴近生活，有趣、有意义、有发展的主题活动。
				36. 指导年级课程的实施，包括：①指导教师撰写笔记，对每周上交情况有统计记录。②督促教师严格按计划开展教学活动，有检查、有记录。③每周监测各班教育活动安排，注重每个班、每位教师、每周教学活动五大领域的均衡性，防止偏科和活动单调。④加强课程积累，每月筛选1～2个优秀教育活动案例。
			30. 指导教师开展适宜的户外活动。	37. 加强本组各班户外活动指导和管理，每天检查各班户外活动时间和质量，有检查、有公示，开展“户外体育活动研究”，组织会操、游戏大会、效果好。
			31. 指导教师开展家长工作。	38. 指导各班做好家园共育工作，每学期能组织一次家长问卷调查，了解家长对年级工作的意见和建议。
		业务管理	32. 坚持深入实践，做好日常各项保教工作的管理工作，提出建设性意见和建议。	39. 落实《干部深入实践管理办法》，每周进班时间不少于20小时，有目的有计划地指导班级工作。
				40. 日常树立安全第一意识，提示各班做好幼儿安全教育与防护工作。坚持“保教合一”原则，保教管理细致。
				41. 坚持以游戏为基本活动，科学指导各班一日生活安排合理、有序，有幼儿自主空间，体现年龄特点。
				42. 指导教师面向全体、关注个体，让每个幼儿都有发展。
				43. 支持每位教师认真履行岗位职责，尊重、关心、热爱幼儿。

续表

一级目标	二级目标	三级目标	岗位职责(39)	质量标准(50)
岗位职责工作质量	专业能力	实践活动评价与指导能力	33. 了解实践情况，科学、客观地评价教育教学活动。	44. 注重教师培养，有重点地培养2～3名青年骨干，每周指导2～3个青年教师活动，进行有效评价与跟进。
			34. 收集整理课程资源，在实践中不断完善园本课程建设。	45. 深入实践，收集班级课程开展相关情况，并进行梳理与完善，推进园本课程的丰富和完善。
			35. 课程的实施与评价。	46. 收集和整理优质课程资源，结合实践对教师课程进行科学有效的评价。
		沟通与合作	36. 做好与上级、平级、下属的沟通工作。	47. 及时做好与各方的沟通了解工作，确保各项工作有效开展，沟通具有艺术性。
		反思与发展	37. 积极配合教育研究中心开展调研工作，并提出建设性的意见和建议。	48. 调动部门人员挖掘实践中的真问题、真需求，基于实践调研，为园所发展出谋划策。
			38. 能积极进行自我反思，不断完善自身专业素质。	49. 通过管理笔记进行自我与实践的反思，每周至少写两篇管理笔记。
安全责任	安全管理	安全工作	39. 主动加强本部门安全检查，注重安全意识，无责任事故发生。	50. 安全意识较强，能对教师加强安全教育，管理规范到位。

表 8-16　教研副组长岗位职责与标准

一级目标	二级目标	三级目标	岗位职责(31)	质量标准(50)
遵纪守法职业道德	专业理念与师德	职业理解与认识	1. 贯彻党和国家教育方针政策，遵守教育法律法规。	遵守《教育法》《教师法》《未成年人保护法》，贯彻《规程》《纲要》《指南》精神。
			2. 热爱学前教育事业，具有职业理想和敬业精神。	2. 爱岗敬业，自觉维护幼儿教师形象。
			3. 有职业追求，注重自身专业发展。	3. 对自身专业发展有明确目标，有切实可行的专业发展规划。
		对教师的态度	4. 树立正确的教师观、友情观。	4. 尊重教师，团结同事，具有团队合作精神，勇于劝阻或制止同事违反教师行为规范的行为。

续表

一级目标	二级目标	三级目标	岗位职责(31)	质量标准(50)
遵纪守法职业道德	专业理念与师德	对幼儿的态度与行为	5. 树立正确的教育观、儿童观。	5. 树立幼儿利益高于一切思想，尊重幼儿主体地位。
			6. 关爱幼儿，重视幼儿身心健康，保护幼儿生命安全。	6. 组织任何活动均把幼儿生命安全放在首位。
			7. 尊重幼儿人格，维护幼儿合法权益，平等对待每一位幼儿。	7. 对幼儿进行正面教育和引导，不讽刺、挖苦、歧视幼儿，不体罚或变相体罚幼儿。
		个人修养与行为	8. 严格遵守幼儿园的规章制度，遵守教师职业道德规范。	8. 严格遵守教师行为规范及各项规章制度。
			9. 具有责任心、使命感、大局意识。	9. 具备干部的责任感和使命感，有大局意识，能站在幼儿及园所发展的角度开展工作。
			10. 为人正直、乐观向上，有亲和力。	10. 在教师中做师德高尚的楷模，得到大家的认可。
			11. 勤于学习，不断进取。	11. 善于学习，有笔记、有思考。
			12. 衣着整洁得体，语言规范健康，举止文明礼貌。	12. 着装及言谈举止符合教师行为规范。
岗位职责工作质量	专业知识	幼儿发展知识	13. 了解与儿童生存与发展权利有关的法律法规。	13. 严格按照相关法律法规要求开展日常工作。
				14. 协助部门主任开展法律法规的学习与培训，落实依法施教。
			14. 熟知《纲要》《指南》相关精神。	15. 熟知《纲要》《指南》精神，并自觉将其运用到日常工作中。
			15. 了解幼儿身心发展规律的相关知识。	16. 在实践与研究中有效运用幼儿发展的相关知识评价幼儿的发展、支持教师的专业发展。
			16. 了解幼儿常见问题与有特殊需要儿童相关知识。	17. 指导教师判断幼儿的常见问题及特殊需求。
		本岗位专业知识	17. 了解幼儿园教科研相关知识。	18. 运用相关知识，对年级教科研工作进行思考与实践，与教师共同提升专业水平。
			18. 了解幼儿园保教管理相关知识。	19. 运用相关知识协助主管领导开展年级保教工作。

续表

一级目标	二级目标	三级目标	岗位职责(31)	质量标准(50)
岗位职责工作质量	专业知识	通识性知识	19. 具有一定的自然科学和人文社会科学知识。	20. 在实践中视野开阔，能主动运用多领域知识思考和解决学前教育的问题。
			20. 了解中国教育基本情况。	21. 了解中国教育改革概况、学前教育发展概况以及不同学段的衔接情况。
			21. 具有一定的现代信息技术知识。	22. 熟练掌握常用现代信息技术运用到实际工作中。
	专业能力	保教工作计划制订与实施	22. 服从工作安排，认真完成主管领导交给的其他工作任务。	23. 在做好本职工作的同时，完成好主管领导交于的其他工作任务。
				24. 配合教师培训中心主任做好教师的培养、培训、评价与考核工作，为教师创造培训和学习的机会。
				25. 配合教研中心，组织教师开展日常研究工作。
			23. 引导教师在正确观念下开展日常工作。	26. 协助指导教师日常工作。
				27. 能紧扣幼儿园核心思想开展工作。
				28. 做好保教工作的逐月与学期、学年工作总结。
				29. 促进幼儿德智体美劳全面发展。
		质量评价	24. 指导教师开展适宜的班级活动。	30. 落实幼儿园课程要求，加强目标管理，带领教师将三级目标纳入教育教学计划。
				31. 能借助日常教研活动，加强对本组课程质量和教师专业水平评价考核，促进质量提高。
				32. 带领本组教师参与课程决策，开发年级园本课程：①每月组织教师进行年级集体备课。②每周督促指导各班集体备课，立足园内外资源，开展贴近生活，新颖、有趣、有意义的主题活动。
				33. 协助部门主任指导和监控年级课程的实施，包括：①督促教师严格按计划开展教学活动，有检查、有记录。②每周监测各班教育活动安排，注重每个班、每位教师、每周教学活动五大领域的均衡性，防止偏科和活动单调。
				34. 加强本组各班户外活动指导和管理，每天检查各班户外活动时间和质量，有评价、有公示。
				35. 开展户外体育活动研究，组织汇操、游戏大会，活动效果好。

续表

一级目标	二级目标	三级目标	岗位职责(31)	质量标准(50)
岗位职责工作质量	专业能力	年级工作设计与实施	25. 坚持深入实践，做好日常各项保教工作的管理工作，提出建设性意见和建议。	36. 能够扎根实践开展教育研究，调研教师专业发展的需求与困惑并提出解决的策略与建议。
				37. 树立“园所发展，我的责任”，针对幼儿园发展过程出现问题提出建设性意见。
			26. 科学、客观地评价教育教学活动。	38. 能够熟知幼儿年龄发展特点，针对发展水平做出多元评估。
				39. 能够利用自身专业对教育活动做出科学客观的评价与反馈。
		日常工作指导与管理	27. 做好与上级、平级、下属的沟通工作。	40. 与主管领导积极沟通，及时汇报并落实工作。
				41. 与保教部门沟通，共同开展相关培训、学习与教研活动。
				42. 能与教师进行及时沟通和交流，发挥桥梁作用。
		实践活动评价与指导能力	28. 实践活动的评价与指导能力。	43. 能够发挥自身作用，带领教师积极开展实践研究并能够及时完善教育活动，对教育活动提出调整意见。
				44. 能够及时跟进与反馈，工作留痕。
		反思与发展	29. 能积极进行自我反思，不断完善自身专业素质。	45. 积极参加专业培训，不断提高自身专业素质。
				46. 能对本职工作进行客观的评价与反思。
				47. 能够坚持每周至少写一篇教育反思。
安全责任	安全管理	安全工作	30. 主动做好本岗位安全检查工作，安全意识强。	48. 主动做好本岗的安全检查工作，安全意识强。
				49. 支持教师开展安全教育活动，提升日常教育质量。
			31. 严格排查年级各项安全隐患。	50. 协助落实本年级安全工作，确保无安全事故发生。

表 8-17　助理教师组长岗位职责与标准

一级目标	二级目标	三级目标	岗位职责(35)	质量标准(50)
遵纪守法职业道德	专业理念与师德	职业理解与认识	1. 贯彻党和国家教育方针政策，遵守教育法律法规。	1. 遵守《教育法》《教师法》《未成年人保护法》，贯彻《规程》《纲要》《指南》精神。
			2. 热爱学前教育事业，具有职业理想和敬业精神。	2. 爱岗敬业，自觉维护幼儿教师形象。
			3. 有职业追求，注重自身专业发展。	3. 对自身专业发展有明确目标，有切实可行的专业发展规划。
		对幼儿的态度与行为	4. 关爱幼儿，重视幼儿身体健康，将保护幼儿生命安全放在首位。	4. 关爱每一名幼儿，把幼儿的生命安全放在第一位。
				5. 日常助理教师管理坚持贯彻落实“保教制度”，重视幼儿安全，呵护幼儿健康成长。
			5. 尊重幼儿的人格，维护幼儿合法权益，平等对待每一位幼儿，不讽刺、挖苦，不歧视幼儿，不体罚或变相体罚幼儿。	6. 能平等对待每一名幼儿，坚持正面教育。
				7. 无歧视、体罚、变相体罚和侮辱幼儿人格等现象。
			6. 树立正确的教育观、儿童观；尊重和信任每一名幼儿，满足幼儿发展需求。	8. 树立幼儿利益高于一切的思想，尊重幼儿的主体地位。
				9. 信任幼儿，尊重个体差异。
				10. 主动了解和满足有益于幼儿身心发展的不同需求，特别是对于身体有特殊需要的幼儿给予关注。
			7. 能利用各种生活中的教育资源，促进幼儿健康成长。	11. 重视生活对幼儿健康成长的重要价值，积极创造条件，让幼儿拥有快乐的幼儿园生活。
		保教结合	8. 保教结合，培养幼儿良好行为习惯。	12. 注重保教结合，培育幼儿良好的意志品质，帮助幼儿养成良好的行为习惯。
			9. 能综合利用各种资源，重视环境和游戏对幼儿发展的独特作用。	13. 重视幼儿园、家庭和社区的合作，综合利用各种资源。
			10. 重视丰富幼儿多方面的直接经验。	14. 重视丰富幼儿多方面的直接经验，将探索、交往等实践活动作为幼儿最重要的学习方式。
			11. 重视自身的榜样作用，言传身教。	15. 重视自身日常态度言行对幼儿发展的重要影响与作用。

续表

一级目标	二级目标	三级目标	岗位职责(35)	质量标准(50)
遵纪守法职业道德	专业理念与师德	个人修养与行为	12. 严格遵守幼儿园的规章制度，遵守教师职业道德规范。	16. 严格遵守教师行为规范及幼儿园各项规章制度。
				17. 积极学习教师职业道德规范，能发挥助教组长的带头作用。
			13. 具有责任心、使命感、大局意识。	18. 能够以身作则，以幼儿园整体发展为主，不计较个人得失。
			14. 为人正直、有爱心、责任心、勤于学习，不断进取。	19. 为人正直、乐观向上，有亲和力，善于自我调节情绪，保持平和心态。
			15. 衣着整洁得体，语言规范健康，举止文明礼貌。	20. 着装及言谈举止符合教师行为规范。
岗位职责质量标准	专业知识	幼儿发展知识	16. 遵守教师职业道德和各项法律法规，严格遵守幼儿园各项规章制度，以身作则起模范带头作用。	21. 严格按照相关法律法规要求开展日常工作。
			17. 熟知《纲要》《指南》相关精神。	22. 熟知《纲要》《指南》精神，并自觉将其运用到日常工作中。
			18. 了解幼儿身心发展规律的相关知识与特殊需要儿童的相关知识。	23. 在实践与研究中有效运用幼儿发展的相关知识评价幼儿的发展、支持助理教师的专业发展。
				24. 在实践中能运用相关知识指导助理教师判断幼儿的常见问题及特殊需求。
			19. 掌握了解幼儿的基本方法和教育心理学的基本原理和方法。	25. 掌握观察、谈话、记录等了解幼儿的基本方法和教育心理学的基本原理和方法。
			20. 带领本组助理教师组织实施保育方面工作计划。	26. 能完成各项工作计划，活动效果好。
				27. 负责检查督促本组助教老师严格履行岗位职责和工作标准。
			21. 了解并熟知幼儿园各项消毒、安全及卫生保健制度与要求。	28. 积极参加有关保教结合以及幼儿保健相关的培训和学习。

续表

一级目标	二级目标	三级目标	岗位职责(35)	质量标准(50)
岗位职责质量标准	专业知识	家园共育	22. 带领本组助理教师有创造性地开展各种形式的家长工作，取得家长对班级保育工作的理解、支持与配合，促进每个幼儿健康快乐的发展。	29. 带领班组助教老师做好相关家长工作。能够得到家长的认可，取得家长的理解、支持与配合。
				30. 负责本班组助理教师家园共育工作，主动征求家长对工作意见，家长无投诉，满意率高。
				31. 按幼儿园要求，做好各项家园共育工作，有相关工作记录。
		通识性知识	23. 具有一定的自然科学知识、人文社会科学知识和现代信息技术知识。	32. 在实践中视野开阔，能主动运用多领域知识思考和解决学前教育的问题。
				33. 熟练掌握常用的现代信息技术并运用到实际工作中。
	专业能力	环境创设与利用	24. 注重师幼关系对幼儿的影响。	34. 建立良好的师幼关系，帮助幼儿建立良好的同伴关系，让幼儿感到温暖和愉悦。
			25. 创设安全舒适的班级环境与氛围。	35. 建立班级秩序与规则，营造良好的班级氛围，让幼儿感受到安全、舒适。
			26. 合理利用资源，支持幼儿的主动活动。	36. 合理利用资源，创设对幼儿发展有促进作用的教育环境，支持幼儿的主动活动。
			27. 科学照料幼儿日常生活，充分利用各种教育契机，有效保护幼儿，及时处理幼儿的常见事故。	37. 科学照料幼儿日常生活，做好班级常规保育和卫生工作。
				38. 充分利用各种教育契机，对幼儿进行随机教育。
				39. 有效保护幼儿，及时处理幼儿的常见事故，危险情况优先救护幼儿。
		制订工作计划	28. 每学期根据幼儿园整体工作思路，结合本组幼儿的发展目标和特点，认真制订切实可行的年级助教工作计划，期末写出工作总结。	40. 助教工作计划能结合幼儿园整体工作思路，有本班、本组特色并切实可行。
				41. 协助年级主任做好学期期末总结，并有合理的评价与跟进措施。
				42. 管理过程有记录，有切实可行的支持策略，工作留痕。
		落实工作	29. 组织、协调并落实日常助教工作的常规管理，并对此进行检查、督促。	43. 按时填写各项卫生工作自查和记录，并检查本组助教老师填写和落实情况。

续表

一级目标	二级目标	三级目标	岗位职责(35)	质量标准(50)
岗位职责质量标准	专业能力	落实工作	30. 按要求做好各环节卫生消毒工作，支持幼儿健康发展。	44. 能够按照规定与规范完成日常卫生消毒工作，能够将幼儿健康发展放在首位。
		沟通与合作	31. 以幼儿发展、幼儿园整体工作为重，配合主管领导做好年级人员的思想工作，加强与本班成员的沟通。	45. 与主管领导积极沟通，及时汇报并落实工作。
				46. 能够与班级教师进行合理有效沟通，共同支持班级工作开展。
			32. 本着真诚相待、相互理解、相互尊重的原则树立良好的年级工作作风，调动本组人员工作的积极性，共同开展年级工作。	47. 与本组助理教师做好沟通与合作，传递理念，促幼儿健康发展。
		反思与发展	33. 能积极进行自我反思，不断完善自身专业素质。	48. 每月积极参加班会，主动开展自评与他评，能严格按照标准进行月考核，以评价促质量提升。
			34. 对本班的财产负有直接管理责任，树立节约意识，认真做好财产的交接工作。	49. 做好班级生活保健类财产的交接工作，对班级财产负直接责任。
安全责任	安全管理	安全工作	35. 有安全意识，积极开展安全教育，能主动做好本岗位的安全检查工作。	50. 主动做好本岗的安全检查工作，安全意识强，无责任事故发生。

表 8-18　教研员岗位职责与标准

一级目标	二级目标	三级目标	岗位职责(39)	质量标准(50)
遵纪守法职业道德	专业理念与师德	职业理解与认识	1. 贯彻党和国家教育方针政策，遵守教育法律法规。	1. 遵守《教育法》《教师法》《未成年人保护法》，贯彻《规程》《纲要》《指南》精神。
			2. 热爱学前教育事业，具有职业理想和敬业精神。	2. 爱岗敬业，自觉维护幼儿教师形象。
			3. 有职业追求，注重自身专业发展。	3. 对自身专业发展有明确目标，有切实可行的专业发展规划。
		对教师的态度	4. 树立正确的教师观。	4. 尊重教师，团结同事，具有团队合作精神。
			5. 树立正确的友情观。	5. 勇于劝阻或制止同事违反教师行为规范的行为。
				6. 公平、平等地对待每一位教师，真诚地为教师提供专业支持和服务。

续表

一级目标	二级目标	三级目标	岗位职责(39)	质量标准(50)
遵纪守法职业道德	专业理念与师德	对幼儿的态度与行为	6. 树立正确的教育观、儿童观。	7. 树立幼儿利益高于一切的思想，尊重幼儿的主体地位。
			7. 关爱幼儿，重视幼儿身心健康，保护幼儿生命安全。	8. 组织任何活动均把幼儿生命安全放在首位。
			8. 尊重幼儿人格，维护幼儿合法权益，平等对待每一位幼儿。	9. 对幼儿进行正面教育和引导，不讽刺、挖苦、歧视幼儿，不体罚或变相体罚幼儿。
		个人修养与行为	9. 严格遵守幼儿园的规章制度，遵守教师职业道德规范。	10. 严格遵守教师行为规范及幼儿园各项规章制度。
				11. 了解《未成年人保护法》，并严格按照相关法律法规要求开展日常工作。
			10. 具有责任心、使命感、大局意识。	12. 具备教研员的责任感和使命感，有大局意识，能站在教师队伍发展的角度开展工作。
			11. 为人正直、乐观向上，有亲和力。	13. 在教师中做师德高尚的楷模，得到大家的认可。
			12. 衣着整洁得体，语言规范健康，举止文明礼貌。	14. 着装及言谈举止符合教师行为规范。
岗位职责工作质量	专业知识	幼儿发展知识	13. 了解与儿童生存与发展权利有关的法律法规。	15. 严格按照相关法律法规要求开展日常工作。
			14. 熟知《纲要》《指南》相关精神。	16. 熟知《纲要》《指南》精神，并自觉将其运用到日常工作中。
			15. 了解幼儿身心发展规律的相关知识。	17. 在实践与研究中有效运用幼儿发展的相关知识分析、评价幼儿的发展、支持教师的专业发展。
			16. 了解幼儿常见问题与有特殊需要儿童的相关知识。	18. 在实践中能运用相关知识支持、帮助教师判断幼儿的常见问题及特殊需求。
		本岗位专业知识	17. 了解课题研究相关知识。	19. 能独立开展并指导教师开展课题研究，能及时跟进前沿研究理论和方法。
			18. 了解教研、科研相关知识。	20. 能组织教研活动以及与科研相关的学习与培训。
			19. 了解教科研管理相关知识。	21. 运用相关知识对教科研工作进行科学、有效的管理。

续表

一级目标	二级目标	三级目标	岗位职责(39)	质量标准(50)
岗位职责工作质量	专业知识	通识性知识	20. 具有一定的自然科学和人文社会科学知识。	22. 在实践中视野开阔，能主动运用多领域知识思考和解决学前教育的问题。
			21. 了解中国教育的基本情况。	23. 了解中国教育改革概况、学前教育发展概况以及不同学段的衔接情况。
			22. 具有一定的现代信息技术知识。	24. 熟练掌握常用的现代信息技术并运用到实际工作中。
	专业能力	教科研计划制订与实施	23. 明确并实施全园教科研工作计划。	25. 根据全园工作重点，结合保教实际调研，为教科研工作计划提出建设性意见。
			24. 做好教科研工作总结。	26. 根据教科研工作的计划与分工，高质量地完成本职工作；同时能根据工作计划，及时梳理研究经验，进行工作总结。
			25. 做好自身工作的梳理、总结、评价工作，提升自身专业素质。	27. 积极在实践中反思、总结，积极参与学习，提升教科研支持能力，每周至少写一篇学习笔记。
			26. 服从工作安排，认真完成主管领导交给的其他工作任务。	28. 在做好本职工作的同时，完成好主管领导交给的其他工作任务。
		教研活动设计与实施	27. 依据实践需求，设计并实施科学、有效的教研活动。	29. 深入实践调研，在调研的基础上，及时发现、分析和判断实践中的真问题；依据教师发展需求，对园本教研计划提出意见和建议。
				30. 依据实践需求，设计和开展科学、有效的教研活动，解决实践中的真问题。
		科研课题设计实施与管理	28. 做好各级各类课题的申报及协调工作。	31. 支持教师做好对各项科研课题的申报、设计、组织、实施、总结、汇报等工作，保证课题的顺利开展；制定和实施科研年会方案，支持教师交流分享实践研究的成果。
			29. 做好教科研成果总结、梳理、出版、评选等工作。	32. 协助主管领导规范课题管理，认真做好教科研资料的收集、整理、存档工作。
				33. 及时总结、梳理教科研成果，积极参加各类成果申报，促进成果推广与应用。

续表

一级目标	二级目标	三级目标	岗位职责(39)	质量标准(50)
岗位职责工作质量	专业能力	实践活动评价与指导能力	30. 坚持深入实践，了解实践情况。	34. 有目的、有计划地深入实践，了解师幼发展情况，每周至少写三篇深入实践记录。
			31. 科学、客观地评价教育教学活动，并提出建设性意见和建议。	35. 有效运用观察、访谈、案例分析等多种方式，客观、全面地了解和评价教师和幼儿的发展；有效运用评价结果，为实践提出指导性意见和建议。
				36. 与保教部门结对，深入实践，开展实践观摩与研讨活动，发挥专业支持与引导作用。
		园本课程建设	32. 支持制定园本课程建设方案。	37. 能基于实践和研究，设计园本课程建设思路，为课程建设提建议。
				38. 树立课程意识，并支持干部、教师以课程的思路开展实践活动。
			33. 在实践中不断完善园本课程建设。	39. 支持教师进行实践案例的梳理、总结，不断完善园本课程。收集和整理优质课程资源，不断完善园本课程体系与结构。
			34. 支持园本课程的实施与评价。	40. 结合实践探索科学有效的课程评价。
		沟通与合作	35. 做好与上级、平级的沟通工作。	41. 与主管领导积极沟通，及时汇报和落实工作。
				42. 与保教部门相互配合，共同开展相关培训、学习与教研活动。
			36. 积极开展对外宣传与推广工作。	43. 结合实践做好信息、年鉴、论文评选等工作，加大对实践研究成果的宣传与推广。
		反思与发展	37. 能积极进行自我反思，不断完善自身专业素质。	44. 基于实践调研，为园所发展出谋划策，并体现在自己的工作计划和笔记中；通过教育笔记和学习笔记进行自我与实践的反思，每周至少一篇。
				45. 能够统筹利用时间，整合工作思路，加强学习，提升自身发展。
安全责任	安全管理	安全工作	38. 主动做好本岗位安全检查工作，安全意识强。	46. 安全工作细致到位，做好平安校园建设。
				47. 积极参与安全教育活动，主动排查工作范围内的安全隐患。

续表

一级目标	二级目标	三级目标	岗位职责(39)	质量标准(50)
安全责任	安全管理	安全工作	39. 严格排查科室各项安全隐患。	48. 落实各项科室工作将安全放在首位。
				49. 牢固树立安全意识，严格遵循园所安全制度。
				50. 认真做好安全收尾工作。

表 8-19　教学班长岗位职责与标准

一级目标	二级目标	三级目标	岗位职责(34)	质量标准(50)
遵纪守法职业道德	专业理念与师德	职业理解与认识	1. 贯彻党和国家教育方针政策，遵守教育法律法规。	1. 遵守《教育法》《教师法》《未成年人保护法》，贯彻《规程》《纲要》《指南》精神。
			2. 热爱学前教育事业，具有职业理想和敬业精神。	2. 爱岗敬业，自觉维护幼儿教师形象。
			3. 有职业追求，注重自身专业发展。	3. 对自身专业发展有明确目标，有切实可行的专业发展规划。
		对幼儿的态度与行为	4. 关爱幼儿，重视幼儿身体健康，将保护幼儿生命安全放在首位。	4. 树立幼儿利益高于一切的思想，尊重幼儿的主体地位；能平等对待每一名幼儿，坚持正面教育；关爱每一名幼儿，把幼儿的生命安全放在第一位。
			5. 尊重幼儿的人格，维护幼儿合法权益。	5. 对幼儿进行正面教育和引导，不讽刺、挖苦、歧视幼儿，不体罚或变相体罚幼儿。
				6. 信任幼儿，尊重个体差异，主动了解和满足有益于幼儿身心发展的不同需求。
				7. 重视生活对幼儿健康成长的重要价值，积极创造条件，让幼儿拥有快乐的幼儿园生活。
		个人修养与行为	6. 严格遵守幼儿园的规章制度，遵守教师职业道德规范；衣着整洁得体，语言规范健康，举止文明礼貌。	8. 严格遵守教师行为规范及各项规章制度，着装及言谈举止符合教师行为规范。
			7. 具有责任心、使命感、大局意识，为人正直、乐观向上，有亲和力。	9. 积极参与幼儿园的建设，能提出合理化建议。
			8. 勤于学习，不断进取。	10. 善于学习，有创新意识，发挥班长的带头作用。

续表

一级目标	二级目标	三级目标	岗位职责(34)	质量标准(50)
岗位职责工作质量	专业知识	幼儿发展知识	9. 了解与儿童生存与发展权利有关的法律法规。	11. 严格按照相关法律法规要求开展日常工作。
			10. 遵守教师职业道德和各项法律法规，严格遵守幼儿园各项规章制度，以身作则起模范带头作用。	12. 能够积极遵守各项制度规范，在班级中发挥班长的带头引领作用。
			11. 熟知《纲要》《指南》相关精神。	13. 熟知《纲要》《指南》精神，并自觉将其运用到日常工作中。
			12. 了解幼儿身心发展规律的相关知识。	14. 在实践与研究中有效运用幼儿发展的相关知识评价幼儿的发展。
			13. 幼儿常见问题与有特殊需要儿童的相关知识。	15. 在实践中能运用相关知识判断幼儿的常见问题及特殊需求。
		保育教育知识	14. 熟悉幼儿园教育的各项要求和原则，掌握幼儿的年龄特点和保育教育知识。	16. 熟悉幼儿各年龄阶段的教育目标、任务、内容、要求和基本原则，掌握幼儿园各领域教育的学科特点与基本知识。
				17. 掌握幼儿园环境创设、一日生活安排、游戏与教育活动、保育和班级管理的知识与方法。
		通识性知识	15. 具有一定的科学和人文社会科学知识，了解中国教育的基本情况。	18. 在实践中视野开阔，能主动运用多领域知识思考和解决学前教育的问题。
			16. 具有一定的现代信息技术知识。	19. 熟练掌握常用的现代信息技术并运用到实际工作中。
	专业能力	环境创设与利用	17. 与班级成员共同创设安全、卫生、舒适的班级环境与氛围，注重师师、师幼关系对幼儿的影响。	20. 建立良好的师幼关系，帮助幼儿建立良好的同伴关系，让幼儿感到温暖和愉悦。
				21. 建立班级秩序与规则，营造良好的班级氛围，让幼儿感受到安全、舒适。
			18. 合理利用资源，带领班级成员创设对幼儿有发展的教育环境。	22. 创设有助于促进幼儿成长、学习、游戏的教育环境。
				23. 合理利用资源，为幼儿提供和制作适宜的玩教具和学习材料，引发和支持幼儿的主动学习。

续表

一级目标	二级目标	三级目标	岗位职责(34)	质量标准(50)
岗位职责工作质量	专业能力	一日生活组织与保育	19. 科学合理安排和组织一日生活。	24. 科学合理安排和组织一日生活的各个环节，将教育灵活地渗透到一日生活中，指导和协助助理教师做好班级常规保育和卫生工作。
			20. 充分利用各种教育契机开展相关活动，促进幼儿发展。	25. 充分利用各种教育契机，对幼儿进行随机教育。
			21. 有效保护幼儿，及时处理幼儿的常见事故。	26. 有效保护幼儿，及时处理幼儿的常见事故，危险情况优先救护幼儿。
		游戏活动支持与引导	22. 充分利用活动空间，提供材料，支持幼儿的游戏。	27. 充分利用与合理设计游戏活动空间，提供丰富、适宜的游戏材料，支持、引发和促进幼儿的游戏。
			23. 鼓励幼儿自主游戏，体验游戏的快乐和满足。引导幼儿在游戏活动中获得多方面的发展。	28. 鼓励幼儿自主选择游戏内容、伙伴和材料，支持幼儿主动地、创造性地开展游戏，充分体验游戏的快乐和满足。
				29. 引导幼儿在游戏活动中获得身体、认知、语言和社会性等多方面的发展。
		教育活动计划与实施	24. 能依据幼儿特点进行活动的设计和实施。制订阶段性的教育活动计划和方案。	30. 制订阶段性的教育活动计划和具体活动方案。
				31. 在教育和游戏活动的设计和实施中体现趣味性、综合性和生活化，灵活运用各种组织形式和适宜的教育方式。
			25. 提供机会，支持和促进幼儿主动学习，会观察幼儿，并给予适宜的指导。	32. 在教育和游戏活动中观察幼儿，根据幼儿的表现和需要，调整活动，给予适宜的指导。
				33. 提供更多的操作探索、交流合作、表达表现的机会，支持和促进幼儿主动学习。
		制订与落实工作计划	26. 每学期根据幼儿园整体工作思路，结合本班幼儿的发展目标和特点，认真制订切实可行的班级工作计划，期末写出工作总结。	34. 每学期有计划、有总结，并按时上交。
				35. 计划能结合幼儿园整体工作思路，有本班特色并切实可行。
				36. 能按照计划有序开展班级工作，并依据实际情况灵活调整计划。

续表

一级目标	二级目标	三级目标	岗位职责(34)	质量标准(50)
岗位职责工作质量	专业能力	制订与落实工作计划	27. 每日与本班教师认真如实地填写交接班本及幼儿出勤登记表，并做好其他交接工作。	37. 能对班级成员履职情况进行监督和检查，遇到问题班长能有效地解决好。
				38. 按时填写各项交接班记录，并检查填写情况，保证不漏填、不错填。
				39. 及时与班级成员进行交接工作，保证幼儿健康。
		沟通与合作	28. 以幼儿发展、幼儿园整体工作为重，配合主管领导做好班级人员的思想工作，加强与本班成员的沟通。	40. 与主管领导积极沟通，及时汇报和落实工作。
			29. 本着真诚相待、相互理解、相互尊重的原则树立良好的班级工作作风。	41. 与同事合作交流，分享经验和资源，共同发展；调动本班人员工作的积极性，共同开展班级工作。
			30. 做好与家长沟通工作，以实现家园配合。	42. 与家长做好沟通与合作，传递理念，搭建家园共育的桥梁。
		反思与发展	31. 能积极进行自我反思，不断完善自身专业素质。	43. 能够及时进行反思与学习，每周撰写两篇反思笔记。
			32. 每月组织班级人员严格对照工作标准和有关制度进行月考核的自评与他评工作，并认真总结班级工作。	44. 带领班级成员按照工作标准进行月考核。
				45. 每月积极参加班会，主动开展自评与他评，能严格按照标准进行月考核，以评价促质量提升。
				46. 认真总结班级工作，书写月总结。
安全责任	安全管理	安全工作	33. 加强安全检查，杜绝不安全的隐患。为幼儿提供安全愉悦的生活环境，加强对幼儿安全意识的教育与培养，防止意外事故的发生。	47. 主动做好本岗的安全检查工作，发现安全隐患及时上报，提升安全意识，无安全事故发生。
				48. 对幼儿进行安全教育，做到安全教育进课堂。
			34. 对本班的财产负有直接管理责任，树立节约意识，认真做好财产的交接工作。	49. 做好班级财产的交接工作，对班级财产管理负有直接责任。
				50. 牢固树立节约意识，贯彻落实节能减排的理念精神。

表 8-20　教学班教师岗位职责与标准

一级指标	二级指标	三级指标	岗位职责(41)	质量标准(50)
遵纪守法职业道德	专业理念与师德	职业理解与认识	1. 贯彻党和国家教育方针政策，遵守教育法律法规，严格遵守幼儿园各项规章制度。	1. 遵守《教育法》《教师法》《未成年人保护法》，贯彻《规程》《纲要》《指南》精神。
			2. 热爱学前教育事业，具有职业理想和敬业精神，有职业追求，注重自身专业发展。	2. 爱岗敬业，自觉维护幼儿教师形象，对自身专业发展有明确目标，有切实可行的专业发展规划。
		对幼儿的态度与行为	3. 树立正确的教育观、儿童观；关爱幼儿，重视幼儿身心健康，保护幼儿生命安全。	3. 树立幼儿利益高于一切的思想，尊重幼儿的主体地位；组织任何活动均把幼儿生命安全放在首位。
			4. 尊重幼儿人格，维护幼儿合法权益，平等对待每一位幼儿。	4. 对幼儿进行正面教育和引导，不讽刺、挖苦、歧视幼儿，不体罚或变相体罚幼儿。
			5. 尊重和信任每一名幼儿，满足幼儿发展需求。	5. 信任幼儿，尊重个体差异，主动了解和满足有益于幼儿身心发展的不同需求。
				6. 重视生活对幼儿健康成长的重要价值，积极创造条件，让幼儿拥有快乐的幼儿园生活。
		保育和教育态度与行为	6. 保教结合，培养幼儿良好行为习惯。	7. 注重保教结合，培育幼儿良好的意志品质，帮助幼儿养成良好的行为习惯。
			7. 关注幼儿的好奇心、想象力和兴趣爱好，能综合利用各种资源。	8. 注重保护幼儿的好奇心，培养幼儿的想象力，发掘幼儿的兴趣爱好。
			8. 重视环境和游戏对幼儿发展的独特作用，重视丰富幼儿多方面的直接经验。	9. 重视环境和游戏对幼儿发展的独特作用，创设富有教育意义的环境氛围，将游戏作为幼儿的基本活动。
				10. 重视丰富幼儿多方面的直接经验，将探索、交往等实践活动作为幼儿最重要的学习方式。
				11. 重视幼儿园、家庭和社区的合作，综合利用各种资源。
			9. 重视自身的榜样作用，言传身教。	12. 重视自身日常态度言行对幼儿发展的重要影响与作用。

续表

一级指标	二级指标	三级指标	岗位职责(41)	质量标准(50)
遵纪守法职业道德	专业理念与师德	个人修养与行为	10. 严格遵守幼儿园的规章制度，遵守教师职业道德规范；衣着整洁得体，语言规范健康，举止文明礼貌。	13. 严格遵守教师行为规范及幼儿园各项规章制度。
				14. 着装及言谈举止符合教师行为规范；上班时间着有领有袖上衣，下装过膝，鞋跟不超过3厘米；语言规范。
			11. 有爱心、责任心、耐心和细心，为人正直、乐观向上，有亲和力，心态平和。	15. 富有爱心、责任心、耐心和细心，乐观向上、热情开朗，有亲和力，善于自我调节情绪，保持平和心态。
			12. 勤于学习，不断进取。	16. 热爱学习，积极参加各种学习活动，有笔记、有反思。
岗位职责工作质量	专业知识	幼儿发展知识	13. 熟知《纲要》《指南》相关精神。	17. 熟知《纲要》《指南》精神，并自觉将其运用到日常工作中；善于学习，有笔记、有思考。
			14. 了解幼儿身心发展规律的相关知识、幼儿常见问题与有特殊需要儿童的相关知识。	18. 在实践与研究中有效运用幼儿发展的相关知识评价幼儿的发展、支持教师的专业发展。
				19. 在实践中能运用相关知识判断幼儿的常见问题及特殊需求。
		保教知识	15. 熟悉幼儿园教育的各项要求和基本原则。	20. 熟悉幼儿园教育的目标、任务、内容、要求和基本原则，掌握幼儿园各领域教育的学科特点与关键经验。
			16. 掌握幼儿园教育的特点与基本知识及幼儿园各环节的知识与方法。	21. 掌握幼儿园环境创设、一日生活安排、游戏与教育活动、保育和班级管理的知识与方法。
			17. 掌握幼儿园安全防护与救助的基本知识与方法。	22. 熟知幼儿园的安全应急预案，掌握意外事故和危险情况下基本的幼儿安全防护与救助方法。
			18. 掌握了解幼儿的基本方法，掌握教育心理学的基本原理和方法。	23. 掌握观察、谈话、记录等了解幼儿的基本方法，掌握教育心理学的基本原理和方法。
			19. 了解幼儿保教和幼小衔接的有关知识与方法。	24. 了解3～6岁幼儿保教和幼小衔接的有关知识与基本方法。
		通识性知识	20. 了解与儿童生存与发展权利有关的法律法规。	25. 严格按照相关法律法规要求开展日常工作。
			21. 具有一定的自然科学和人文社会科学知识，具有一定的现代信息技术知识。	26. 在实践中视野开阔，能主动运用多领域知识思考和解决学前教育的问题。
				27. 熟练掌握常用的现代信息技术并运用到实际工作中。
			22. 了解中国教育基本情况。	28. 了解中国教育改革概况、学前教育发展概况以及不同学段的衔接情况。

续表

一级指标	二级指标	三级指标	岗位职责(41)	质量标准(50)
岗位职责工作质量	专业能力	环境创设与利用	23. 创设安全舒适的班级环境与氛围，注重师幼关系对幼儿的影响。	29. 建立良好的师幼关系，帮助幼儿建立良好的同伴关系，让幼儿感到温暖和愉悦。
				30. 建立班级秩序与规则，营造良好的班级氛围，让幼儿感受到安全、舒适。
			24. 合理利用资源，支持幼儿的主动活动，创设对幼儿发展有促进作用的教育环境。	31. 创设有助于促进幼儿成长、学习、游戏的教育环境。
				32. 合理利用资源，为幼儿提供和制作适合的玩教具和学习材料，引发和支持幼儿的主动活动。
		一日生活组织与保育	25. 合理安排和组织一日生活，科学照料幼儿日常生活。	33. 合理安排和组织一日生活的各个环节，将教育灵活地渗透到一日生活中。
				34. 科学照料幼儿日常生活，指导和协助保育员做好班级常规保育和卫生工作。
			26. 充分利用各种教育契机，对幼儿进行随机教育。	35. 能够及时抓住教育契机，利用多种资源，对幼儿进行随机有效的教育支持与引导。
			27. 有效保护幼儿，及时处理幼儿的常见事故。	36. 有效保护幼儿，及时处理幼儿的常见事故，危险情况优先救护幼儿。
		游戏活动支持与引导	28. 为幼儿提供良好的游戏条件。	37. 提供符合幼儿兴趣需要、年龄特点和发展目标的游戏条件。
			29. 充分利用活动空间，提供材料，支持幼儿的游戏。	38. 充分利用与合理设计游戏活动空间，提供丰富、适宜的游戏材料，支持、引发和促进幼儿的游戏。
			30. 鼓励幼儿自主游戏，体验游戏的快乐和满足。	39. 鼓励幼儿自主选择游戏内容、伙伴和材料，支持幼儿主动地、创造性地开展游戏，充分体验游戏的快乐和满足。
			31. 引导幼儿在游戏活动中获得多方面的发展。	40. 引导幼儿在游戏活动中获得身体、认知、语言和社会性等多方面的发展。
		教育活动计划与实施	32. 制订阶段性的教育活动计划和方案。	41. 制订阶段性的教育活动计划和具体活动方案，并能根据幼儿发展的实际情况灵活调整。
			33. 会观察幼儿，并给予适宜的指导。	42. 在教育和游戏活动中观察幼儿，根据幼儿的表现和需要，调整活动，给予适宜的指导。
			34. 能依据幼儿特点进行活动的设计和实施。	43. 在教育和游戏活动的设计和实施中体现趣味性、综合性和生活化，灵活运用各种组织形式和适宜的教育方式。
			35. 提供机会，支持和促进幼儿主动学习。	44. 提供更多的操作探索、交流合作、表达表现的机会，支持和促进幼儿主动学习。

续表

一级指标	二级指标	三级指标	岗位职责(41)	质量标准(50)
岗位职责工作质量	专业能力	激励与评价	36. 关注幼儿日常表现，保护幼儿的积极性和自信心。	45. 关注幼儿日常表现，及时发现和赏识每个幼儿的点滴进步，注重激发和保护幼儿的积极性、自信心。
			37. 有效运用多种方法，了解和评价幼儿。	46. 有效运用观察、谈话、家园联系、作品分析等多种方法，客观全面地了解和评价幼儿。
			38. 有效运用评价结果，指导幼儿活动的开展。	47. 有效运用评价结果，指导下一步教育、游戏活动的开展。
		沟通与合作	39. 善于倾听与合作，能够与幼儿、家长进行有效沟通。	48. 和蔼可亲，尊重平等，与幼儿、家长进行有效沟通合作。
		反思与发展	40. 善于收集信息，不断反思，改进保教工作，提高自身素质。	49. 主动收集分析相关信息，不断进行反思，改进保教工作。针对问题，进行探索和研究，不断提高自身专业素质。
安全责任	安全管理	安全工作	41. 主动加强本部门安全检查工作，安全意识强，保证幼儿的安全。	50. 主动做好本岗的安全检查工作，安全意识强，无责任事故发生。

表 8-21　助理教师岗位职责与标准

一级目标	二级目标	三级目标	岗位职责(36)	质量标准(50)
遵纪守法职业道德	专业理念与师德	职业理解与认识	1. 贯彻党和国家教育方针政策，遵守教育法律法规，严格遵守幼儿园各项规章制度。	1. 遵守《教育法》《教师法》《未成年人保护法》，贯彻《规程》《纲要》《指南》精神。
			2. 热爱学前教育事业，具有职业理想和敬业精神；有职业追求，注重自身专业发展。	2. 爱岗敬业，自觉维护幼儿教师形象。
				3. 对自身专业发展有明确目标，有切实可行的专业发展规划。
		对幼儿的态度与行为	3. 树立正确的教育观、儿童观；关爱幼儿，重视幼儿身心健康，保护幼儿生命安全。	4. 树立幼儿利益高于一切的思想，尊重幼儿的主体地位。
			4. 尊重幼儿人格，维护幼儿合法权益，平等对待每一位幼儿；尊重和信任每一名幼儿，满足幼儿发展需求。	5. 把幼儿生命安全放在首位。对幼儿进行正面教育和引导，不讽刺、挖苦、歧视幼儿，不体罚或变相体罚幼儿。
				6. 信任幼儿，尊重个体差异，主动了解和满足有益于幼儿身心发展的不同需求，特别是对于身体有特殊需要的幼儿给予关注。

续表

一级目标	二级目标	三级目标	岗位职责(36)	质量标准(50)
遵纪守法职业道德	专业理念与师德	保育和教育态度与行为	5. 保教结合，培养幼儿良好行为习惯；重视自身的榜样作用，言传身教。	7. 注重保教结合，培育幼儿良好的意志品质，帮助幼儿养成良好的行为习惯。
				8. 重视自身日常态度言行对幼儿发展的重要影响与作用。
			6. 关注幼儿的好奇心、想象力和兴趣爱好，重视环境和游戏对幼儿发展的独特作用，能综合利用各种资源。	9. 注重保护幼儿的好奇心，培养幼儿的想象力，发掘幼儿的兴趣爱好。
				10. 重视幼儿园、家庭和社区的合作，能够综合利用各种教学资源支持幼儿自主成长。
		个人修养与行为	7. 严格遵守幼儿园的规章制度，遵守教师职业道德规范，有爱心、责任心、耐心和细心。	11. 严格遵守教师行为规范及幼儿园相关制度，富有爱心、责任心、耐心和细心。
			8. 为人正直、乐观向上，有亲和力、心态平和；勤于学习，不断进取。	12. 乐观向上、热情开朗，有亲和力，善于自我调节情绪，保持平和心态。
				13. 善于学习，有笔记、有思考。
			9. 衣着整洁得体，语言规范健康，举止文明礼貌。	14. 着装及言谈举止符合教师行为规范。上班时间着有领有袖上衣，下装过膝，鞋跟不超过3厘米；语言规范。
岗位职责工作质量	专业知识	幼儿发展知识	10. 了解与儿童生存与发展权利有关的法律法规。	15. 熟知《未成年人保护法》等法律法规。
				16. 严格按照相关法律法规要求开展日常工作。
			11. 熟知《纲要》《指南》相关精神。	17. 熟知《纲要》《指南》精神，并自觉将其运用到日常工作中。
			12. 了解幼儿身心发展规律的相关知识，了解幼儿常见问题和有特殊需要儿童的相关知识。	18. 在实践与研究中有效运用幼儿发展的相关知识评价幼儿的发展、支持教师的专业发展。
				19. 在实践中能运用相关知识判断幼儿的常见问题及特殊需求。

续表

一级目标	二级目标	三级目标	岗位职责(36)	质量标准(50)
岗位职责工作质量	专业知识	保教知识	13. 熟悉幼儿园教育的各项要求和基本原则，掌握幼儿园教育的特点与基本知识。	20. 熟悉幼儿园教育的目标、任务、内容、要求和基本原则，能够结合班级幼儿年龄特点和兴趣需求，支持幼儿的游戏和生活活动。
			14. 掌握幼儿园各环节的知识与方法。	21. 掌握幼儿园环境创设、一日生活安排、游戏与教育活动、保育和班级管理的知识与方法。
			15. 掌握了解幼儿的基本方法和教育心理学的基本原理和方法。	22. 掌握观察、谈话、记录等了解幼儿的基本方法和教育心理学的基本原理和方法。
			16. 了解幼儿保教和幼小衔接的有关知识。	23. 了解3～6岁幼儿保教和幼小衔接的有关知识与基本方法。
			17. 了解并熟知幼儿园各项消毒、安全及卫生保健制度与要求。	24. 熟知幼儿园的卫生保健预案，掌握意外事故和危险情况下幼儿安全防护与救助的基本方法。
		通识性知识	18. 具有一定的自然科学和人文社会科学知识。	25. 能够丰富自身学识素养，利用多个领域视角支持幼儿全面发展。
			19. 具有一定的现代信息技术知识。	26. 熟练掌握常用的现代信息技术并运用到实际工作中。
	专业能力	环境的创设与利用	20. 注重师幼关系对幼儿的影响。	27. 建立良好的师幼关系，帮助幼儿建立良好的同伴关系，让幼儿感到温暖和愉悦。
			21. 创设安全、卫生、舒适的班级环境与氛围。	28. 建立班级秩序与规则，营造良好的班级氛围，让幼儿感受到安全、舒适。
			22. 创设对幼儿有教育意义和支持作用的环境。	29. 能够创设符合幼儿需求与兴趣的环境，能够支持幼儿做环境的主人。
			23. 合理利用资源，支持幼儿的主动活动。	30. 合理利用资源，为幼儿提供和制作适合的玩教具和学习材料，引发和支持幼儿的主动活动。
		一日生活组织与保育	24. 合理安排和组织一日生活，科学照料幼儿日常生活，充分利用各种教育契机支持幼儿自主成长。	31. 科学合理安排和组织一日生活的各个环节，将教育灵活地渗透到一日生活中。
			25. 有效保护幼儿，及时处理幼儿的常见事故，发生问题及时按照相关预案进行紧急处置。	32. 有效保护幼儿，及时处理幼儿的常见事故，危险情况优先救护幼儿。

续表

一级目标	二级目标	三级目标	岗位职责(36)	质量标准(50)
岗位职责工作质量	专业能力	一日生活组织与保育	26. 充分利用活动空间，提供材料，支持幼儿的游戏。	33. 充分利用与合理设计游戏活动空间，提供丰富、适宜的游戏材料，支持、引发和促进幼儿的游戏。
			27. 引导幼儿在游戏活动中获得多方面的发展，特别要关注个别幼儿的发展。	34. 引导幼儿在游戏活动中获得身体、认知、语言和社会性等多方面的发展。
			28. 会观察幼儿，能依据幼儿特点进行活动的设计和实施，提供机会，支持和促进幼儿主动学习。	35. 在教育和游戏活动中观察幼儿，根据幼儿的表现和需要，调整活动，给予适宜的指导。
				36. 在教育和游戏活动的设计和实施中体现趣味性、综合性和生活化。
			29. 按照幼儿园卫生保健的要求做好每日卫生计划，保证幼儿健康。	37. 做好班级常规保育和卫生工作。
			30. 抓住生活环节中的契机开展相关活动，促进幼儿全面发展。	38. 充分利用各种教育契机，对幼儿进行随机教育。
				39. 提供更多的操作探索、交流合作、表达表现的机会，支持和促进幼儿主动学习。
		激励与评价	31. 关注幼儿日常表现，保护幼儿的积极性和自信心。	40. 关注幼儿日常表现，及时发现和赏识每个幼儿的点滴进步。
				41. 注重激发和保护幼儿的积极性、自信心。
			32. 有效运用多种方法，了解和评价幼儿。	42. 有效运用观察、谈话、家园联系、作品分析等多种方法，客观地、全面地了解和评价幼儿。
			33. 有效运用评价结果，指导幼儿活动的开展。	43. 有效运用评价结果，指导下一步教育、游戏活动的开展。
		沟通与合作	34. 善于倾听，能够与幼儿、同事、家长进行沟通合作。	44. 善于倾听，和蔼可亲，与幼儿进行有效沟通。
				45. 与同事合作交流，分享经验和资源，共同发展。
				46. 与家长进行有效沟通合作，共同促进幼儿发展。
			35. 乐于分享，进行探索和研究，共同发展。	47. 针对保教工作中的现实需要与问题，进行探索和研究。
安全责任	安全管理	安全工作	36. 有安全意识，积极开展安全教育，保证幼儿的安全。	48. 主动做好本岗的安全检查工作。
				49. 能够对幼儿进行有效全面的安全教育。
				50. 安全意识强，无责任事故发生。

表 8-22 资料室班长岗位职责与标准

一级指标	二级指标	三级指标	岗位职责(30)	质量标准(50)
遵纪守法职业道德	专业理念与师德	职业理解与认识	1. 严格遵守幼儿园的规章制度，遵守教师职业道德规范。	1. 遵守《教育法》《教师法》《未成年人保护法》，贯彻《规程》《纲要》《指南》精神及幼儿园各项规章制度。
			2. 热爱学前教育事业，具有职业理想和敬业精神。	2. 爱岗敬业，自觉维护幼儿教师形象。
			3. 有职业追求，注重自身专业发展。	3. 对自身专业发展有明确目标，能制定个人发展规划，有档案。
		对幼儿的态度与行为	4. 树立正确的教育观、儿童观。	4. 尊重幼儿，在幼儿面前能树立良好师德形象，与幼儿的关系融洽。
				5. 树立幼儿利益高于一切的思想，在各种活动中注重发挥幼儿的主体地位。
		对教师的态度与行为	5. 树立团队意识，在团队中起模范带头作用；树立正确的友情观。	6. 团结同事，具有团队合作精神。
				7. 勇于劝阻或制止同事违反教师行为规范的行为。
		个人修养与行为	6. 严格遵守幼儿园的规章制度，遵守教师职业道德规范。	8. 严格遵守教师行为规范及幼儿园相关制度。
			7. 有责任心和大局意识，为人正直、乐观向上，有亲和力。	9. 树立人翁意识，从大局出发做好本职和临时性工作。
			8. 勤于学习，不断进取。	10. 能够积极参加各种学习培训活动，有笔记、有反思。
岗位职责工作质量	专业知识	电教设备管理知识	9. 熟知幼儿园电教设备特点、内容。	11. 了解各单位有关电教设备管理工作的文件精神。
				12. 能准确把握幼儿园各项电教设备的使用特点。
				13. 能对幼儿园电教工作有全面的认识和理解。
		本岗专业知识	10. 能注重自身的专业学习，丰富自身的专业知识。	14. 能对幼儿园工作中提供必要的专业技术知识的支持和帮助。
				15. 积极参加各项业务学习、教研活动、继续教育、园外培训等，不断提高业务能力。
			11. 能把学习的理论知识与实践相结合，从而不断提升自身的专业能力。	16. 参加各种学习活动，做好签到和学习记录。
				17. 能熟练把握岗位的工作内容和工作标准，按时、高质地完成工作。

续表

一级指标	二级指标	三级指标	岗位职责(30)	质量标准(50)
岗位职责工作质量	专业知识	本岗专业知识	12. 结合本岗工作，积极参加课题研究、论文评选、杂志投稿等工作，积累工作和研究经验。	18. 积极参加岗位练兵、对外观摩、支教、代培等工作，在活动中锻炼业务能力。
				19. 积极参加各种征文活动，在幼儿园网站、园刊有文章入选，或在各级征文中获奖、在专业期刊上发表。
	专业能力	通识性知识	13. 了解当前学前教育发展的基本情况。	20. 了解中国学前教育发展概况，能基本把握当前的主流观点以及幼儿园核心教育理念。
			14. 具有一定的教育学和心理学知识。	21. 在实践中能胜任基本的教育实践工作。
			15. 具有一定的现代信息技术知识。	22. 熟练掌握常用现代信息技术运用到实际工作中。
		规划与计划	16. 能制定本人并指导班组成员制定个人发展规划，有明确目标，有档案。	23. 有符合个人实际的职业发展规划。
				24. 能指导班组成员制定切实可行的个人发展规划。
			17. 制订部门学期工作计划，能落实部门工作要求，期末有总结、有档案。	25. 能依据全国工作计划制订本部门计划，部门计划清晰、明确，切实可行。
			18. 有计划、有目的地开展学习、培训等活动，促进班组队伍的可持续发展。	26. 注重学习，班组成员的专业发展有成效，有学习、培训计划、记录和工作总结。
		日常管理	19. 带领班组成员基于实践中的重点、难点问题，积极开展研究活动。	27. 在工作实践中从工作效率和反馈评价中，能看到研究带来的成效。
				28. 注重过程中资料的收集整理和经验的及时梳理总结，积极参与各级论文征集和评选活动。
			20. 全面掌握资料室各项工作开展情况。	29. 保证各项工作的顺利开展。
			21. 根据幼儿园工作需要，合理调度资料室人员。	30. 做好排班工作。
			22. 协助主管领导对资料室人员进行工作质量考核。	31. 做好总结评价与考核工作。
			23. 认真完成主管领导交给的各项临时性工作。	32. 对待各项工作能够按时、保质保量完成。

续表

一级指标	二级指标	三级指标	岗位职责(30)	质量标准(50)
岗位职责工作质量	专业能力	服务工作	24. 树立服务意识。	33. 为保教人员和幼儿提供优质服务。
			25. 及时了解掌握保教人员的需求。	34. 能够结合保教人员需求，提供有效支持与帮助。
		沟通与合作	26. 做好交流与沟通工作。	35. 与同事的沟通能做到相互尊重，彼此理解。
				36. 与园外相关部门有效沟通，确保各项工作的有效落实。
		反思与发展	27. 树立规范整洁意识，做好部门的环境卫生工作。	37. 日常牢固树立规范意识，确保部门环境整洁。
				38. 管好门前三包、室内大面、物品摆放等工作，无卫生死角。
			28. 树立节能意识，在各项工作中注重绿色环保、节能。	39. 日常牢固树立环保意识，在工作中做到落实节能减排，不铺张浪费。
				40. 引导教师树立节能减排意识，降低能耗，将科学发展观落在实处。
			29. 能积极进行自我反思，不断完善自身专业素质。	41. 每月积极参与班会，开展自评与他评。
				42. 能对本职工作进行客观、真实的考核自评。
				43. 通过考核自评，找到自身的优势和不足。
				44. 结合个人发展规划，制定完善措施，并有落实。
安全责任	安全管理	安全工作	30. 树立安全意识，做好部门的各项安全工作。	45. 日常工作树立“安全第一”意识。
				46. 安全工作随时做、经常做，无安全问题。
				47. 能够配合教学部门做好安全教育活动。
				48. 能够落实安全责任，做好日常检查。
				49. 无安全责任事故。
				50. 工作结束，科室做到人走锁门、关窗、断电。

表 8-23　资料员岗位职责与标准

一级目标	二级目标	三级目标	岗位职责(38)	质量标准(50)
遵纪守法职业道德	专业理念与师德	职业理解与认识	1. 严格遵守幼儿园的规章制度，遵守教师职业道德规范。	1. 遵守《教育法》《教师法》《未成年人保护法》，贯彻《规程》《纲要》《指南》精神以及幼儿园各项规章制度。
			2. 热爱学前教育事业，具有职业理想和敬业精神。	2. 爱岗敬业，自觉维护幼儿教师形象。
			3. 有职业追求，注重自身专业发展。	3. 对自身专业发展有明确目标，能制定个人发展规划，有档案。
		对教师的态度	4. 树立团队意识，在团队中起模范带头作用。	4. 团结同事，具有团队合作精神。
			5. 树立正确的友情观。	5. 勇于劝阻或制止同事违反教师行为规范的行为。
		对幼儿的态度与行为	6. 树立正确的教育观、儿童观。	6. 尊重幼儿，在幼儿面前能树立良好师德形象，与幼儿的关系融洽。
				7. 树立幼儿利益高于一切的思想，在各种活动中注重发挥幼儿的主体地位。
		个人修养与行为	7. 严格遵守幼儿园的规章制度，遵守教师职业道德规范。	8. 严格遵守教师行为规范及幼儿园相关制度。
			8. 有责任心和大局意识。	9. 树立主人翁意识，从大局出发做好本职和临时性工作。
			9. 为人正直、乐观向上，有亲和力。	10. 在教师中做师德高尚的楷模，得到大家的认可。
			10. 勤于学习，不断进取。	11. 善于学习，各种学习活动有笔记、有思考。
			11. 衣着整洁得体，语言规范。	12. 着装及言谈举止符合教师行为规范；上班时间着有领有袖上衣，下装过膝，下蹲不露后腰，鞋跟不超过 3 厘米；语言规范。
岗位职责质量标准	专业知识	资料物品管理知识	12. 熟知幼儿园资料物品的内容、特点。	13. 了解上级单位有关资料物品管理工作的文件精神，并结合本园特点做好资料物品的管理工作。

续表

一级目标	二级目标	三级目标	岗位职责(38)	质量标准(50)
岗位职责质量标准	专业知识	本岗位专业知识	13. 能注重自身的专业学习，丰富自身的专业知识。	14. 能准确把握幼儿园各项资料物品的使用特点。
				15. 对幼儿园图书资料等情况有全面的认识和理解。
				16. 对幼儿园资料物品有针对性地采买、分类、整理。
				17. 积极参加各项业务学习、教研活动、继续教育、园外培训等，不断提高业务能力。
				18. 参加各种学习活动，做好签到和学习记录。
			14. 能把学习的理论知识与实践相结合，从而不断提升自身的专业能力。	19. 能熟练掌握岗位的工作内容和工作标准，按时、高质地完成工作。
				20. 积极参加教师培养与培训、对外观摩、支教、代培等活动，并在活动中锻炼业务能力。
			15. 结合本岗工作，积极参加课题研究、论文评选、杂志投稿等活动，积累工作和研究经验。	21. 积极参加各种征文活动，有文章入选幼儿园网站、园刊，或在各级征文中获奖、在专业期刊上发表。
		通识性知识	16. 了解当前学前教育发展的基本情况。	22. 了解中国学前教育发展概况，能基本把握当前的主流观点以及幼儿园核心教育理念。
			17. 具有一定的教育学和心理学知识。	23. 在实践中能胜任基本的教育实践工作。
			18. 具有一定的现代信息技术知识。	24. 熟练掌握常用现代信息技术运用到实际工作中。
	专业能力	规划计划	19. 能制定个人发展规划，有明确目标，有档案。	25. 有符合个人实际的职业发展规划。
			20. 能制订部门学期工作计划。	26. 能依据全园及教学部门计划制订电教工作计划，计划切实可行。
			21. 能有效实施学期工作计划。	27. 能有序推进学期计划的实施，工作有成效，期末有总结、有档案。

续表

一级目标	二级目标	三级目标	岗位职责(38)	质量标准(50)
岗位职责质量标准	专业能力	日常管理	22. 基于实践中的重难点问题，积极参与研究活动，注重过程中资料收集整理和经验的及时梳理总结。	28. 从工作效率和反馈评价中，能看到研究带来的成效，并积极参与各级论文征集和评选活动。
			23. 更新教育观念，结合各班幼儿特点开展体育活动。	29. 体育活动符合幼儿年龄特点和兴趣需要，科学合理，促进幼儿全面发展。
			24. 对园所资料、玩教具等物品做到科学合理的管理。	30. 坚持有目的、有计划地定期整理资料、玩教具等并做好记录工作，有问题及时解决。
			25. 定期清查各班玩教具，做好财产登记，做好玩具及教学用品的供应工作。	31. 有记录，账目清楚。
			26. 负责报刊订阅发放工作。	32. 按时订阅、按时发放。
			27. 做好对园所教研课题摄像、照相及资料收集、整理、保存的工作。	33. 准时、完整、规范，建档留存。
			28. 做好教师领取物品、教学资料的工作。	34. 有记录，定期追还。
			29. 负责资料室的清洁卫生工作。	35. 干净、整洁。
			30. 负责搜集、整理教职工的业务档案工作。	36. 档案记录清晰，有明确分类，便于教师查找与翻阅学习。
			31. 完成园内各项临时性工作。	37. 按时、保质、保量。
		服务工作	32. 树立服务意识，为保教人员和幼儿提供优质服务。	38. 以支持师幼发展为主，为班级活动开展提供必要支持。
				39. 本着节约、环保的原则，适当满足班级对材料、资源的需求。
				40. 在资料室张贴新来物品通知，便于教师了解资料物品更新信息。
		沟通能力	33. 做好交流与沟通工作。	41. 与同事的沟通能做到相互尊重，彼此理解。
				42. 与园外相关部门有效沟通，确保设备的采买、使用、维修和管理顺利进行。

续表

一级目标	二级目标	三级目标	岗位职责(38)	质量标准(50)
岗位职责质量标准	专业能力	反思与发展	34. 树立规范整洁意识，做好部门的环境卫生工作。	43. 牢固树立规范意识，管好门前三包、室内大面、物品摆放等工作，无卫生死角。
			35. 树立节能意识，在各项工作中注重绿色环保、节能。	44. 日常落实节能减排意识，工作中做到环保节能，降低能耗和办公耗材。
			36. 能积极进行自我反思，不断完善自身专业素质。	45. 每月积极参与班会，开展自评与他评。
				46. 能对本职工作进行客观、真实的考核自评。
				47. 通过考核自评，找到自身的优势和不足，结合个人发展规划，制定完善措施并有落实。
安全责任	安全管理	安全工作	37. 树立安全意识，做好部门的各项安全工作。	48. 日常工作树立“安全第一”意识，安全工作随时做、经常做，无安全问题。
			38. 做好资料室的安保工作，防火、防盗以及各类事故的预防工作。	49. 杜绝事故的发生，有隐患及时向保卫干部汇报。
				50. 做到人走锁门、关窗、断电。

第三节　幼儿园后勤岗位职责与标准

表 8-24　保健组长岗位职责与标准

一级指标	二级指标	三级指标	岗位职责(41)	质量标准(50)
遵纪守法职业道德	专业理念与师德	职业理解与认识	1. 热爱学前教育事业，严格执行幼儿园各项规章制度，具有职业理想和敬业精神。	1. 遵守《教育法》《教师法》《未成年人保护法》，贯彻《规程》《纲要》《指南》精神，爱岗敬业，自觉维护医务人员和幼儿教师形象。
			2. 贯彻落实国家医药卫生工作的相关法律法规，明确医务人员的医德规范。	2. 熟练把握有关卫生保健工作的法规制度，做好幼儿园卫生保健整体工作。
			3. 有职业追求，注重自身专业发展与保健医队伍发展。	3. 对自身专业发展有明确目标，有切实可行的个人发展规划，指导保健医制定个人规划。

续表

一级指标	二级指标	三级指标	岗位职责(41)	质量标准(50)
遵纪守法职业道德	专业理念与师德	对家长的态度	4. 树立真诚为家长服务的观念，尊重家长。	4. 尊重家长，切实为家长提供优质服务，与家长沟通积极主动有礼，认真听取意见，努力改进工作，家长满意率高。
				5. 认真做好每日的晨检工作，热情有礼地接待家长、幼儿，工作态度得到家长认可。
		对教师的态度	5. 树立团队意识。	6. 团结同事，具有团队合作精神。
			6. 树立正确的友情观。	7. 勇于劝阻制止同事违反教师行为规范的行为。
		对幼儿的态度与行为	7. 树立正确的教育观、儿童观。	8. 尊重幼儿，在幼儿面前能树立良好师德形象，与幼儿的关系融洽。
				9. 树立幼儿利益高于一切的思想，在各种活动中注重发挥幼儿的主体地位。
		个人修养与行为	8. 为人正直、乐观向上、有亲和力。	10. 在教师中做师德高尚的楷模，得到大家的认可。
			9. 勤于学习，不断进取。	11. 善于学习，各种学习活动有笔记、有思考。
			10. 着装及言谈举止符合教师行为规范。	12. 衣着整洁得体，语言行为规范，举止文明礼貌。
岗位职责工作质量	专业知识	法律知识	11. 严格执行各项卫生保健工作的相关制度。	13. 能熟练把握卫生保健工作的相关规定，确保科学，符合规范。
			12. 严格遵守法律法规及幼儿园的各项规章制度，遵守教师职业道德规范。	14. 牢固树立法律意识，确保各项工作的开展符合法律规范、政策及幼儿园相关制度。
		卫生保健工作知识	13. 熟知幼儿园卫生保健工作特点、内容及标准。	15. 熟读并领悟国家、北京市区各级政府及主管单位有关卫生保健工作的文件精神，提高工作实践质量。
				16. 对卫生保健工作有全面的认识和理解，并准确把握教育机构各项卫生保健工作的时间内容和工作标准，按时保质完成本岗工作。

续表

一级指标	二级指标	三级指标	岗位职责(41)	质量标准(50)
岗位职责工作质量	专业知识	本岗位专业知识	14. 注重自身的专业学习，丰富自身的专业知识。	17. 积极参加各项业务学习、教研活动、继续教育、园外培训等，做好签到、学习记录，不断提高业务能力。
			15. 不断把学习的理论知识与实践相结合，从而不断提升自身的专业能力。	18. 能熟练把握保健组长岗位的工作内容和工作标准，按时、高质地完成工作。
				19. 积极参加培训学习、对外观摩、支教、代培等活动，并在活动中锻炼业务能力。
			16. 结合本岗工作，积极参加课题研究、论文评选、杂志投稿等工作，积累工作和研究经验。	20. 积极参加各种征文活动，有文章入选幼儿园网站、园刊，或在各级征文中获奖、在专业期刊上发表。
		通识性知识	17. 了解当前学前教育发展的基本情况。	21. 了解中国学前教育发展概况，能基本把握当前的主流观点以及幼儿园核心教育理念。
			18. 具有一定的教育学和心理学知识。	22. 在实践中能胜任基本的教育实践工作。
			19. 具有一定的现代信息技术知识。	23. 熟练掌握常用的现代信息技术并运用到实际工作中。
	专业能力	规划计划	20. 制订部门学期工作计划，能落实部门工作要求。	24. 能依据全园及保健部门工作计划制订本部门计划，计划切实可行。
		常规工作	21. 有计划、有目的地组织成员开展学习、培训等活动，促进保健队伍的可持续发展。	25. 有学习、培训计划、记录和工作总结，班组成员的专业发展有成效。
			22. 善于总结分析实践中的重点、难点问题，积极开展研究活动，注重过程中资料的收集整理和经验的及时梳理总结。	26. 在工作实践中以师幼健康发展为出发点，提升研究成效性，及时梳理总结，形成可推广的经验，并积极参与各级论文征集和评选活动。
			23. 做好保健医队伍的梯队建设，更好地服务幼儿的健康发展。	27. 定期培训、检查并有记录。

续表

一级指标	二级指标	三级指标	岗位职责(41)	质量标准(50)
岗位职责工作质量	专业能力	常规工作	24. 支持部门人员做好日常保健工作，包括卫生常规、良好习惯养成、消毒、日常伤害处理等。	28. 每月掌握部门各项工作落实情况，按时深入班级进行巡诊、卫生检查及消毒。
			25. 带领班组成员负责对全园各部门卫生保健工作的监督、指导、检查与评估，采用定期检查与日常抽查相结合的方式，及时公布检查结果。	29. 检查标准明确清晰，检查结果客观公正，并且对教师进一步提升工作质量有指导意义。
			26. 带领班组成员认真落实卫生保健制度，贯彻预防为主的方针，做好入园体检、防病宣传、计划免疫、保健宣传等工作，多种途径积极向家长和教职工宣传育儿与防病知识，不断提高师幼健康水平。	30. 以幼儿为本，注重与其他部门的协调配合，熟知各项工作的流程和要求，按时保质完成。
			27. 指导部门人员积极与食堂、教学班教师沟通，制订科学、合理的膳食计划，指导儿童食堂、成人食堂做好营养膳食工作，服务师幼的健康发展。	31. 每月有检查、有指导，提出合理建议。
			28. 服从工作安排，认真完成主管领导交给的其他工作任务。	32. 在做好本职工作的同时，完成好主管领导交办的其他工作任务。
		业务工作	29. 带领班组成员积极开展和参与健康教育进课堂活动。	33. 深入班级，结合保教需求和幼儿年龄特点，与教师密切配合，共同培养幼儿良好生活、卫生习惯，支持幼儿健康发展。

续表

一级指标	二级指标	三级指标	岗位职责(41)	质量标准(50)
岗位职责工作质量	专业能力	业务工作	30. 带领班组成员强化对各班幼儿健康护理和五官保健的指导，包括各班幼儿刷牙、漱口等环节的护理。	34. 工作有目的、有计划，细致、耐心，有检查记录与总结。
			31. 带领班组成员强化对各班户外活动、进餐环节指导，提出建设性意见，增强幼儿体质，培养幼儿良好进餐习惯。	35. 有培训，有指导，有记录，检查结果客观、公正。
			32. 带领班组成员强化对各班卫生消毒工作指导与检查，并提供指导与帮助。	36. 定时检查，细化标准，有检查记录和公示。
			33. 指导各部门成员注重对分管工作活动照片、视频等过程性资料的积累。	37. 资料完整、清楚，有计划、过程记录和总结。
			34. 带头树立为教职工服务的意识和责任心，热心为教职工服务。	38. 耐心细致地为教职工服务，得到教职工的认可。
			35. 指导部门定期完成教职工的体检工作，积极开展和管理教职工的计划生育工作。	39. 提前准备，做好前期调查，体检工作有分析和总结。
		沟通与合作	36. 做好与上级、平级、下属的沟通工作。	40. 与主管领导及时沟通，及时汇报和落实工作。
				41. 与同事的沟通能做到相互尊重，彼此理解。
			37. 做好对外交流与沟通工作。	42. 与园外相关部门有效沟通，确保幼儿园卫生保健工作有效开展。
		节能减排	38. 树立规范整洁意识，做好部门的环境卫生工作。	43. 牢固树立规范整洁意识，管好门前三包、室内大面、物品摆放等工作，无卫生死角。
			39. 树立节能意识，在各项工作中注重绿色环保、节能。	44. 日常落实节能减排意识，工作中做到环保节能，降低能耗和办公耗材。
		反思与发展	40. 能积极进行自我反思，不断完善自身专业素质。	45. 每月积极召开班会，开展自评与他评，能对本部门工作进行客观、真实的总结评价。
				46. 通过考核自评，找到自身的优势和不足，结合个人发展规划，制定完善措施并有落实。

续表

一级指标	二级指标	三级指标	岗位职责(41)	质量标准(50)
安全责任	安全管理	安全工作	41. 落实一岗双责，认真履行安全管理的职责。	47. 树立安全意识，妥善管理医疗器械和消毒药品，杜绝出现安全问题。
				48. 指导检查班级消毒药品的使用、放置的安全。
				49. 指导班组成员做好其他各项安全工作。
				50. 每日工作结束后，做到人走锁门、关窗、断电。

表 8-25　会计组长岗位职责与标准

一级指标	二级指标	三级指标	岗位职责(44)	质量标准(50)
遵纪守法职业道德	专业理念与师德	职业理解与认识	1. 贯彻落实国家财政法规，严格执行各项财务制度和会计制度。热爱学前教育事业，严格执行幼儿园各项规章制度，具有职业理想和敬业精神。	1. 遵守《中华人民共和国会计法》《教育法》《教师法》《未成年人保护法》，贯彻《规程》《纲要》《指南》精神；爱岗敬业，自觉维护会计和幼儿教师形象。
			2. 有职业追求，注重自身专业发展。	2. 对自身专业发展有明确目标，能制定个人发展规划。
		对家长的态度	3. 树立服务意识，真诚对待家长，尊重家长。	3. 尊重家长，热心为家长服务。
				4. 认真完成家长接待来访工作，做到家长无投诉。
				5. 定期向家长公布幼儿伙食收支情况，随时解答家长关于收费工作的问题。
		对教师的态度	4. 树立团队意识。	6. 团结同事，具有团队合作精神。
			5. 树立正确的友情观。	7. 勇于劝阻或制止同事违反教师行为规范的行为。
		对幼儿的态度与行为	6. 树立正确的教育观、儿童观。	8. 尊重幼儿，在幼儿面前能树立良好师德形象，与幼儿的关系融洽。
				9. 树立幼儿利益高于一切的思想，在各种活动中注重发挥幼儿的主体地位。
		个人修养与行为	7. 严格遵守幼儿园的规章制度，遵守教师职业道德规范。	10. 严格遵守教师行为规范及幼儿园相关制度。
			8. 有责任心和大局意识。	11. 具有主人翁意识，从大局出发做好本职和临时性工作。

续表

一级指标	二级指标	三级指标	岗位职责(44)	质量标准(50)
遵纪守法 职业道德	专业理念 与师德	个人修养 与行为	9. 为人正直、乐观向上，有亲和力。	12. 在教师中做师德高尚的楷模，得到大家的认可。
			10. 勤于学习，不断进取。	13. 善于学习，各种学习活动有学习记录。
			11. 衣着整洁得体，语言规范健康，举止文明礼貌。	14. 着装及言谈举止符合教师行为规范；上班时间着有领有袖上衣，下装过膝，下蹲不露后腰，鞋跟不超过3厘米；语言规范。
岗位职责 工作质量	专业知识	法律知识	12. 熟知财会法规，做到知法依法、知章循章，依法完成本职工作。	15. 熟读并领悟国家、北京市各级政府及主管单位有关财务管理工作的文件精神，提高工作实践质量，确保依法依规使用经费。
		财务工作 知识	13. 熟知幼儿园财务工作特点、内容及标准。	16. 能准确把握教育机构各项财务工作的时间安排和工作标准，并能按时保质完成本岗工作。
				17. 能对财务工作有全面的认识和理解，能为其他岗位提供必要的支持和帮助。
		本岗位 专业知识	14. 能注重自身的专业学习，丰富自身的专业知识。	18. 积极参加各项业务学习、继续教育、园外培训等活动，不断提高业务能力。
				19. 参加各种学习活动，做好签到和学习记录。
			15. 能不断把学习的理论知识与实践相结合，从而不断提升自身的专业能力。	20. 能熟练把握会计岗位的工作内容和工作标准，按时、高质地完成工作。
		通识性知识	16. 了解当前学前教育发展的基本情况。	21. 了解中国学前教育发展概况，能基本把握当前的主流观点以及幼儿园核心教育理念。
			17. 具有一定的教育学和心理学知识。	22. 在实践中能胜任基本的教育实践工作。
			18. 具有一定的现代信息技术知识。	23. 熟练掌握常用现代信息技术并运用到实际工作中。

续表

一级指标	二级指标	三级指标	岗位职责(44)	质量标准(50)
岗位职责工作质量	专业能力	日常工作	19. 在班组内定期开展学习、培训等活动,促进班组队伍的可持续发展。	24. 有学习、培训记录,班组成员的专业发展有成效。
			20. 日常工作中指导会计、出纳、财产保管员对档案进行规范整理、装订、归档,并定期进行检查。	25. 各项检查、指导工作有记录、有存档,并能对班组成员的专业发展提出建设性意见。
			21. 指导班组成员按时完成各项报表、工资发放、收费等工作。	26. 按时、准确发放工资,收费及时。遇特殊情况工资不能及时发放,上报主管领导,说明理由,通报全园。
			22. 落实财务公开制度,利用校园网、教代会等途径公布相关信息。	27. 根据政策变化及时更新财务数据,数据准确。
			23. 负责幼儿园预算编制、监督预算执行情况。	28. 根据教委有关预算工作要求编制部门预算,监督预算执行情况。
			24. 做好零余额及基本存款账户的记账工作。	29. 认真审核出纳结转的原始凭证,根据审核无误的凭证按照财政要求进行账务处理。
			25. 做好对账工作。	30. 每月根据自定义余额表和金财网授权额度余额核对项目支出;每月根据固定资产总账与财产保管员固定资产账核对相符;定期核对单位银行账和银行对账单与出纳的银行调节表数字是否相符并签字。
			26. 负责工资、纳税相关工作。	31. 根据人事审批后的月考勤考核表和相关调整标准的资料以及财政和幼儿园政策文件核算工资。按照纳税要求每月在征期内通过网上申报个税,定期申报相关税务报表。做到依法、按时、准确。
			27. 负责财务档案的装订、归档及管理。	32. 定期整理凭证、报表及其他会计资料。上半年对上年度会计资料进行整理、装订、编目后归档。

续表

一级指标	二级指标	三级指标	岗位职责(44)	质量标准(50)
岗位职责工作质量	专业能力	日常工作	28. 负责幼儿园决算报表编报、分析工作。	33. 根据教委决算相关工作要求进行年终清理、结算、报表编制以及填报说明、分析、总结的文字编写。
			29. 负责幼儿园统计工作。	34. 依法及时登记、统计人员、工资台账，依法完成统计月报、季报、年报工作，按照规定时间真实、准确、完整、及时地报送相关统计报表。
			30. 负责按照上级的要求填报临时性相关报表。	35. 根据上级相关部门要求按时完成报表，数字准确。
			31. 负责幼儿园工会财务工作。	36. 依法依规做好工会日常收支审核、记账，预算编报、决算报表编报工作，工会会计档案整理、各项保险的续险、物品发放管理等相关工作。
			32. 做好职工住房公积金、基数核定、变更、支取等工作，做好住房补贴按月发放和购房人员房补支取工作。	37. 根据住房公积金管理中心要求，在规定时间内核算基数，做好基数申报和符合支取条件人员的支取工作；按人事部门核算的购房补贴预算按月发放房补。
			33. 做好社保缴费基数核定、人员增减、退休养老待遇核定等工作。	38. 根据社保相关政策文件要求按期核算社保、养老基数，及时变更人员增减变化；与人事配合及时做好退休人员养老待遇核定。
			34. 协助后勤主任做好政府采购项目执行工作。	39. 根据预算及每年采购变化情况做好政府采购执行工作，认真学习政策，解决项目执行中出现的问题，及时进行资料整理，年初对上一年资料进行归档。
			35. 负责接待家长来访工作。	40. 热情接待家长，耐心解释相关政策，家长无投诉。
			36. 做好上级单位临时性布置及检查工作。	41. 认真及时做好上级单位布置及检查相关工作。
			37. 服从工作安排，认真完成主管领导交给的其他工作任务。	42. 在做好本职工作的同时，完成好主管领导交于的其他工作任务。

续表

一级指标	二级指标	三级指标	岗位职责(44)	质量标准(50)
岗位职责工作质量	专业能力	服务工作	38. 树立全局意识，与后勤各部门一起全程做好幼儿园各项重大活动的服务性工作。	43. 工作积极主动，认真负责。
		沟通与合作	39. 做好与各级领导及全体教职工的沟通工作。	44. 与主管领导及时沟通，及时汇报和落实工作。与同事的沟通能做到相互尊重，彼此理解。
			40. 做好对外沟通工作。	45. 与园外相关部门有效沟通，确保资金使用规范，政策把握准确。
		反思与发展	41. 能积极进行自我反思，不断完善自身专业素质。	46. 每月积极参与班会，能对本职工作进行客观、真实的考核自评。
				47. 通过考核自评，找到自身的优势和不足，结合个人发展规划，制定完善措施，并有落实。
安全责任	安全管理	安全工作	42. 树立安全意识，做好部门的各项安全工作。	48. 日常工作树立“安全第一”意识，安全工作随时做，经常做，无安全问题。做到人走锁门、关窗、断电。
			43. 树立规范整洁意识，做好部门的环境卫生工作。	49. 牢固树立规范意识，管好门前三包、室内大面、物品摆放等工作，做到无卫生死角。
			44. 树立节能意识，在各项工作中注重绿色环保、节能。	50. 日常落实节能减排意识，工作中做到环保节能，降低能耗和办公耗材。

表 8-26　食堂管理员岗位职责与标准

一级指标	二级指标	三级指标	岗位职责(38)	质量标准(50)
遵纪守法职业道德	专业理念与师德	职业理解与认识	1. 贯彻党和国家方针政策，遵守法律法规。	1. 遵守《消防法》《中华人民共和国食品安全法》(以下简称《食品安全法》)，贯彻落实各级主管部门下发的工作指示精神。
			2. 热爱学前教育事业，具有职业理想和敬业精神。	2. 爱岗敬业，自觉维护幼儿教师形象。
			3. 有职业追求，注重自身专业发展。	3. 对自身专业发展有明确目标，有切实可行的专业发展规划。
		对教师的态度	4. 树立正确的教师观。	4. 尊重教师，团结同事，具备团队合作精神。
			5. 树立正确友情观。	5. 勇于劝阻或制止同事违反教师行为规范的行为。

续表

一级指标	二级指标	三级指标	岗位职责(38)	质量标准(50)
遵纪守法职业道德	专业理念与师德	对幼儿的态度与行为	6. 树立正确的教育观、儿童观。	6. 树立幼儿利益高于一切的思想，尊重幼儿的主体地位。
			7. 关爱幼儿，重视幼儿身心健康，保护幼儿生命安全。	7. 组织开展任何活动把幼儿生命安全放在首位。
			8. 尊重幼儿人格，维护幼儿合法权益，平等对待每一位幼儿。	8. 对幼儿进行正面教育和引导，不讽刺、挖苦、歧视幼儿，不体罚或变相体罚幼儿。
		个人修养与行为	9. 严格遵守幼儿园的规章制度，遵守教师职业道德规范。	9. 严格遵守教师行为规范及幼儿园各项规章制度。
			10. 具有责任心、使命感、大局意识。	10. 具备责任感和使命感，有大局意识，能站在幼儿及园所发展的角度开展工作。
			11. 为人正直、乐观向上，有亲和力。	11. 在教师中做师德高尚的楷模，得到大家的认可。
			12. 勤于学习，不断进取。	12. 善于学习，有学习笔记及思考。
			13. 衣着整洁得体，语言规范健康，举止文明礼貌。	13. 着装及言谈举止符合教师行为规范。
岗位职责工作质量	专业知识	法律知识	14. 了解与幼儿园总务管理有关的法律法规，高度重视校园食品安全工作。	14. 严格按照相关法律法规要求开展日常工作，确保各项安全工作落到实处。
		发展知识	15. 熟知《纲要》《指南》相关精神。	15. 熟知《纲要》《指南》精神，并自觉将其运用到日常工作中。
			16. 了解幼儿身心发展规律的相关知识。	16. 了解幼儿身心发展规律的相关知识，能够与自身工作相结合，切实支持幼儿的健康发展。
			17. 了解幼儿常见问题与有特殊需要儿童的相关知识。	17. 熟悉、了解幼儿常见问题与有特殊需要儿童的相关知识。
		本岗位专业知识	18. 熟知《消防法》《食品安全法》等相关精神。	18. 熟知《食品安全法》《消防法》等法规精神，并自觉将其运用到日常工作中。
			19. 熟知幼儿膳食营养的知识，能够合理搭配膳食。	19. 能够运用相关知识制定带量食谱，合理搭配幼儿的一日三餐。
			20. 了解幼儿园食堂工作规律及保教结合的相关知识。	20. 在实践中能运用相关知识指导食堂各岗为幼儿、家长、教职工服务。

续表

一级指标	二级指标	三级指标	岗位职责(38)	质量标准(50)
岗位职责工作质量	专业知识	通识性知识	21. 具有一定的自然科学和人文社会科学等相关知识。	21. 在实践中视野开阔，能主动运用多领域知识思考和解决食堂工作中的问题。
			22. 了解中国学前教育基本情况。	22. 了解中国教育改革概况、学前教育发展概况。
			23. 具有一定现代信息技术知识。	23. 熟练掌握常用的现代信息技术并运用到实际工作中。
	专业能力	规划与计划	24. 制订和实施食堂部门工作计划，能体现“三服务”特点，期末有总结、有档案。	24. 根据全园工作重点和食堂工作实际，制订班组工作计划。
				25. 全面负责食堂的各项工作，高质量地完成各项工作计划与任务。
				26. 做好食堂工作的逐月工作总结，并做好档案管理工作。
		履行管理职能	25. 对本班组工作负有管理的责任，公平、公正地指导班组人员履行职责。	27. 指导班组人员规范开展日常工作。
				28. 了解掌握本班组人员按照岗位职责标准履职的情况，发现问题，敢于管理，有方法、有效果。
		队伍建设	26. 能制定并指导食堂职工制定个人发展规划，有职业追求，有档案。	29. 指导食堂职工制定个人发展规划，并能给予个性化指导。
			27. 注重食堂班组建设和队伍的梯队建设，能开展有针对性、层次性的活动。	30. 指导班组开展工作，组织厨师班组结合岗位特色参加部门或全园培训，能够在全园经验分享和大会发言。
				31. 注重对新入职厨师的培养，开展岗位技术练兵，为青年厨师创造学习培训的机会。重点指导2～3位青年厨师，逐步使青年厨师达到能独立承担工作的水平。
			28. 积极开展学习活动，提高业务水平，注重经验的总结和梳理。	32. 指导班组人员参加业务学习、岗位技术练兵等活动，为大家提供学习培训的机会，提高班组人员业务水平。
				33. 鼓励并指导班组人员积极参与对外接待、学习培训、论文评选等活动，并做好档案留存及梳理总结工作。
		日常管理	29. 完善厨师工作岗位职责、安全生产工作流程，制定和执行好食品卫生安全预案，注重制度的落实。	34. 能依据新形势下食堂工作的特点，及时调整和完善制度与流程。
				35. 组织班组工作人员开展制度学习，推进制度的落实。

续表

一级指标	二级指标	三级指标	岗位职责(38)	质量标准(50)
岗位职责工作质量	专业能力	日常管理	30. 注重对食堂各项工作的管理和指导，确保工作的规范到位。	36. 规范进货渠道，票据齐全，加强食品出入库管理。
				37. 严格执行工作流程和标准，确保每日膳食的营养和卫生。
				38. 根据师幼的膳食需要、季节特点等，开展食育教育活动，确保师幼健康发展。
			31. 重视日常工作的创新和总结积累，提高服务保障能力。	39. 及时总结、梳理日常创新菜品，积极参加各类技能比赛，促进成果推广与应用。
				40. 注重日常实践研究经验的积累，及时梳理，并与全园教师进行分享交流。
			32. 服从工作安排，认真完成主管领导交给的其他工作任务。	41. 在做好本职工作的同时，完成好主管领导交给的其他工作任务。
		沟通与合作	33. 做好与上级、平级、下属的沟通工作。	42. 与主管领导积极沟通，及时汇报和落实工作。
				43. 与其他部门进行有效沟通，共同开展相关学习培训与教研活动。
				44. 根据师幼的需求，积极与教师沟通营养膳食健康知识，保障师幼身体健康。
			34. 与相关部门、相关单位人员建立友好合作关系。	45. 与园外相关部门有效沟通，确保工作完成。
		反思与发展	35. 能积极进行自我反思，不断完善自身专业素质。	46. 在工作中进行自我与实践的反思，明确优势与不足，不断提升自我专业素养。
			36. 完善部门岗位工作流程和标准，为部门人员规范工作提供支持。	47. 不断完善岗位工作流程与标准，积极组织部门人员学习和落实，提升部门常态工作质量。
			37. 指导各岗人员进行月、年终考核，严格执行标准，以评价促质量。	48. 评价客观、真实，有反馈，有跟进。
安全责任	安全管理	安全工作	38. 依据安全工作需求，落实“一岗双责”，认真履行安全管理的职责。	49. 依据安全工作需求，排查安全隐患，指导厨师开展安全生产工作研究，每月开展一次食堂内部的安全交流活动或演习。
				50. 注重部门各项工作的安全检查，加强部门人员的安全教育，严格落实“一岗双责”，无责任事故。

表 8-27 食堂班长岗位职责与标准

一级指标	二级指标	三级指标	岗位职责(35)	质量标准(50)
遵纪守法职业道德	专业理念与师德	职业理解与认识	1. 凭证上岗，严格执行食品卫生法和相关标准。	1. 依法取得健康证，按规定到专业部门接受验证和培训，同时遵守《消防法》《食品安全法》等相关法律要求，贯彻《规程》《纲要》《指南》精神。
			2. 热爱学前教育事业，具有职业理想和敬业精神。	2. 爱岗敬业，自觉维护幼儿教育工作者形象。
			3. 有职业追求，注重自身专业发展。	3. 对自身专业发展有明确目标，能制定个人发展规划，有档案。
		对家长的态度	4. 树立真诚为家长和幼儿服务的观念，尊重家长。	4. 尊重家长，向家长提供优质服务。
				5. 主动征求家长对幼儿园日常饮食的意见，家长无投诉，满意率高。
		对教师的态度	5. 树立团队意识。	6. 团结同事，具有团队合作精神和整体协调能力。
			6. 树立正确的友情观。	7. 勇于劝阻或制止同事违反教师行为规范的行为。
		对幼儿的态度与行为	7. 树立正确的教育观、儿童观。	8. 尊重幼儿，在幼儿面前能树立良好师德形象，与幼儿的关系融洽。
				9. 树立幼儿利益高于一切的思想，在各种活动中注重发挥幼儿的主体地位。
		个人修养与行为	8. 严格遵守幼儿园的规章制度，遵守教师职业道德规范。	10. 严格遵守教师行为规范及幼儿园相关制度。
			9. 有责任心和大局意识。	11. 树立主人翁意识，从大局出发做好部门工作和各项临时性工作。
			10. 为人正直、乐观向上，有亲和力。	12. 在教师中做师德高尚的楷模，得到大家的认可。
			11. 勤于学习，不断进取。	13. 善于学习，各种学习活动有笔记、有思考。
			12. 衣着整洁得体，语言规范健康，举止文明礼貌。	14. 着装及言谈举止符合教师行为规范。上班时间着统一配发的工作服，整洁得体，工作服定期清洗。

续表

一级指标	二级指标	三级指标	岗位职责(35)	质量标准(50)
岗位职责工作质量	专业知识	法律知识	13. 严格执行国家的食品安全规范，对全园幼儿的日常饮食安全负责。	15. 严格按照相关法律法规要求带动班组成员开展日常工作。
				16. 熟知国家食品安全规范，并严格落实。
		营养膳食知识	14. 熟知厨师的专业基础知识和操作规范。了解与儿童健康营养相关的知识。	17. 熟读并领悟国家、北京市各级政府及主管单位有关食品安全的文件精神，与班组成员共同提高工作质量。
				18. 能准确把握幼儿饮食的特点和规律，合理制定幼儿每日食谱，保障幼儿饮食安全、健康。
		本岗位专业知识	15. 能注重自身的专业学习，丰富自身的专业知识。	19. 积极参加各项业务学习、教研活动、继续教育、园外培训等活动，不断提高业务能力。
				20. 参加各种学习活动，做好签到和学习记录。
			16. 能不断把学习的理论知识与实践相结合，从而不断提升自身的专业能力。	21. 能够结合实践需求与班组成员共同学习、研究，不断扩充岗位知识，更好地支持师幼健康发展。
				22. 积极参加岗位练兵、对外观摩、支教、代培等工作，在活动中锻炼业务能力。
			17. 结合本岗工作，积极参加课题研究、论文评选、杂志投稿等工作，积累工作和研究经验。	23. 积极参加各种征文活动，在幼儿园网站、园刊有文章入选，或在各级征文中获奖、在专业期刊上发表。
		通识性知识	18. 了解当前学前教育发展的基本情况。	24. 了解中国学前教育发展概况，能基本把握当前的主流观点以及幼儿园核心教育理念。
			19. 具有一定的教育学和心理学知识。	25. 在实践中能胜任基本的教育实践工作。
			20. 具有一定的现代信息技术知识。	26. 能较好地掌握常用的现代信息技术并运用到实际工作中。
	专业能力	常规工作	21. 负责日常膳食各个流程的操作。	27. 日常膳食卫生、健康，色香味符合幼儿的饮食特点。
			22. 日常工作严格按照当日食谱操作，精工细作。带量准确，保证质量及标准的前提下，节约成本，杜绝浪费。根据季节变化，做好饭菜的保温和降温。严格按照食堂“五四”制操作，做好日常消毒和餐前餐后的清洁工作。按时送碗、送饭、收碗。	28. 能按照每日食谱正确带量，无浪费现象。制作菜品符合幼儿的年龄特点。
				29. 主副食及热菜做到精工细作，卫生、健康，符合营养标准；餐前餐后消毒和清洁符合本岗位的工作要求。
				30. 严格按照岗位操作流程准时准点完成各项工作。

续表

一级指标	二级指标	三级指标	岗位职责(35)	质量标准(50)
岗位职责工作质量	专业能力	常规工作	23. 对部门电器设备、能够按照操作规程使用，出现故障及时报修，保证工作正常开展。注意水电气的安全使用。	31. 对部门的各种设备能够正确熟练使用。水电气在正常使用下没有浪费现象。
			24. 根据伙食委员会的意见，定期进行技术练兵，提高厨艺水平，定期配合班组研制创新菜品。	32. 能够结合伙食委员会意见，及时调整工作中的不足，完善现有工作；每月能推出一道符合幼儿饮食特点的创新菜。
			25. 认真做好每日各项记录。	33. 当天记录准确，没有遗漏；做好落实出入库登记，有进货和使用记录。
			26. 服从工作安排，认真完成主管领导交给的其他工作任务。	34. 在做好本职工作的同时，完成好主管领导交给的其他工作任务。
		应急处理	27. 能应对食品安全突发事件，并按照预案正确处理。	35. 能在第一时间启动应急预案，确保师幼安全。
				36. 能明确自身在预案中的职责，遇事不慌张，努力将突发事件的不良影响降到最低。
				37. 对不符合食品安全的原料能及时发现，并着手解决，不能独立解决的，第一时间上报主管领导。
			28. 在保证日常工作的基础上，积极参与教学活动，确保活动的顺利进行。	38. 深入实践，积极参与教育教学活动，活动中所有操作必须符合安全规范。
		沟通与合作	29. 做好与上级、平级、下属的沟通工作。	39. 与主管领导及时沟通，并落实好各项工作。
				40. 与同事的沟通能做到相互尊重，彼此理解，和谐团结。
			30. 做好对外交流与沟通工作。	41. 与园外相关部门有效沟通，确保工作落实到位。
		反思与发展	31. 能积极进行自我反思，不断完善自身专业素质。	42. 每月积极参与班会，开展自评与他评，能对本职工作进行客观、真实的考核自评。
				43. 通过考核自评，找到自身的优势和不足，结合个人发展规划，制定完善措施，并有落实。

续表

一级指标	二级指标	三级指标	岗位职责(35)	质量标准(50)
安全责任	安全管理	安全工作	32. 树立安全意识，做好部门的各项安全工作。	44. 日常工作树立“安全第一”意识，不出现水电气的安全问题。
			33. 认真做好每日各项记录。	45. 当天记录准确，没有遗漏。认真巡视园内安全，定期对人防、物防、技防及各类事故隐患进行检查，发现问题及时上报、及时处置，杜绝事故的发生。
			34. 树立规范整洁意识，做好部门的环境卫生工作。	46. 树立规范意识，管好办公室、库房门前三包、室内大面、物品摆放，无卫生死角。
			35. 树立节能意识，在各项工作中注重绿色环保、节能。	47. 保证食堂燃气间设备完好，符合安全要求。
				48. 日常落实“节能减排”意识，工作中做到环保节能，降低能耗和办公耗材的使用。
				49. 本着节约的精神，做好简单维修物品的储备，保证日常工作正常运转。
				50. 落实节能工作，定期对全园各部门用水、用电、使用设施情况进行检查、评比、公示。

表 8-28　食堂副班长岗位职责与标准

一级指标	二级指标	三级指标	岗位职责(34)	质量标准(50)
遵纪守法 职业道德	专业理念 与师德	职业理解 与认识	1. 凭证上岗，严格执行食品卫生法和标准。	1. 依法取得健康证，按规定到专业部门接受验证和培训，同时遵守《食品安全法》等相关法律要求，贯彻《规程》《纲要》《指南》精神。
			2. 热爱学前教育事业，具有职业理想和敬业精神。	2. 爱岗敬业，自觉维护幼儿教育工作者形象。
			3. 有职业追求，注重自身专业发展。	3. 对自身专业发展有明确目标，能制定个人发展规划，有档案。
		对家长的 态度	4. 树立真诚为家长和孩子服务的观念，尊重家长。	4. 尊重家长，向家长提供优质服务承诺书，并能切实为家长提供服务。
				5. 主动征求家长对幼儿园日常饮食的意见，家长无投诉，满意率高。

续表

一级指标	二级指标	三级指标	岗位职责(34)	质量标准(50)
遵纪守法职业道德	专业理念与师德	对教师的态度	5. 树立团队意识。	6. 团结同事，具有团队合作精神和整体协调能力。
			6. 树立正确的友情观。	7. 勇于劝阻或制止同事违反教师行为规范的行为。
		对幼儿的态度与行为	7. 树立正确的教育观、儿童观。	8. 尊重幼儿，在幼儿面前能树立良好师德形象，与幼儿的关系融洽。
				9. 树立幼儿利益高于一切的思想，在各种活动中注重发挥幼儿的主体地位。
		个人修养与行为	8. 严格遵守幼儿园的规章制度，遵守教师职业道德规范。	10. 严格遵守教师行为规范及幼儿园相关制度。
			9. 有责任心和大局意识。	11. 树立主人翁意识，从大局出发协助班长做好本职和临时性工作。
			10. 为人正直、乐观向上，有亲和力。	12. 在教师中做师德高尚的楷模，得到大家的认可。
			11. 勤于学习，不断进取。	13. 善于学习，各种学习活动有笔记、有思考。
			12. 衣着整洁得体，语言规范健康，举止文明礼貌。	14. 着装及言谈举止符合教师行为规范。上班时间着统一配发的工作服，整洁得体，工作服定期清洗。
岗位职责工作质量	专业知识	法律知识	13. 严格执行国家的食品安全规范，对全园幼儿的日常饮食安全负责。	15. 严格按照相关法律法规要求带动班组成员开展日常工作。
				16. 熟知国家食品安全规范，能做到严格落实。
		营养膳食知识	14. 熟知厨师的专业基础知识和操作规范，了解与儿童健康营养相关的知识。	17. 熟读并领悟国家、北京市各级政府及主管单位有关食品安全的文件精神，督促班组提高工作质量。
				18. 能准确把握幼儿饮食工作的特点和规律，并能按时保质完成本岗工作。
		本岗位专业知识	15. 能注重自身的专业学习，丰富自身的专业知识。	19. 积极参加各项业务学习、教研活动、继续教育、园外培训等活动，不断提高业务能力。
				20. 参加各种学习活动，做好签到和学习记录。
			16. 能不断把学习的理论知识与实践相结合，从而不断提升自身的专业能力。	21. 能够结合实践需求，与班组成员共同学习与研究，不断扩充岗位知识，更好地支持师幼健康发展。
				22. 积极参加岗位练兵、对外观摩、支教、代培等工作，在活动中锻炼业务能力。

续表

一级指标	二级指标	三级指标	岗位职责(34)	质量标准(50)
岗位职责 工作质量	专业知识	本岗位 专业知识	17. 结合本岗工作，积极参加课题研究、论文评选、杂志投稿等工作，积累工作和研究经验。	23. 积极参加各种征文活动，在幼儿园网站、园刊有文章入选，或在各级征文中获奖、在专业期刊上发表。
		通识性知识	18. 了解当前学前教育发展的基本情况。	24. 了解中国学前教育发展概况，能基本把握当前的主流观点以及幼儿园核心教育理念。
			19. 具有一定的教育学和心理学知识。	25. 在实践中能胜任基本的教育实践工作。
			20. 具有一定的现代信息技术知识。	26. 能较好地掌握常用的现代信息技术并运用到实际工作中。
	专业能力	常规工作	21. 日常膳食工作严格按照流程、标准进行操作。	27. 日常膳食卫生、健康，色香味符合幼儿的饮食特点。
				28. 能按照每日食谱，精工细作，正确带量，杜绝浪费现象。
				29. 根据季节变化做好饭菜的保温和降温工作，严格按照食堂“五四”制标准，做好餐前、餐后的消毒与清洁工作。
				30. 严格按照岗位操作流程准时送碗、送饭、收碗。
			22. 对部门电器设备、能够按照操作规程使用，出现故障及时报修，保证工作正常开展。注意水电气的安全使用。	31. 对部门的各种设备能够正确熟练使用，水电气在正常使用下没有浪费现象。
			23. 根据伙食委员会的意见，定期进行技术练兵，提高厨艺水平，定期配合班组研制创新菜品。	32. 能够根据伙食委员会意见，及时调整工作中的不足，完善现有工作，每月能推出一道创新菜。
			24. 认真做好每日各项记录。	33. 当天记录准确，没有遗漏；做好食品出入库登记，有进货和使用记录。
			25. 服从工作安排，认真完成主管领导交给的其他工作任务。	34. 在做好本职工作的同时，完成好主管领导交于的其他工作任务。

续表

一级指标	二级指标	三级指标	岗位职责(34)	质量标准(50)
岗位职责工作质量	专业能力	应急处理	26. 能应对各种食品安全突发事件，按照预案正确处理。	35. 能在第一时间启动应急预案，确保师幼安全。
				36. 明确预案中自身工作职责，协助部门做好各项后续工作，确保将不良影响降到最低。
				37. 对不符合食品安全的原料能及时发现，并着手解决，不能独立解决的，第一时间上报主管领导。
			27. 在保证日常工作的基础上，积极参与教学活动，确保活动的顺利进行。	38. 深入实践，积极参与教育教学活动，活动中各项操作符合岗位工作标准和要求。
		沟通与合作	28. 做好与上级、平级、下属的沟通工作。	39. 与主管领导及时沟通，并落实好各项工作。
				40. 与同事的沟通能做到相互尊重，彼此理解，和谐团结。
			29. 做好对外交流与沟通工作。	41. 与园外相关部门有效沟通，确保工作落实到位。
		反思与发展	30. 能积极进行自我反思，不断完善自身专业素质。	42. 每月积极参与班会，开展自评与他评，能对本职工作进行客观、真实的考核自评。
				43. 通过考核自评，找到自身的优势和不足，结合个人发展规划，制定完善措施，并有落实。
安全责任	安全管理	安全工作	31. 树立安全意识，做好部门的各项安全工作。	44. 日常工作树立“安全第一”意识，不出现水电气的安全问题。
			32. 认真做好每日各项工作的记录。	45. 当天记录准确，没有遗漏。认真巡视园内安全，定期对人防、物防、技防及各类事故隐患进行检查，发现问题及时上报、及时处置，杜绝事故的发生。
			33. 树立规范整洁意识，做好部门的环境卫生工作。	46. 树立规范意识，管好办公室、库房门前三包、室内大面、物品摆放，无卫生死角。
			34. 树立节能意识，在各项工作中注重绿色环保、节能。	47. 保证部门燃气间设备完好，符合安全要求。
				48. 日常落实节能减排意识，工作中做到环保节能，降低能耗和办公耗材。
				49. 本着节约的精神，做好简单维修物品的储备，保证日常工作运转。
				50. 落实节能工作，定期对全园各部门用水、用电、使用设施情况进行检查、评比、公示。

表 8-29　保健医岗位职责与标准

一级指标	二级指标	三级指标	岗位职责(41)	质量标准(50)
遵纪守法职业道德	专业理念与师德	职业理解与认识	1. 热爱学前教育事业，严格执行幼儿园各项规章制度，具有职业理想和敬业精神。	1. 遵守《教育法》《教师法》《未成年人保护法》，贯彻《规程》《纲要》精神；爱岗敬业，自觉维护医务人员和幼儿教师形象。
			2. 贯彻落实国家医药卫生工作的相关法律法规，明确医务人员的医德规范。	2. 熟练把握卫生保健工作的相关法规制度，做好幼儿园卫生保健整体工作。
			3. 有职业追求，注重自身专业发展。	3. 对自身专业发展有明确目标，有切实可行的个人发展规划。
		对家长的态度	4. 树立真诚为家长服务的观念，尊重家长。	4. 尊重家长，切实为家长提供优质服务，与家长沟通积极主动有礼，认真听取意见，努力改进工作，家长满意率高。
				5. 认真做好每日的晨检工作，热情有礼地接待家长、幼儿，家长认可，孩子喜欢。
		对教师的态度	5. 树立团队意识。	6. 团结同事，具有团队合作精神。
			6. 树立正确的友情观。	7. 勇于劝阻或制止同事违反教师行为规范的行为。
		对幼儿的态度与行为	7. 树立正确的教育观、儿童观。	8. 尊重幼儿，在幼儿面前能树立良好的师德形象，与幼儿的关系融洽。
				9. 树立幼儿利益高于一切的思想，在各种活动中注重发挥幼儿的主体地位。
		个人修养与行为	8. 为人正直、乐观向上，有亲和力。	10. 在教师中做师德高尚的楷模，得到大家的认可。
			9. 勤于学习，不断进取。	11. 善于学习，在园内外的各种学习活动中有笔记、有思考。
			10. 衣着整洁得体，语言规范健康，举止文明礼貌。	12. 着装及言谈举止符合教师行为规范的要求。
	专业知识	法律知识	11. 严格执行各项医药卫生及保健工作的相关制度。	13. 能熟练把握卫生保健工作的相关规定，确保科学、规范。
			12. 严格遵守幼儿园的卫生保健制度，遵守教师职业道德规范。	14. 严格遵守教师行为规范及幼儿园相关制度。

续表

一级指标	二级指标	三级指标	岗位职责(41)	质量标准(50)
遵纪守法职业道德	专业知识	卫生保健工作知识	13. 熟知幼儿园卫生保健工作特点、内容及标准。	15. 熟读并领悟国家、北京市各级政府及主管单位有关卫生保健工作的文件精神，提高工作实践质量。
				16. 能对卫生保健工作有全面的认识和理解，并准确把握教育机构各项卫生保健工作的时间、内容和工作标准，按时保质完成本岗工作。
		本岗位专业知识	14. 能注重自身的专业学习，丰富自身的专业知识。	17. 积极参加各项业务学习、教研活动、继续教育、园外培训等活动，做好签到和学习记录，不断提高业务能力。
			15. 能不断把学习的理论知识与实践相结合，从而不断提升自身的专业能力。	18. 能熟练把握保健医岗位的工作内容和工作标准，按时、高质地完成工作。
				19. 积极参加岗位练兵、对外观摩、支教、代培等工作，在活动中锻炼业务能力。
		通识性知识	16. 了解当前学前教育发展的基本情况。	20. 了解中国学前教育发展概况，能基本把握当前的主流观点以及幼儿园核心教育理念。
			17. 具有一定的教育学和心理学知识。	21. 在实践中能胜任基本的教育实践工作。
			18. 具有一定的现代信息技术知识。	22. 熟练掌握常用现代信息技术，并运用到实际工作中。
	专业能力	常规工作	19. 认真做好保健医分管工作的各项记录。	23. 原始记录真实，统计方法正确，数据准确，管理有序，资料完整，有至少3年的档案。
			20. 做好每天的晨、午检及幼儿全日健康观察工作，按时深入班级巡诊。	24. 定时巡视，对患病幼儿做到及早发现，及时治疗，并认真做好记录。
			21. 负责对全园各部门卫生保健工作的监督、指导、检查与评估，采用定期检查与日常抽查相结合的方式，及时公布检查结果。	25. 客观、公正，有明确要求，有指导建议。

续表

一级指标	二级指标	三级指标	岗位职责(41)	质量标准(50)
遵纪守法职业道德	专业能力	常规工作	22. 认真落实卫生保健制度，做好各项卫生保健工作的记录与统计(如体弱儿、肥胖儿的专案管理，幼儿发病率、传染病的登记，幼儿安全事故的登记、分析、处理等)。	26. 记录准确、清楚、完整。
			23. 贯彻预防为主的方针，及时做好计划免疫和疾病防治工作，积极做好防病宣传，及时采取防病措施，降低幼儿发病率。	27. 熟知幼儿计划免疫工作的流程和要求，按时开展疫苗接种的预约工作，无差错。
			24. 严格履行幼儿入园体检工作，对在园幼儿进行体格检查，按时无误完成幼儿各项预防接种工作，做好幼儿健康测查和分析，主动指导保教人员加强对特殊幼儿的护理，不断提高幼儿健康水平。	28. 按时完成，数据真实、准确。
				29. 以幼儿为本，注重与教学部门的协调配合。
			25. 做好幼儿园卫生保健宣传工作，通过多种方式和途径积极向家长和教职工宣传科学育儿与防病、治病的工作。	30. 宣传工作有一定的针对性和前瞻性，易于理解和接受。
			26. 做好幼儿营养膳食工作，有计划分析，定期检查食堂工作，更换宣传栏，每月召开伙委会，不断提高膳食质量。	31. 工作有目的、有计划、细致严谨，有检查记录与总结。
			27. 服从工作安排，认真完成主管领导交给的其他工作任务。	32. 在做好本职工作的同时，完成好主管领导交办的其他工作任务。
		业务工作	28. 积极开展和参与健康教育进课堂活动，培养幼儿良好习惯，支持幼儿健康发展。	33. 深入班级，结合保教需求和幼儿年龄特点，与教师密切配合开展相关教育教学活动，活动中体现一定的创造性。

续表

一级指标	二级指标	三级指标	岗位职责(41)	质量标准(50)
遵纪守法职业道德	专业能力	业务工作	29. 强化对幼儿健康护理指导及五官保健的习惯指导,包括刷牙、漱口等环节,加强相关检查。	34. 工作有目的、有计划,细致、耐心。
			30. 加强幼儿营养膳食研究,确保幼儿饮食营养、健康。	35. 与食堂人员共同研究营养、带量食谱,并征求教师、幼儿、家长对幼儿膳食的意见和建议,有记录、有分析,有完善措施。
			31. 强化对各班户外活动、进餐环节指导,提出建设性意见,增强幼儿体质,培养良好进餐习惯。	36. 有培训、有指导、有检查、有记录,检查结果客观、公正。
			32. 强化对各班卫生消毒工作指导与检查,并提供指导与帮助。	37. 定时检查,细化标准,有检查记录和公示。
			33. 注重分管工作活动照片、视频等资料的积累,择优上传网站。	38. 资料完整、清楚,有计划、过程记录和总结。
		服务工作	34. 树立为教职工服务的意识和责任心。	39. 能够关注教职工需求,耐心细致为教职工服务,得到老师们的认可。
			35. 定期做好教职工的体检工作,积极开展和管理教职工的计划生育工作。	40. 提前准备,做好前期调查,体检工作有成效。
		沟通与合作	36. 做好与上级、平级、下属的沟通工作。	41. 与主管领导及时沟通,及时汇报和落实工作。
				42. 与同事的沟通能做到相互尊重,彼此理解。
			37. 做好对外交流与沟通工作。	43. 与园外相关部门有效沟通,确保各项工作有效落实。
		节能减排	38. 规范整洁,做好部门的环境卫生工作。	44. 树立规范意识,管好门前三包、室内大面、物品摆放,无卫生死角。
			39. 树立节能意识,在各项工作中注重绿色环保、节能。	45. 日常落实节能减排意识,工作中做到环保节能,降低能耗和办公耗材。
		反思与发展	40. 能积极进行自我反思,不断完善自身专业素质。	46. 每月积极参与班会,开展自评与他评,能对本职工作进行客观、真实的考核自评。
				47. 通过考核自评,找到自身的优势和不足,结合个人发展规划,制定完善措施并落实。

续表

一级指标	二级指标	三级指标	岗位职责(41)	质量标准(50)
安全责任	安全管理	安全工作	41. 落实一岗双责，认真履行安全管理的职责。	48. 树立安全意识，妥善管理医疗器械和消毒药品，杜绝出现安全问题。
				49. 指导、检查班级消毒药品的使用、放置安全。
				50. 做好部门的安全收尾工作，每日工作结束后，做到人走锁门、关窗、断电。

表 8-30　出纳员的岗位职责与标准

一级指标	二级指标	三级指标	岗位职责(42)	质量标准(50)
遵纪守法职业道德	专业理念与师德	职业理解与认识	1. 热爱学前教育事业，严格执行幼儿园各项规章制度，具有职业理想和敬业精神。	1. 遵守《教育法》《教师法》《未成年人保护法》和《会计法》等财会相关法规，贯彻《规程》《纲要》《指南》精神；爱岗敬业，自觉维护幼儿教师形象。
			2. 有职业追求，注重自身专业发展。	2. 对自身专业发展有明确目标，能制定个人发展规划。
		对家长的态度	3. 树立为家长服务的观念，尊重家长。	3. 尊重家长，热心为家长服务。
				4. 认真完成家长接待来访工作，家长无投诉。
				5. 随时解答家长关于收费等方面的问题。
		对教师的态度	4. 树立团队意识。	6. 团结同事，具有团队合作精神。
			5. 树立正确的友情观。	7. 勇于劝阻或制止同事违反教师行为规范的行为。
		对幼儿的态度与行为	6. 树立正确的教育观、儿童观。	8. 尊重幼儿，在幼儿面前能树立良好师德形象，与幼儿的关系融洽。
				9. 树立幼儿利益高于一切的思想，在各种活动中注重发挥幼儿的主体地位。
		个人修养与行为	7. 严格遵守幼儿园的规章制度，遵守教师职业道德规范。	10. 严格遵守教师行为规范及幼儿园相关制度。
			8. 有责任心和大局意识。	11. 树立主人翁意识，从大局出发做好本职和临时性工作。
			9. 为人正直、乐观向上，有亲和力。	12. 在教师中做师德高尚的楷模，得到大家的认可。
			10. 勤于学习，不断进取。	13. 善于学习，参加各种学习活动有记录。
			11. 衣着整洁得体，语言规范健康，举止文明礼貌。	14. 着装及言谈举止符合教师行为规范。上班时间着有领有袖上衣，下装过膝，下蹲不露后腰，鞋跟不超过 3 厘米；语言规范。

续表

一级指标	二级指标	三级指标	岗位职责(42)	质量标准(50)
岗位职责工作质量	专业知识	法律知识	12. 熟知财会法规，做到知法依法、知章循章，认真完成本职工作。	15. 熟读并领悟国家、北京市各级政府及主管单位有关财务管理工作的文件精神，提高工作质量，确保依法依规使用经费。
		财务工作知识	13. 熟知幼儿园财务工作的特点、内容及标准。	16. 能准确把握教育机构各项财务工作的时间安排和工作标准，并能按时保质完成本岗工作。
				17. 能对财务工作有全面的认识和理解，能为其他岗位提供必要的支持和帮助。
		本岗位专业知识	14. 能注重自身的专业学习，丰富自身的专业知识。	18. 积极参加各项业务学习、继续教育、园外培训等活动，不断提高业务能力。
				19. 参加各种学习活动做好签到和学习记录。
			15. 能不断把学习的理论知识与实践相结合，从而不断提升自身的专业能力。	20. 能熟练把握出纳岗位的工作内容和工作标准，按时、高质地完成工作。
				21. 积极参加岗位练兵、对外观摩等工作，在活动中锻炼业务能力。
		通识性知识	16. 了解当前学前教育发展的基本情况。	22. 了解中国学前教育发展概况，能基本把握当前的主流观点以及幼儿园核心教育理念。
			17. 具有一定的教育学和心理学知识。	23. 在实践中能胜任基本的教育实践工作。
			18. 具有一定的现代信息技术知识。	24. 熟练掌握常用的现代信息技术并运用到实际工作中。
			19. 认真做好支票和现金的保管工作，支付现金和支票手续要严谨规范。	25. 支付现金与支票必须有主管领导和经手人签字，且现金与账目相符。
			20. 每月按规定准确计算并收取幼儿的各项费用，及时与银行核对拨款，并按要求填写各种票据。	26. 工作规范，数据准确，票据完备。
			21. 对每一笔单据认真审核，现金账目日清月结，记录翔实；按照银行核定的备用金、库存限额要求，每天清点现金库存，把超出限额的现金及时存入银行；保险柜不存私人钱物。	27. 数据准确，计算无误，及时核对，规范填写。

续表

一级指标	二级指标	三级指标	岗位职责(42)	质量标准(50)
岗位职责工作质量	专业知识	通识性知识	22. 与会计核对账目，账款相符，发现问题、误差及时查清解决。	28. 有核账记录，账目准确、无差错；登记账簿字迹清楚，账面整洁；定期结账，账证相符，账实相符。
			23. 做好工资发放和每月的收费工作。	29. 工资发放和收费及时、无差错；如遇特殊情况工资不能及时发放，需上报主管领导，说明理由，通报全园。
			24. 按时转工会经费，及时上缴工会经费。	30. 及时、准确，操作规范，符合程序。
			25. 月初核对幼儿考勤，计算每个幼儿应收、应退的相应费用。	31. 计算准确，无差错。
			26. 向家长公布本月收费明细，给划款成功的幼儿及时开具发票；针对划款不成功的幼儿，采取有效方式通知幼儿的家长及时存款。	32. 及时公布收费明细，开具的发票信息准确；针对划款不成功的幼儿，及时通知教学部门联系家长存款，确保划款成功。
			27. 认真核准每一笔伙食账，记清账，整理好各种票据。	33. 认真、清楚，无差错。
			28. 认真核对原始凭证，核准无误后打印好支票，及时联系相关人员签字领取。	34. 数据准确，认真核对，按规定程序操作。
			29. 每天做好幼儿园的日常收支及报销工作，当面点清现金，大额票面要验钞，做到准确无误。	35. 工作细致、规范，确保准确无误。
			30. 认真录入零余额账户、基本账户、工会账户的现金账及银行账。	36. 及时认真录入各项现金账、银行账，并及时与会计及银行对账，制作银行余额调节表。
			31. 认真做好工会出纳工作，保管好工会支票及现金，支付现金和支票手续要严密完备。	37. 支付现金与支票必须有主管领导和经手人签字，且现金与账目相符。

续表

一级指标	二级指标	三级指标	岗位职责(42)	质量标准(50)
岗位职责工作质量	专业知识	通识性知识	32. 做好工会物品发放工作。	38. 发放工会物品有签字手续，没有发放的物品保存好，并能与签字名单核对无误。
			33. 做好每年工会各项保险的续险工作。	39. 工会保险个人信息、网上提交及资金上缴工作准确无误。
			34. 做好上级单位临时性布置及检查工作。	40. 认真及时做好上级单位布置及检查相关工作。
			35. 服从工作安排，认真完成主管领导交给的其他工作任务。	41. 在做好本职工作的同时，完成好主管领导交与的其他工作任务。
	专业能力	服务工作	36. 树立全局意识，与后勤各部门一起全程做好幼儿园各项重大活动的服务性工作。	42. 工作积极主动，认真负责。
				43. 全心全意为师幼发展服务，不计个人得失，有全局观。
		沟通与合作	37. 做好与各级领导及全体教职工的沟通工作。	44. 与主管领导及时沟通，及时汇报和落实工作；与同事的沟通能做到相互尊重，彼此理解。
			38. 做好对外沟通工作。	45. 与银行工作人员有效沟通，确保幼儿园教师工资代扣款及时扣款成功，不成功的，通知教师本人存款，并进行二次扣款。
		反思与发展	39. 能积极进行自我反思，不断完善自身专业素质。	46. 每月积极参与班会，能对本职工作进行客观、真实的考核自评。
				47. 通过考核自评，找到自身的优势和不足，结合个人发展规划，制定完善措施，并有落实。
安全责任	安全管理	安全工作	40. 树立安全意识，做好部门的各项安全工作。	48. 日常工作树立“安全第一”意识，安全工作随时做，经常做，无安全问题，做到人走锁门、关窗、断电。
			41. 树立规范整洁意识，做好部门的环境卫生工作。	49. 树立规范意识，管好门前三包、室内大面、物品摆放整齐，无卫生死角。
			42. 树立节能意识，在各项工作中注重绿色环保、节能。	50. 日常落实节能减排意识，工作中做到环保节能，降低能耗和办公耗材。

表 8-31 财产保管员岗位职责与标准

一级指标	二级指标	三级指标	岗位职责(40)	质量标准(50)
遵纪守法职业道德	专业理念与师德	职业理解与认识	1. 贯彻落实国家财政法规，严格执行各项财政制度和会计制度。	1. 遵守《中华人民共和国会计法》《中华人民共和国预算法》等有关财政法规制度，做好幼儿园资产管理工作。
				2. 遵守《教育法》《教师法》《未成年人保护法》，贯彻《规程》《纲要》《指南》精神。
			2. 热爱学前教育事业，具有职业理想和敬业精神。	3. 爱岗敬业，自觉维护财务人员和幼儿教师形象。
			3. 有职业追求，注重自身专业发展。	4. 对自身专业发展有明确目标，能制定个人发展规划。
		对家长的态度	4. 树立真诚为家长服务的观念，尊重家长。	5. 尊重家长，向家长提供优质服务承诺书，并能切实为家长提供优质服务。
				6. 认真完成家长接待来访工作，主动征求家长对财务工作的意见，家长无投诉，满意率高。
		对教师的态度	5. 树立团队意识。	7. 团结同事，具有团队合作精神。
			6. 树立正确的友情观。	8. 勇于劝阻或制止同事违反教师行为规范的行为。
		对幼儿的态度与行为	7. 树立正确的教育观、儿童观。	9. 树立幼儿利益高于一切的思想，尊重幼儿的主体地位。
				10. 树立幼儿利益高于一切的思想，在各种活动中注重发挥幼儿的主体地位。
		个人修养与行为	8. 严格遵守幼儿园的规章制度，遵守教师职业道德规范。	11. 严格遵守教师行为规范及幼儿园各项规章制度。
			9. 具有责任心、使命感、大局意识。	12. 树立主人翁意识，从大局出发做好本职和临时性工作。
			10. 为人正直、乐观向上，有亲和力。	13. 在教师中做师德高尚的楷模，得到大家的认可。
			11. 勤于学习，不断进取。	14. 善于学习，参加各种学习活动有笔记、有思考。
			12. 衣着整洁得体，语言规范健康，举止文明礼貌。	15. 着装及言谈举止符合教师行为规范。

续表

一级指标	二级指标	三级指标	岗位职责(40)	质量标准(50)
岗位职责工作质量	专业知识	法律知识	13. 熟读并领悟国家、地方各级政府及主管单位有关国有资产管理的文件精神，做到知法依法、知章循章，依法做好本职工作。	16. 严格按照相关法律法规要求开展日常工作，提高工作实践质量。
		财务工作知识	14. 熟知幼儿园财产管理工作特点、内容及标准。	17. 能准确把握教育机构财产管理工作的规范和标准。
				18. 能对财务工作有全面的认识和理解，能为其他岗位提供必要的支持和帮助。
		本岗位专业知识	15. 能注重自身的专业学习，丰富自身的专业知识。	19. 积极参加各项业务学习、教研活动、继续教育、园外培训等活动，不断提高业务能力。
				20. 参加各种学习活动做好签到和学习记录。
			16. 能不断把学习的理论知识与实践相结合，从而不断提升自身的专业能力。	21. 能熟练把握本岗位的工作内容和工作标准，按时、高质地完成工作。
				22. 积极参加岗位练兵、对外观摩、支教、代培等工作，在活动中锻炼业务能力。
		通识性知识	17. 了解当前学前教育发展的基本情况。	23. 了解中国学前教育发展概况，能基本把握当前的主流观点以及幼儿园核心教育理念。
			18. 了解中国学前教育基本情况。	24. 在实践中能胜任基本的教育实践工作。
			19. 具有一定的现代信息技术知识。	25. 熟练掌握常用现代信息技术并运用到工作中。
	专业能力	常规工作	20. 认真做好本岗工作的各项记录。	26. 资产管理工作的原始记录真实，统计数据准确，资料完整。
			21. 依据采购类的资产购置明细，认真核对固定资产的原始账目，并开具入库单，上交会计。	27. 及时核对、更新固定资产数量，账实相符，数据准确无误。
			22. 按照原始的入库单，输入动态管理账及北京市固定资产账目管理账，每月通过专线传送数据。	28. 输入准确，按规定的时间和标准上报。

续表

一级指标	二级指标	三级指标	岗位职责(40)	质量标准(50)
岗位职责工作质量	专业能力	常规工作	23. 将新增固定资产按照每物一卡的要求，填写固定资产卡片账，一式两份。	29. 填写规范、准确、无差错。
			24. 对于调减、报废的固定资产要填制处置表，通过网络和手写方式上传上级主管部门。	30. 按规范和流程执行处置工作，无差错。
			25. 将上级批复的调减报废的出库单在二套动态管理系统软件中做报废固定资产卡片总账以及每物一卡的卡片账的调减。	31. 及时更新数据，做到账目清晰、数据准确、账实相符。
			26. 分类存放报废的资产，接受上级部门对下账物品的评估、审批和检查。	32. 将报废的资产进行分类存放，摆放整齐。
			27. 做好固定资产资料的装订、保存和整理工作。	33. 材料整理及时且符合规范要求，资料完整，装订细致。
			28. 定期做好固定资产的清查和年终年报工作。	34. 按时完成，数据准确、真实。
			29. 建立与各班级、各部门分保管员的联系，定期与其核对固定资产。	35. 定期与分保管员沟通，指导分保管员明确自身职责，对所负责的固定资产做到心中有数。
			30. 日常资产管理工作实现动态管理，注重新增和报废物品的照片、资料整理，按时上传网站。	36. 熟练掌握信息技术手段，针对资产信息变化进行及时调整，操作准确。
			31. 负责发放全园日用品，收库、发放要记清，每月底盘库结账。	37. 根据日常需要提前采购物品。
				38. 每月发放日用品的数量要统计清楚，有相关记录。

续表

一级指标	二级指标	三级指标	岗位职责(40)	质量标准(50)
岗位职责工作质量	专业能力	常规工作	32. 对库房物品应进行有序的管理。	39. 分类摆放、整齐有序。
			33. 服从工作安排，认真完成主管领导交给的其他工作任务。	40. 在做好本职工作的同时，完成好主管领导交给的其他工作任务。
		服务工作	34. 树立全局意识，与后勤各部门一起全程做好幼儿园各项重大活动的服务性工作。	41. 工作积极主动，认真负责。
		沟通与合作	35. 做好与上级、平级、下属的沟通工作。	42. 与主管领导及时沟通，及时汇报和落实工作。
				43. 与同事的沟通能做到相互尊重，彼此理解。
			36. 做好对外交流与沟通工作。	44. 与园外相关部门有效沟通，确保资金得到及时有效的使用和管理。
		反思与发展	37. 能积极进行自我反思，不断完善自身专业素质。	45. 通过考核自评，找到自身的优势和不足，结合个人发展规划，制定完善措施，并有落实。
安全责任	安全管理	安全工作	38. 树立安全意识，做好部门的各项安全工作。	46. 日常工作树立“安全第一”意识，安全工作随时做，经常做，无安全问题，无责任事故发生。
				47. 主动做好本岗位的安全检查与整改工作。
				48. 积极参加或开展安全教育活动，主动学习安全常识，团结合作做好幼儿园安全工作，共建平安校园。
			39. 树立规范整洁意识，做好部门的环境卫生工作。	49. 树立规范意识，管好门前三包、室内大面、物品摆放整齐，无卫生死角。每日工作结束后，做到人走锁门、关窗、断电。
			40. 树立节能意识，在各项工作中注重绿色环保、节能。	50. 日常落实节能减排意识，工作中做到环保节能，降低能耗和办公耗材。

表 8-32 厨师岗位职责与标准

一级指标	二级指标	三级指标	岗位职责(34)	质量标准(50)
遵纪守法职业道德	专业理念与师德	职业理解与认识	1. 凭证上岗，严格执行《食品安全法》和相关标准。	1. 依法取得健康证，按规定到专业部门接受验证和培训；遵守《消防法》《食品安全法》和各级主管部门下发的文件规定。
			2. 热爱学前教育事业，具有职业理想和敬业精神。	2. 爱岗敬业，自觉维护幼儿教师形象。
			3. 有职业追求，注重自身专业发展。	3. 对自身专业发展有明确目标，能制定切实可行的个人发展规划。
		对家长的态度	4. 树立真诚为家长和孩子服务的观念，尊重家长。	4. 尊重家长，热心为幼儿服务。
				5. 利用各种机会，主动征求家长对幼儿园日常饮食的意见，家长无投诉，满意率高。
		对教师的态度	5. 树立团队意识。	6. 团结同事，具有团队合作精神。
			6. 树立正确的友情观。	7. 勇于劝阻或制止同事违反教师行为规范的行为。
		对幼儿的态度与行为	7. 树立正确的教育观、儿童观。	8. 尊重幼儿，在幼儿面前能树立良好师德形象，与幼儿的关系融洽。
				9. 树立幼儿利益高于一切的思想，在各种活动中注重发挥幼儿的主体地位。
		个人修养与行为	8. 严格遵守幼儿园的规章制度，遵守教师职业道德规范。	10. 严格遵守教师行为规范及幼儿园相关制度。
			9. 有责任心和大局意识。	11. 具有主人翁意识，从大局出发做好本职和临时性工作。
			10. 为人正直、乐观向上，有亲和力。	12. 在教师中做师德高尚的楷模，得到大家的认可。
			11. 勤于学习，不断进取。	13. 善于学习，参加各种学习活动有笔记、有思考。
			12. 衣着整洁得体，语言规范健康，举止文明礼貌。	14. 着装及言谈举止符合教师行为规范。

续表

一级指标	二级指标	三级指标	岗位职责(34)	质量标准(50)
岗位职责工作质量	专业知识	法律知识	13. 严格执行国家的食品安全规范，对全园幼儿的日常饮食安全负责。	15. 严格按照相关法律法规要求开展日常工作，熟知家食品安全规范，能做到严格落实。
		餐饮知识	14. 熟知厨师的专业基础知识和操作规范。	16. 熟知并领悟国家、北京市各级政府及主管单位有关食品安全的文件精神，提高工作实践质量。
				17. 能准确把握幼儿饮食工作的特点和规律，能制定幼儿喜爱的菜谱，保障幼儿营养均衡与健康发展。
		本岗位专业知识	15. 能注重自身的专业学习，丰富自身的专业知识。	18. 积极参加各项业务学习、教研活动、继续教育、园外培训等活动，不断提高业务能力。做好签到和学习记录。
			16. 能不断把学习的理论知识与实践相结合，从而不断提升自身的专业能力。	19. 能熟练把握厨师岗位的工作内容和工作标准，按时、高质地完成工作。
				20. 积极参加岗位练兵、对外观摩、支教、代培等工作，在活动中锻炼业务能力。
			17. 结合本岗工作，积极参加课题研究、论文评选、杂志投稿等工作，积累工作和研究经验。	21. 积极参加各种征文活动，在幼儿园网站、园刊有文章入选，或在各级征文中获奖、在专业期刊上发表。
		通识性知识	18. 了解当前学前教育发展的基本情况。	22. 了解中国学前教育发展概况，能基本把握当前的主流观点以及幼儿园核心教育理念。
			19. 具有一定的教育学和心理学知识。	23. 在实践中能配合教学班级教师开展基本的教育实践活动。
			20. 具有一定的现代信息技术知识。	24. 能较好地掌握常用的现代信息技术并运用到实际工作中。
	专业能力	常规工作	21. 日常膳食工作严格按照流程、标准进行操作；严格按照食堂“五四”制操作，做好日常消毒和餐前餐后的清洁工作。	25. 饮食卫生、健康、色香味要符合幼儿的饮食特点。
				26. 能按照每日食谱，正确带量。减少厨余垃圾，杜绝浪费现象。
				27. 主副食及热菜做到精工细作、卫生、健康，符合营养标准；餐前餐后消毒和清洁符合本岗位的工作要求。
				28. 严格按照岗位操作流程准时完成各项工作，按时送碗、送饭、收碗，根据季节变化做好饭菜的保温和降温工作。

续表

一级指标	二级指标	三级指标	岗位职责(34)	质量标准(50)
岗位职责工作质量	专业能力	常规工作	22. 对部门电器设备、能够按照操作规程使用，出现故障及时报修，保证工作正常开展。注意水、电、气的安全使用。	29. 对部门的各种设备能够正确熟练使用，水、电、气在正常使用下没有浪费现象。
			23. 根据伙食委员会的意见，定期进行技术练兵，提高厨艺水平，定期配合班组研制创新菜品。	30. 能够根据伙食委员会意见及时调整工作中的不足，完善现有工作。每月能推出一道创新菜，符合幼儿的饮食特点。
			24. 认真做好每日各项记录。	31. 当天各项记录清晰准确，没有遗漏。
				32. 落实食品出入库登记，有进货记录和使用记录。
			25. 服从工作安排，认真完成主管领导交给的其他工作任务。	33. 在做好本职工作的同时，完成好主管领导交给的其他工作任务。
		应急处理	26. 能应对各种食品安全突发事件，按照预案正确处理。	34. 能在第一时间启动应急预案，确保师幼健康安全。
				35. 明确自身应肩负的职责，努力将不良事件影响降到最低。
				36. 对不符合食品安全的原料能及时发现，并着手解决，不能独立解决的，第一时间上报主管领导。
			27. 在保证日常工作的基础上，积极配合教学活动，确保活动的顺利进行。	37. 深入实践，积极参与教育教学活动，活动中各项操作必须符合安全规范。
		沟通与合作	28. 做好与上级、平级、下属的沟通工作。	38. 与主管领导及时沟通并落实好各项工作。
				39. 与同事的沟通能做到相互尊重，彼此理解，和谐团结。
			29. 做好对外交流与沟通工作。	40. 与园外相关部门有效沟通，确保各项工作有效落实。
		反思与发展	30. 能积极进行自我反思，不断完善自身专业素质。	41. 每月积极参与班会，开展自评与他评，能对本职工作进行客观、真实的考核自评。
				42. 通过考核自评，找到自身的优势和不足，结合个人发展规划，制定完善措施，并有落实。

续表

一级指标	二级指标	三级指标	岗位职责(34)	质量标准(50)
安全责任	安全管理	安全工作	31. 树立安全意识，做好部门的各项安全工作。	43. 日常工作树立“安全第一”意识，不出现水、电、气等安全问题。
			32. 认真做好每日各项安全工作检查，并做好相关记录。	44. 认真巡视园内安全，定期对人防、物防、技防及各类事故隐患进行检查，发现问题及时上报、及时处置，杜绝事故的发生。
				45. 每日各项检查记录准确，无遗漏。
			33. 树立规范整洁意识，做好部门的环境卫生工作。	46. 工作规范，管好办公室、库房门前三包、室内大面、物品摆放，无卫生死角。
			34. 树立节能意识，在各项工作中注重绿色环保、节能。	47. 保证燃气间的整洁、安全、设备完好，符合安全要求。
				48. 日常落实节能减排意识，工作中做到环保节能，降低能耗和办公耗材。
				49. 本着节约的精神，做好简单维修物品的储备，保证日常工作运转。
				50. 落实节能工作，定期对全园各部门用水、用电、使用设施情况进行检查、评比、公示。

第九章　幼儿园岗位工作重点与流程

幼儿园岗位工作重点与流程主要指各岗位逐月或者分阶段工作的重点内容，以及某些岗位一日工作的主要流程。岗位工作重点与流程是对岗位职责与标准的具体落实。本章将以表格的形式按照管理岗位、教学岗位、后勤岗位分别介绍不同部门的岗位工作重点及流程。

第一节　幼儿园管理岗位工作重点与流程

表 9-1　园长月工作重点

月份	工作重点
1～2 月	1. 统筹做好学期全园工作总结。 2. 做好新学期幼儿园各项工作的顶层设计与规划。 3. 统筹协调好假期轮休工作，确保教育质量。 4. 统筹协调好假期教职工家访及慰问工作。 5. 布置好各项开学准备工作。
3 月	6. 做好幼儿园安全、卫生、环境等开学检查与指导工作，确保顺利开学。 7. 统筹布置全园工作计划及各部门工作计划，并检查、监督执行情况。 8. 落实常态研究机制，科学做好教师梯队建设。 9. 召开园级家长委员会，有效落实家园共育教育理念。 10. 召开兼职园长助理会，了解一线需求。
4 月	11. 做好幼儿园“北海杯”“新星杯”等活动的理论指导与专业支持。 12. 深入开展实践研究，保障常态教育质量。 13. 关注全体教职工思想动态，以恳谈会、质量分析会等多种形式，对全体教职工的专业发展提供有效支持与帮助。 14. 做好学期中各项计划落实情况的检查与指导。
5 月	15. 做好六一活动的顶层设计与指导，确保活动能有效支持师幼自主发展。 16. 做好招生相关工作的顶层设计与指导。 17. 召开兼职园长助理会，了解一线需求。
6 月	18. 平稳、有序地推进幼儿园招生工作。 19. 统筹协调教师期末考核与聘任工作。 20. 统筹做好各项评优评先、职称评定工作。 21. 统筹做好学期末各项工作的总结和梳理。

续表

月份	工作重点
7～8月	22. 组织召开新生家长会，传递幼儿园教育理念。 23. 统筹做好新学期各项工作的顶层设计与计划。 24. 指导各部门布置好假期轮休相关工作。 25. 统筹协调好假期教职工家访及慰问工作。 26. 统筹做好幼儿园开学准备工作，确保顺利开学。
9月	27. 布置新学期全园工作计划，达成共识，明确方向。 28. 举全园之力密切关注并协助解决小班幼儿入园适应问题。 29. 落实并深入实践推门研究，支持教师专业化成长。 30. 召开园级家长委员会，有效落实家园共育教育理念。 31. 召开兼职园长助理会，了解一线需求。
10月	32. 有效推进干部、教师梯队建设，支持全体教职工专业发展。 33. 定期召开质量分析会，确保常态教育质量稳步提升。 34. 召开不同层面的恳谈会，了解教职工思想动态。
11月	35. 统筹做好人事招聘相关工作，确保梯队建设良性发展。 36. 深入开展实践研究活动，推动幼儿园可持续发展。 37. 统筹做好幼儿园各项工作的阶段性总结与梳理，明确发展方向。 38. 统筹做好新年活动的顶层设计。
12月	39. 筹备并推进新年活动的开展，支持师幼发展。 40. 统筹做好期末各项工作的全面考核与评价。 41. 统筹做好教师思想建设工作。 42. 统筹做好学期工作的总结与梳理。 43. 统筹做好科研年会及教师培训大会的组织与实施。
常规工作	44. 统筹落实好各项安全工作，确保师幼安全。 45. 统筹做好党建相关工作，落实相关文件精神。 46. 统筹做好幼儿园文化建设、制度建设等相关工作。 47. 科学推进教师梯队建设，做好人才储备。 48. 统筹做好代培、接待观摩等外事工作，发挥优质教育资源辐射作用。 49. 统筹做好与各级主管部门的联络与沟通工作。 50. 做好各项临时性工作。

表 9-2　副书记(主管事业发展部)月工作重点

月份	工作重点
1～2月	1. 制订部门工作计划与规划，做好顶层设计。 2. 参与筹备学期初教师培训，做好教师开学一课。 3. 做好教师思想动员工作，为开学做好准备工作。 4. 召集召开新学期教代会，制订、讨论、修改新学期幼儿园工作计划及新出台的相关制度。 5. 开展离退休教师、老园长和有特殊需要职工的家访工作。
3月	6. 召开党支部委员会，讨论、修改、制订新学期党支部工作计划。 7. 围绕幼儿园中心工作，做好学期中心组学习计划。 8. 召开工会委员会，制订、讨论、修改新学期工会工作计划。 9. 了解学期初教职工思想动态、生活动态。

续表

月份	工作重点
3月	10. 根据各岗需求，对照督导要求，做好公开招聘准备。 11. 参加园级家长委员会，听取家长对幼儿园办园的意见、建议，落实家委会提案。 12. 围绕“学雷锋日”“三八节”开展好群团建设。 13. 根据区工会要求开展劳模慰问工作。
4月	14. 做好积极分子培养梳理工作，为年度发展党员做好准备。 15. 按照计划推进党员先锋岗评选。 16. 开展职工春季运动会。 17. 结合“清明节”开展群团活动及祭扫活动。
5月	18. 做好发展党员准备工作。 19. 按照计划推进党员学习。 20. 开展党员下社区活动。 21. 结合节日开展“五四青年节”等群团活动。
6月	22. 做好发展党员、接收预备党员转正工作。 23. 按照计划推进党员先锋岗评选。 24. 开展组织生活会。 25. 挖掘、评选、宣传“我心中的好老师”先进事迹，并做好上报工作。 26. 做好教职工学年考核工作，为考核聘任、评优评先做准备。 27. 制定学期奖励绩效发放方案，筹备、召开学期末教代会。
7月	28. 做好党务总结工作。 29. 根据上级安排，开展干部述职述廉和民主评议工作。 30. 参与筹备学期末师德培训。 31. 按照计划推进党员评议。 32. 召开工会委员会，做好学期工会工作小结。 33. 更新党员E先锋平台，及时做好发展党员、调入、转出党员信息更新。
8月	34. 全面总结工作、做好学期工作情况的反思、梳理、总结。 35. 思考下学期整体工作、制订新学期部门工作计划与规划。 36. 参与筹备学期初教师培训，做好教师师德教育。 37. 做好教师思想动员工作，为开学做好准备工作。
9月	38. 召开党支部委员会，讨论、修改、制订新学期党支部工作计划。 39. 围绕幼儿园中心工作，做好学期中心组学习计划。 40. 召开工会委员会，制订、讨论、修改新学期工会工作计划。 41. 了解学期初教职工思想动态、生活动态。 42. 根据各岗需求，对照督导要求，做好公招准备。 43. 参加园级家长委员会，听取家长对幼儿园办园的意见、建议，落实家委会提案。 44. 完成西城区幼儿信息管理平台信息录入、北京市教育统计信息录入、北京市教师管理信息平台维护。 45. 做好教师节及中秋节等群团活动。

续表

月份	工作重点
10月	46. 根据上级精神落实国庆节庆祝活动。 47. 按照计划推进党员先锋岗评选。 48. 完善西城区工会管理平台信息维护，为新教师办理“北京银行互助卡”。 49. 开展职工秋季运动会。
11月	50. 按照计划推进党员学习。 51. 开展党员下社区活动。 52. 根据上级精神，筹备做好年末绩效工资分配方案。
12月	53. 做好党务总结工作。 54. 根据上级安排，开展基层党支部民主测评工作。 55. 按照计划推进党员先锋岗评选。 56. 开展组织生活会。 57. 完善党员E先锋数据，规范准确做好年度党统工作。 58. 筹划新年活动，为教职工过生日，为下一年度退休职工送温暖。
常规工作	59. 按计划开展政治学习、道德讲堂、北海星表彰、师德教育工作。 60. 按照计划推进干部中心组学习。 61. 按要求每月4日前上报主题党日及主题教育活动。 62. 根据要求按时填报督导、督查表格，接待督导检查、督学指导。 63. 做好全员思想工作。 64. 按照上级指示精神，落实好党费收缴等工作。 65. 慰问当月过生日的工会会员。 66. 协助幼儿园做好其他各项临时性工作。

表 9-3　副园长(主管建设保障部)月工作重点

月份	工作重点
1～2月	1. 制定开学准备方案。 2. 结合寒假轮休期间人员安排，制订维修计划，为开学做好准备工作。 3. 指导开展设备设施的检修工作，及时维护、维修，确保开学。
3月	4. 做好学期工作计划。 5. 指导各中心制订中心工作计划。 6. 做好春季传染病防控各项工作。 7. 落实安全工作，做好全园安全工作。 8. 依据预算审批情况，向行政会通报情况，并落实预算项目执行人。 9. 开展校园环境美化、绿化工作，同时为教学开展种植活动提供支持。 10. 配合做好游泳馆的开课准备。 11. 做好冬季供暖的总结工作。

续表

月份	工作重点
4月	12. 继续做好校园环境的绿化、美化工作。 13. 根据计划开展幼儿大体检、体能测试的准备工作。 14. 在上级统一安排下，开展教师健康体检工作。
5月	15. 认真开展幼儿体能测试和大体检工作。 16. 做好六一活动的各项服务保障工作。 17. 配合基建处开展幼儿园的查房工作。 18. 做好防汛的各项准备工作。
6月	19. 在幼儿园统一部署下，做好部门岗位聘任方案。 20. 持续做好防汛工作。 21. 提醒各预算项目负责人执行预算。 22. 做好期末各项总结工作。 23. 在全园统一部署下，制定部门暑期轮休安排和要求。
7～8月	24. 完成各项总结工作。 25. 持续做好防汛工作。 26. 制定开学准备方案。 27. 结合暑期轮休期间人员安排，制订维修计划，为开学做好准备工作。 28. 指导开展设备设施的检修工作，及时维护、维修，确保开学。做好常规工作和临时性工作。 29. 思考下学期整体工作。
9月	30. 做好学期工作计划。 31. 依据上级工作精神，在园长指导下，汇总各部门需求，制定下一年度预算方案，提交行政会讨论。 32. 提醒各预算项目负责人执行预算。 33. 结合秋季收费检查工作，规范幼儿园财务工作。 34. 做好教职工年度体检的相关准备。 35. 持续做好防汛工作。 36. 配合做好游泳馆的开课准备。
10月	37. 落实教职工年度体检工作。 38. 做好冬季供暖的准备工作。 39. 提醒各预算项目负责人执行预算。 40. 做好冬季供暖的准备工作。
11月	41. 做好冬季供暖工作。
12月	42. 做好各项总结工作。 43. 根据上级统一部署，对预算项目进行绩效总结。
次年1月	44. 全面总结工作。 45. 做好学期工作情况的反思、梳理、总结。 46. 思考下学期整体工作。

续表

月份	工作重点
常规工作	47. 持续落实各项安全工作。 48. 深入实践调研。 49. 持续做好传染病防控和阳光体育活动。 50. 根据天气情况，夏季做好防蚊、冬季做好保暖工作。 51. 按计划执行预算。 52. 在实践中检验制度的执行情况，不断完善制度建设。 53. 结合实践深入开展文化建设工作，使园所文化深入人心。 54. 根据实际情况，随时做好设备的检修、维护和修缮工作。 55. 做好人员思想工作及其他各项临时性工作。

表 9-4　副园长(主管教育发展部)月工作重点

月份	工作重点
1～2 月	1. 做好教育发展部工作总结。 2. 做好相关对接部门的工作总结。 3. 做好假期轮休工作。 4. 做好假期家访、团拜工作。 5. 做好学期教育工作顶层设计与规划及各项准备工作。 6. 做好幼儿及教师等各项开学前准备工作。 7. 筹备开学培训大会。
3 月	8. 做好各园址安全、卫生、环境开学检查。 9. 整体规划教师梯队建设、幼儿园课程、教育科研工作。 10. 做好开学各项准备，开展“开学第一课”工作。 11. 做好各项幼儿兴趣活动的课程安排工作。 12. 开展教师培训大会。 13. 做好教育科研学期计划。 14. 召开园级家长委员会，园级家长会。 15. 召开区共同体计划工作会。
4 月	16. 做好全园安全、卫生、环境检查。 17. 开展推门课、教研活动。 18. 开展学习共同体，名师工作室相关工作。 19. 做好春季传染病防控工作。 20. 做好各项实习代培工作。 21. 联系相关小学开展“幼小衔接”相关工作。 22. 组织开展幼儿园“北海杯”“新星杯”比赛活动。
5 月	23. 开展推门课、教研活动。 24. 开展杯赛活动。 25. 做好六一活动的顶层设计和实施。 26. 做好各项实习代培工作。 27. 做好所对接部门的工作。

续表

月份	工作重点
6月	28. 开展实践研究教研活动。 29. 做好期末考核工作。 30. 做好假期轮休安排。 31. 做好教师评价工作。 32. 做好所对接部门的工作。 33. 做好学年各项工作总结和考核工作。
7～8月	34. 做好各项推优推先工作。 35. 做好安全收尾工作。 36. 进行新学期计划研讨会。 37. 做好科研大会筹备和开展。 38. 做好开学前的各项准备工作。 39. 做好相关对接部门的工作总结。
9月	40. 做好本学年教育工作计划。 41. 做好学年教学、教科研和教师培训顶层设计。 42. 做好开学全园安全、卫生、环境大检查。 43. 做好"开学第一课"以及"安全教育进课堂"等活动。 44. 开展实践研究教研活动。 45. 开展幼儿一月一节活动。 46. 组织区学习共同体计划会。 47. 做好新小班入园相关工作。 48. 做好小长假收尾相关工作。
10月	49. 随时做好全园安全工作。 50. 开展实践研究教研活动。 51. 组织和开展"北海杯"和"新星杯"活动。 52. 开展幼儿一月一节活动。 53. 做好所对接部门的工作。 54. 设计和组织家长委员会、年级家长会。
11月	55. 随时做好全园安全工作。 56. 开展实践研究教研活动。 57. 开展幼儿一月一节活动。 58. 启动冬季锻炼活动。 59. 做好所对接部门的工作。 60. 做好冬季传染病防控工作。 61. 做好代培实习工作。
12月	62. 开展实践研究活动、教研活动。 63. 筹备新年活动。 64. 做好科研年会的筹备工作。 65. 做好期末考核工作。 66. 做好假期轮休安排。 67. 做好所对接部门的工作。

续表

月份	工作重点
	68. 做好教师思想恳谈工作。 69. 做好假期安全收尾工作。
常规工作	70. 日常教学管理。 71. 组织开展日常教研活动。 72. 日常教师培训管理工作。 73. 进行月总结和考核工作。 74. 各项安全工作。 75. 做好教师思想恳谈工作。 76. 组织开展幼儿各项大型活动。 77. 与各部门配合开展工作。 78. 落实市区各项工作。 79. 做好“北海星”评选工作。 80. 处理好家长和幼儿日常相关投诉和举报工作。 81. 做好部门人员思想工作和各项临时性工作。

表 9-5　党工团建设中心主任月工作重点

月份	工作重点
1～2 月	1. 全面总结党工团工作。 2. 做好学期党工团工作情况的反思、梳理、总结。 3. 根据幼儿园工作安排，思考新学期整体工作。 4. 党政工团联合拜访老教师。
3 月	5. 做好新学期党工团工作计划。 6. 组织召开工会会议，依据幼儿园整体发展规划及新学期部门计划，征求工会委员以及工会小组长的意见与需求。 7. 召开教师代表大会。 8. 配合党支部了解学期初党员思想动态、生活工作情况，做好党员的思想政治工作。 9. 工会工作深入各部门，了解教师需求，关注教师的情绪与思想动态。 10. 结合三八节活动，开展党团建设工作以及工会活动。 11. 做好“北海星”表彰活动。 12. 做好党员先锋岗表彰工作。
4 月	13. 做好党建工作的资料、档案等整理工作。 14. 开展有趣、有益的工会活动，筹备春季运动会。 15. 党工团联合开展五一活动，凝心聚力，提高思想认识。 16. 开展道德讲堂活动。 17. 做好“北海星”表彰活动。
5 月	18. 做好党建、党统的常规工作。 19. 结合五四青年节，在党支部带领下，做好共青团支部工作。 20. 协调教学部门筹备六一活动。 21. 开展重大活动前的心理建设与疏导工作。

续表

月份	工作重点
5月	22. 开展道德讲堂活动。 23. 做好“北海星”表彰活动。
6月	24. 带领党员教师发挥先锋模范作用，做好庆祝六一活动。 25. 组织开展党团活动。 26. 做好党建、党统、党员E先锋的档案管理工作。 27. 做好党员先锋岗表彰工作。 28. 开展夏季运动游乐会活动。 29. 做好“北海星”表彰活动。
7～8月	30. 做好党建、党统工作的总结。 31. 做好学期党工团工作情况的反思、梳理、总结。 32. 思考新学期整体工作。 33. 关心教职工，根据实际情况有目的地做好家访工作。 34. 关注党员及积极分子的思想政治工作。
9月	35. 做好新学期党建党统的工作计划。 36. 了解学期初党员的思想动态与生活工作情况。 37. 结合教师节，工会开展庆祝教师节活动，树立良好的师德师风。 38. 做好表彰党员先锋岗活动。 39. 做好“北海星”表彰活动。 40. 协助教学部门缓解幼儿分离焦虑、家长心理疏导等工作。
10月	41. 结合十一国庆节开展党员、团员爱国主题活动。 42. 关注党员生活，学习与工作情况，发挥党员的先锋作用。 43. 做好资料、档案的整理工作。 44. 做好“北海星”表彰活动。 45. 做好道德讲堂活动。 46. 订阅报纸、杂志等工作，购买相关活动的物品。
11月	47. 关注党员的需求，做好党员的思想建设工作。 48. 做好档案管理工作。 49. 组织开展党员主题教育活动。 50. 做好党员先锋岗活动。 51. 做好“北海星”表彰活动。 52. 开展多种形式的师德教育活动，做好十一工会活动。 53. 组织秋季运动会。
12月	54. 以新年为契机，动员党员、团员发挥先锋模范作用，组织实施新年活动。 55. 做好档案管理工作。 56. 书写并发放家属慰问信。 57. 开展道德讲堂活动。 58. 做好“北海星”表彰活动。

表 9-6 园务管理中心主任月工作重点

月份	工作重点
1～2 月	1. 全体人员(离休、退休、在职)工资变动情况审核。 2. 岗位晋级相关工作。 3. 离退休人员工资年报。 4. 接收应届毕业生工作的开展。 5. 各类人员月工资审核。 6. 职称备案及相关工作。 7. 年末走访活动安排。
3 月	8. 开学初幼儿、教师基本情况的报备与汇总。 9. 全园及部门工作计划与总结的上报和归档。 10. 人事台账梳理工作。 11. 各类人员月工资审核。 12. 开始办理应届毕业生接收手续。
4 月	13. 各类人员月工资审核。 14. 协助园领导及招生领导小组开始做好招生工作计划。 15. 协助园领导开始做好全园岗位设置工作。
5 月	16. 各类人员月工资审核。 17. 全力以赴协助园领导及招生领导小组做好幼儿园招生工作计划的报备和方案的梳理。 18. 协助园领导做好下学年班级设置计划。
6 月	19. 教师节表彰活动的准备及人员上报工作。 20. 学年度考核工作及考核优秀人员的上报工作。 21. 十级工资变动情况的汇总。 22. 人事台账梳理工作。 23. 全面做好招生及相关系列工作。 24. 各类人员月工资审核。
7～8 月	25. 接收毕业生手续全部完成。 26. 做好新生接收及相关工作。 27. 做好部门工作梳理与总结，做好下学期工作计划与设计。 28. 各类人员月工资审核。 29. 教师聘用合同的续签工作。 30. 做好下学年工作的顶层设计。
9 月	31. 开学初幼儿、教师基本情况的报备与汇总。 32. 全园及部门工作计划与总结的上报和归档。 33. 协调各部门共同做好基础教育统计工作。 34. 配合做好幼儿信息采集工作。 35. 人事台账梳理工作。 36. 各类人员月工资审核。 37. 协助园领导制定学年奖方案。 38. 区级教师节表彰活动的落实与人员安排。 39. 离退休教师工作计划。 40. 幼儿信息采集平台工作的介入。

续表

月份	工作重点
10月	41. 职称评聘与材料上报工作。 42. 各类人员月工资审核。 43. 人事公开招聘工作。 44. 新增人员住房情况调查。 45. 无房职工年度住房补贴预算。
11月	46. 下一年度住房补贴预算工作。 47. 下一年度薪级工资预算工作。 48. 各类人员月工资审核。 49. 下一年度外事工作计划。 50. 根据幼儿园人员退休情况做好接收应届毕业生工作，定期开展面试。
12月	51. 本年度人员情况年报汇总。 52. 本年度全园工资发放汇总。 53. 本年度全园人员工资年报。 54. 人事台账梳理上报。 55. 各类人员月工资审核。 56. 本年度外事工作总结。
常规工作	57. 深入实践，关注教职工职业生涯发展与规划。 58. 做好各项教职工福利待遇分配工作。 59. 落实小细实精的工作作风，确保各项工作开展的实效性。

表 9-7　规划发展中心主任阶段性工作重点

时间	工作重点
学期初	1. 结合政策导向与园所发展背景，做好学期工作计划。 2. 结合园所与师幼发展需求，做好幼儿园相关工作规划。
学期中	3. 围绕计划和规划的落实情况进行实践调研，形成报告，并向上级领导汇报，与相关部门进行沟通。 4. 在实践调研的基础上，对幼儿园工作各方面的情况进行梳理，拿出可行性方案，与各部门进行沟通。
学期末	5. 结合计划和规划以及学期工作的实际，做好各项总结工作。 6. 结合学期工作总结，做好下学期全园工作的计划工作。
常规工作	7. 深入实践调研。 8. 在实践中检验制度的执行情况，不断完善制度建设。 9. 结合实践深入开展文化建设工作，使园所文化深入人心。

表 9-8　保教管理中心主任月工作重点

月份	工作重点
1～2 月	1. 做好幼儿园安全收尾工作。 2. 做好全园工作总结，协助相关部门做好工作总结。 3. 做好假期轮休工作。 4. 做好假期家访、团拜工作。 5. 做好开学前的各项准备工作。
3 月	6. 做好本学期保教工作计划与顶层设计。 7. 做好全园安全、卫生、环境开学检查。 8. 关注幼儿入园适应与情绪，平稳渡过开学季。 9. 做好教师评价和幼儿初测的工作。 10. 对区级开展的各种杯赛活动做好筹备。 11. 做好一月一节的启动。
4 月	12. 开展春季运动会。 13. 开展幼儿一月一节活动。 14. 做好师幼过程性评价工作。 15. 开展杯赛活动。
5 月	16. 做好六一活动的顶层设计和实施。 17. 大班幼儿做好幼小衔接工作。 18. 做好各年龄班升班的各项准备工作。
6 月	19. 开展六一儿童节活动，组织大班幼儿毕业相关活动。 20. 做好各个班级交接准备工作。 21. 做好教师评价以及期末考核工作。 22. 做好假期轮休安排。 23. 做好社区、早教工作总结。
7～8 月	24. 做好假期家访工作。 25. 做好开学前的各项准备工作，协助做好培训大会。
9 月	26. 做好本学期保教工作以及社区、早教工作计划。 27. 做好“开学第一课”以及“安全教育进课堂”等活动。 28. 深入关注小班幼儿分离焦虑，支持幼儿做好入园适应。 29. 做好园级、班级家长会工作。 30. 做好开学全园安全、卫生、环境大检查。 31. 开展一月一节启动仪式。
10 月	32. 开展爱国主义教育，培养幼儿民族自信心和自豪感。 33. 开展幼儿一月一节活动。
11 月	34. 启动冬季锻炼活动。 35. 开展幼儿一月一节活动。 36. 做好新年活动的顶层设计与预设。 37. 关注师幼过程性评价。

续表

月份	工作重点
12 月	38. 筹备新年活动。 39. 做好科研年会的筹备工作。 40. 做好期末考核与师幼评价工作。 41. 做好假期轮休安排。
常规工作	42. 深入实践，做好日常教研工作的开展与实施工作。 43. 做好各项安全、卫生工作检查工作。 44. 部门贯通，支持幼儿发展。 45. 做好各项临时性工作。

表 9-9　教育研究中心主任月工作重点

月份	工作重点
1～2 月	1. 做好年鉴整理工作。 2. 做好成果梳理出版工作。 3. 做好本学期教育研究计划、行政教研计划。
3 月	4. 做好全国规划办、市规划办新年度课题申报准备。 5. 组织、督促区级课题开题活动。
4 月	6. 开展课题研究。 7. 深入实践收集教育资料，调研教师需求。 8. 组织教育论文、案例等的征集工作。 9. 与教学部门沟通开展教研活动及教师培训工作。
5 月	10. 按步骤推进课题工作。 11. 与教师沟通修改论文或案例，并按时报送。
6 月	12. 研讨并确定科研月活动主题。 13. 做好科研年会方案设计与组织实施。 14. 做好教研员和各课题组组长的考评工作。
7～8 月	15. 做好本部门学年总结工作，做好学期实践研究成果的梳理总结。 16. 初步做好新学期工作规划与计划。 17. 做好园本课程的资料收集和整理工作。
9 月	18. 做好科室年度工作规划与计划。 19. 深入实践，做好日常教研工作。
10 月	20. 做好科研月的方案设计与实施。 21. 做好规划办课题开题工作。
11 月	22. 做好科研月的筹备工作。 23. 制定科研年会暨教师培训大会方案。

续表

月份	工作重点
12月	24. 做好课题工作、科室工作、实践研究等各项工作总结与梳理。 25. 做好教研员和各课题组组长的考评工作。 26. 组织开展科研年会暨教师培训大会。
常规工作	27. 深入开展实践研究与调研工作，做好研究成果梳理。 28. 园本课程建设。 29. 指导课题研究，做好论文征集、指导与报送工作。 30. 报送信息。

表 9-10　课程建设中心主任月工作重点

月份	工作重点
1～2月	1. 做好相关课程案例的整理修改。 2. 做好成果梳理出版工作。
3月	3. 做好本学期课程建设中心工作计划。 4. 学习课程开发与建设的相关知识。 5. 了解课题研究工作进展。 6. 深入实践，观察教师课程实施情况，并进行分析。
4月	7. 观察课程实施情况。 8. 初步评价课程实施有效性。 9. 深入实践收集课程实施资料，调研幼儿及教师发展需求。 10. 组织教师进行相关园本课程的资料整理。
5月	11. 按步骤推进课程开发设计工作。 12. 及时总结梳理相关园本课程案例。 13. 与教师沟通课程编写。
6月	14. 参与研讨科研月活动主题。 15. 做好科研年会方案相关内容的设计与组织实施。 16. 组织园本课程的总结梳理。
7～8月	17. 做好本部门学年总结工作。 18. 协助做好幼儿园学年总结工作。 19. 初步做好新学期工作规划与计划。 20. 做好园本课程的资料收集和整理工作。
9月	21. 做好课程建设中心年度工作顶层设计规划。 22. 协助做好园所年度规划与计划。
10月	23. 做好园本课程的收集与设计方案。 24. 深入日常实践，观察教师课程设计与实施情况。 25. 结合幼儿园杯赛活动深入实践，开展相关课程开发与实践研究。

续表

月份	工作重点
11 月	26. 配合教育教学做好科研月的筹备工作。 27. 结合幼儿园杯赛活动收集整理优秀课程与案例。 28. 配合制定科研年会暨教师培训大会方案。
12 月	29. 做好课程建设中心工作总结。 30. 做好课程案例的组织整理工作。 31. 配合开展科研年会暨教师培训大会。
常规工作	32. 深入实践，收集课程案例并梳理。 33. 园本课程建设。 34. 共同参与课题研究。

表 9-11　教师培养中心主任月工作重点

月份	工作重点
1～2 月	1. 做好培训成果梳理总结工作。 2. 编制培养中心调查问卷，为培训工作做好准备。 3. 做好本学期教师培训工作的顶层设计与规划。
3 月	4. 家园共育工作(家长会、家长回访工作等)。 5. 根据教师成长需求，安排教师参加区级继续教育。 6. 按照教师需求与培训计划，有序开展各项培训活动。
4 月	7. 深入实践，收集教师需求。 8. 合理安排教师参加外出学习与培训工作，并组织学习经验的分享与交流。 9. 首席工作室的启动与实施。
5 月	10. 与教师沟通学习需求，调整培训内容。 11. 深入关注教师各项培训方式的效果，及时跟进与关注。
6 月	12. 做好科研年会的培训工作。 13. 做好参与培训教师的考评工作。
7～8 月	14. 做好本部门学年总结工作，做好学期培训成果的梳理总结。 15. 协助做好幼儿园学年总结工作。 16. 编制培养中心调查问卷，初步做好新学期工作规划与计划。 17. 做好开学教师培训大会的筹备工作。
9 月	18. 全面做好开学培训大会工作，关注教师开学专业困惑与需求，及时调整培训内容与方式，支持教师专业发展。 19. 以多种培训形式深度支持教师专业发展。 20. 针对培训效果及时进行评价、梳理与总结。
10 月	21. 结合幼儿园杯赛活动深入实践开展培训。 22. 针对不同发展水平教师开展相应培训。
11 月	23. 做好科研月的筹备工作。 24. 结合幼儿园杯赛活动深入实践开展研究。

续表

月份	工作重点
12 月	25. 培养中心工作总结。 26. 做好主持培训教师的考评工作。 27. 组织开展科研年会暨教师培训大会。
常规工作	28. 时刻关注教师专业需求与困惑。 29. 深入调研教师的专业发展与水平。 30. 深入实践，协助做好园内各项活动。

表 9-12　服务保障中心主任月工作重点

月份	工作重点
1 月	1. 放假前做好消防，文物检查，网络维护，校园安全检查和设备、设施的巡视工作。 2. 做好寒假各项工作安排。 3. 进行设备设施的维修。 4. 整理上年度总务管理中心工作档案。 5. 协助幼儿园做好春节慰问工作。 6. 与为幼儿园提供各方面专业服务的公司、厂家签订年度计划合同。
2 月	7. 做好环境卫生、生活保障、教学设备等开学准备工作。 8. 检查供暖设备运行情况，巡检各类消防设施。 9. 制订下学期工作计划。 10. 进行各项安全检查。 11. 做好年度用水指标计划分配工作。
3 月	12. 落实春季卫生防病、消毒及防火检查工作。 13. 做好交通安全和安全教育周宣传工作，全园教职工签订各类安全协议。 14. 检查房舍有无隐患，发现问题及时上报。 15. 做好取暖收尾工作，对设备进行保养维修。 16. 加强对食品安全工作的监管责任。 17. 检查高压线路、清扫变压器、检修避雷针装置。
4 月	18. 配合基建处做好校舍房屋安全检查工作。 19. 对园内实施绿化计划，签订年度维保合同。 20. 做防汛准备，检查屋顶是否有积水、漏雨现象，有问题及时报计划维修。 21. 清理排水管道、疏通下水道、篦子口等工作。 22. 做好节日前安全检查工作，巡检各类消防设施。 23. 加强对食品安全工作的监管责任。
5 月	24. 配合做好六一活动的筹备。 25. 进行卫生防病工作、进行灭蚊蝇、灭蟑、灭鼠工作，检查各楼纱窗是否完好。 26. 检修空调、电扇及相关设备、设施及相关电路，做好防暑降温的准备。 27. 继续做好绿化、美化工作。 28. 加强对食品安全工作的监管责任，巡检各类消防设施。 29. 做好节水宣传周的宣传工作，并利用征文、绘画征集等多种形式宣传节约用水。

续表

月份	工作重点
6月	30. 检查、落实雨季防汛工作。 31. 防暑降温工作落实到各部门。 32. 加强对食品安全工作的监管责任。 33. 做好上半年工作小结和园内教师聘任活动、期末收尾工作。 34. 将园内各班级国有资产总保管员与分保管对账，核实账物一次。 35. 检修消防设施。
7月	36. 采购下学期所需物品。 37. 做好暑假后勤人员的工作安排。 38. 进行全园设备设施的维修、检修、保养。 39. 落实并推进基建项目的开展。 40. 做好防汛工作，检查购置防汛用品。
8月	41. 做好教室、门窗、玻璃、水电全面检修工作以及教学班桌椅调配工作。 42. 如有基建工程施工，安排好进度和质量监督管理。 43. 对食堂设施和管线进行维修保养。 44. 搞好全园环境卫生清洁治理工作以及绿化、美化工作。 45. 针对饮用水设备进行更换滤芯。 46. 做好开学前的一切准备工作。
9月	47. 做好新生入园工作。 48. 开展安全教育活动和交通安全疏导活动。 49. 布置幼儿园绿化、美化。 50. 做好全园安全检查工作，巡检各类消防设施。 51. 配合新班开展搭班工作，协助教师帮助新入园小班幼儿顺利度过分离焦虑期，让家长放心。 52. 落实对游泳馆运行开课前的设备检查和水质检查。 53. 加强对食品安全工作的监管责任。 54. 做好下一年度幼儿园预算项目前的调研。
10月	55. 做好国庆节前后安全保卫工作排查。 56. 加强对园舍的安全检查以及落实消防主体责任。 57. 落实冬季取暖工作鉴定合作协议。 58. 检查各处外露自来水设备、阀门、楼道安全出口，做好保温过冬、防冻准备工作。 59. 对热力站设备、设施运行检查。 60. 更换部分到期灭火器，检查消防栓、消防井，做好防火工作。 61. 为平房和班级、楼门等做好棉门帘子，做好防风保暖工作。 62. 加强对食品安全工作的监管责任。 63. 开展食堂、会计室等技术练兵工作。 64. 协助落实阳光体育活动场地工作。
11月	65. 做好安全工作检查，进行防火宣传，进行消防演习，巡检各类消防设施。 66. 保证按时供暖，热力安全运行。做好冬季铲冰扫雪器材的准备。 67. 对园内物品进行清产核资工作。 68. 加强对食品安全工作的监管责任。 69. 做好应对极端天气防控预案。

续表

月份	工作重点
12月	70. 加强供暖工作运行情况的日常管理。 71. 做好园内树木的防寒保暖工作。 72. 进行学期工作总结和年会准备。 73. 两节节前安全工作的检查。进行消防演习，巡检各类消防设施。 74. 加强对食品安全工作的监管责任。 75. 组织后勤教师结合新年节日，开展相关活动，活动有创新。 76. 组织和实施冬季铲冰扫雪工作以及校园门前三包工作。

表 9-13 卫生保健中心主任月工作重点

月份	工作重点
1～2月	1. 做好年度卫生保健工作总结。 2. 做好新学期卫生保健工作的顶层设计与规划。
3月	3. 根据防病工作要求随时做好各种传染病的宣传防控工作。 4. 检查指导班级阳光体育活动的开展及体能素质的练习。 5. 开展健康促进宣讲活动，全体保健医进班宣传爱牙防龋知识，配合班级教师指导幼儿餐后刷牙。 6. 利用3月3日爱耳日向儿童宣传如何保护听力。 7. 利用三八妇女节向教职工宣传健康知识。 8. 做好教职工体检准备工作。
4月	9. 对全园进行进餐常规及习惯培养的检查工作。 10. 做好儿童的膳食平衡工作，创新花样。 11. 做好儿童体质测查指导工作。 12. 做好全园儿童牙齿检查及涂氟工作。 13. 做好儿童大体检工作：血色素的测查工作。 14. 指导大班幼儿学习眼保健操。 15. 做好抗震减灾日的筹备工作。
5月	16. 做好龋齿的治疗监督工作，提高我园矫治率。 17. 做好儿童大体检数据测查工作。 18. 做好体能数据的整理输机工作。 19. 做好抗震减灾的演习工作。 20. 利用戒烟日做好戒烟宣传工作。 21. 根据季节做好防病宣传。
6月	22. 做好儿童大体检测查、输机工作。 23. 按时完成各项报表统计工作。 24. 做好毕业班儿童计划免疫卡、证填写和发放工作。 25. 做好儿童体格评价工作。 26. 根据季节做好防病宣传。 27. 做好学期工作总结。

续表

月份	工作重点
7～8月	28. 做好学年工作总结与经验梳理。 29. 根据幼儿园轮休安排，布置部门人员值班值守。 30. 做好新生体验工作。 31. 制订新学期工作计划。
9月	32. 做好开学前的各项准备工作。 33. 整理新生各种材料——计划免疫、健康记录手册。 34. 做好秋季传染病的预防工作。 35. 整理全园儿童档案、输入计算机。 36. 完成儿童计划免疫内的服苗工作。 37. 健康促进活动：结合9月20日爱牙日向家长宣传如何保护牙齿。 38. 做好预防秋季传染病的宣传培训工作。 39. 做好两年一度的教师体检工作。 40. 发挥幼儿园卫生保健辐射作用，做好对外交流与经验分享。 41. 做好教师常规培训工作。
10月	42. 检查、指导班级卫生保健常规落实。 43. 做好氟泡沫的一系列准备工作：向家长宣传—发知情同意书—协助口腔医生做好涂氟工作及检查牙齿。 44. 统计整理儿童各种疫苗的接种情况。 45. 加强班级常规工作的检查——进餐环节、户外活动。 46. 做好助理教师日常卫生工作培训。
11月	47. 做好传染病预防工作。 48. 做好幼儿一老一小医疗保险续保工作。 49. 做好五官保健的宣传工作。 50. 整理患龋名单发到各班，督促家长为儿童治疗并对每位患龋儿童发送温馨提示，宣传治疗龋齿的意义。
12月	51. 完成儿童体检、数据录入、体检结果评价、填写卡片、报表等工作。 52. 做好冬季传染病的预防宣传工作。 53. 做好疫苗的接种工作。 54. 做好学期总结工作。 55. 上交学期总结及论文。

表 9-14　分园执行园长(主任)月工作重点

月份	工作重点
1～2月	1. 做好分园安全收尾工作。 2. 与相关部门工作对接，做好全园工作总结。 3. 做好假期轮休工作。 4. 做好假期家访、团拜工作。 5. 做好开学前的各项准备工作。

续表

月份	工作重点
3月	6. 做好本学期保教工作计划。 7. 做好全园安全、卫生、环境大检查。 8. 关注分园教师、家长的思想动态和心理需求，做好各项开学准备。 9. 组织幼儿开展一月一节活动。 10. 做好社区、早教工作计划。
4月	11. 借助自然环境等资源支持班级开展丰富多元主题活动。 12. 开展区级、园内各项杯赛活动。 13. 按照学期计划做好日常研究活动，开展杯赛活动。
5月	14. 做好六一活动的顶层设计与规划。 15. 借助节日契机做好劳动教育。 16. 开展庆六一活动。
6月	17. 做好期末考核工作。 18. 做好假期轮休安排。 19. 做好社区、早教工作总结。
7～8月	20. 做好分部安全收尾工作。 21. 做好假期轮休工作。 22. 做好假期家访工作。 23. 做好开学前的各项准备工作。 24. 协助做好培训大会。 25. 做好相关对接部门的工作总结。
9月	26. 做好本学期保教工作计划。 27. 做好开学全园安全、卫生、环境大检查。 28. 做好"开学第一课"以及"安全教育进课堂"等活动。 29. 关注幼儿入园焦虑，帮助幼儿平稳度过开学季。 30. 开展幼儿一月一节启动仪式。 31. 做好社区、早教工作计划。
10月	32. 随时做好全园安全工作。 33. 开展推门课、教研活动。 34. 开展杯赛活动。 35. 开展幼儿一月一节活动。 36. 结合节日契机，支持班级开展爱国主义教育。
11月	37. 随时做好全园安全工作。 38. 开展推门课、教研活动。 39. 开展杯赛活动。 40. 开展幼儿一月一节活动。 41. 启动冬季锻炼活动。

续表

月份	工作重点
12月	42. 开展推门课、教研活动。 43. 开展杯赛活动。 44. 筹备新年活动。 45. 做好科研年会的筹备工作。 46. 做好期末考核工作。 47. 做好假期轮休安排。 48. 做好社区、早教工作总结。 49. 做好临时性工作。
常规工作	50. 各项安全、卫生检查工作。 51. 做好临时性工作。 52. 做好深入实践工作。

第二节　幼儿园教学岗位工作重点与流程

表 9-15　教研组长月工作重点

月份	工作重点
1月	1. 做好本部门学期总结工作。 2. 协助做好幼儿园学年总结工作。 3. 初步做好新学期工作规划与计划。 4. 整体思考班级位置和设备设施的投放，保证教学工作顺利开展。 5. 做好假期轮休工作各项准备。
2月	6. 协助做好园本课程的资料收集和整理工作。 7. 协助做好学期实践研究成果的梳理总结。 8. 利用假期做好教师和幼儿的家访，提前摸底，有针对性地开展新学期工作。
3月	9. 做好年级组整体工作年度规划与计划。 10. 协助做好园所年度规划与计划。 11. 做好家长会工作。 12. 在正确理念引领下，做好新学期环境布置和开学准备工作。 13. 整体规划本学期各类年级、园级工作。
4月	14. 做好各个班级主题活动的开展等日常工作。 15. 做好教师阶段性发展规划工作。 16. 结合幼儿园杯赛活动深入实践开展研究。
5月	17. 结合幼儿园杯赛活动深入实践开展研究。 18. 以各类观摩活动为契机，提升教师课程组织与实施能力。
6月	19. 筹备幼儿六一活动。 20. 做好学期末各项收尾工作。 21. 组织大班开展科研年会暨教师培训大会。

续表

月份	工作重点
7月	22. 做好本部门学年总结工作。 23. 协助做好幼儿园学年总结工作。 24. 初步做好新学期工作规划与计划。 25. 整体思考班级位置和设备设施的投放，保证开学顺利开展。 26. 做好假期轮休工作各项准备。
8月	27. 协助做好园本课程的资料收集和整理工作。 28. 协助做好学期实践研究成果的梳理总结。 29. 利用假期做好教师和幼儿的家访，提前摸底，有针对性地开展新学期工作。
9月	30. 做好年级整体工作年度规划与计划。 31. 协助做好园所年度规划与计划。 32. 做好家长会工作。 33. 在正确理念引领下，做好新学期环境布置和开学准备工作。 34. 整体规划本学期各类年级、园级工作。
10月	35. 做好各个班级主题活动等日常规范工作。 36. 做好教师阶段性发展规划工作。 37. 结合幼儿园杯赛活动深入实践开展研究。
11月	38. 结合幼儿园杯赛活动深入实践开展研究。 39. 以各类观摩活动为契机，提升教师课程组织与实施能力。
12月	40. 筹备幼儿新年活动。 41. 做好学期末各项收尾工作。 42. 组织开展科研年会暨教师培训大会。 43. 开展教师新年活动。
常规工作	44. 深入实践落实正确理念，做好教师专业化培养工作。 45. 做好园本课程建设，及时关注日常各类活动的开展。 46. 每月科学有效地开展一月一节、游戏大会等活动。 47. 与家长及时沟通交流，做好家长工作。 48. 推进幼儿体能锻炼活动，关注幼儿健康。 49. 关注幼儿出勤情况，做好卫生保健工作的检查指导。 50. 做好每月教师考勤记录。 51. 对幼儿发展水平进行前测，并做好分析和记录。 52. 组织筹备家长会，做好班组长培训工作。 53. 做好每月考核总结工作，并组织开展师德之星活动。 54. 做好每月档案记录工作，内容包含教研、家长工作、日常评价等。 55. 提前做好部门各项工作的顶层设计。

表 9-16　教研副组长月工作重点

月份	工作重点
1 月	1. 协助主管领导安排好年级成员的假期轮休工作。 2. 与班级成员进行家访工作。 3. 承担幼儿园轮休期间的一些管理工作。
2 月	4. 协助主管领导安排好年级成员的假期轮休工作。 5. 与班级成员进行家访工作。 6. 承担幼儿园轮休期间的一些管理工作。
3 月	7. 与班级成员做好开学的各项工作。 8. 制订新学期年级计划。 9. 协助班长召开班级家长会。
4 月	10. 与班级成员共同预设和实施教育计划。 11. 开展丰富多彩的活动，促进幼儿的发展。
5 月	12. 与班级成员预设节日活动。 13. 做好六一儿童节的活动准备、实施。
6 月	14. 做好年级总结、各项考核。 15. 做好竞聘工作。 16. 做好学期结束的各项准备工作。 17. 对年级的各种档案进行整理。
7 月	18. 梳理年级期末工作，协助班长做好财产交接工作。 19. 做好轮休前的各项工作。
8 月	20. 协助主管领导安排好年级成员的假期轮休工作。 21. 对新班进行家访工作。 22. 对新学期的工作进行计划。
9 月	23. 与年级成员做好开学的各项工作。 24. 制订新学期年级计划。 25. 协助班长召开班级家长会。
10 月	26. 与班级成员开展丰富多彩的活动，促进幼儿的发展。
11 月	27. 与班级成员共同开展幼儿冬锻活动，促进幼儿身体发育、体质增强。
12 月	28. 与班级成员共同做好新年活动的各项工作。 29. 进行学年总结。
常规工作	30. 关注班级安全卫生工作，支持幼儿健康成长。 31. 做好家园共育，共助幼儿发展。 32. 协助主管领导做好各项教研、培训工作的组织与实施，支持教师专业成员。 33. 做好各项临时性工作，牢固树立幼儿为主体的教育理念。

表 9-17　教研员月工作重点

月份	工作重点
1～2 月	1. 做好年鉴整理工作。 2. 协助做好各课题的中期及结题工作。 3. 做好成果梳理出版工作。

续表

月份	工作重点
3 月	4. 做好本学期工作计划。 5. 协助做好市、区规划课题年度申报准备。 6. 组织、督促区级课题开题活动。
4 月	7. 开展课题研究。 8. 深入实践收集教育资料，调研教师需求。 9. 做好优秀教育案例的征集工作。 10. 协助对口主任开展教研活动及教师培训工作。
5 月	11. 按步骤推进课题工作。 12. 与教师沟通修改案例，并按时报送。 13. 做好优秀论文征集工作。
6 月	14. 研讨并确定科研月活动主题。 15. 做好科研年会方案设计。 16. 与教师沟通修改论文，并按时报送。 17. 协助主任做好部门考核评价工作。
7 月	18. 做好个人学年总结工作。 19. 初步做好新学期工作规划。
8 月	20. 做好园本课程的资料收集和整理工作。 21. 学习新的课程理念。
9 月	22. 协助主任做好科室年度工作规划。 23. 协助班级教师缓解小班幼儿分离焦虑，支持幼儿平稳度过焦虑期。
10 月	24. 协助做好科研月的方案计划。 25. 协助做好规划办课题开题工作。
11 月	26. 做好科研月的筹备工作。 27. 结合杯赛活动深入实践。
12 月	28. 做好工作总结。 29. 初步做好新学期工作规划。
常规工作	30. 信息报送。 31. 深入实践。 32. 教研经验梳理。

表 9-18　助教组长月工作重点

月份	工作重点
1～2 月	1. 协助年级做好期末收尾与总结工作。 2. 做好班级卫生整理、安全检查工作。 3. 做好假期的轮休与管理工作。

续表

月份	工作重点
3月	4. 协助保教主任和年级组长检查落实开学准备工作，检查各班卫生。 5. 协助班长及教师做好幼儿良好习惯的培养。 6. 组织本组助理教师进行学习、教研等培训。
4月	7. 与本班教师合作沟通，科学实施保教结合，促进幼儿发展。 8. 协助班长及教师做好幼儿良好生活与卫生习惯的培养。 9. 组织本组助理教师进行学习、教研等培训。 10. 科学开展与实施家园共育活动。
5月	11. 协助班级教师做好幼儿升班准备，做好衔接。 12. 协助班长及教师做好幼儿良好习惯的培养。 13. 组织本组助理教师进行学习、教研等培训。
6月	14. 提前做好交接班的各项准备工作。 15. 协助班长、组长做好交接班工作。 16. 协助班长及教师做好科研年会和教师培训大会工作。
7～8月	17. 做好各项交接工作、收尾工作及安全保障工作。 18. 协助做好助理教师假期轮休工作。 19. 协助各个部门做好收尾工作，保障幼儿安全。
9月	20. 协助保教主任和年级组长检查落实开学准备工作，检查各班卫生。 21. 关注幼儿开学情绪适应，帮助幼儿平稳度过开学季。 22. 组织本组助理教师进行学习、教研等培训。
10月	23. 协助班长及教师做好幼儿良好习惯的培养。 24. 组织本组助理教师进行学习、教研等培训。
11月	25. 协助班长及教师做好幼儿良好习惯的培养。 26. 组织本组助理教师进行学习、教研等培训。
12月	27. 做好各班收尾工作的检查和落实。 28. 协助班长及教师做好幼儿良好习惯的培养。 29. 组织本组助理教师进行学习、教研等培训。
常规工作	30. 协助年级组长完成一些事务性的工作。 31. 完成本班卫生工作，细致不留死角。

表 9-19　教学班班长月工作重点

时间	工作重点
1～2 月	1. 安排好班级成员的假期轮休工作。 2. 进行家访工作。 3. 召开班会总结本月工作。
3 月	4. 与班级成员做好开学的各项工作。 5. 制订新学期班级计划。 6. 召开班级家长会。 7. 召开班会总结本月工作。
4 月	8. 与班级成员共同预设和实施教育计划。 9. 开展丰富多彩的活动促进幼儿的发展。
5 月	10. 与班级成员预设节日活动。 11. 做好六一儿童节的活动准备、实施。
6 月	12. 做好班级总结、各项考核。 13. 做好竞聘工作。 14. 做好班级结束的各项准备工作。
7 月	15. 核对班级财产，进行财产交接。 16. 做好轮休前的各项工作。
8 月	17. 安排好班级成员的假期轮休工作。 18. 对新班进行家访工作。 19. 对新学期的工作进行计划。
9 月	20. 与班级成员做好开学的各项工作。 21. 制订新学期班级计划。 22. 召开班级家长会。 23. 召开班会总结本月工作。
10 月	24. 与班级成员开展丰富多彩的活动，促进幼儿发展。 25. 召开班会总结本月工作。
11 月	26. 与班级成员开展丰富多彩的活动，促进幼儿发展。 27. 召开班会总结本月工作。
12 月	28. 与班级成员共同做好新年活动的各项工作。 29. 召开班会总结本月工作。 30. 进行学年总结。
常规工作	31. 及时与家长沟通，做好家园共育工作。 32. 及时与主管部门沟通教育教学情况，确保幼儿有效发展。 33. 做好临时性工作。

表 9-20 教学班教师日工作流程

时间及内容			
上午班		下午班	
时间	内容	时间	内容
7:25～8:30	一、接待来园 1. 准备工作：打水、拿碗盆，完成门前三包大面卫生。 2. 接待家长：热情接待每一位家长和幼儿，以自身行为带动、教育幼儿有礼貌。 询问幼儿在家情况，发现问题及时与家长沟通。 3. 早锻炼：带领幼儿进行运动前的准备活动后，开展体育游戏，运动量从适中到减小。 4. 早餐： (1)餐前准备。 开展安静游戏，稳定情绪。 保证随洗随吃。 (2)进餐护理。 创造安静温馨的进餐环境。 培养良好的进餐习惯，加强进餐护理，特别关注个别体弱、肥胖的幼儿。	9:00～11:30	一、实践研究活动 (班级小组活动、观摩研讨、集体备课) 二、室内游戏 1. 游戏活动。 ①激发幼儿的游戏兴趣，保证幼儿的游戏时间、空间和材料的充足，保证幼儿自己选择游戏内容和伙伴。 ②全身心地投入到幼儿游戏之中，给予适时、适度的支持。 ③培养良好的游戏常规，注重良好习惯的培养。 2. 分组活动。 配合早班老师进行分组活动。 3. 室外活动。 (1)有组织的户外体育活动。 ①配合早班老师做好户外活动的各项准备(场地、服装、器械、热身准备活动)。 ②根据季节特点及幼儿身体发育情况开展有计划、有目的的体育活动。 ③加强对幼儿的护理，注重幼儿体能及良好习惯的培养，保证活动有序、安全地进行。 (2)分散活动。 幼儿自选户外游戏，教师进行观察与指导。
8:30～11:00	二、游戏活动 1. 室内游戏。 (1)游戏活动。 ①激发幼儿的游戏兴趣，保证幼儿的游戏时间、空间和材料的充足，保证幼儿自己选择游戏内容和伙伴。 ②全身心地投入到幼儿游戏之中，给予适时、适度的支持。 ③培养良好的游戏常规，注重良好习惯的培养。 (2)分组活动。 根据需要，开展分组教学活动。 2. 室外活动。 (1)有组织的户外体育活动。 ①做好户外活动的各项准备(场地、服装、器械、热身准备活动)。 ②根据季节特点，幼儿身体发育情况开展有计划、有目的的体育活动。	11:30～12:00	教师进餐。
		12:00～14:00	三、看午睡 1. 细致照顾幼儿，保证安静、舒适入睡，并随时观察幼儿情况，发现问题及时处理。 2. 培养良好的入睡习惯。 3. 起床前半小时准备水果、消毒桌面、准备水果盘。
		14:00～16:30	四、起床 1. 拉窗帘，轻声唤起幼儿，进行午检，及时处理异常情况。 2. 明确起床要求，师幼互相问好。

续表

时间及内容			
上午班		下午班	
时间	内容	时间	内容
          11:00～12:00 12:00～12:20 12:20～12:30 12:30～13:00 13:00～14:00 14:00～15:55	加强对幼儿的护理，注重幼儿体能及良好习惯的培养，保证活动有序、安全地进行。 (2)分散的户外体育活动。 ①激发幼儿运动的兴趣，尊重幼儿意愿、鼓励幼儿积极尝试不同的器械进行身体锻炼。 ②教师应关注到每个幼儿的运动情况和安全。 ③其他要求同“有组织的户外体育活动”。 三、午餐 1. 餐前安静活动。 2. 进餐护理同“早餐”。 3. 餐后活动。 散步：引导幼儿餐后安静散步。 照顾幼儿准备入睡。 四、午睡 1. 为幼儿创设安静的睡眠环境。 2. 提示幼儿有序做事：如厕、脱衣、整理衣物等。 3. 耐心帮助有需要的幼儿。 填写交接班本，与晚班教师交接班。 教师进餐。 教师备课。 五、起床 1. 进班协助幼儿起床，关注个别幼儿情况。 2. 准备明日活动。 3. 参加教研活动。 4. 整理幼儿成长手册。	16:30～17:30	3. 指导幼儿有序做事，加强对幼儿的生活照顾，培养幼儿自理能力。 五、午点 1. 为幼儿创设愉快、安静的进食环境。 2. 培养幼儿的良好习惯，有序做事：放椅子、洗手、取午点等。 六、游戏活动 1. 开展多种形式的游戏活动。 2. 社团活动。 3. 区域游戏。 4. 分组活动。 5. 集体活动。 …… 七、户外体育活动 要求同上午“室外活动”。 八、进餐及离园 1. 进餐护理同早餐。 2. 离园。 (1)做好离园准备：指导幼儿整理服装、个人卫生、个人物品等。 (2)开展安静游戏。 (3)热情接待家长，主动与家长沟通。 (4)填写交接班本，做好收尾工作，整理大面卫生。

表 9-21　助理教师日工作重点与流程

时间	工作重点
7:25～8:20	1. 开窗通风，保证空气流畅，照顾个别来园幼儿。 2. 洗手，泡消毒片，擦拭室内大面；整理早餐餐具，消毒毛巾，做好餐前准备工作；指导中大班幼儿的值日生工作。 3. 早饭穿好围裙，照顾幼儿进餐。 4. 餐后整理。

续表

时间	工作重点
8:30～9:50	1. 进入活动区指导游戏。 2. 与教师配合收活动区并提醒幼儿自主喝水。 3. 协助教师参与分组教学活动，照顾好个别幼儿。
	卫生工作：擦大面，擦椅子，周五消毒玩具，刷牙杯，晒图书。 （每月换一次床单，月底晒被褥，两周换一次枕套，每月擦一次桌子腿）
9:50～11:00	1. 指导幼儿加餐，学会自我服务。（与教师分别照顾幼儿洗手喝水，小便，加餐。与教师分别站位，保证照顾到全体幼儿） 2. 户外活动，与教师分组。 指导幼儿体能练习以及大型器械的活动，保证幼儿安全。
11:00～12:00	幼儿进教室安静游戏，做好餐前的各种准备，指导中大班幼儿的值日生工作，协助教师参与幼儿的活动。 午餐，耐心细致照顾好幼儿进餐，特别关注肥胖儿及体弱儿的进餐情况。
12:00～12:15	餐后整理，擦、扫活动室地面，清洁盥洗室。
12:15～14:20	教师进餐、休息。
14:20～15:10	1. 起床（照顾小班幼儿穿脱衣服），叠被子，擦地，协助教师照顾幼儿午点。 2. 开窗通风（幼儿穿好衣服后） 3. 午点后整理餐桌，洗餐桌布。 4. 区域活动，与教师分组指导幼儿各个区域的活动，关注、指导个别幼儿。
15:10～17:30	1. 协助晚班教师做好幼儿户外及各项活动，分组指导幼儿户外游戏。 2. 晚餐前的准备工作，洗毛巾。 3. 晚餐，耐心细致照顾好幼儿进餐，重点关注肥胖儿及体弱儿。 4. 餐后整理，洗水杯，清洗盥洗室。 5. 水杯消毒，清洁活动室地面。 6. 安全收尾。

表 9-22　资料室班长月工作重点

时间	工作重点
1月	1. 做好学期收尾工作。 2. 年会设备保障，摄像、照相保存资料。 3. 一学期电教资料的整理，刻盘存档。 4. 电子食谱的更新与维护，网站信息及时更新。
2月	5. 做好寒假轮休安排，后期做好开学准备工作。 6. 设备的充电与调试。 7. 校门口、操场、礼堂电子显示屏提前做好调试工作。 8. 资料的提前购买和发放。 9. 电子食谱的更新与维护，网站信息及时更新。

续表

时间	工作重点
3 月	10. 正式开学，各班巡查电教设备，记录报修。 11. 做好日常工作，完成各种临时性工作安排。 12. 认真完成幼儿教学任务。 13. 完成开学初期资料室物品的供应工作。 14. 电子食谱的更新与维护，网站信息及时更新。
4 月	15. 认真完成幼儿计算机教学任务。 16. 配合园里做好杯赛活动的组织工作。 17. 电子食谱的更新与维护，网站信息及时更新。
5 月	18. 认真完成幼儿计算机教学任务。 19. 配合大班完成毕业照以及毕业证书的订购发放、毕业生信息的收集整理工作。 20. 完成幼儿六一活动所用设备的调试。 21. 配合园里做好杯赛活动的组织工作。 22. 做好电子食谱的更新与维护，网站信息及时更新。
6 月	23. 认真完成幼儿计算机教学任务。 24. 六一活动电教设备保障，摄像、照相留存资料。 25. 大班毕业典礼电教设备的保障，摄像、照相留存资料。 26. 做好个人总结与下学年岗位竞聘工作。 27. 教师培训大会电教设备保障，摄像、照相留存资料。 28. 做好电子食谱的更新与维护，网站信息及时更新。
7 月	29. 做好学期收尾工作。 30. 年会设备保障，摄像、照相保存资料。 31. 一学期电教资料的整理，刻盘存档。 32. 幼儿门禁系统更新，删除大班毕业生信息，录入新生信息。 33. 电子食谱的更新与维护，网站信息及时更新。
8 月	34. 做好暑假轮休安排，后期做好开学准备工作。 35. 设备的充电与调试。 36. 校门口、操场、礼堂电子显示屏提前做好调试工作。 37. 资料的提前购买和发放。 38. 电子食谱的更新与维护，网站信息及时更新。
9 月	39. 正式开学，各班巡查电教设备，记录报修。 40. 做好日常工作，完成各种临时性工作安排。 41. 认真完成幼儿计算机教学任务。 42. 完成开学初期资料室物品的供应工作。 43. 为新入园的幼儿发放门禁卡。 44. 做好各部门计划、总结等信息、文件的上报工作。 45. 设备的充电与调试。 46. 校门口、操场、礼堂电子显示屏提前做好调试工作。 47. 资料的提前购买和发放。 48. 电子食谱的更新与维护，网站信息及时更新。

续表

时间	工作重点
10月	49. 认真完成幼儿计算机教学任务。 50. 电子食谱的更新与维护，网站信息及时更新。
11月	51. 认真完成幼儿计算机教学任务。 52. 配合园里做好迎接科研月的工作。 53. 电子食谱的更新与维护，网站信息及时更新。
12月	54. 认真完成幼儿计算机教学任务。 55. 配合园里做好科研月的工作。 56. 组织幼儿、教职工迎新年活动。 57. 电子食谱的更新与维护，网站信息及时更新。
常规工作	58. 做好日常工作，完成各种临时性工作安排。 59. 贯彻落实服务理念，为师幼发展提供支持。

表 9-23　资料员日工作流程

时间	工作重点
7:00～7:15	1. 整理室内环境，搞卫生；打开教师机房。
7:15～7:25	2. 登录教委收发文系统，查看当天文件收取情况，避免遗漏重要信息。
7:25～7:30	3. 到广播室调试设备准备播放晨间入园音乐，7:30 准时播放。
7:30～9:00	4. 整理教具、图书，统计库存，协助班级刻录音乐、处理一些日常发生的或各部门的临时性的工作。
9:00～11:00	5. 进行体育教学或体能活动。
11:30～12:00	6. 整理教具，日常事务。
12:00～12:30	7. 午餐。
12:30～14:40	8. 接待教师借用玩教具、活动材料等物品资源，统计订购物品，整理清单、核对物品。
14:40～16:00	9. 体育教学或体能活动。
16:00～17:10	10. 整理录像资料、照片资料，刻盘留用。
17:10～17:15	11. 到广播室调试设备，准备播放音乐；17:15 准时播放静园音乐。
17:15～17:30	12. 到操场参与静园工作。
17:30～17:50	13. 收尾工作，检查各个管辖的房间是否安全收尾，包括：广播室、教师机房、儿童机房、资料室和资源库等室内设备全部关闭并锁好门窗。
17:50～18:00	14. 登录教委收发文系统，看看是否还有当天来文。

表 9-24　信息化班长月工作重点

月份	工作重点
1～2 月	1. 做好本部门学年总结工作。 2. 协助做好幼儿园学年总结工作。 3. 初步做好新学期工作规划与计划。 4. 做好信息化设备学期末保护整理工作。 5. 关闭网站。 6. 幼儿来园、离园高峰期的安全保卫工作。 7. 持续维护更新校园公众号。 8. 开展微课程视频制作活动。
3 月	9. 做好本学期开学信息化准备工作，如网站开通、公众号运营等。 10. 3 月特色教师备课、学习、教案的准备及活动后梳理。 11. 制订信息安全工作计划，宣传信息安全方案，做好舆情应急方案。 12. 开学初的来、离园高峰期的安全保卫工作。 13. 运营更新校园公众号，运营更新校园网站。 14. 做好信息化设备保护整理工作。
4 月	15. 4 月特色教师备课、学习、教案的准备及活动后梳理。 16. 幼儿来园、离园高峰期的安全保卫工作。 17. 运营更新校园公众号，运营更新校园网站。 18. 做好北京市教师管理服务平台的维护和上报工作。 19. 做好信息化设备保护整理工作。 20. 积极参加论文，学习故事的征文工作。
5 月	21. 5 月特色教师备课、学习、教案的准备及活动后梳理。 22. 幼儿来园、离园高峰期的安全保卫工作。 23. 运营更新校园公众号及网站。 24. 开展网络安全小讲座。 25. 做好信息化设备保护整理工作。
6 月	26. 6 月特色教师备课、学习、教案的准备及活动后梳理。 27. 幼儿来园、离园高峰期的安全保卫工作。 28. 运营更新校园公众号及网站。 29. 开展手机 App 应用技巧分享活动。 30. 做好六一活动邀请函设计与制作，及信息化硬件软件支持工作。支持班组内教师的个性化需求。 31. 做好信息化设备维护工作。
7 月	32. 做好本部门学年总结工作。 33. 协助做好幼儿园学年总结工作。 34. 初步做好新学期工作规划与计划。 35. 做好信息化设备学期末保护整理工作。 36. 关闭网站。 37. 幼儿来园、离园高峰期的安全保卫工作。 38. 持续维护更新校园公众号。 39. 做好信息化设备保护整理工作。

续表

月份	工作重点
8月	40. 了解信息化前沿动态，做好设备设施更新换代方案。 41. 做好学期健康领域实践研究课程的梳理总结。 42. 做好网站及公众号的更新工作。
9月	43. 做好幼儿园信息化年度工作规划与计划。 44. 做好幼儿信息采集工作。 45. 协助做好园所年度规划与计划。 46. 开学初幼儿来园、离园高峰期的安全保卫工作。 47. 做好信息化设备保护整理工作。
10月	48. 做好教育系统统计工作。 49. 做好本学期开学信息化准备工作，如网站开通、公众号运营等。 50. 10月特色教师备课、学习、教案的准备及活动后梳理。 51. 来、离园高峰期的安全保卫工作。 52. 运营更新校园公众号，运营更新校园网站。 53. 做好园史收集整理工作。 54. 做好信息化设备保护整理工作。
11月	55. 11月特色教师备课、学习、教案准备及活动后梳理。 56. 运营更新校园公众号，运营更新校园网站。 57. 幼儿来园、离园高峰安全保卫工作。 58. 做好信息化设备保护整理工作。
12月	59. 12月特色教师备课、学习、教案准备及活动后梳理。 60. 运营更新校园公众号，运营更新校园网站。 61. 做好新年活动邀请函设计与制作，及信息化硬件软件支持工作。 62. 幼儿来园、离园高峰安全保卫工作。 63. 做好信息化设备保护整理工作。
常规工作	64. 积极参与深入教学实践。 65. 详细制订周计划，特色教师活动研究与梳理。 66. 幼儿来园、离园高峰安全保卫工作。 67. 网站公众号日常信息维护及安全。 68. 临时性配合各部门进行信息化技术支持。

第三节　幼儿园后勤岗位工作重点与流程

表 9-25　保健组长月工作重点

月份	工作重点
1～2月	1. 协助做好各项卫生收尾工作。 2. 做好班级卫生检查工作。 3. 做好假期排班和轮值工作。 4. 做好学期工作总结。

续表

月份	工作重点
3月	5. 协助做好新学期卫生保健工作的顶层设计。 6. 做好春季传染病的宣传防控工作。 7. 检查指导班级阳光体育活动的开展及体能素质的练习。 8. 开展健康促进活动：宣传爱牙防龋知识。 9. 利用3月3日爱耳日向儿童宣传如何保护听力。 10. 利用三八妇女节向教职工宣传健康知识。 11. 协助做好教职工体检准备工作。
4月	12. 对全园进行进餐常规及习惯培养的检查工作，做好总结。 13. 协助做好儿童体质测查指导工作。 14. 协助做好全园儿童牙齿检查及涂氟工作。 15. 协助做好指导大班幼儿学习眼保健操工作。
5月	16. 协助做好龋齿的治疗监督工作，提高矫治率。 17. 协助做好儿童大体检测查工作。 18. 协助做好体检、体能数据的补漏整理工作。 19. 利用戒烟日做好戒烟宣传工作。 20. 根据季节做好防病宣传。
6月	21. 协助做好儿童大体检数据输入和体格评价工作。 22. 协助做好并按时完成各项报表统计工作。 23. 协助做好毕业班儿童计划免疫卡、证填写和发放工作。 24. 健康促进活动：结合6月6日爱眼日向幼儿、家长宣传爱眼知识。 25. 协助做好科研年会的筹备工作。
7～8月	26. 负责协助大体检的分析、上报年报表。 27. 协助保健主任做好一学期的各项工作的资料整理、装订。 28. 协助主任做好下学期工作计划。 29. 做好新生体检工作并进行整理。
9月	30. 协助做好开学前的各项准备工作。 31. 协助整理新生各种材料。 32. 做好秋季传染病的预防工作，宣传、检查到位。 33. 协助整理全园儿童档案，数据输入。 34. 协助做好儿童计划免疫内的疫苗接种工作。 35. 开展健康促进活动：结合9月20日爱牙日向幼儿、家长宣传爱牙知识。 36. 做好秋季传染病宣传培训工作。 37. 做好教师常规培训工作。
10月	38. 检查、指导班级卫生保健常规落实。 39. 协助做好全园儿童牙齿检查及涂氟工作。 40. 协助统计整理儿童各种疫苗的接种情况。 41. 加强班级常规工作的检查：进餐环节、户外活动。

续表

月份	工作重点
11 月	42. 做好冬季传染病宣传培训工作。 43. 做好五官保健的宣传工作。 44. 协助做好龋齿的治疗监督工作，提高矫治率。
12 月	45. 协助完成儿童体检、数据输入和体检结果评价工作，填写保健手册。 46. 继续做好冬季传染病的宣传工作。 47. 协助做好疫苗的接种工作。 48. 协助做好学期总结工作。 49. 协助做好学年的论文书写工作。

表 9-26　会计组长月工作重点

时间	工作重点
上半月 （1～15 日）	1. 按照经人事干部审核各部门主任填报的全园教职工月考核表核算工资。 2. 完成各种税款的缴纳及报表工作，参加税务部门组织的相关业务学习。每年 4 月底之前完成上一年度所得税汇算清缴工作。 3. 计算住房公积金汇缴金额，到住房资金管理中心交款。住房公积金汇缴基数及比例变动时，按上年度工资总额核算汇缴金额，并按要求在公积金网站填报跨年清册。 4. 每年 7 月之前，按社会保险管理中心要求核算变更职工保险汇缴基数并按要求进行网上年度缴费基数申报工作。职工增减员及在职转退休情况变化时，及时与人事和医务室主管医保工作的人员沟通协调办理相关手续。 5. 对账工作：根据新中大项目账核对金财网财政授权各项目余额是否相符；与出纳核对银行存款及现金账。 6. 再次审核上月会计凭证签章、附件完整情况，整理装订会计凭证、报表。上半年按会计档案整理规范要求完成上年的会计档案整理、装订、排序并登记保管清册。 7. 按会计规范要求对出纳转过来的原始凭证进行审核，然后登录金财网新中大软件系统根据原始凭证录入记账凭证。
下半月 （16～31 日）	8. 上半年财政批复本年度预算，接到批复后对照上年本单位上报预算进行核对。 9. 按教委要求上半年根据幼儿园实际情况进行本年度预算调整预算，及时与相关部门联系，撰写报告、填报报表后，到有关部门办理相关手续。 10. 下半年按教委预算管理实施细则进行下一年度的预算编制工作。 11. 准确核算职工各种奖金、学年奖、增资。 12. 教工养老保险工作：每年 1 月工资扣缴应交教工保险职工的当年保费并及时到西城人寿保险公司办理缴费。根据每人具体到期日，及时通知职工养老到期职工办理支取认定工作。平时若有个人信息变更及时办理。 13. 提取大额现金遵守安全制度保证两人同行。 14. 按会计规范要求录入记账凭证。 15. 按上级要求参加财务的有关会议，完成布置的和财务相关各类报表编报工作。

续表

时间	工作重点
	16. 年终临近，核对往来款项中应收、应付款项。 17. 按教委要求临近年终每月与其核对经费指标，每季度做好财务分析；定期审核出纳人员编制的银行存款调节表，核实相符后签字。 18. 规范做好日常会计基础工作，认真细致地做好年终决算工作。 19. 根据各类明细账登记统计台账、填报统计报表。各类人员变动及时进行登记。平时按照上级统计部门要求填报相关报表，年终填报各类各种统计年报。按要求参加统计人员继续教育学习及考试。认真接受上级部门统计执法检查工作。 20. 根据财务收支情况填报季度审计报表，随时接受审计部门的检查。 21. 做好学期计划、月总结工作。

表 9-27　出纳月工作重点

时间	工作重点
1～5 日	准备收费工作： 1. 月初到各班收取上月幼儿考勤表，同时发放本月幼儿考勤表。 2. 根据上月考勤表计算出全园在册幼儿的上月出勤的天数和本月应收应退的保教费、伙食费。 3. 将全园在册幼儿本月的应收应退的保教费、伙食费输入计算机，并根据幼儿考勤表核对全园幼儿的本月收费是否正确无误。 4. 将核对无误的全员幼儿收费明细表打印出来，并及时贴在每个班的家园联系栏内。
6～25 日	进行收费工作： 5. 把全园每一名幼儿本月应收的费用拷盘、打印，并送银行划款。 6. 银行划款后，取回划款清单，及时将全园幼儿中划款成功和划款不成功的幼儿从划款清单中分开。 7. 把本月没有划款成功的幼儿名单按班核对好，交给教学班老师通知本月划款不成功的幼儿家长，提醒家长及时去银行存款。 8. 把本月划款成功幼儿名单按班核对好，根据收费明细表计算各班各项费用明细是否与本次划款金额一致。 9. 核对无误后将本月划款成功的幼儿的发票按各项目分别开出，并将每位幼儿发票合计，计算出此次划款共收保教费总额，伙食费总额，并同划款清单以及各班各项费用明细表核对，正确无误后记账。 10. 12～18 日进行二次收费工作。 11. 将本月没有划款成功的幼儿清单送到指定银行，请他们二次划款。 12. 再重复第 2～5 项的工作。 13. 19～25 日进行三次收费工作。 14. 将本月没有划款成功的幼儿清单送到银行，请他们三次划款。 15. 再重复第 2～5 项的工作。
26～30 日	进行收费工作： 16. 将本月所有划款成功幼儿的保教费与收费票据合计表、会计账核对相符后，开出支票，及时上交会计核算中心。 17. 制作并打印下月各班幼儿考勤表，以便下月初发到各班。

表 9-28　食堂管理员日工作流程

时间	工作重点
7:00～7:30	1. 巡视成人餐厅自助餐开餐情况，了解教职工需求。
7:30～8:00	2. 根据儿童食堂进货要求，核实当天货品种类和查验质量，做好入库登记记录工作。
8:00～8:30	3. 协助儿童食堂送餐工作。巡视查看各班孩子早餐用餐情况，了解班级幼儿需求，询问教师对儿童伙食的建议。
8:30～9:00	4. 给半日班幼儿送单日加餐物品；向服务保障中心主任沟通反馈当天幼儿出勤情况和回餐工作，接受临时性工作安排。
9:00～10:30	5. 巡视成人食堂午餐准备情况，了解操作环节，按食品卫生要求督促其工作规范落实。保证后海分部的送餐时间和质量。
10:30～11:30	6. 有计划、有目的地开展技术练兵活动和研究创新菜品或面点花样。协助儿童食堂完成午餐开餐和过敏儿童的配餐，确保对过敏儿童饮食在食品上的绝对安全。保证送餐时间精准。
11:30～12:00	7. 在成人餐厅协助完成教职工开餐，及时听取教职工的反馈意见，监督管理教职工用餐行为，做好各方面节能减排工作。
12:30～13:00	8. 根据成人餐厅就餐情况和教职工的反馈意见协助餐饮公司进行交流、沟通、改进、实施。
13:00～15:00	9. 检查儿童食堂各项记录(责任到人)和下午菜品的准备情况，完善库房管理做好台账记录(责任到人)。
15:00～15:15	10. 协助总务管理中心主任完成部门工作。
15:15～16:00	11. 完成本部门工作。关注儿童食堂晚餐准备、送餐具是否规范、食品制作精细化管理环节及技术练兵活动，掌握部门人员实践活动等各项工作按照流程时间和操作质量把关。
一日常规工作	1. 每日验收当日大小食堂各种来货工作，保质保量。 2. 每日询问厨师身体健康情况，有无发烧、感冒和传染病等。 3. 每日深入大小食堂检查出库、入库，并且同班组人员出次日的物品清单。 4. 每日下班了解幼儿进餐情况。 5. 严格验收采购员采购的物品，把好进货关。 6. 搞好食堂库房卫生及防暑防蚊蝇工作。 7. 负责大小食堂工作人员的分工，负责分好班组。 8. 协助搞好大小食堂食品卫生安全管理工作，并进行监督检查、指导，杜绝隐患问题发生。

表 9-29 食堂班长阶段性工作重点

时间	工作重点
学期初	1. 召开班会，全面听取班组成员的意见和建议，拟订食堂工作计划，及时上报上级主管领导。
学期中	2. 每日安排、落实本部门各岗人员的工作。 3. 检查进货质量和数量，按食谱和出勤人数带量出库。 4. 完成各项记录工作。 5. 对本组工作质量进行检查、评估，提出改进措施，提高本组工作质量。 6. 加强对本部门人员的业务工作指导，不断提高本组工作质量。 7. 组织、安排本部门工作人员参加业务培训活动，提高本组人员的业务水平。 8. 组织本部门人员积极参加园内组织开展的各项活动。 9. 完成幼儿园交给的临时性工作。
学期末	10. 总结本学期食堂工作。 11. 考评本组人员工作质量。 12. 排查安全隐患、检修食堂设备，做好安全收尾工作，确保安全生产。

表 9-30 保健医日工作流程

时间	工作重点
早班保健医：(7:25～15:55)	1. 负责入园晨检、负责全园儿童疾病诊治及转诊并进行电话追踪。 2. 每周一次医疗物品消毒、药品柜的消毒整理，物品的清理。 3. 8:00～13:00 进行儿童诊治。 4. 儿童视力异常治疗。 5. 各班进餐习惯的培养与指导等。 6. 整理保健常规工作。
早班保健医：(7:25～15:55)	1. 所有关于传染病班级的检疫指导、追踪、上报。 2. 外伤转院的诊疗及复查。 3. 各班进餐习惯的培养与指导等。 4. 整理保健常规工作。
两头班保健医：(8:00～17:30)	1. 巡视全园儿童健康情况。 2. 常规保健工作检查，包括：儿童卫生习惯、户外活动情况、用眼习惯、进餐习惯等。 3. 整理保健常规工作。
晚班保健医(9:00～17:30)	1. 负责下午 13:00 以后的儿童疾病诊治。 2. 外伤转院诊疗及复查。 3. 常规保健工作检查，包括：儿童卫生习惯、晚餐进餐习惯、户外活动等。 4. 17:05 静园。 5. 下班前负责医务室卫生消毒(擦拭桌面、地面、洗手池)，保持垃圾桶清洁卫生。 6. 整理保健常规工作。

表 9-31　财产保管员月工作重点

月份	工作重点
1～2 月	1. 对固定资产总账、明细账进行登记、汇总、调账。
3 月	2. 和分保管员对全园的固定资产进行核对，清点出要报废的资产并制作报废清单。
4 月	3. 将要下账的资产，汇集到一处分类码放整齐。
5 月	4. 填制固定资产处置清单及固定资产报废审批表报送装备中心、财政审批。 5. 接待装备中心的现场核对，拍卖公司的拍照和定价。 6. 定价审批后，按照拍卖公司的要求填制行政事业单位固定资产接受确认书。
6 月	7. 在网上对报废的固定资产进行网上申报和审批。 8. 收到批复后，和拍卖公司的人员一起，逐一核对报废的固定资产并装车拉走。
7～9 月	9. 根据固定资产报废审批表，填写出库单。 10. 根据出库单将报废的固定资产从两套管理软件中调出。 11. 根据出库单对固定资产总账、明细账进行调账，保证账实相符。
10 月	12. 对园内的所有固定资产逐一进行清查，账实核对。
11～12 月	13. 将全年固定资产增加、减少的物品做固定资产增加、减少清单；为年报工作做好准备工作。 (1)制作“固定资产清产核资基层单位统计表”。 (2)每月要制定固定资产核对表，与会计对账。 (3)做好下发的各种报表的填报工作，按时报送。 (4)接受督导、资产清查等各项检查。 (5)撰写清查计划、清查报告、资产管理总结。 (6)将新增加的固定资产编号、贴上标签。 (7)装订好文件和各类报表。

表 9-32　厨师日工作流程

时间	工作重点
6:15	1. 按时到岗，开窗通风、穿好干净工作服，按照六步法规范洗手。
6:30～7:50	2. 检查室内环境，在确保安全前提下点火，消毒餐具，做好儿童早餐前的准备工作，按当日食谱准备主副食，确保食品安全和操作安全。 3. 制作儿童早餐，数量充足，保证营养。 4. 用消毒水擦拭龙头和操作台面及熟食柜，擦拭所有送餐车。 5. 按时按人数为各班分配早餐，按照班级位置装车，根据季节不同，做好保温、降温等防风防雨工作。 6. 消毒午点使用的餐具。
7:50～8:15	7. 为各班送早饭(以及上午的加餐)，不送饭人员在岗位留守，注意接听内线电话，及时处理和应急应对各班级需求。两头班工作人员整理午餐菜品，先进行粗加工择菜、洗菜、切配等有顺序的环节工作，做到精细化标准。同时按当日食谱准备调料、辅料。 8. 早班按时到成人食堂吃早饭。两头班择菜人员到班上取回餐具并统计出勤人数。

续表

时间	工作重点
8:15～10:40	9. 回岗做好早餐后的卫生清理和剩余食品的保鲜工作，择切葱姜等小料。 10. 统计幼儿出勤人数，填报人数、进行汇总，反馈给管理员做好带量食谱分配工作。 11. 洗米、发面(根据季节温度变化调整时间)。在洗米时把沙子挑干净，米饭软硬程度合适。两头班人员负责炒菜，如有提前过油的工作，一人进行炸货工作(过油)，一人切菜，按照各类菜品特性切得精细化。 12. 把消毒的餐具从蒸箱里拿出，注意安全，防止烫伤。 13. 一定按当日出勤统计的人数蒸米饭。 14. 做好做汤的准备工作，择、洗、切菜要求干净(菜里无异物)。 15. 刀工细致，符合幼儿特点。 16. 吃饺子时，两头班人员负责和肉馅、在机器下接饺子、洗刷机器。早班人员负责和面、操作饺子机。
10:40～10:50	17. 把做好的汤出锅，滑油。 18. 出米饭、分米饭(根据季节做好保温和降温)，刷屉。两头班人员炒菜、分菜。
11:20～11:30	19. 为各班送午饭和午点(按班级实际人数)。
11:30～12:00	20. 在成人食堂就餐，留一人在食堂负责值守接听内线电话，及时处理和应急应对各班级需求，填写留样等各项记录(要求字迹清晰工整完整并签字)。
12:00～14:30	21. 两头班人员12:00到班上取回餐具，听取班上用餐反馈，洗涮餐具，中午12:30负责按时间进行消毒，13:20关火。 22. 按食谱准备下午主食。 23. 出第二天早餐用的原料，包括鸡蛋，虾皮、白糖、豆馅、奶粉等原料。 24. 清洗干净所用的工具(灶台上下、三个锅、操作台)。
14:30～17:30	25. 切下午用的肉、菜(精工细作、色香味俱全)。 26. 准备第二天所吃食物的原材料(把冷冻的食材取出，放置在专用池内)。 27. 炒菜、分菜、分主食(炒菜做到不糊、不生，菜中无异物)。 28. 到各班送晚饭，在儿童晚餐结束后到班上取锅。 29. 清洗干净所用的工具(灶台上下、三个锅、操作台、下水沟)。 30. 安全收尾，断水、断电、断燃气，检查门窗和设施(责任到人，填写值班记录)。

第十章　幼儿园岗位评价与考核

第一节　幼儿园教职工考核制度

幼儿园教职工月考核评价制度

1. 为进一步提升管理效能，充分体现多劳多得、优质优酬，进一步提升教师专业发展的自主性，提升办园品质，特制定本制度。

2. 月考核制度参考《幼儿园教师岗位职责与标准》，月考核评定的指标划分为五个方面，分别是遵纪守法、职业道德、岗位职责、工作质量、安全责任。其中：遵纪守法侧重对本岗相关的法规熟知、熟会、熟用情况，对单位的规章制度、行为规范的遵守与落实情况；职业道德侧重教师观念、师德建设的落实情况；岗位职责侧重各岗的岗位职责，考核履行职责情况；工作质量侧重各岗质量标准，对工作质量进行考核；安全责任侧重贯彻落实“党政同责，一岗双责”的安全工作要求，人人树立安全意识和安全责任，确保安全工作的落实。

3. 教职工月考核评定每一指标评价分为 A、B、C 三个等级，具体参考幼儿园教师月工作考核评定表(见表 10-1)。

表 10-1　幼儿园教师月工作考核评定表

被考核人：________　岗位：______　考核月份：____年____月　考核人：________

维度	等级	考核内容与标准	自评	互评	他评
遵纪守法	A	严格遵守和执行法律法规及幼儿园各项规章制度。			
	B	有违反法律法规或幼儿园规章制度的行为，情节一般。			
	C	有违反法律法规或幼儿园规章制度的行为，情节严重。			
职业道德	A	严格遵守教师职业道德，做师德高尚的榜样。			
	B	有违反教师职业道德的行为，情节一般，对工作或幼儿园造成一定不良影响。			
	C	有违反教师职业道德的行为，情节严重，对工作或幼儿园造成较大不良影响。			

续表

维度	等级	考核内容与标准	自评	互评	他评
岗位职责	A	严格履行本岗位职责，较好地完成各项工作计划、任务。			
	B	基本能履行岗位职责，有未履职行为，情节一般。			
	C	基本能履行岗位职责，有未履职行为，情节严重。			
工作质量	A	按照标准高质量地完成日常工作，工作有实效。			
	B	基本能按标准完成日常工作，效果一般。			
	C	基本能完成日常工作，标准不到位。			
安全责任	A	严格贯彻落实安全工作要求，无安全事故发生。			
	B	安全意识薄弱，未履行安全职责，发生安全责任事故，情节一般。			
	C	安全意识薄弱，未履行安全职责，发生安全责任事故，情节严重。			
行政会决议					
备注					

4. 各岗位具体参考指标见幼儿园各岗位职责与标准。

5. 月考核评定分为自评(个人意见)、互评(同事意见)和他评(部门评)。行政会综合三方评价做出最后决议。

6. 最终考核结果分为六个等级，具体如下。

A^+：月考核各项均为A，且获得“北海星”或有突出贡献，总评A^+。

A：月考核各项均为A，总评为A。

A^-：月考核单项B，总评为A^-。

B：月考核两项B，总评为B。

C：月考核单项C，或三个B，总评为C。

无等级：月考核存在严重师德问题、造成重大责任事故、给幼儿园造成严重影响的，总评为无等级。

幼儿园教职工学年考核制度

1. 年终考核制度是在月考核的基础上，本着多劳多得、优质优酬的原则，进行年终考核。

2. 考核期限：年终考核月份为一个自然年，即12个月。

3. 年终考核等级分为六个等级。

一等：全 A^+。

二等：全 A。

三等：有 1 个及以上 A^-。

四等：有 1 个及以上 B。

五等：有一个及以上 C。

六等：无等级。

4. 在全年考核等级中同时出现不同等级，就高不就低。

5. 关于 A^+ 的说明。所有月考核得 A^+ 的，学年考核时，会在特殊贡献里体现。

6. 关于缺勤人员情况说明。

(1)月考核：病事假按实际出勤天数发放工资。

(2)年终考核：病事假按一定比例扣除，并与考核挂钩。

(3)产假、工伤人员依国家法律、市区相关政策执行。

7. 此方案自发布之日起试行，具体使用过程中如遇特殊情况，要依法依规依实际情况进行灵活调整。

第二节　幼儿园教职工评优评先制度

幼儿园关于特殊贡献奖的相关制度

为进一步贯彻落实“以人为本”思想，支持教师快乐自主工作，特对在日常工作中有以下表现者予以特殊贡献奖励，具体规定如下。

1. 在日常工作中，有突出表现，为幼儿园赢得北京市、全国乃至国际荣誉者。

2. 在各类有重大影响的评奖活动中的获奖者。

(1)获奖的级别在区级一等奖以上者(含一等奖)。

(2)获奖的级别在市级二等奖以上、国家级优秀奖以上者。

(3)不同主题及内容在评奖中，获得两个及两个以上市级二等奖或国家级优秀奖者。

3. 在课题研究中取得重大成绩者。

(1)每学期有三篇或三篇以上论文发表在市级以上刊物上者。

(2)能将课题研究成果运用到教学实践当中，在重大公开活动中效果好、评价高，为幼儿园赢得荣誉者。

(3)在课题研究中成绩突出，能代表幼儿园开展对外交流，并为幼儿园赢得荣誉者。

4. 针对幼儿园的具体工作和发展提出改进措施和合理化建议，经实践证实效果显著者。

(1)在突发事件中做出突出贡献者。

(2)在各类工作中敢于创新，大胆实践，工作取得显著效果者。

(3)从幼儿园的利益出发，提出积极建议和采取有效措施者。

幼儿园“北海星”制度

新时期，质量已成为学前教育工作的生命线，办高质量的幼儿园已成为学前教育工作者的共同追求。而影响办园质量的关键在于教师，提高教师素养已成为当下推动幼儿园质量提升的重要途径。

结合幼儿园教师发展的实际需求，为支持每一名教职工找到自身专业发展的生长点，激励教职工以更加积极的心态、饱满的热情投入到工作中，从而创设积极向上的园所氛围，特制定此制度。

1. 牢固树立以人为本的理念，以人的发展为工作的出发点与落脚点，实现师幼的自主、全面且富有个性的成长。

2. 坚持公平、公正、公开原则，按照个人专业水平发展及对园所发展的贡献率授予一定数量的“北海星”。(具体奖励星级见表 10-2)

3.“北海星”每月举行一次，以挖掘幼儿园全体教职工身边的典型故事为主，在每月月末全园召开总结会之时举行表彰仪式。

4. 同等条件下，在当年的学年末岗位聘任、评优评选中，获得“北海星”数量多的教职工优先考虑。

5.“北海星”以学年为单位统计，每学年结束时清零。

6.“北海星”以他人推荐为主，不主张自荐。

附：

表 10-2　具体奖励星级表

类别	级别	奖励办法
日常工作	质量突出	10 星
	家长认可度高	10 星
接待、观摩	国家级	50 星
	市级	30 星
	区级	20 星
	园级	10 星

续表

类别	级别	奖励办法
比赛评比	国家级	50 星
	市级	30 星
	区级	20 星
	园级	10 星
论文获奖或发表	国家级	50 星
	市级	30 星
	区级	20 星
园所建设	金点子	10 星
	提案	10 星
示范辐射	跨省支教	50 星
	省内交流	30 星
	区内交流	20 星
	园内交流	10 星
课题研究	国家级	主持人 50 星 核心成员 30 星
	市级	主持人 30 星 核心成员 20 星
	区级	主持人 20 星 核心成员 10 星

幼儿园“和谐团队”评选标准

1. 爱岗敬业，师德高尚：班组成员能认真履行职业道德规范和各项规章制度，甘于奉献，无违章违纪现象，无家长投诉。

2. 班长带头，班风良好：班长发挥带头作用，以幼儿园整体工作为重，积极做好班组成员的思想工作，班级人际关系融洽，班风良好，整体工作成效显著。

3. 团结协作，成绩突出：班组成员团结合作，在幼儿园的各类检查、评选等活动中，能做到有分工、有协作，班级各项工作成绩突出。在承担园级以上重要观摩任务或交流研讨活动中，能相互配合，效果突出，评价较高。

4. 人人负责，全面参与：全体班组成员都有较强的责任心和主人翁意识，能积极参与班级各项工作的管理和建设。

5. 共同进步，共赢发展：在确保本班组工作质量的同时，能以班集体的力量关心、帮助其他有需要的同事或班组，能为全面提高办园质量做出贡献。

幼儿园“十佳教师”评选标准

1. 为了激励广大教职工爱岗敬业、不断争创优异业绩，人人做真正的自己，每学年评选出十名在工作中取得突出成绩的教职工，并授予“十佳教师”称号，予以表彰。全园教职工均可参评。

2. 热爱幼教事业，模范遵守师德规范，在师幼和家长中享有较高威信，并有典型事例，近2年内被授予幼儿园师德之星称号或连续两年被评为“我心中的好老师”以上荣誉。

3. 高质量做好本职工作，所在班组工作成果显著，个人在团队中能发挥积极作用，具有广泛的群众基础，能得到大家的尊重与认可。

4. 积极钻研业务，与时俱进，在本领域的研究和实践方面成绩显著，承担或参与市级、区级、园级课题，研究成果被采纳或推广。

5. 在幼儿园重大活动中，积极创新，无私奉献，得到同事的一致认可，并有突出事例。

6. 评选程序。

(1)每学期末由个人自荐。

(2)幼儿园向全体教职工公示申请人材料，接受全园监督，公示时间3天。

(3)在公示无异议情况下，由幼儿园职评小组根据试行办法对申报人进行综合考察。经职评小组通过，确定为“十佳教师”。

(4)“十佳教师”每学年评选一次，教师节表彰。

7. 奖励办法。

(1)“十佳教师”在园务公开栏内宣传。

(2)幼儿园颁发“十佳教师”证书。

幼儿园“师德之星”评选标准

1. 热爱祖国，热爱幼教事业，为人师表，廉洁从教，身教于人，模范遵守国家法律法规和幼儿园的各项规章制度。

2. 尊重幼儿、尊重家长，热心、耐心、细致、周到地为幼儿和家长服务，并赢得他们的喜爱和赞扬，有具体的典型事例或事迹。

3. 严于律己，语言规范、健康，行为举止文明礼貌，符合教师身份。

4. 团结同志，关心他人，乐于助人，具有广泛的群众基础，能得到群众的尊重与认可。

5. 刻苦钻研业务，积极参与幼教改革，努力树立新的教育观、儿童观，进取创新，勇于奉献，成绩显著。

6. 牢固树立“倾心于孩子的今天，着眼于孩子的明天”的办园宗旨，积极开展幼儿喜爱并能促进幼儿发展的活动。

幼儿园“希望之星”评选标准

1. 年龄在30岁以下，工作2年以上的教师。

2. 热爱幼教事业，热爱孩子，为人师表；模范遵守幼儿园的各项规章制度；言谈举止符合教师身份。

3. 尊重幼儿，尊重家长，耐心、细致地为幼儿和家长服务，并赢得他们的喜爱和赞扬，事迹突出。

4. 努力钻研业务，积极参与教育改革；开展丰富多样的教育活动支持幼儿的发展；能创造性地开展工作，教学和教科研成果显著。

5. 积极参与园内各项活动，尤其能积极踊跃承担观摩活动，效果好。

6. 团结同志，关心他人，乐于助人，得到大家的认可。

第四部分
幼儿园工作组织与实施

“纸上得来终觉浅，绝知此事要躬行。”园所文化理念只有转化为切实可行的具体实践，才能真正实现支持师幼的共同发展，从而提升办园质量。在“做真正的自己”文化理念引领下，我们在实践过程中进行了不懈努力的尝试和探索，促使文化理念内化于心，化外于形。本部分我们从思想建设工作的组织与实施、教师队伍培养与培训工作的组织与实施、课程研发工作的组织与实施、教育研究工作的组织与实施以及服务保障工作的组织与实施五个方面就幼儿园在实践中的具体活动进行案例分享，一方面能够与前文理念相互呼应，使本书内容更加完善；另一方面希望广大读者在融会贯通的基础上发挥能动作用，创造性地运用与完善，更好地推进学前教育事业的发展。

第十一章　幼儿园思想建设工作的组织与实施

“师者，传道授业解惑者也”。教师作为幼儿园发展的关键，承担着神圣的使命。作为人类灵魂的工程师，教育者自身要先受教育，努力成为思想文化的传播者、中国共产党的坚定拥护者，更好地承担起幼儿健康成长的“四个引路人”，为幼儿系好人生的第一粒纽扣。切实抓好幼儿园教师思想建设工作，对于全面推进学前教育事业健康发展具有十分重要的意义。结合幼儿园实践工作，本部分将以政治学习、道德讲堂和“北海星”活动为例，介绍幼儿园思想建设工作的组织与实施。

第一节　政治学习的组织与实施

幼儿教师每天与孩子朝夕相处，其一言一行、一举一动对广大幼儿都会产生直接或间接、显性或隐性的影响。只有政治素质过硬、业务水平高的专业教师，才能承担立德树人、教书育人的重要职责。因此，幼儿园一直紧跟党和国家的方针政策，组织教师深入学习党的路线、方针、政策，分析国内外热点问题，提高教师的政治素养、理论素养。下面将以一次政治学习活动为例，阐述我园在思想建设工作中的实践探索。

主题：新时代 新使命 新作为

——北京市北海幼儿园政治学习系列活动

一、目标

1. 牢固树立正确的儿童观，进一步明确教师职业理想 。

2. 增强教师依法治教的意识和能力，进一步提高教师的职业道德水平。

二、过程

（一）案例分析带来的思考

案例一：2018 年 9 月 10 日，也就是第 34 个教师节之际，在某幼儿园发生了一起悲剧，几名小朋友围坐在饭桌前吃饭，其中一名 4 岁男童吃饭时不小心被食物噎住身亡，看完监控视频里的夺命几分钟……

看完触目惊心的视频，您有哪些思考？日常工作中您打算怎么做？（请不同年龄段

教师回答，涉及教师法律意识、职业道德、责任意识、班级分工合作等)

小结：做一名心中有爱的幼儿教师，关爱每一位幼儿。

做一名有职业道德的教师，《幼儿园工作规程》中明确指出，幼儿园是保育和教育机构，特别值得我们关注的是“保”在前，为此我们要确保每一位幼儿身心健康发展。

做一名知法、懂法、守法的幼儿教师，捍卫《未成年人保护法》，自觉遵守《教师法》。

案例二：多名幼儿遭老师体罚(略)

案例三：用生命为学生上好最后一课(略)

思考：对比案例二与案例三，我们发现，它们其实有共性，都是在一念之间；但他们最大的不同也就是在这一念之间，一个成了丧失道德的人，一个成为捍卫职业道德的英雄。

透过两个案例，我们更多地思考的是一念之间的背后隐含的师德素养。在日常工作中，我们要不断加强自身道德修炼，时刻牢记职业准则，做一名有理想信念、有道德情操、有扎实学识、有仁爱之心的好老师。

(二)新形势下新定位——全国教育大会

纵观历史，教师向来承担着传播知识、传播思想、传播真理的历史使命，肩负着塑造灵魂、塑造生命、塑造人的时代重任。新的历史时期，中国特色社会主义进入了新时代，我们肩负着人民对公平而有质量的教育的向往。要担负起这份责任，就要有热爱教育的定力、淡泊名利的坚守，要成为塑造孩子品格、品行、品味的“大先生”。

……

第五次全国教育大会将教育定位为国之大计、党之大计。与此同时，国家前所未有地高度重视教师队伍建设，坚持把教师队伍建设作为基础工作，提高教师的政治地位、社会地位、职业地位，让广大教师安心从教、热心从教。国家和社会给予人民教师高度关注，其目的是锻造一支高素质、专业化、创新型的教师队伍。俗话说，打铁还需自身硬，我们是否能担负起国家、社会的重托，还要从自身做起，努力提升自身专业水平和综合素养。

(三)西城区中小学、幼儿园教师职业行为规范

1. 爱岗爱国，忠诚担当。

2. 以身立教，为人师表。

3. 爱岗敬业，尽职尽责。

4. 钻研业务，精益求精。

5. 热爱学生，教书育人。

6. 遵守纪律，团结协作。

7. 恪守师德，廉洁从教。

（四）分组讨论：新时期、新时代、新使命，争做师德高尚教师

小结：新时期需要“四有”好教师，幼教发展需要高素质教师队伍，我们携手共成长，担负起新时代赋予我们的使命。

（五）跟进与落实

延伸：认真学习、深刻领会《西城区中小学、幼儿园教师职业行为规范负面清单》，对照教师标准，制定个人负面清单，及时对照审视自身工作。

附：西城区中小学、幼儿园教师职业行为规范负面清单

1. 思想道德方面。

(1)违背党和国家方针政策的言行。

(2)传播、散布损害国家主权、安全和社会公共利益的言论，传播宗教和宣传封建迷信，参与黄、赌、毒活动等。

(3)违反教育法等法律法规及有损教师形象声誉的行为。

(4)遇到学生、幼儿出现意外不及时采取措施或不及时上报，在教育教学活动中遇突发事件时不履行保护学生、幼儿人身安全的职责。

(5)在教育教学活动和对学生、幼儿管理、评价中，违反教育规律，不公平公正对待学生、幼儿，产生明显负面影响。

(6)因言行不当，造成学生、幼儿厌学、逃学、辍学或发生各种意外。

(7)体罚学生、幼儿和以侮辱、歧视等方式变相体罚学生、幼儿。

(8)对学生实施性骚扰或与学生发生不正当关系。

(9)索要或者收受学生、幼儿及家长礼品礼金。

(10)组织或参与针对学生、幼儿的经营性活动，强制或暗示学生购买教辅材料、书刊等谋取私利。

(11)组织要求学生参加校内外有偿补课，或组织参与校外培训机构对学生的有偿补课。

(12)在招生、考试、考核评价、职称评定、教研科研中弄虚作假、营私舞弊。

(13)以非法方式表达诉求，干扰正常教育教学秩序，损害学校、学生、幼儿利益。

(14)其他违反中小学职业道德规范造成不良影响和后果的行为。

2. 仪容仪表方面。

(1)穿着奇装异服、染鲜艳发色、佩戴夸张饰品。

(2)不注重个人卫生，衣着、发型蓬乱。

(3)言谈举止不端正。

(4)工作语言中夹杂俚语或方言，对待学生、幼儿滥用否定性和命令式语言。

(5)在公共场所吸烟、随地吐痰、乱扔杂物或大声喧哗。

3. 教育教学方面。

(1)随意变更或不按时完成教学大纲规定的授课内容。

(2)对学校安排的阶段性目标任务、重要事项等工作推进效率低下，不能按照规定时间和标准完成。

(3)课前准备不足、不备课，幼儿园教师不制订幼儿活动计划，或者不按照计划组织幼儿活动。

(4)上课迟到早退、无故缺课、擅自调课、课堂上接打电话，讲授与教学无关的内容，课堂秩序混乱，幼儿园教师在规定带班时间内无故离开班级，擅自调班。组织幼儿活动秩序混乱。

(5)批改作业不及时、字迹潦草，反馈信息不准确。

(6)对家长学生提出的疑问不及时答复。

4. 工作纪律方面。

(1)无正当理由不服从幼儿园工作安排。

(2)无故不参加幼儿园组织的集体备课，教研活动等，或对教育行政部门和幼儿园组织的培训活动不能积极参加，不能认真学习。

(3)工作时间从事与教育教学无关的事宜，或将其他无关人员带到工作场所和学生、幼儿活动场所。

(4)背后议论或当众羞辱同事，恶意损害同事人格信誉。

(5)与家长交流态度冷漠，缺乏耐心，或训斥、指责家长。

(6)在班级微信群、QQ群等与家长的网络沟通方式中，公布学生的成绩排名或其他反映学生成绩信息，或发布对学生不当影响的批评信息。

第二节　道德讲堂的组织与实施

为弘扬中华传统美德，培育和践行社会主义核心价值观，搭建思想道德建设新平台，提升教师思想道德修养，幼儿园开始着力于“北幼人讲北幼事、北幼人讲自己事、北幼事教北幼人”的道德讲堂活动。一方面宣传思想道德建设，弘扬传统文化，促使中华优秀文化传统扎根于每一个人的心灵；另一方面通过宣传、讲述幼儿园自己的事迹与故事，传播正能量，发挥榜样示范与引领作用，在园所内营造“传承文化，弘扬师德”的良好氛围。下面以一次道德讲堂活动为例。

“玩”转端午节，文化满北幼

——北京市北海幼儿园道德讲堂系列活动

一、主题解读

中华传统文化是我们民族的生存之根、立世之魂、传承之本。我国历代劳动人民创造和传承的传统节日文化，可谓是最具活力和影响力、最具民族特色和个性的文化，它集中体现了中华传统文化的核心价值，生动展示了广大民众的精神世界。本次道德讲堂活动借助中华传统节日——端午节进行道德文化教育，旨在提升老师们的文化认同感和民族自信。

二、活动目标

一级目标：人人在快乐发展之中做真正的自己。

二级目标：感受中华传统节日文化，提升文化认同感和民族自信。

三级目标：

1. 体验中华民族传统节日的风俗，提升传统文化素养。

2. 以文化凝聚人，提升道德文化修养，支持老师们做真正的自己。

三、活动流程

(一)集体部分

主持词：亲爱的老师们，欢迎大家来到道德讲堂。再过几天，就是农历五月初五了，是我国民间四大传统节日之一的端午节。今天的道德讲堂与以往有些不同，我们将通过观看一段短片了解端午节的文化，通过体验式活动感知中华传统节日文化的风俗和精髓。

老师们，你们知道关于端午节的来历和故事吗?

下面，就让我们通过短片了解一下关于“端午节”的话题吧！(播放短片)

(二)体验环节

1. 趣味赛龙舟。

(1)体验端午节民俗游戏，增强团队凝聚力，做团结友爱的自己。

(2)传统文化小知识：赛龙舟是端午节的习俗，也是汉族在端午节最重要的民俗活动之一，是国家级非物质文化遗产。

(3)玩法：请老师们自愿组队，进行趣味旱地龙舟赛。

2. 缝制香囊。

(1)体验传统节日风俗和美好祝福，提升教师健康意识，做幸福健康的自己。

(2)传统文化小知识：端午节儿童佩戴香囊，传说有避邪驱瘟之意。民谚说：“清明插柳，端午插艾。”中医学上以艾入药，有理气血、暖子宫、祛寒湿的功能。菖蒲是多年生水生草本植物，是提神通窍、健胃消滞、杀虫灭菌的药物。可见，古人插艾和菖蒲是有一定防病作用的。端午节也是自古相传的“卫生节”，人们在这一天洒扫庭院，挂艾枝，悬菖蒲，洒雄黄水，饮雄黄酒，激浊除腐，杀菌防病。这些活动也反映了中华民族的优良传统。

3. 自制紫草膏。

(1)紫草膏功效。

主治：凉血，活血，解毒透疹。用于血热毒盛、蚊虫叮咬、疮疡、湿疹、轻度烫伤，对尿布疹、红臀也很有效。

(2)紫草膏做法。

①紫草买回家用凉开水冲洗一下，再自然晾干。

②锅里倒入橄榄油(或茶油、食用油)，小火烧到微热后，倒入紫草，立即熄火。紫草与油的比例为1∶10。

③待油凉后，倒入玻璃瓶中密封，存放时间以半年为宜，越久越好。

④将蜂蜡隔水融化，1∶3的比例加进紫草油中，凝固后即成为紫草膏。

(3)温馨提示：

①制作紫草油时，油温不能太高，倒入紫草后一定要立即熄火，油的余温会将紫草的药效浸泡出来。

②紫草油制作中，可加入金银花比例1∶20。金银花自古被誉为清热解毒的良药，与紫草合用增加疗效。

4. 编织五彩绳(长命缕)。

中国古代崇拜五色，以五色为吉祥色，寓意着祈福纳吉辟邪。而儿童戴五彩绳，是端午节的重要习俗。每逢端午节，家家户户都在门楣上悬挂上五色丝绳，以避不祥。五彩绳在古代也叫长命缕，用红、绿、黄、白、黑色粗丝线搓成彩色线绳，系在女孩子的手臂或颈项上。明人余有丁《帝京五日歌》中的“系出五丝命可续”，指的就是这种习俗。汉代应劭《风俗通》载：“五月五日，以五色丝系臂，名长命缕。”后人也称之为“续命缕”“五彩缕”。

5. 端午诗词赏析。

从古至今文人墨客留下了许多关于端午节的诗词，让我们走进中国古代文学，一起欣赏这些优美的诗句吧！

端午诗词(略)

四、分组活动

- 赛龙舟。
- 自制紫草膏。
- 自制艾草香囊。
- 编织五彩绳(长命缕)。

第三节 “北海星”活动的组织与实施

教师是影响幼儿园质量的关键，建设一支师德高尚、业务精湛、结构合理、充满活力的高素质专业化教师队伍是支持幼儿园可持续发展的根本与着力点。当前，幼儿园教职工呈现发展需求多样化的特点，合理有效的管理能够支持每位教师找到专业发展的生长点，从而以更加积极的心态、饱满的热情投入到工作中。本部分以“北海星”评选活动为例，介绍幼儿园如何通过宣传教师感人事迹，并举行富有仪式感的“颁星仪式”，激励为幼儿园发展做出突出贡献的教职工，鼓励全体教职工向榜样学习，明确努力方向。

一、“北海星”推荐流程

“北海星”的推荐流程大致分为推荐、审议、公布、跟进四个环节，四个环节相互衔接，循环往复，形成师德教育的长效机制。具体推荐流程见图 11-1。

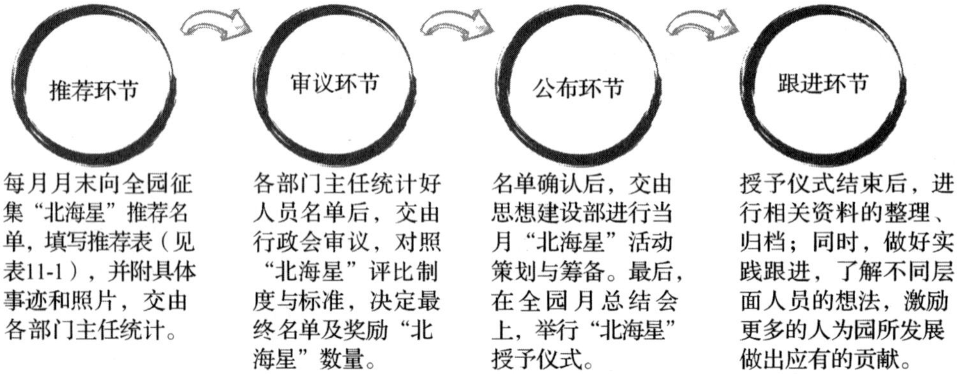

图 11-1 “北海星”推荐流程图

表 11-1 “北海星”推荐表

被推荐人	×××	时间	××××年××月××日	
推荐人	×××	星级		
故事题目	迟到的表扬			
感动事迹	我们幼儿园有这样一位老师，身为助理教师，她能耐心细致地观察和照顾每一名幼儿，支持每一名幼儿的健康成长。在幼教一线奋斗二十多年的她，如今依旧坚守在自己的岗位上。 在今年学期初召开的家长委员会上，一位家长饱含深情地讲述了这样一段故事，让在场的所有人热泪盈眶。 家长是这样说的：“开学初，孩子有些上火，好几天没有大便。这位老师得知情况后，鼓励孩子尝试了几次蹲坑都没有成功。于是，这位老师便把孩子带到睡眠室，			

续表

感动事迹	让孩子平躺在床上，一边和孩子聊天，让孩子放松，一边给孩子揉肚子。最后，竟然用手指帮孩子把大便抠出来。孩子回家后和我们说起，我们才知道老师的默默付出。我们作为家长都做不到这样，老师真的把孩子当成了自己的孩子！” 这就是我们一名普通老师的境界和情怀，她用一言一行诠释着北幼精神，用一点一滴践行着高尚师德，用一举一动将正能量在北幼传播开来。她就是×××老师。今天，在分享与传递这份爱与感动之余，我们也要为这名默默无闻的老师送上一份“迟到的表扬”！

二、“北海星”授予流程

“北海星”的授予流程大致分为四个环节，如图 11-2 所示。其中，第三个环节采取由上一期“北海星”获得者为本期获得者颁发证书的方式，是为了让好的师德师风传承、传递下去，形成支持人的发展的持续动力。

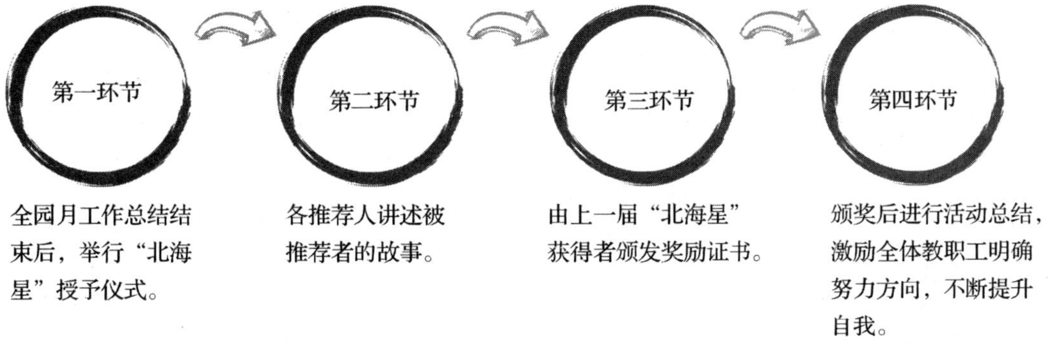

图 11-2　“北海星”授予流程图

“北海星”授予仪式每月举行一次，并在学年末进行汇总，填写“北海星”统计表（见表 11-2）。每一位教职工获得“北海星”的数量将与其学年考核挂钩，在评优评先方面有所体现。

表 11-2　2018 年—2019 年学年度“北海星”统计表

姓名	类目	突出贡献	获得北海星数量	总计
×××	比赛评比	北京市半日 评优一等奖	30 星	
	论文获奖或发表	论文“……” 获智慧教师二等奖	20 星	
	……	……	……	
×××	接待观摩	全国园长班接待	50 星	
	日常工作	照顾幼儿突出事迹	20 星	
	……	……	……	

在实施“北海星”评选活动的过程中，北海幼儿园全体教职工明确了：

1. 只要每个人拥有一双善于发现的眼睛，就会看到每个群体里都有突出的代表、优秀的典范。

2. 在任何岗位上，只要爱孩子，有责任心，都能得到别人的尊重和认可。

3. 表扬要对老师负责任，要具体得当，打动人心。

4. 要通过“北海星”的评选让推荐者、组织者、策划者、主持者、获奖者、颁奖者等几个维度的人员都获得发展。

5. 每名教职工都是推荐者，要充分挖掘并宣传身边的好人好事，支持教师树立正确的友情观。

第十二章　幼儿园教师队伍培养与培训工作的组织与实施

立足于新时代学前教育的新使命，北海幼教人深刻地领会到“今天的儿童就是未来实现中华民族伟大复兴中国梦的主力军，教师就是打造这支中华民族‘梦之队’的筑梦人”。在《国家中长期教育改革和发展规划纲要(2010—2020年)》精神的引领下，幼儿园以《幼儿园教师专业标准(试行)》为依据，坚持立德树人、坚持质量引导，以支持教师“做真正的自己”为核心，建立健全教师培养与培训机制，开展分层次、多形式、全方位、全覆盖的培训，力求建设一支师德高尚、素质精良、结构合理、能适应学前教育发展需要的一流师资队伍。

第一节　干部队伍培养工作的组织与实施

干部队伍的素质直接影响着教师的专业发展。提升干部的业务能力，一方面能够促使管理者统一思想和认识，心往一处想，劲儿往一处使，“像石榴籽一样紧紧抱在一起”，从而达到凝心聚力的目的；另一方面，能够完善教师梯队建设，支持幼儿园可持续发展。

北海幼儿园行政教研首创于2001年，从最初的懵懂前行到如今形成相对成熟、稳定的培养模式，行政教研支持着干部在不断解决共性问题的过程中，提升研究能力，提高管理实效性，为幼儿园乃至市区培养了一批干部。随着教育理念和实践的变迁，行政教研的研究重点和研究方式也与时俱进，形成了管理和教育两条主线交互推进的研究思路，研究内容彼此关联、螺旋式推进，以提升干部管理与实践的综合能力。下面将以某一学期实施的行政教研为例介绍幼儿园干部培养的实践模式。

行政教研学期计划

一、上学期行政教研概要

(一)主要收获

1. 关于课程组织实施方式的探索。

结合学期工作以及北京市课题、科研月等活动，以“探索适宜教育过程，支持幼儿主动学习”为主题，以主题游戏为依托，进行了系列行政教研活动，通过相关理论学习以及实践观摩与研讨，我们在以下方面达成了共识。

(1)强化了正确的课程观。

(2)课程组织实施方式的研究要在课程要素的整体思考下进行，不能就形式说形式。

(3)课程组织实施方式的研究要以幼儿的发展为出发点和落脚点。

(4)主题游戏能让幼儿的游戏更有目的、有计划、有意义，我们既要关注主题对于幼儿主动学习的意义，更要关注幼儿在游戏中的深度学习。

2. 关于提升管理艺术的探索。

上学期，围绕管理艺术的提升，我们进行了相关理论的学习和探讨(如“洞穴理论”)，并借助相关书籍的学习(如《好中层，要会三件事》《水煮三国》等)，提升干部的认识水平和管理艺术。

(二)优势与不足

上学期的行政教研以实践为根基，以实践中的重点、难点问题为切入，进行了相对持续、深入的探索，从总体上来说，体现整合性、科学性、连续性的特点。但同时，也存在以下一些不足。

1. 学习不够：围绕教育教学以及管理的相关理论和实践学习不够深、不够广。

2. 思考不够：围绕教学和管理中遇到的问题，系统和深入思考不够，刨根问底不够。

3. 创新不够：无论是行政教研的内容还是形式，敢于打破固有思维模式，大胆进行实践和管理的创新不够。

基于上述分析，本学期行政教研的方案制定如下。

二、主要思路

依据全园工作计划，以科学发展观为引领，以立德树人为根本，以改革创新为动力，以提高质量为核心，以提升干部及后备干部的专业化水平为目标，以提升干部的管理效能及课程领导力为主要研究方向，加强学习和研究，全面提升干部队伍综合素质，打造一支有情怀、有责任、有担当、有能力的干部队伍，为幼儿园未来的发展积蓄力量、储备人才，同时，打造北幼行政教研品牌。

三、主要目标

一级目标：促进干部、教师人人在快乐发展中做真正的自己。

二级目标：

1. 推进管理及教育改革与创新，进一步提升办园质量。

2. 加强管理梯队建设，培养高素质的管理团队。

三级目标：

1. 通过管理研究，进一步提升干部的管理艺术，提升管理效能，落实提质增速。

2. 通过课程研究，进一步提升干部的课程领导力，推动课程改革与创新。

四、参与人员

1. 全体干部、教研员、教研组长。

2. 结对原则：依据新老结对、理论与实践相结合的方式自由结对。

3. 组织原则：每次行政教研由一组人员共同策划、组织，具体教研过程由该组人员自行决定。

五、主要内容及方向

(一)管理研究

主题：新时期如何提高工作效率，提升管理效能？

结合新学期工作计划和重点，以实践中的真问题为抓手，通过研究，不断细化制度，优化管理，提升效能。以下内容供参考：

• 如何做好部门工作的顶层设计？

• 如何打破固有思维模式，实现管理创新？

• 如何提升中层干部的执行力？

• 如何合理统筹日常工作？

• 如何细化管理，强化落实？

……

(二)教育研究

主题：加强课程研究，提升干部课程领导力

以"一日生活皆课程"的理念为指导，以提升干部的课程意识和课程领导力为目标，结合全园工作计划，借助北京教育科学院早期教育研究所课题研究以及"北海杯""西城杯"活动的组织开展，进行课程研究。具体内容包括：

• 新时期正确课程观的树立；

• 关于干部课程领导力的研究；

• 园本课程的顶层设计研究；

• 课程的组织实施方式研究；

• 社会主义核心价值与中华优秀传统文化与课程的整合研究；

……

六、研究方法

1. 理论学习：自学＋交流分享。

2. 实践观摩：现场观摩+研讨。

3. 案例研讨：案例分享+研讨。

七、活动安排

行政教研系列活动安排见表12-1。

表12-1 行政教研系列活动安排表

序号	研究方向	时间	内容	主持
1	管理研究	3月7日	讨论新学期行政教研计划	×××
2	管理研究	3月14日	结合实践工作，明确干部课程领导力	×××
3	管理研究	3月21日	自我管理：学习提升的能力	×××
4	实践研究	3月28日	支持教师明确课程观树立课程意识	×××
5	管理研究	4月11日	顶层设计：目标定位的能力	×××
6	实践研究	4月18日	借助杯赛调研教师需求，提升教师课程目标定位能力	×××
7	管理研究	4月25日	顶层设计：梳理思路的能力	×××
8	实践研究	5月2日	借助杯赛加强教研支持，提升教师课程内容设计能力	×××
9	管理研究	5月9日	统筹工作：管理时间的能力	×××
10	实践研究	5月16日	借助杯赛激励创新思路，支持教师探索教育过程的新路径	×××
11	管理研究	5月23日	上传下达：执行落实的能力	×××
12	实践研究	6月6日	借助杯赛突破思维定式，探索课程评价方式，支持教师丰富课程评价视角	×××
13	管理研究	6月13日	反思内省：突破创新的能力	×××
14	实践研究	6月20日	总结实践经验，分析园本课程优势和不足，探索课程建构新方向	×××

对照行政教研的实施计划，在每学期干部会按计划进行研究与讨论。实际研究主题与内容可依据前期研究情况适当调整。下面以一次具体开展的行政教研计划为例。

行政教研计划

时间：2018年3月14日　　　　主持：×××

主题：提升干部课程领导力，全面提升教育质量

一、目标

一级目标：支持干部、教师在快乐发展中做真正的自己。

二级目标：

1. 提升干部课程领导力，支持干部专业化成长。

2. 打造北幼课程品牌，全面提升教育质量。

三级目标：

1. 通过理论学习，明确课程领导力的内涵和构成。

2. 通过实践研讨，明确提升干部领导力的努力方向。

二、过程

（一）理论学习——关于课程领导力

重点：理解和澄清关键概念如领导力、课程领导力、课程领导、课程管理等。

（二）课程建设研讨

重点：结合实际讨论当前干部在课程领导力方面有哪些优势，还有哪些有待提高的地方。

（三）如何提升干部的课程领导力

重点：结合实际思考如何通过提升自身的课程领导力，以课程建设为依托，促进自身和教师的专业化成长，提升课程品质，支持幼儿快乐、自主、全面且富有个性地成长。

第二节　骨干教师培养工作的组织与实施

优化教师结构、建设高素质教师队伍是幼儿园建设与发展的永恒主题。在立足教师队伍整体优化的基础上，要努力培养和造就一批高水平的骨干教师。基于上述思考，幼儿园设立首席教师工作室，一方面能够发挥骨干教师自身的教育示范、辐射作用，积极带动身边的教师共同学习与发展，提升教师队伍整体素质；另一方面为骨干教师提供进一步锻炼与发展的空间与平台，激励他们不断完善自我，提高自我。本部分以某一学期首席教师工作室活动组织与实施方案为例介绍幼儿园骨干教师队伍的培养。

幼儿园首席教师工作室学期活动整体方案

一、指导思想

以习总书记系列讲话精神为引领，以贯彻落实学前教育三年行动计划为依据，以《全面深化新时代教师队伍建设改革的意见》为宗旨，坚持立德树人、全面发展，深化教育教学改革；坚持学前教育的培养方向，探索实施素质教育的新途径，深化主体性教育，实现人人在快乐发展中做真正的自己。

二、背景

本学期幼儿园各个首席教师工作室的主要责任人认真分析教育发展的国际和国内形势，深入贯彻党和国家的教育精神，确保在贯彻教育方针的基础上，创造性地开展各个工作室的研究活动。

本学期，幼儿园在五大领域工作室召开的基础上，结合党的十八大以来的重要讲话精神，在明确党中央高度重视中华传统文化的传承发展基础上，深刻认识到教育要从国家战略资源的高度继承优秀传统文化，从推动中华民族现代化进程的角度创新发展优秀传统文化。习总书记对于传统文化做出的一系列重要论述为幼儿园开展中华传统文化教育指引了方向。因此，本学期我园首次创造性地开设传统文化首席教师工作室，支持教师开展传统文化教育活动，促使传统文化素养根植于教师的专业发展之中。

此外，结合幼儿园所参与的教科研课题研究，尝试发挥园所自身传统优势，将传统文化教育与各领域的教学进行有机渗透，支持幼儿、教师做真正的自己。

三、目标

一级目标：贯彻落实党的十九大精神，树立正确理念，支持教师在研究中做真正的自己。

二级目标：借助中华传统文化研究，尝试各领域之间的贯通融合。

三级目标：

1. 借助首席教师工作室联合体，结合中华传统文化，开展幼儿园适宜的活动，支持幼儿自主、快乐、全面、富有个性的发展。

2. 借助研究，支持教师进一步树立正确理念，提升专业素养。

四、具体实施建议

1. 学期初，首席教师工作室联合体召开研讨会，确定本学期研究主题、目标。

2. 学期初，各位首席教师制订工作室研究计划。

3. 开学两周内，召开首席教师工作室启动会。首席教师向全园介绍本领域研究主题和重点(见表 12-2)，吸引成员加入本工作室。教师可依据自己的意愿进行报名，幼儿园教师培养中心将依据教师申报意愿、教师发展方向、各工作室实际报名情况以及日常工作安排，最终确定各工作室的成员名单。

4. 首席教师工作室每月活动两次，教师形成自己的研究小组，共同提升自身专业性，支持幼儿的发展。

5. 学期中段，各工作室开展中期汇报。交流分享阶段性研究成果。

6. 学期末，科研年会上，各工作室在专属板块上做研究分享，大家相互交流展示，互通有无，共同提升。

表 12-2　首席教师工作室研究重点一览表

领域	研究重点
语言	以“好童书”为载体支持幼儿自主阅读
健康	借助民族传统体育游戏支持教师把握体育领域关键经验
社会	借助“礼仪”“节日”“民俗”等研究点，支持幼儿学习品质的养成
科学	以“好玩具”为载体，呵护幼儿学习品质的养成
美术	中国优秀传统文化融入幼儿园美术领域活动
音乐	中国优秀传统文化融入幼儿园音乐领域活动
传统文化	探索传统文化资源与幼儿园课程相融合的研究
家长工作	通过探索家园共育的课程，支持教师收集各个年龄段贯通培养的策略

社会领域首席教师工作室学期计划

社会交往是人类生存的一种基本需要，合作交往能力在当今社会是一个人最重要的素质之一。幼儿的社会交往是生长发育与个体发展的需要，是完成个体社会化的过程。

幼儿社会领域的学习与发展过程是其社会性不断完善并奠定健全人格基础的过程。人际交往和社会适应是幼儿社会学习的主要内容，也是其社会性发展的基本途径。

基于此，本学期社会领域的研究计划如下。

确定工作室研究主题为：借助传统游戏培养幼儿社会交往能力的策略研究。从关注幼儿和教师两方面进行，尝试将教师主导作用与幼儿主体作用进行有机融合，从而支持师幼获得共同发展。

一、工作设想

(一)关注幼儿，基于不同年龄段幼儿的特点开展观察、学习与交流实践活动

1. 目的：促进幼儿在传统游戏中快乐、自主、全面且富有个性的发展。

2. 研究阶段：

(1)学期初：首先帮助各年龄班幼儿尽快适应新环境，融入集体，感受周围人对自己的关爱和帮助。特别关注小班新生幼儿，使其逐渐建立与教师、同伴的依恋关系。

(2)学期中：通过丰富多样的传统游戏活动使幼儿增进相互间的交流与交往，感受集体生活的快乐和有趣，愿意和同伴一起游戏。同时，在生活和游戏中引导幼儿逐渐了解规则的重要，并愿意学习遵守规则，有一定的规则意识。

(3)学期末：借助一月一节、新年活动等契机，鼓励幼儿大胆表达想法和感受，积极参与各类活动，在活动中具有自尊、自信、自主的表现。

3. 方式方法：

(1)观察本班幼儿入园(返园)初期的表现，分析幼儿行为表现背后的真需求，利用班级环境、材料、区域创设、活动等提供适宜支持，帮助幼儿稳定情绪。

(2)特别关注适应慢的幼儿，给予一定帮助并尝试分析影响幼儿适应的原因，与班级教师及幼儿家长加强沟通，帮助幼儿缩短适应时间。

(3)开展传统游戏活动，在活动中给予幼儿社会交往的机会和平台，观察幼儿社会交往能力的发展水平并提供适宜的支持策略，增进幼儿对传统文化的认识与了解的同时，发展幼儿的社会性。

(4)为幼儿搭建平台，鼓励幼儿进行表达与表现，如分享与合作、协商、公平等经验的建立。

(5)利用多种途径向家长宣传幼儿园丰富多彩的活动，家园双方共同给予幼儿积极的肯定，使幼儿更加自信。

我们的教育要让幼儿在人生成长的道路上学会认知、学会做事、学会共同生活、学会生存、学会与人交往，要为幼儿人格的健全发展打下坚实的基础，为人的一生幸福做好准备。《指南》中指出，家庭、幼儿园和社会应共同努力，为幼儿创设温暖、关爱、平等的家庭和集体生活氛围，建立良好的亲子关系、师生关系和同伴关系，让幼儿在积极健康的人际关系中获得安全感和信任感，发展自信和自尊，在良好的社会环境及文化的熏陶中学会遵守规则，形成基本的认同感和归属感。所以，“关注教师”也是重要的方面。

(二)关注教师，基于教师在传统游戏实践中的困惑开展组内研讨、交流与实践活动

1. 目的：帮助教师提升专业认知与实践能力，梳理有益经验。

2. 研究阶段：

(1)学期初：收集与梳理教师关于传统游戏的原有经验，尝试分析传统游戏中能够支持幼儿发展的有益价值；分析幼儿在社会交往方面存在的问题，找到制约问题的核心因素，探讨如何借助传统游戏支持幼儿社会性发展，共同讨论解决问题的方案。

(2)学期中：以正确的理念为引领，在实践中进行尝试，并根据实际情况进行调整。

(3)学期末：梳理有益经验，尝试“融会贯通”地思考实践中的问题，提升专业认知水平与实践能力。

3. 方式方法：

(1)鼓励教师以案例和学习故事(或教育随笔)的方式梳理实践过程，提炼收获体验。

(2)建立微信群，引导教师随时实践、随时沟通。

(3)不定期组织面对面沟通与交流，收集实践中的案例及策略进行整理。

(4)鼓励教师利用多种方式与其他组教师进行交流与相互分享。

第三节　教师培训工作的组织与实施

教师培训是教师专业发展的必要手段，幼儿园以支持人的发展为核心，通过全方位、全过程、全覆盖的培训，为不同发展阶段和不同发展需求的教师提供专业成长的“养料”，助力教师专业发展。

为充分尊重教师专业发展的主体地位，关注教师在工作过程中的困惑与需求，幼儿园集全园教师之力创造性地开展了教师培训大会，有针对性地解决教师的实际需求与问题。每届培训大会的主题、形式以及具体内容采取“自上而下”与“自下而上”相结合的方式，将幼儿园发展与教师个体发展相结合，将管理预设与教师需求相结合，将理论与实践相结合，努力将培训做成教师的福利，支持教师成为学习的主人、专业成长的主人，支持每位教师在参与的过程中有获得感、成就感和幸福感。下面以第十二届教师培训大会为例。

第十二届教师培训大会

一、指导思想

以《纲要》《指南》精神为指导，树立“主体性”教育思想，通过对幼儿的观察、解读和支持，实现“双支持、双自主”的教育理念。

二、主题

在观察、解读、支持中促进幼儿自主发展

三、时间

××××年××月××日

四、目标

一级目标：以《纲要》《指南》精神为引领，办好人民满意幼儿园，做人民满意的幼儿教师。

二级目标：树立正确观念，提升综合素质，促幼儿自主发展。

三级目标：

1. 通过参与式培训，提升教师观察、解读、支持、研究幼儿的能力。

2. 通过学习相关法律法规，提升教师的师德水平。

3. 通过分享研究成果，丰富教师环境创设、家园共育、处理意外伤害等方面的实践智慧。

五、培训内容

依据教师专业发展需求及学期工作重点，本次教师培训大会将分为五个板块，具体培训内容及时间安排见表12-3。

表12-3　教师培训内容表

时间	目的	主讲	内容	负责人
第一板块 (8:00～12:00) 做能够读懂孩子的幼儿教师	1. 通过案例分析，提升教师辨识幼儿需求的能力。 2. 通过研讨，提升教师支持幼儿主动学习的实践智慧。	指定专家	专题培训： 观察基础上辨识幼儿的需求，有效支持幼儿自主发展	副园长
第二板块 (13:00～16:00) 做会创设环境的幼儿教师	1. 通过学习，进一步了解幼儿年龄特点，提升环境创设的能力。 2. 通过分组研讨，明确环境创设的思路和方法。	相关教师	教师分论坛： 各年级组通过学习和案例分析，结合幼儿年龄特点，研讨如何创设与幼儿发展相适宜的环境	副园长、主任
第三板块 (7:35～10:00) 做知法、懂法、守法的幼儿教师	1. 通过学习《教师法》《未成年人保护法》，提升教师的师德水平。 2. 通过深入细致地学习幼儿园工作流程、标准，提升教师规范工作的意识和责任心。	相关教师	1. 学法律。 2. 学模范。 3. 学流程、标准。 4. 做承诺。	副园长、主任
第四板块 (10:10～12:10) 做有思想、会沟通的幼儿教师	1. 通过经验交流，提升教师家园共育的观念，丰富家园共育的实践策略。 2. 引导教师与时俱进开展家长工作，实现教育资源利用的最大化。	相关教师	教师分论坛： 新形势下如何开展家长工作，实现家园共育？ 助理教师论坛： 家园沟通支持幼儿做生活的主人	副园长、主任
第五板块 (13:00～15:00) 做守护幼儿安全的幼儿教师	1. 通过学习，树立安全意识，防患于未然。 2. 通过培训，熟练掌握各项意外伤害的处理方法。	医务室人员	幼儿意外伤害的应急处置	医务室主任、组长

第十三章　幼儿园课程研发工作的组织与实施

课程是实现教育理念和目标的重要载体。幼儿园“自主发展课程”的建设，始于“九五”时期对幼儿主体性的研究和实践。经过二十余年的实践探索，逐渐形成了幼儿自主发展课程体系(见图 13-1)，即以一日生活为载体的基础性课程、以主题游戏为载体的综合性课程、以一月一节为载体的拓展性课程。本章主要以主题游戏和一月一节活动课程为例介绍相关课程的组织与实施。

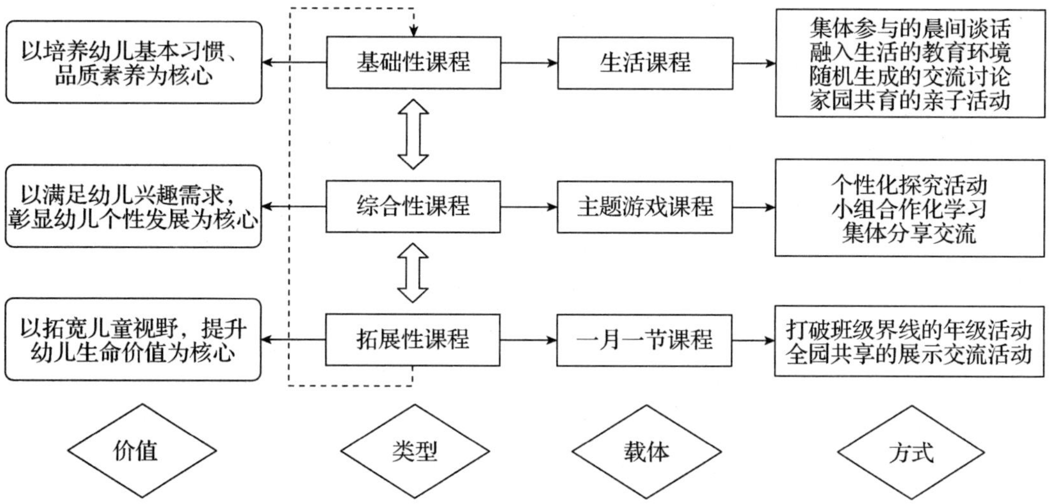

图 13-1　自主发展课程体系图

第一节　主题游戏的组织与实施

主题游戏是自主发展课程中的一部分。游戏是幼儿的基本活动方式，幼儿的游戏是受兴趣驱使的，只有幼儿真正感兴趣的游戏才能激发幼儿持续游戏的动力。在实践研究的基础上，我们发现，基于幼儿兴趣的主题更能激发幼儿的自主游戏，更能支持和延伸幼儿的游戏。

一、开展主题游戏的实践意义

在实践中，我们常常看到这样一些现象，例如，从幼儿的角度看，有些幼儿看似在玩自己喜欢的游戏，但是经常是简单的重复，兴趣性、专注性、坚持性等方面都有待进一步提高；从教师的角度看，部分教师学会了尊重和放手，但是光放手了，对幼儿游戏的观察与支持又不够了。究其原因，一方面，教师观念的转变还需要进一步深入；另一方面，在游戏中，一部分幼儿并没有投入到自己真正感兴趣的游戏中，或者说游戏材料或内容并没有真正激发起幼儿深入游戏的兴趣。基于此，我们开始探索如何让幼儿玩自己的游戏，并且在游戏中能实现深度学习，同时让教师在实践中更有抓手。关于主题游戏的探索就是我们在实践研究中的一种尝试。

(一)主题游戏的内涵

我们所强调的主题游戏是指以幼儿为主体的、从幼儿的兴趣中生发的，能支持幼儿进行深度游戏和学习的有主题的集体、小组或个别游戏。主题其实就是一种情境，它赋予了幼儿的游戏以更加明确的目的和计划，让幼儿的游戏更有意思、更有意义。主题游戏从根本上说就是支持孩子玩自己的游戏，获得最优的发展。

1. 主题游戏与主题活动的关系。

主题游戏与我们固有观念中的主题活动在核心点、活动过程、组织实施方式、教师支持等方面均有所不同(见表 13-1)。

表 13-1　主题游戏与主题活动异同一览表

	主题活动	主题游戏
核心点	核心点是“活动”，强调教师的主导作用。	核心点是“游戏”，强调幼儿的自主游戏，幼儿是游戏的主人。
活动过程	有一定的预设性，是教师有计划、有目的、有组织的活动。	突出游戏的生成性，以幼儿的游戏进程为线索，幼儿是游戏的推进者。
组织实施方式	多数是以集体活动为依托，也可以以小组的方式进行。	组织实施更加灵活，可以是集体、小组活动，也可以是个别游戏。
教师支持	强调教师对幼儿兴趣的关注、分析和价值判断，或者将教育目标转化为幼儿的需求，并基于幼儿有价值的兴趣点开展有组织的教育活动。	强调教师对于幼儿兴趣的观察、了解、分析、判断、支持和延伸，强调教师对于幼儿游戏过程中的“学习机会”的判断和支持。教师的支持由显性走向隐性，即由教师组织活动，转向支持幼儿游戏。

需要强调的是，我们并不是否定主题活动，因为主题游戏可能发展为主题活动，而主题活动中也可能包含主题游戏。只是主题游戏更强调以幼儿为主体，以幼儿的兴趣为核心，尊重每一名幼儿的主体意识，满足每一名幼儿的个性化需求，支持每一名

幼儿的深度学习，让每一名幼儿的游戏和学习都有意义、有发展。

2. 主题游戏与自由游戏的关系。

说到主题游戏，我们很容易想到自由游戏，因为自由游戏对于幼儿的发展具有重要意义。表 13-2 是二者的简单比较。

表 13-2　自由游戏与主题游戏的异同

	自由游戏	主题游戏
兴趣性	幼儿游戏过程中情绪愉悦，在一定的游戏时间里常常会出现一次甚至多次兴趣转移。	幼儿游戏过程始终积极主动，情绪高涨，能从面部表情、身体动作、言语互动等方面看出幼儿很享受自己的游戏，并从中能体会到快乐和成就感，兴趣持续时间较长。
计划性	游戏之初，可能并没有明确的计划，或者只有简单的游戏想法。	明确自己的游戏目的和计划，有自己的想法。
坚持性	幼儿容易受到外部因素影响改变游戏的主题；游戏目的也会随着游戏内容的改变而变化。	幼儿始终围绕一件事进行游戏，游戏过程专注，不易被外界干扰；如果计划未完成，还有继续完成的愿望。
互动性	由于游戏的随机性，初始阶段幼儿更多的是独自游戏，在适当的契机下可能会与同伴交流或共同游戏。	围绕自己的游戏内容主动与同伴或老师互动；游戏内容完成后愿意表达和分享自己的想法。
学习方式	能运用一些简单的学习方式，如观察、倾听、讨论、探究、选择等。	能综合运用多种学习方式，如观察、倾听、讨论、探究、实验、推理、比较、选择、记录、收集资源等。
经验获得	多为碎片化的零散经验，能促进幼儿某些方面的发展。	幼儿获得的经验相对较系统，具有一定的连贯性，发展也更全面。
成就感	因为游戏的计划性、目的性较弱，所以游戏结束后幼儿缺少发自内心的喜悦和成就感。	预设的计划完成后，幼儿能够获得很强的成就感。

从上面的比较可以看出，主题游戏对于幼儿良好学习品质的培养以及系统经验的获得等方面更有价值。然而，并不是说要用主题游戏取代幼儿的自由游戏，从某种意义上说，二者是不可分割的，自由游戏是主题游戏的源泉，主题游戏是自由游戏的深化。教师的作用是如何在支持幼儿自由游戏的基础上，引发主题游戏，支持幼儿深度学习。

(二)主题游戏对幼儿发展的价值

1. 幼儿深度学习的需要。

深度学习是“学习者以高级思维的发展和实际问题的解决为目标，以整合的知识为内容，积极主动地、批判性地学习新的知识和思想，并将它们融入原有的认知结构中，且能将已有的知识迁移到新的情境中的一种学习”。

幼儿在区域游戏中也可以进行深度学习，深度学习是一种有意义的、有长远效果的学习。

2. 幼儿全面和个性化发展的需要。

在主题游戏中，主题的多元性能满足幼儿个性化发展的需求，同时主题游戏探索过程的持久性也能满足幼儿全面发展的需求。

3. 幼儿学习品质养成的需要。

幼儿在主题游戏的探索过程中所体现出的兴趣的持久性、探究的计划性和主动性、学习的专注性和深入性、发现问题和解决问题的能力等特性，都是幼儿重要的学习品质。

二、主题游戏的生成机制

主题游戏的核心是“游戏”，而不是“主题”，主题只是一个媒介，一个能让幼儿的游戏更加有目的、有计划、有意思、有意义的载体。主题可大、可小、可变；在同一个主题下，可以融入幼儿不同的兴趣点；而主题又会随着幼儿游戏的进展而不断推进或者变化。那么，主题从何而来？主题从幼儿的兴趣中来。这句话看似简单，但是到底什么是幼儿的真兴趣，如何在兴趣的基础上生成主题，这是需要我们在实践中进行摸索的。

1. 主题的生成机制。

通过对实践案例的剖析，我们尝试梳理出主题游戏中“主题”的生成机制(见图 13-2)。

基于幼儿兴趣的“主题”生成机制

关注幼儿的话题、问题⟶识别幼儿的真兴趣⟶分析游戏中蕴含的发展价值⟶找到游戏中蕴含的学习机会⟶进一步了解幼儿的想法⟶和幼儿一起明确游戏的主题⟶在游戏过程中不断丰富和拓展主题，生成新主题。

图 13-2 主题游戏生成机制

2. 多元化的主题游戏类型，满足幼儿的个性化发展需求。

我们认识到幼儿的兴趣是多元的，由兴趣生发的主题也是多元的，我们不能以统一的主题取代幼儿的个性化兴趣，而是要在尊重幼儿的基础上，支持幼儿开展多种类型、多种形式的主题游戏。例如，从主题游戏的参与主体划分，可分为：个别幼儿的主题游戏、小组的主题游戏、集体的主题游戏；从主题游戏的内容上划分，可分为：探究类、创意类、体验类……

上述不同的类型的主题游戏既有区别，又有联系，而且在实践中往往是并存并行，互为促进的。我们所强调的主题游戏中蕴含着幼儿的多种想法、多种选择、多种学习的机会和多种发展的可能性。

三、主题游戏的推进

幼儿游戏的每一步都蕴含着学习。而在幼儿的深度学习中，一定能体现出以下特点：有问题情境、能引发幼儿的好奇心和探究愿望、有认知冲突、有问题解决、有原有经验的调动和新经验的获得。作为教师，要当好幼儿游戏的“催化剂”，采取适宜的策略，引导幼儿不断地进行深入的探索和学习(见表 13-3)。

表 13-3　推进主题游戏路径

支持幼儿推进主题游戏的路径		
深度学习要素	途径 1：幼儿发起	途径 2：教师引发
感兴趣	发现幼儿的兴趣点	物化目标引发幼儿兴趣点
问题情境	分析幼儿感兴趣的话题	支持幼儿形成感兴趣的主题情境
认知冲突	分析教育机会，支持幼儿明确问题	将幼儿的关注点与教育目标对接形成情境问题
问题解决与经验调动	能运用经验尝试解决问题	支持幼儿运用经验尝试解决问题
新经验形成	基于游戏过程梳理经验，在原有基础上引发新游戏	基于游戏过程梳理经验，深化幼儿游戏

四、主题游戏的实践案例——以“恐龙尾巴动起来”(节选)为例

案例“恐龙尾巴动起来”是一个典型的由幼儿发起的主题游戏，该游戏从生成到不断深化包含了幼儿的一系列探索。这些探索有横向的经验拓展，也有纵向的深入探究；有共性的问题解决，也有个性化的小组学习。整个主题游戏的脉络见图 13-3。

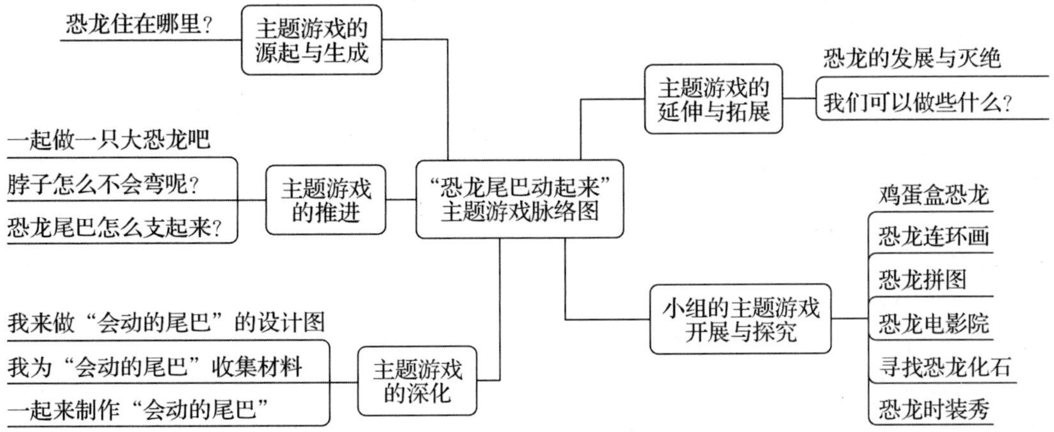

图 13-3　“恐龙尾巴动起来”主题游戏脉络

下面以其中一个小主题为例，说明幼儿的学习和探索过程。

怎样让恐龙的尾巴动起来？

我来做“会动的尾巴”设计图

大五班小朋友们来到我们班参观大恐龙之后，提出了一个问题：“恐龙尾巴为什么不能动?”这个话题引起了孩子们的特别关注，于是大家讨论研究，要制作一条会动的尾巴。怎样制作会动的尾巴？需要哪些材料？我要和谁一起来完成？

于是，嘉俊、琪琪、多多、家齐他们商量讨论后，决定设计要用毛根儿来做尾巴(见图 13-4)；大象、睿睿、小石头计划要用管子来做尾巴(见图 13-5)……

图 13-4　孩子们在用毛根设计恐龙尾巴

图 13-5　孩子们尝试用管子设计恐龙尾巴

孩子们的想法接下来就要付诸实践了，到底他们的设计能不能实现呢？

我为“会动的尾巴”收集材料

豆子、小马、多多和依依一起到资源库帮助小伙伴们收集大家要做“会动的尾巴”的材料，按照伙伴们设计图上提到的材料，孩子们四处搜寻着，找到粗毛根啦。回到班里，他们还将第二天每个小组要用到的材料分类放到一个小箱子里，这样，明天小朋友们用起来就很方便哦。

一起来制作“会动的尾巴”

到了孩子们最喜欢的部分，制作一条“会动的尾巴”。每个小组的小伙伴们都很投入，田田和姚姚在探索做一条“气球”尾巴，他们先用打气筒给气球打气，打到一定数量之后，再用毛根儿把气球连起来。这就是一条很灵活的尾巴嘛！

天天和小马用各种毛根儿组合成了一条尾巴，他们用的是粗毛根儿，两根一组编起来，发现不够长又拿来和前面的接上，每一段尾巴的色彩和造型都不一样。这又是一条会动的尾巴，快拿到大恐龙身上去试试看吧！

牛牛、豆子和邦祖利用洗衣机的排水管在组装一条尾巴(见图 13-6)，他们先是发现了管子有粗有细，探索了一番之后，他们决定把细管子插到粗管子里面，这样变成了一条能动的、可拉伸的尾巴，几个小伙伴之后还用彩色即时贴给尾巴粘上了，他们说，这是保护色，在森林中遇到危险可以保护自己哦！

还有小朋友尝试用各种各样的塑料瓶子连起来做一条会动的尾巴(见图13-7)。亮亮和田田尝试用大胶带把多个瓶子接起来，这样子造型很形象，而且也很结实。看啊，我们成功了！

大恐龙的尾巴各式各样，接下来我们一起评选出“最佳尾巴”吧！

图13-6　孩子们在用洗衣机管子组装尾巴

图13-7　用塑料瓶连接的尾巴也会动

第二节　一月一节活动的组织与实施

一月一节活动是幼儿园拓展性课程的主要载体。“一月一节”起源于我们对六一儿童节的思考。我们希望将孩子们在节日活动中的游戏状态和获得的发展常态化，让孩子们在幼儿园的每一天、每一时、每一刻都能获得有效的发展。于是，2015年幼儿园开始实施一月一节活动。各年级根据幼儿的年龄特点、兴趣需求和日常活动情况，确定每个月的分享主题，并进行年级或全园的分享。

下面以“秋天的日记”一月一节大型活动为例，介绍一月一节活动在实践中的开展。

秋天的日记

一、活动的来源

秋天是一个美丽的季节，秋天的北海幼儿园更是分外动人，传统、古朴的园林式环境在秋天的装扮下染上了一片金黄。最快乐的还是幼儿园的孩子们，幼儿园的秋天激发了他们种种奇思妙想。大五班自然社团的小朋友，每天都用手中的相机记录下他们眼中的秋天，并且观察着时间给自然带来的变化。“看，这片树叶多像一把小扇子”“瞧，那边的柿子树叶子都掉了，柿子好像小灯笼”……随着观察的深入，孩子们的发现也越来越多，他们希望将自己发现的秋天的美分享给更多的好朋友，于是他们决定举办一次展览，并给展览取了一个好听的名字：“秋天的日记”。利用周一全园升旗仪式的契机，孩子们播放了他们发现秋天的活动视频，向更多的好朋友发出了邀请，希望大家能够来参加他们的展览活动。

二、活动的拓展

让大五班的孩子没想到的是，“秋天的日记”展览活动不仅引发了同年级组朋友们的关注，中、小班的弟弟妹妹们也被活动的主题所吸引，大家把活动当成了一场关于秋天的聚会，都在各自想着自己应该以什么样的方式参加聚会。

在哥哥姐姐活动的启发下，小班的孩子们和老师一起讨论，去参加哥哥姐姐的“秋天的日记”展览活动要怎么打扮自己，是不是可以装扮成秋天仙子，穿上漂亮的树叶、果实的服装在聚会上表演节目？……

中班的孩子关注到了许多秋天有意思的事物，秋天动物朋友们在做什么？有哪些有趣的故事？秋风吹得落叶飞舞，好像小树叶在做游戏，我们能和树叶玩哪些游戏呢？……

大班的孩子们提出了许多关于秋天的问题，那棵金黄色的大树像个老爷爷，它有多大年纪？幼儿园里最古老的树是哪棵？最高大的树是哪棵？最珍贵的树是哪棵？……

就这样“秋天的日记”创意展从大班一个班级的主题游戏，蔓延到了全园，掀起了一阵秋天的浪潮。虽然“秋天的日记”创意展成了大家共同的期待，但是由于大、中、小班的孩子们年龄特点不同，因此可以看到孩子们参与活动的角度不同、发起的话题和问题不同、探究的过程也各有不同。教师则是带着多元多层的目标，支持不同孩子的探索，深度的思考与学习时时刻刻都在发生着。

下面以“树叶变宝贝”的活动为例，阐述幼儿是如何在这样的活动中获得深度学习，从而获得有效的发展(见表 13-4)。

表 13-4　“树叶变宝贝”活动之幼儿深度学习发展阶段

活动名称：树叶变宝贝				
发展阶段	**衍生的话题**	**幼儿表现与状态**	**教师支持原则**	**发展点**
兴趣萌发	话题：我和树叶玩游戏？ 小朋友们一直在想如何利用落下来的树叶做游戏，有的小朋友提出想要玩树叶雨，有的小朋友想做树叶画，还有的……	——(幼儿名)发现将树叶放进塑料袋用脚踩起来软软的，还会发出沙沙的声音，又好玩又好听。于是她告诉大家：“我想要做一个树叶跳舞毯，到时候邀请小朋友们在小树叶上跳舞!”听到她的想法小朋友们都很兴奋。	1. 给予幼儿探索的空间和时间。 2. 尊重幼儿的年龄特点和个体差异。 3. 在日常生活中顺应、支持幼儿的好奇心和探究欲。 4. 充分利用家长资源，拓展幼儿经验。	好奇心 兴趣 探究愿望 社会经验 逻辑思维 ……
问题产生	问题：一个人的游戏不好玩 ——发现自己装好的塑料袋只能一个人踩，玩起来很无聊，怎么才能实现让大家一起玩呢？	小宝说：“可以多做几个，每人一个塑料袋，大家就能一起完了。”东东说：“可以找一个大大的袋子让更多的小朋友站上去。”小朋友的好办法可真多，最终——决定要去资源库找一个大大的塑料袋，这样朋友们能够一起玩得更尽兴。	1. 耐心倾听幼儿的想法或问题。 2. 收集幼儿的问题和想法并进一步询问或了解。 3. 激发幼儿深层兴趣，支持幼儿深入游戏。	计划性 审美能力 探究能力 动手能力 社会交往 ……
认知冲突	难题：树叶如何填满大袋子？ 大袋子找到啦，好大呀，足足能站下七八个小朋友，——高兴极了。在计划分享环节，她邀请有兴趣的好朋友和她一起把大袋子装满树叶，并向大家介绍了自己设计的制作树叶跳舞毯的步骤。小朋友们发现用盘子装树叶太慢了，眼看活动就要开始了，怎么办呢？	看见——的大袋子占了教室中间的一大块地方，许多小朋友都很好奇，四五个小朋友参与到帮助——装树叶的活动中，大家从收集筐里把之前收集的树叶放进托盘，装满一盘再倒进大袋子里。一次又一次，眼看活动区的活动就要结束了，大口袋还没装满，——开始皱眉头，自己嘟囔着：“这个袋子好大呀。”老师走过来对正在犯难的——说：“需要帮助吗?”——对老师点点头：“展览今天就要开始了，但是树叶还是装不满。”老师劝——别着急，同时建议她想一想之前遇到的问题是如何解决的。	1. 鼓励幼儿动手动脑探究问题。 2. 鼓励幼儿自主解决问题，增加其解决问题的自信心与坚持性。 3. 支持幼儿利用同伴资源解决问题。 4. 接纳幼儿进行试误行为和错误认识。	坚持性 创新性 反思能力 自我调节 克服困难 社会交往 动手能力 ……

续表

树叶变宝贝				
发展阶段	衍生的话题	幼儿表现与状态	教师支持原则	发展点
问题解决	发现：大家一起想办法？ ——把发现的问题告诉一起装树叶的朋友们，大家停下手里的工作，一起想办法，怎么才能让树叶装得快一点呢？	多多说："不如我们换大一点的盘子，这样一次装的树叶就会多些。"小枣说："我觉得这个主意不错，可以用个筐把树叶都倒进来。"正在大家讨论的时候，左左从外面拖着一个大筐走了进来，原来是清洁工叔叔清扫好的整整一筐树叶。大家眼睛都亮了，一一露出了激动的表情："哇！太棒了！"小伙伴们放下手里的盘子，有人扶着大口袋，有人抬着树叶筐，大家齐心协力把树叶都倒进了口袋里。	1. 鼓励幼儿自主探究、解决问题。 2. 利用材料、环境等丰富的物质资源提供隐性支持。 3. 引导幼儿学会观察，调动原有经验。 4. 将问题与幼儿实际生活相联系。	探究精神 计划能力 设计能力 观察能力 分析能力 互动协商 科学思维 ……
经验梳理与迁移	探索：树叶舞会开始啦！ 树叶装满了，不过小朋友们却没有着急玩起来，而是一起看着一大袋树叶，拍拍这里，推推那里，努力把袋子里的树叶铺均匀。孩子们像工程师检查工程一样，东看看，西瞧瞧，生怕有什么地方还没准备好。不过大家脸上的表情都很兴奋，因为完成最后的检查，就可以开始舞会啦！	检查中，一一真的发现了问题，树叶袋子还没有封口呢，大家一跳起来小树叶肯定会从"大嘴巴"跑出来。大家一想可不是嘛，辛辛苦苦装的树叶，可不能都跑了。于是有的拿胶带，有的按住袋口，一起把"嘴巴"封了起来！树叶跳舞毯终于完成了，几个好朋友小心翼翼地走上跳舞毯，跳了几下，"哇，真好玩，真好听。"有人去音乐区拿了乐器，有人找老师要了录音机，放上音乐，拿起乐器，踏上沙沙作响的树叶跳舞毯，快乐的舞会开始啦！	1. 多种形式记录幼儿探索和发现的过程。 2. 利用分享环节梳理碎片化经验。 3. 支持幼儿与环境、材料相互作用。 4. 接纳每一名幼儿的观念、发现和解释。 5. 支持幼儿将新经验融合在日常生活中。	观察分析 动手能力 反思与解释 表达与梳理 科学感知 生活能力与社会经验 ……

三、幼儿的发展

在筹备"秋天的日记"创意展的过程中，孩子们获得了多元的发展，从创想、招募、布展到最后的参展(见图 13-8)，孩子探究了秋天的秘密，丰富了展览相关的社会经验，锻炼了统筹和计划的思维，提升了合作与协商的能力，更重要的是展览活动吸引来了各个年龄班的小朋友，一时间成了全园的热点。如何把展览的主题介绍给弟弟妹妹，怎样借助活动让弟弟妹妹实现秋天的愿望？在一次次的活动与思考中，孩子们已经不仅仅限于对秋天美景的热爱了，他们的爱已经拓展到对一起付出努力的朋友们的爱，对积极响应活动的弟弟妹妹的爱，对被自己的作品装点的幼儿园的爱，从他们投入的状态、细致的思考，我们就能发现他们爱自己生活的点点滴滴。

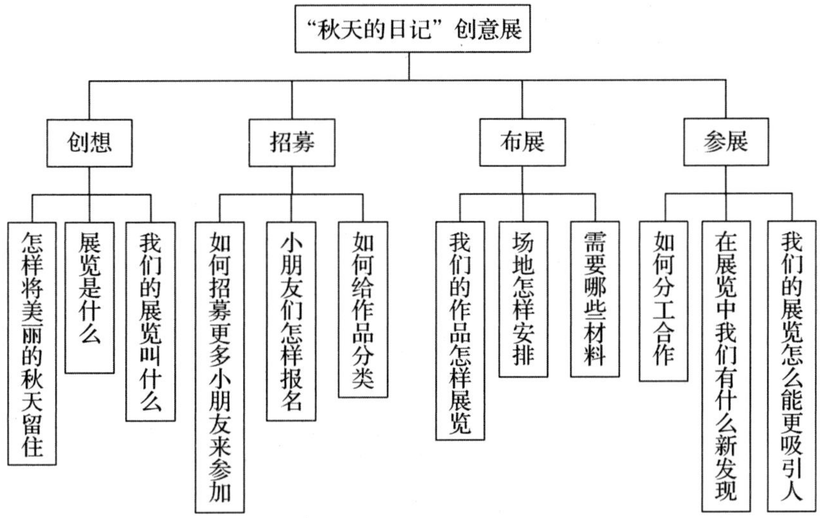

图 13-8　关于“秋天的日记”创意展的话题

事实证明，在这样的过程中，孩子们获得了全面的、个性化的、长远的发展。而经历了这样的探索过程，我们也逐渐明晰了怎么做才能真正支持每一个孩子的自主成长，也逐渐明晰了什么样的教育才是好的教育。说到底，教育的出发点和落脚点都离不开一个“人”字。这正是“做真正的自己”理念在实践中的鲜活体现。

那么，一月一节活动的拓展性课程模式在实践中是如何运行的呢？详见图 13-9。

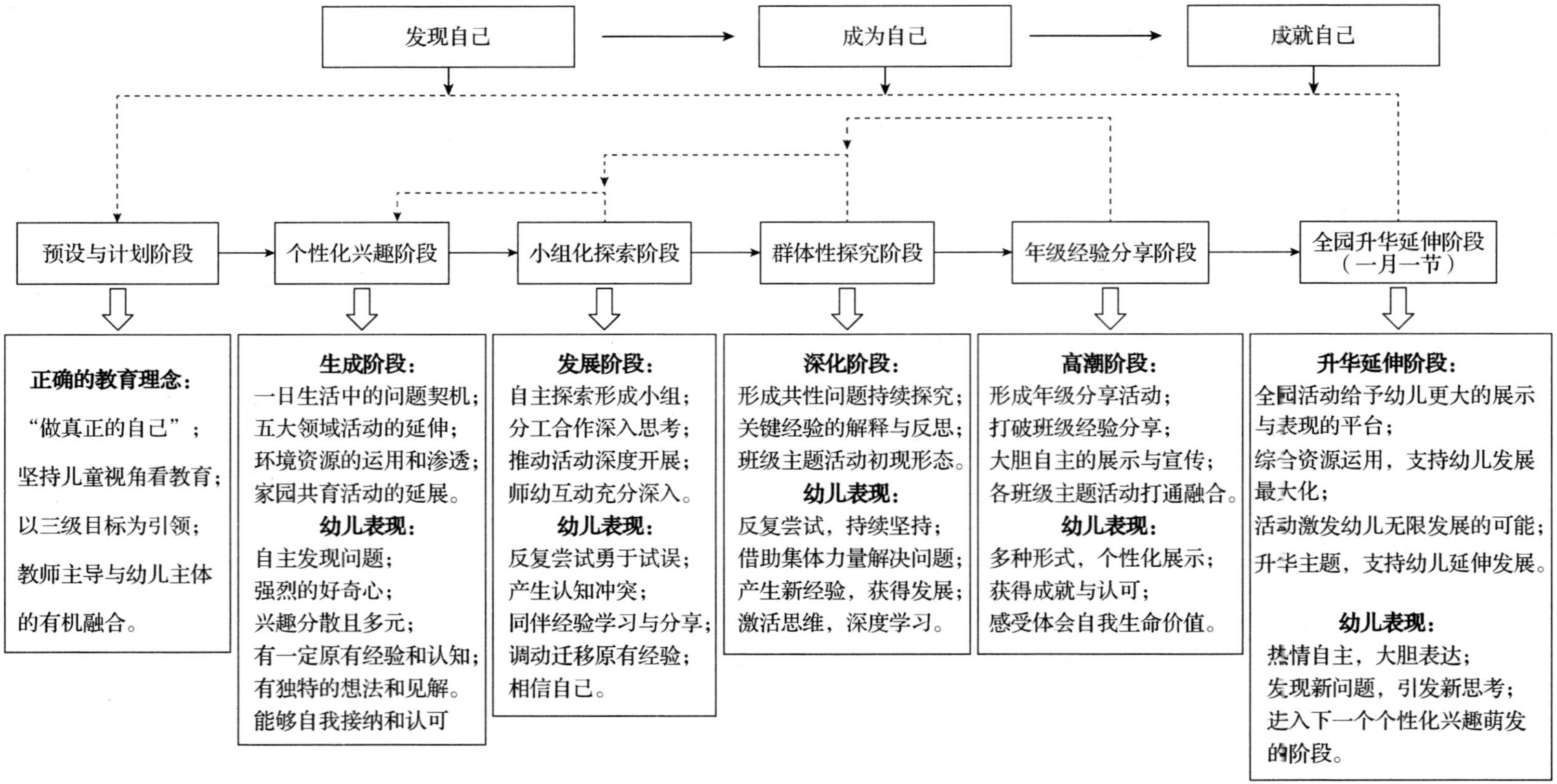

图 13-9　一月一节活动课程路径

第十四章　幼儿园教育研究工作的组织与实施

幼儿园经过多年的教科研积累，充分认识到幼儿园的教育研究就像一条或明或暗、柔韧坚固的线，一头连着思想，一头连着实践；一头连着管理，一头连着教学；一头连着教师的成长，一头连着儿童的发展；一头连着学校、家庭，一头连着国家；一头连着今天，一头连着未来。可以说，研究已成为幼儿园发展的重要推手。基于数十年的研究积淀，幼儿园基本上形成了管理研究、专题研究、日常研究"三足鼎立"的教育科研体系，在研究中支持教师和幼儿的自主发展(见图 14-1)。

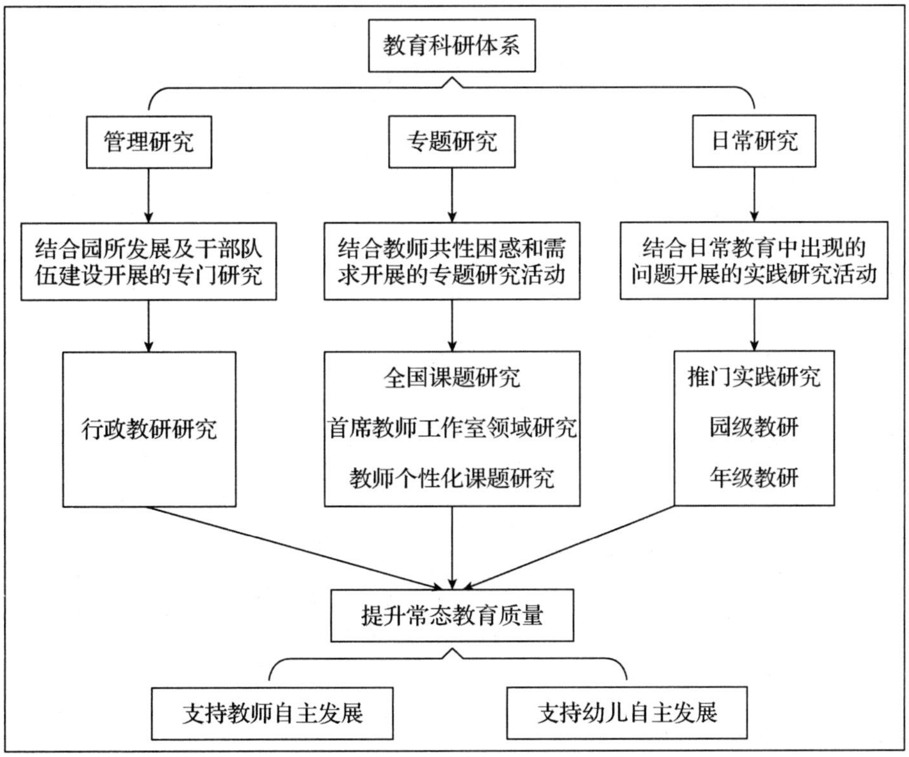

图 14-1　教育科研体系

通过这样的体系，我们旨在层层激活、调动、支持每一位干部和教师在自主的研究中发现更加独特的孩子，也发现更好的自己；成就每一个孩子的成长，也成就自己的专业成长。

第一节　幼儿园日常教研活动的组织与实施

幼儿园日常教研活动作为支持教师专业发展最为有效的一种研究方式，能够及时探讨教育教学实践中的问题，充分发挥教师的主观能动性，从而提升研究的实效性，支持师幼的共同发展。日常教研活动的有效开展依托于幼儿园整体的教研计划，在整体计划的基础上，依据研究活动的实施和进展不断推进研究向纵深发展，支持教师的专业成长。

教育研究中心教研计划

一、上学期相关研究回顾

（略）

二、上学期工作不足与改进措施

（略）

三、本学期工作指导思想

以习总书记系列讲话精神为引领，以北京市对通州、雄安的教育规划为方向，积极贯彻落实市区学前教育三年行动计划和幼儿园“十三五”规划为阶段目标，积极落实区教委年度计划要点和全园工作计划，立足日常，以《纲要》和《指南》为指导，深化主体性教育，提高教科研质量，提升教科研对教育教学质量的支持作用，办好人民满意的幼儿园，促师幼在快乐发展中做真正的自己。

四、本学期重点工作

1. 探索幼儿主动性学习品质的特点表现、影响因素和策略支持。

2. 加强科研与教研、教研与实践的紧密融合，提高质量。

3. 加强对研究成果的整理，尝试推广应用于实践，完善课程。

五、具体措施及安排

（一）关于顶层设计与思考

本学期，我们在统筹思考、整体规划教研工作的基础上，做好教研工作的顶层设计（见图 14-2）。

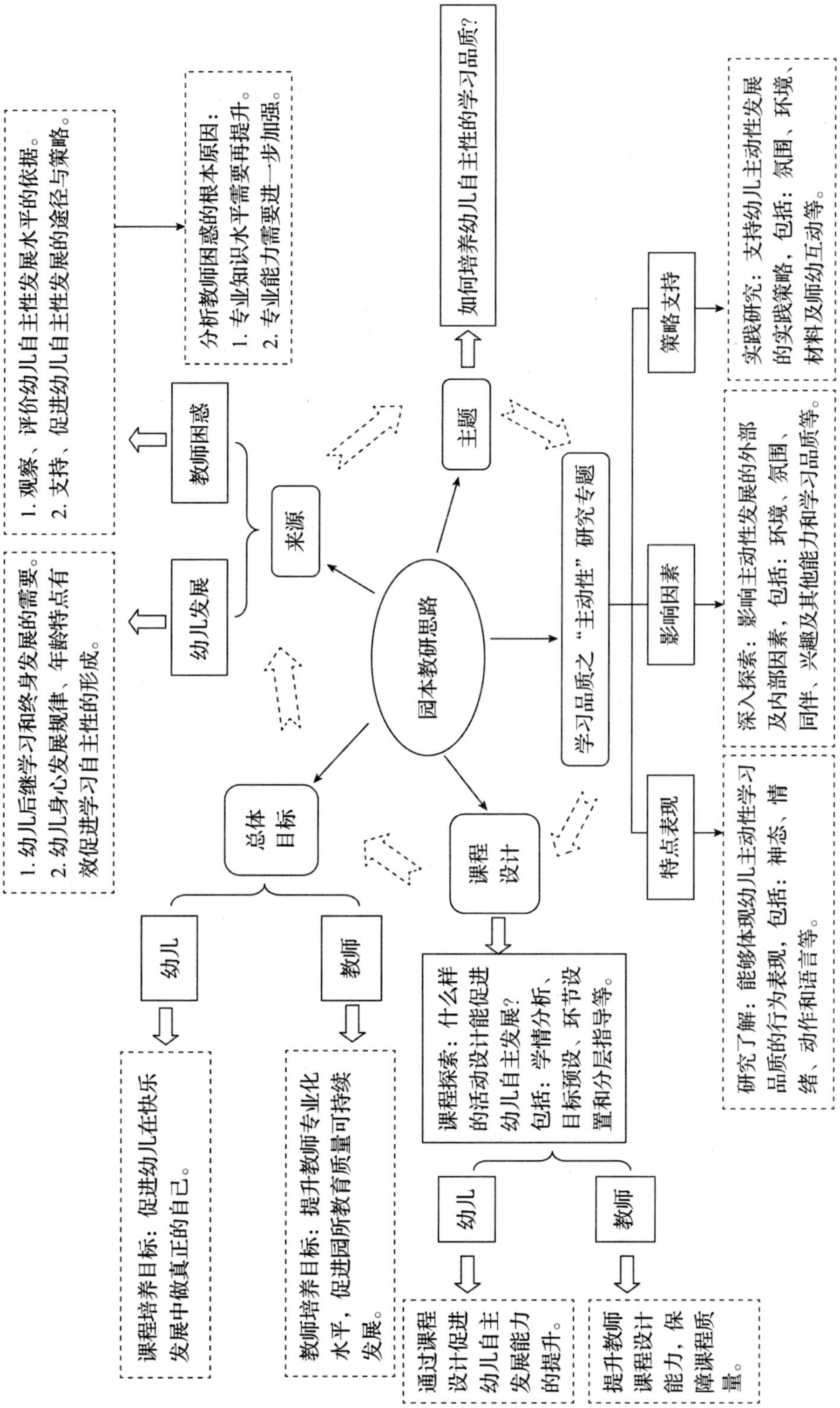
园本教研思路
来源
幼儿发展
教师困惑
1. 幼儿后继学习和终身发展的需要。
2. 幼儿身心发展规律、年龄特点有效促进学习自主性的形成。
1. 观察、评价幼儿自主性发展水平的依据。
2. 支持、促进幼儿自主性发展的途径与策略。
分析教师困惑的根本原因：
1. 专业知识水平需要再提升。
2. 专业能力需要进一步加强。
主题
如何培养幼儿自主性的学习品质？
学习品质之"主动性"研究专题
特点表现
研究了解：能够体现幼儿主动性学习品质的行为表现，包括：神态、情绪、动作和语言等。
影响因素
深入探索：影响主动性发展的外部及内部因素，包括：环境、氛围、同伴、兴趣及其他能力和学习品质等。
策略支持
实践研究：支持幼儿主动性发展的实践策略，包括：氛围、环境、材料及师幼互动等。
课程设计
课程探索：什么样的活动设计能促进幼儿自主发展？包括：学情分析、目标预设、环节设置和分层指导等。
幼儿
通过课程设计促进幼儿自主发展能力的提升。
教师
提升教师课程设计能力，保障课程质量。
总体目标
幼儿
课程培养目标：促进幼儿在快乐发展中做真正的自己。
教师
教师培养目标：提升教师专业化水平，促进园所教育质量可持续发展。

图 14-2　园本教研思路

（二）关于主题和目标

有了初步的顶层设计以后，我们明确了本学期的教研目标——培养幼儿主动性学习品质为主题开展园本教研。在明确目标的基础上我们进一步梳理研究思路，一方面是从研究的路径上进行纵向梳理，明确研究的步骤和流程；另一方面分解细化核心要点问题，从而明晰研究问题所涉及的要点。通过这两方面的梳理，我们对研究的结构和框架更加清晰，有助于将研究主题与实践问题进行对接，从而支持我们更好地整合研究内容，有计划、滚动式地推进研究。通过探讨，我们本学期的研究路径和重点如图 14-3 所示。

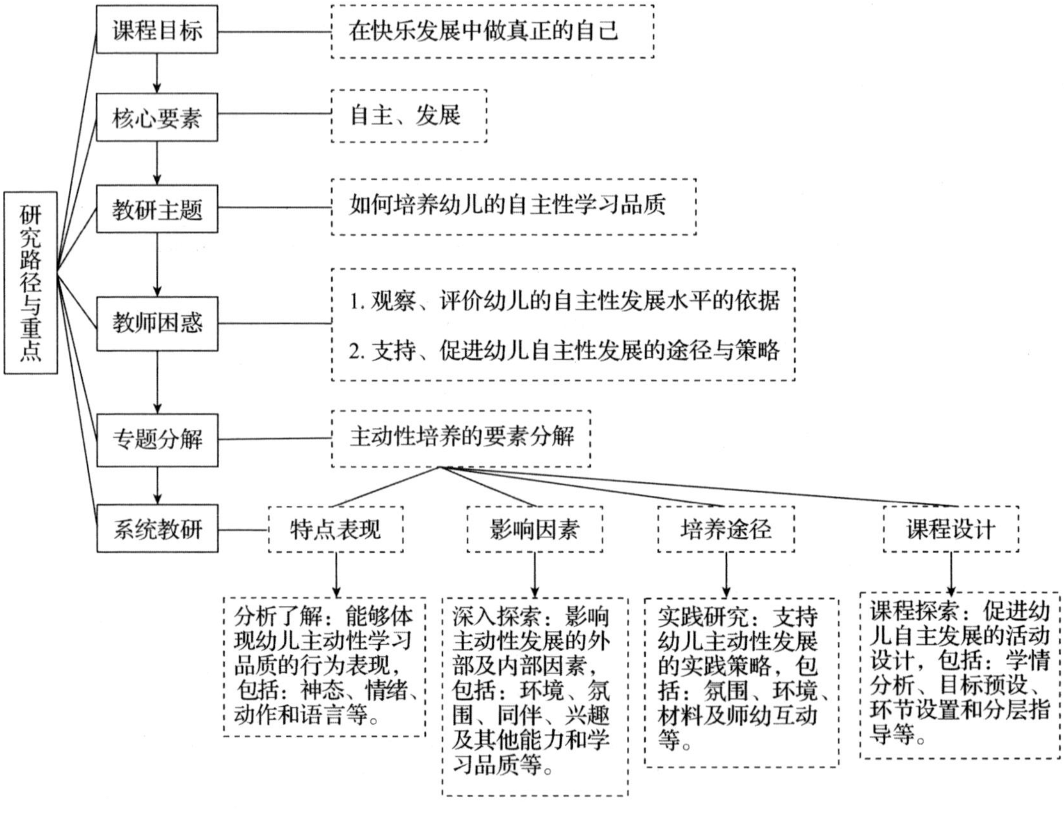

图 14-3 研究路径与重点

（三）关于方式

我们将继续以推门课为引领，以年级教研＋园本教研为主体，以首席教师工作室＋个别教研为补充，全方位的落实研究计划，积极推进教研活动月工作安排（以 9～12 月为例，见表 14-1），以研究带动日常工作质量的提升，促进师幼的共同发展。

表 14-1　教研活动月工作安排

时间	目标	内容	形式	备注
9 月	支持教师明确本学期教研工作的重点和目标，对教研活动提出建议，明确幼儿主动性、学习品质等相关概念的学习、把握与理解。	通过回顾上学期教研活动的开展情况，分析优点和不足，公布本学期教研计划，收集教师的困惑和意见，并进行反馈与调整。	集体研讨 分组研讨 班级研讨	根据实际需求灵活调整
	通过观摩实践，观察与解读幼儿主动性学习品质培养的特点表现。	观摩区域活动指导或者观看录像，根据案例实录进行研讨与交流。	现场观摩 案例分析 集体教研 分组教研	
10 月	小班：观察解读幼儿的心理需求，基于生活引发兴趣点，支持幼儿在体验游戏中自主发展。 中班：观察解读幼儿的互动焦点，判断幼儿的发展需求，支持幼儿在探索发现中自主发展。 大班：观察解读幼儿的兴趣话题，挖掘游戏的价值要点，支持幼儿在合作学习中自主发展。	针对幼儿主动性学习品质的特点进行观察与记录，在解读的基础上分析影响幼儿主动性学习品质的因素。	现场观摩 集体研讨 分组教研	根据实际需求灵活调整
11 月	通过观察分析，解读幼儿需求与兴趣； 通过实践研讨，丰富教师支持策略，促进幼儿自主发展。	观摩实践现场，进行研讨交流与分析	实践观摩 集体研讨 分组教研	根据实际需求灵活调整
12 月	总结、提炼、梳理教师促进幼儿自主性学习品质培养的策略和支持方法。	通过交流、分享与研讨，帮助教师明确关注与解读幼儿的兴趣和需求，并提供适宜、有效的支持。	实践观摩 集体研讨 分组研讨 梳理反思	根据实际需求灵活调整

以上是幼儿园教育研究的整体计划与安排，下面以一次教研活动为例说明幼儿园教研计划的组织与实施。

教研系列活动之实践研究计划

一、整体教研思路

近期教研主题：贯通培养视角下呵护幼儿学习品质的实践探索。旨在以贯通培养的理念引导我们共同关注幼儿学习与发展的全过程，并在培养过程中继续关注幼儿学习品质的发展。

今天教研主题：基于幼儿表现，分析幼儿发展需要，探索呵护幼儿学习品质的适宜支持策略。

二、教研目标

一级目标：支持人人做真正的自己。

二级目标：树立贯通培养意识，呵护幼儿学习品质，支持幼儿健康成长。

三级目标：

1. 通过实践观摩，提升观察解读幼儿的能力，多角度分析幼儿发展的需要。

2. 通过交流研讨，共同探索呵护幼儿学习品质发展的支持性策略。

三、分享交流

1. 分享班级活动思路。

2. 分享活动中孩子的表现及带给您的思考。

四、研讨环节

1. 初步思考：请用一个词概括今天活动中的孩子带给您的感受？看到了幼儿哪些发展(尤其是学习品质方面)？

2. 活动研讨：

今天活动中，您看到了孩子哪些发展的可能？

班级中提供了什么支持？下一步还可以如何支持？

3. 思路梳理。

(略)

第二节　科研年会的组织与实施

一直以来，科研工作都是提高幼儿园教育质量、促进教师专业成长和园所可持续发展的重要保障。北海幼儿园从“十一五”开始，支持教师自主形成教育研究共同体，以实践工作中的教育困惑为突破口，在不同层面开展专题研究，并借助科研年会实现实践研究成果的梳理、总结、推广和应用。

第十七届科研年会方案

一、指导思想

以习总书记系列讲话精神为引领，以贯彻落实学前教育三年行动计划为依据，以幼儿园“十三五”规划为阶段目标，以《纲要》《指南》为指导，深化主体性教育，实现人人在快乐发展中做真正的自己。

主题：

解读幼儿 支持教师 建构课程——在研究中与幼儿共同成长

目标：

一级目标：贯彻落实党的十九大精神，树立正确理念，支持教师在研究中做真正的自己。

二级目标：在研究讨论中树立课程意识，提升教师课程设计与实施的能力。

三级目标：

1. 通过研究与讨论，引导教师理解课程内涵，提升教师专业能力。

2. 通过实践研究，解读幼儿需求，丰富教育策略，促师幼双发展。

二、筹备与实施原则

1. 关心教师，做有温度的管理：将科研作为教师福利去开展。

2. 求真务实，做有质量的研究：紧密结合日常，关注教师发展真需求，支持教师专业成长。

3. 关注过程，做有生命的教育：把握幼儿视角，关注核心素养，促进和谐发展。

三、调研分析与发现

- 教师们对于年会的学习具有积极的参与热情；
- 教师们对于自身的发展与成长非常的渴望；
- 教师们期待的生动活泼、形式多样、内容多元的科研年会；
- 教师们期望年会解决自身教育困惑，支持自我成长；
- 教师们愿意进行相互间的展示和交流，相互勉励共发展；
- 期望年会能够有温度、有快乐、有收获，真正入脑入心。

四、研究经验梳理与回顾

在园所文化与理念的引领下，本学期我们积极开展实践研究与学习，现将我们研究历程从收获、教师的需求和需要前进的方向三个方面做如下梳理。

(一)我们的收获

1. 以主题游戏为研究载体，明确幼儿开展主题游活动的思路。

树立正确理念⟶观察幼儿表现⟶分析幼儿兴趣需求⟶制定适宜发展目标⟶预设教育过程(将幼儿需求与教育目标进行对接)⟶支持幼儿开展活动⟶观察记录活动过程⟶评价活动效果(幼儿发展情况)⟶预设下一阶段发展目标。

2. 借助“两寻找三研究”活动(即寻找好童书、寻找好玩具，研究好童书、研究好玩具、研究教学策略)，以阅读支持幼儿多角度、多方面、多元发展，了解幼儿阅读兴趣和习惯；解读幼儿阅读后想法和需求；真正关注幼儿在阅读过程中发展。

3. 以“新星杯”为平台，引导教师深入解读幼儿，实施有效支持，促进师幼共发展，提供“观察分析”研究工具，支持教师能够基于幼儿前期表现和兴趣进分析解读幼儿多元需求，判断发展价值，形成支持计划，最终促进幼儿有质量的发展。

同时，整个研讨过程中，教师们的收获如下：

(1)积极转变教育观念，以正确理念为引领，支持教师在关注幼儿兴趣与需要的同时，也要注重幼儿的发展。

(2)以“三级目标”为引领，支持教师关注幼儿长远、多元发展。

(3)树立“一日生活皆课程”的大课程观，努力为幼儿创设情境，支持幼儿在生活中激活思维。

(二)教师的需求和困惑

以上是我们在这个学期不断研究中获得的经验和总结，是我们宝贵的研究思路与成果。但在研究中，教师们还有以下需求是我们仍要关注和继续支持的：

(1)如何观察、评价幼儿的自主发展水平？

(2)如何为幼儿创设情境性、整合性和现实性的环境支持幼儿多元发展？

(3)如何有效提升自身专业成长，促进常态质量，支持每位幼儿获得发展的最大潜能？

(4)如何提升自身研究能力，做一名具有研究力、思考力的新型教师？

(5)如何树立课程意识，突破固有思维，充分利用课程资源，促进幼儿全面发展？

(三)我们仍需努力的方向

通过我们的努力探索，我们的研究取得可喜的收获，同时我们在梳理过程中也发现存在一些不足之处，需要今后继续努力和加强，主要表现在以下几方面：

1. 进一步观察和判断幼儿的“真”意图、“真”需求，真正基于幼儿的游戏意图和发展需要提供适宜支持。

2. 在一日生活中创设问题情境，支持幼儿多元发展。

3. 激活幼儿思维，发掘幼儿最大的发展潜能。

4. 抓住一日生活中的教育契机，提升常态教育质量。

5. 教育回归幼儿生活，支持幼儿玩中学，玩中有发展。

6. 关注五大领域中幼儿学习品质的培养。

五、科研年会方案的确定

(一)科研年会的顶层设计

针对以上的分析和回顾，我们制定了第十七届科研年会方案(见图 14-4)。

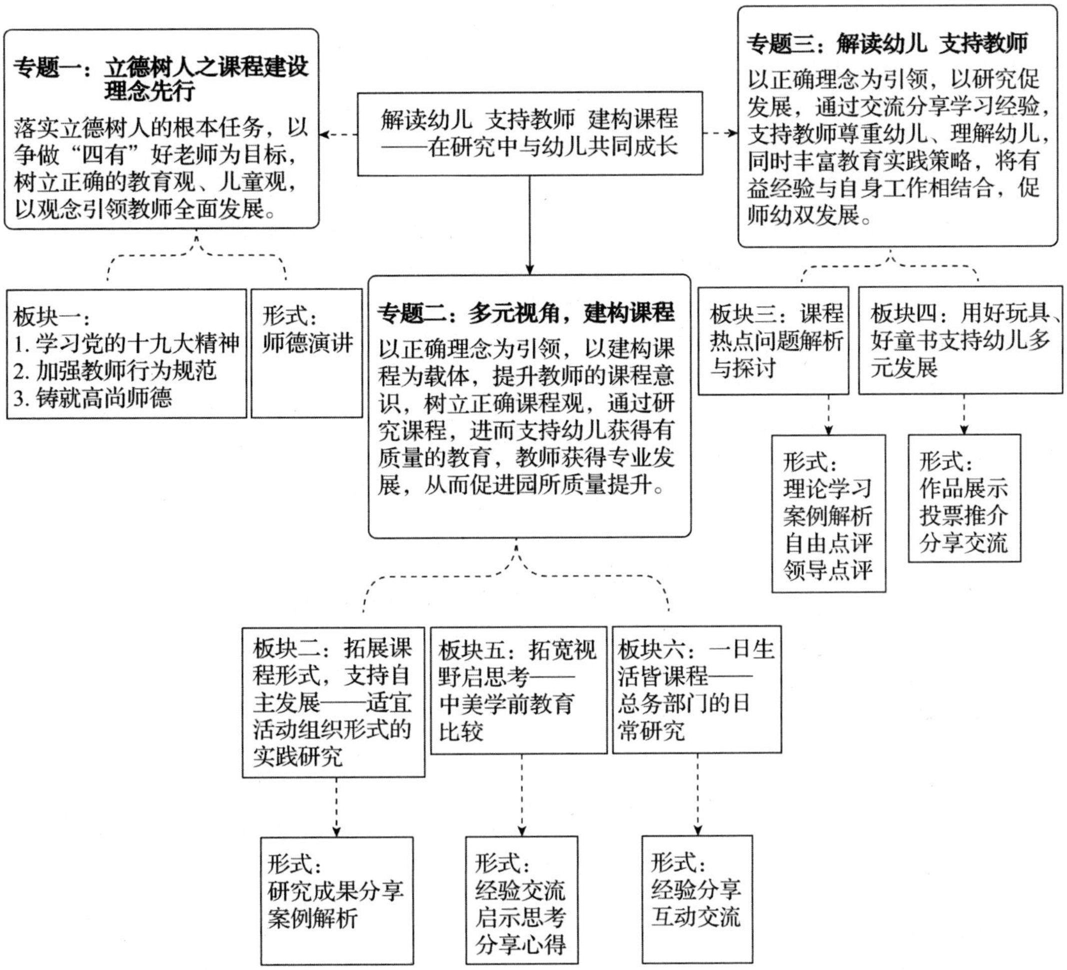

图 14-4 科研年会顶层设计

(二)科研年会日程安排

依据科研年会的顶层设计，整个年会内容将分三天进行，具体日程安排见表 14-2。

表 14-2　科研年会日程安排

<table>
<tr><th colspan="4">三天年会日程安排</th></tr>
<tr><th></th><th>第一天(1 月 2 日)</th><th>第二天(1 月 3 日)</th><th>第三天(1 月 4 日)</th></tr>
<tr><td rowspan="4">上午</td><td>科研年会理念与内容介绍
9:00～9:20</td><td>主持开场：9:00～9:10</td><td>主持开场：9:00～9:10</td></tr>
<tr><td>板块一：9:20～10:20
立德树人之课程建设理念先行
传统文化与师德涵养
(事业发展部)</td><td rowspan="3">板块三：9:10～11:30
以研促教之课程热点
专题探讨(联合)</td><td>板块五：9:10～10:10
拓宽视野启思考——
中美学前教育比较
(事业发展部)</td></tr>
<tr><td>休息(10:20～10:30)</td><td>休息(10:10～10:20)</td></tr>
<tr><td>板块二：10:30～11:30
拓展课程形式，支持自主发展
——适宜活动组织形式的实践
研究(教育发展部)</td><td>板块六：10:20～11:30
一日生活皆课程：
关注幼儿健康发展之
食育教育(医务室)
传承文化之中华美食(食堂)</td></tr>
<tr><td rowspan="5">下午</td><td>主持开场：13:00～13:10</td><td>主持开场：13:00～13:10</td><td>全园会(13:00～14:00)</td></tr>
<tr><td>板块三：13:10～15:25
以研促教之课程热点
专题探讨(联合)</td><td>板块二：13:10～14:10
(看录像)　拓展课程形式，
支持自主发展——
适宜活动组织形式的
实践研究
(教育发展部)</td><td rowspan="2">板块五：14：00～15:00
(看录像)　拓宽视野启思考——
中美学前教育比较
(事业发展部)</td></tr>
<tr><td rowspan="3">板块四：15:20～16:00
用好玩具、好童书支持幼儿
多元发展</td><td>休息：14:10～14:20</td></tr>
<tr><td>板块一：14:20～15:20
(看录像)　立德树人之
课程建设理念先行
传统文化与师德涵养
(事业发展部)</td><td rowspan="2">板块六：15:00～16:00
(看录像)　一日生活皆课程：
关注幼儿健康发展之食育
教育(医务室)
传承文化之中华美食(食堂)</td></tr>
<tr><td>板块四：15:20～16:00
(看录像)　用好玩具、
好童书支持幼儿多元发展</td></tr>
</table>

备注：因为教师分早、晚班，所以有些板块有重复。

第十五章　幼儿园服务保障工作的组织与实施

幼儿园的服务保障工作是幼儿园整体工作中不可分割的一部分，是支持教育教学活动开展的有力保障，是园所可持续发展的坚实后盾。特别是在幼儿园“做真正的自己”的文化理念引领下，在“人人都是教育者”的理论影响下，幼儿园服务保障工作与教育工作紧密结合，共同支持幼儿的健康成长。本部分将从两大方面重点介绍幼儿园在后勤保障与支持方面所做出的尝试和努力。

第一节　安全教育活动的组织与实施

幼儿园安全工作是关系全体师幼生命财产安全的大事，也是党和政府对儿童健康成长高度负责的要求。一方面，幼儿园要支持全体教职工提升安全意识，丰富安全知识，时刻关注幼儿的安全，将保护幼儿生命和促进幼儿健康放在工作首位；另一方面，要加强对幼儿的安全教育，提升幼儿自我保护意识和能力。幼儿园将幼儿安全教育贯穿于幼儿的一日生活，教学与后勤通力合作，联合开展了贴合幼儿实际经验、形式多样的安全教育活动。下面以“幼儿园地震灾害自救常识科普教育与演练”活动为例。

幼儿园地震灾害自救常识科普教育与演练

幼儿园在“做真正的自己”理念引领下，在园所领导的帮助与支持下，卫生保健部门和后勤部门、教学部门携手，坚持保教结合，积极推进健康文化建设。为进一步加强公共安全教育，初步培养幼儿公共安全意识，提高全体教师、幼儿童在公共突发事件中自救自护的应变能力，在中国地震灾害防御中心宣教部大力协助下，幼儿园医务室积极组织开展了“幼儿园地震灾害自救常识科普教育与演练”活动。

一、活动目标

一级目标：支持人人在快乐发展中做真正的自己。

二级目标：促进健康文化建设，加强公共安全教育，提高全体教师、幼儿在公共突发事件中的自救自护的应变能力。

三级目标：

1. 提高全体教职工在地震发生时自救自护的应变能力。

2. 通过情景体验教学方法，激发幼儿对抗震知识的兴趣。

3. 提高幼儿自救自护的应变能力，掌握简单的抗震小常识，在教师的指挥下能够快速、有序、安全地疏散，从而最大限度保护生命安全。

二、活动过程

幼儿园是孩子聚集较多的场所，地震时正确的避震措施是减少伤亡的重要对策。结合幼儿园幼儿的年龄特点及教师职业特点循序渐进地、有计划地、有目的地进行地震灾害自救常识科普教育，可有效提升师幼的安全意识和自我保护能力。针对幼儿园具体设施情况，在全园开展地震应急演练，全面推动全体教师与儿童安全教育活动的深入开展。

幼儿园请来地震科普专家李松阳老师进行现场指导，李老师在认真勘察地形后，为抗震演习预案提出了很多专业性的宝贵建议，使得我们能够顺利地确定抗震疏散路线及地点，保证了预案的专业性、安全性。

活动一　地震科普教育培训

2018 年 4 月 19 日幼儿园开展教师地震灾害自救常识科普教育活动，开启了“教师与幼儿地震灾害自救常识科普教育与演练”的启动仪式，邀请中国地震局宣传科的科普专家李松阳为全园教职工们进行地震科普知识培训。李老师详细地讲解了有关地震的科普知识及地震中的自救自护方法，并对教师们提出的问题进行了耐心细致地解答。为配合此次活动，幼儿园还开设了宣传栏，发放了防震小常识宣传册，制作了抗震展板，进行抗震宣传。同时广泛征求并听取大家对抗震应急预案的意见。此次科普宣传提高了全体教职工自救自护的应变能力，促使教师思考如何把这些知识教给孩子，能让孩子们在地震到来时知道如何自救自护，并在教师的指挥下快速、有序、安全地疏散，从而最大限度保证师幼的生命安全。

活动二　开展抗震自救宣传

地震科普专家给孩子们带来的抗震自救宣传画不仅全面而且权威，但是知识性较强，不容易被幼儿接受。为了使这些内容能更好地被孩子们理解，在主管领导的建议和参与下，后勤部门与教学部门通力合作，共同开展了“幼儿园地震灾害自救常识科普教育与演练”研究。

一方面，让幼儿园大班的孩子们自己先看展板上宣传图片。观察发现，在没有任何讲解的情况下，孩子们不能够理解图片上的意思，但讲解后能够了解图片上所阐述的内容。在讲解过程中还发现，用简洁、通俗易懂的语言和幼儿原有经验相结合，宣传的内容容易被幼儿理解和接受。另一方面，我们用适合儿童的语言对宣传内容进行调整，请大班幼儿做解说员，用自己的语言讲给伙伴听。为了增强幼儿在实际场景中的应对能力，保健医还制作了一些小场景让孩子们知道遇到此种情况应该如何去做，从而掌握自救自护的基本方法。通过多次的实践与体验，幼儿能够灵活地应对险情。

活动三　预设情景体验自救

经过缜密的筹划与布置，2018 年 5 月 3 日、4 日针对不同年龄组幼儿进行了防震科普教育与体验活动。

我们根据小班幼儿年龄特点，在体验区里利用事先设计好的区域材料，模拟地震环境，设定幼儿技能目标，医务室保健医以幼儿的口吻，通过做游戏的方式，让幼儿了解地震，亲身体验并掌握自救自护的基本方法。

中、大班的活动分为两个区域，一个是讲解区，一个是体验区。讲解区利用防震科普宣传画，请大班小朋友作为小讲解员，为其他中、大班小朋友讲解。这些小讲解员们佩戴专门为他们准备的小话筒，吐字清楚，声情并茂，小听众们也聚精会神地聆听防震小知识。

在体验区里模拟地震环境，让小朋友利用学到的知识解决现有的问题，将自救自护的方法应用于实践。我们也从大班幼儿中选出了 5 位小朋友作为体验区小指导师，指导前来参加体验的幼儿，纠正他们不正确的方法。

孩子们几个人一组，自主地前往各个区域，了解防震小知识，实地操作、运用学到的自救自护知识。他们相互分享自己的见解，相互补充学到的知识，体验着学习新本领的快乐。医务室保健医和老师们分别作为方向引导员、秩序维持员、内容补充指导员参与到活动中，让幼儿感受到，地震来临并不可怕，只要知道如何应对，就能最大限度地保护自己。孩子们在这种自主、快乐、分享的气氛中结束了为时 20 分钟的防震科普知识讲解与体验活动。

在各种抗震活动进行过程中，各方领导和教师不断对抗震应急预案提出建设性意见，我们也及时对预案进行修改与完善，并强调责任到人，分工明确。

5 月 6 日幼儿园进行了抗震演练倒计时总动员，强调了抗震演练的重要性、步骤及注意事项，着重说明安全有序的疏散方法，避免次生灾害的发生，重申了意外突发事件时的应急预案，要求全体教职工增强安全意识，提升安全技能，让安全教育深入人心。

活动四　抗震自救演练预演

5 月 9 日上午大班组首先进行抗震演习，孩子们能够做到安全有序地转移到操场，动作到位。

大班组演练中存在的问题：有一个班级没有做到室内自护，直接撤离到操场；因为没有贴地标，大班组在操场位置混乱；来到操场后没有按两队排列，而是围成一个实心圆，老师们在外围保护孩子；预案中操场东侧安排四个班，但在此次演习中大班组两个班级就已略显拥挤。

解决方案：教师到班讲解地震时自护的重要意义；第一次演习必须有明确的站位位置，避免混乱；实心圆更有利于教师保护幼儿，在幼儿心理上会有安全感，需要更改预案；调整预案，把操场东侧四个班级疏散地改为两个班级疏散地，避免拥挤危险。

下午中班组演练，针对上午大班组出现的问题进行调整完善，贴好地标，每个中班组有固定的位置。孩子们从二楼安全有序地下楼，动作迅速，到指定地点后能够抱头蹲下，同样围成了一个实心圆(没有强调必须排成两纵队)。

中班组演练中存在的问题：由于中班组动作协调能力不如大班组，而且从二楼快速走下楼，还是存在一定危险性。

解决方案：把一楼大班组的外围后勤人员调整到二楼中班组，确保二楼幼儿的安全。

通过中班组演习，再次证明孩子和老师们来到疏散地址后自然而然地围成了一个实心圆，需要更改预案中的队形。

5 月 10 日上午小班组进行抗震演练，孩子们自护动作准确，疏散快速有序，听从老师指挥。小班组的幼儿由于模仿性强，不但动作到位，而且每位幼儿头上还顶着保护自己的棉衣、被褥。

小班组演练中存在的问题：有个别班级没有在班级进行自护环节的讲解，直接转移到操场。

解决方案：用小班幼儿理解的方式，教师再次到班讲解地震时自护的重要意义。

通过分年龄组进行演习发现了很多问题，针对这些问题我们对抗震应急预案再次进一步修改、完善。

5 月 10 日中午医务室在抗震演习前以微信形式推送了一份致所有教职员工的温馨提示，再次强调安全问题，明确抗震演习步骤，确保每位幼儿安全。

活动五　正式演练

5 月 11 日幼儿园各部门各就各位，10 点准时启动“幼儿园抗震演练预案”，各班小朋友先在教室进行地震自护进行躲避，1 分钟后各班教师及外围工作人员保护幼儿安全有序地疏散到指定地点。幼儿蹲下抱头围成实心圆，教师在圈外保护幼儿，清点人数，检查幼儿受伤情况，向园长报告。整个过程历时 2 分 44 秒，安全有序，无任何意外发生。随着园长宣布报警结束，此次“幼儿园地震灾害自救常识科普教育与演练”系列活动完美收官。本次活动深深地印在了每一位教职工和幼儿的心中。园长在讲话中鼓励孩子们学到了一项保护自己的本领；同时指出在今后的工作生活中，抗震应急演练要成为常态化，经常进行抗震应急演练；最终达到此次活动的目的——使全体教职工和幼儿加强公共安全教育，培养师幼公共安全意识，提高全体教师和幼儿在公共突发事件中的自救自护的应变能力。

第二节　健康促进工作的组织与实施

《纲要》健康领域指出："密切结合幼儿的生活进行安全、营养和保健教育，提高幼儿的自我保护意识和能力。"幼儿园健康促进工作以保障师幼身心健康为核心，旨在通过多种形式的健康宣传、健康教育活动，引导师幼树立科学的健康观念，养成良好的健康习惯，促进师幼健康。幼儿园食育课程的组织与实施，是健康促进工作的重要组成部分，它将幼儿的兴趣和需要与营养健康、饮食文化有机结合，支持幼儿全面健康发展。本部分以一次食育课程的组织与实施为例介绍幼儿园健康促进工作的开展。

活动名称：我的营养我做主

一、活动目标

一级目标：促进幼儿健康、快乐、自主的发展

二级目标：在食育课程中，落实主体性教育，支持幼儿做自己健康的主人。

三级目标：

1. 让幼儿品尝厨师创新的三种菜品，在品尝的过程中认识食材的营养价值，养成良好的饮食习惯。

2. 通过快乐美食品尝活动，给予幼儿自由想象的空间，激发幼儿兴趣，尊重幼儿的主体地位，为菜品起名字，支持幼儿做自己健康发展的主人。

二、活动准备

1. 观念的准备：保健医以《纲要》和《指南》为指引，领会幼儿园主体性教育的思想，并有意识地与实践工作对接。

2. 菜品的准备：食堂厨师根据幼儿平日膳食喜欢的口味，不断研究改良操作实践，提高烹饪技艺和菜品口感，准备三道创新菜品。

3. 儿童经验准备：保健医深入班级与教师配合，和幼儿共同回忆之前参与的"彩虹果蔬最营养"食育活动，加深对各种颜色蔬菜的营养价值及对身体健康好处的认识。

三、活动内容

1. 保健医和幼儿共同回顾彩虹果蔬活动，调动幼儿对不同蔬菜营养价值的经验。

保健医：小朋友们，你们还记得我们之前参与过的"彩虹果蔬最营养"的食育活动吧，还记得我们的健康需要哪五种果蔬吗？

幼儿：有红色果蔬、绿色果蔬、黄橙色果蔬、黑白色果蔬、蓝紫色果蔬。

保健医：它们的营养价值虽然各有不同，但对我们的身体健康都有非常好的促进作用。

2. 引出厨师，并向幼儿说明今天活动需要幼儿参与完成的事情。

“厨师叔叔为小朋友们带来了三种既美味又营养的神秘餐品，我们一会儿通过厨师叔叔的介绍，想一想这里面都有什么样的食物，它们对保护我们的身体健康又有哪些好处。”

“小朋友们，今天我们不仅可以亲自品尝这些神秘菜品，还请大家给这些菜品取一个既好听又贴切的名字。下面我们就请厨师叔叔介绍这三道神秘的菜，有请邓叔叔。”

3. 厨师介绍三道菜肴，并以互动方式分享不同原材料的营养价值。

下面介绍1号菜，这个菜品里有软软嫩嫩的豆腐、胡萝卜、虾、扇贝、香葱虾脑油、香菇、鸡蛋。豆腐营养价值很高，富含丰富蛋白质；虾青素有维生素A，能保护和提高小朋友的视力；还有很多微量元素，增强骨骼发育，让小朋友长得高高的。小朋友你们都喜欢吃这个菜品里的什么菜呢？

下面介绍2号菜，这盘菜里面有鸡丝、红彩椒、黄彩椒、青彩椒，还有黑色的木耳。木耳营养价值也非常高，富含蛋白质、维生素等；彩色的柿子椒能够促进小朋友的新陈代谢，增强抵抗力，让咱们的身体棒棒的。

下面介绍3号菜，这个菜里面有虾肉、扇贝、西芹、百合、腰果、黄彩椒、红彩椒，富含蛋白质、不饱和脂肪酸等营养成分，可以提高小朋友大脑神经发育和提高视力，让小朋友变得更聪明。

4. 美食品尝，运用已有经验给菜品起名字。

孩子们分成三组依次进行品尝，并和自己小组的成员分享自己品尝到的口味和感受，说出自己觉得贴切的菜名。最后每个小组选出一名代表将自己小组内选出的菜名分享给全班小朋友，并介绍为什么给菜起这个名字，同组的其他小朋友给予补充。

这三道菜厨师原来起的名字分别是虾脑豆腐、五彩鸡丝、锦绣虾球，但孩子们起的名字却非常有创意和童趣：

虾脑豆腐——“软软的温暖”“海洋世界”“豆腐大会”……

五彩鸡丝——“五彩缤纷”“彩虹王国”……

锦绣虾球——“奇幻森林”“多彩虾”“五颜六色”……

不爱吃香菇的小朋友也在这样的互动中表示：通过今天的美食品尝活动，了解了香菇的营养价值，增加了对香菇的兴趣，即使不爱吃也要鼓励自己吃一些。

5. 结束语。

感谢小朋友们的参与，我们会把小朋友们起的菜名用在幼儿园的食谱中，将菜品变成孩子们餐桌上的美食。今天的美食品尝会就结束了，让我们共同期待下一次的食育活动，谢谢大家！

后　记

2019年3月，正值北海幼儿园建园70年之际，在这个充满爱意与希望的季节里，终于校对完书稿清样，我长长地舒了一口气，却又思绪万千。一代又一代北幼人的“且思且行”，终于凝结汇聚成这本《幼儿园质量管理指南》呈现在大家面前，这其中的心血与智慧、汗水与传承交织辉映，彰显出全体北幼人上下求索、追求卓越的教育信念与梦想。

弹指一挥间，距我走进北海幼儿园已有19年之久。往事仍历历在目，依然记得第一次步入幼儿园大门时心中那份复杂的心绪：既有对环境、岗位变化所产生的忐忑不安，也有对自我发展的期待向往；既有面对幼儿园管理工作的诚惶诚恐，也有支持师幼快乐成长的踌躇满志；既有对提升园所品质发展的深情期盼，也有对学前教育事业发展的满怀憧憬……

如今19年过去了，在大家的共同努力下，北海幼儿园在不断发展与壮大，置身其中，我感到十分欣慰。

“九五”期间，我园在北京师范大学冯晓霞教授的指导下，开始参与“幼儿主体性发展与教育”的研究与实践，自此奠定了主体性教育思想与理念。随着多年研究实践的积累，我们逐渐感悟出教育的真谛，梳理升华出以“做真正的自己”为核心的园所文化，并对幼儿园可持续发展的方向、目标和路径进行了深入的探索和思考。所有这一切都支撑着我与全体教职员工在“建设中国最好的学前教育”的道路上并肩同行，一直走到今天。

这一路走来，我要真诚地感谢长期以来对于幼儿园发展给予关心和帮助的各级领导、专家和同行们！你们就像黑夜中最亮的星星，在我们迷茫踌躇之际总能指引我们找到正确的前进方向。

感谢全体北幼人对学前教育事业的坚守与展望，因为有大家的思考与奉献才充盈了园所发展的内涵，因为有大家的支持和付出才夯实了园所发展的根基，因为有大家的理解与包容才促使园所沉浸在爱与温暖的时空中。

我最想感谢的，还是幼儿园历届的孩子们和家长们。正是因为有他们对每一位老师纯粹的爱与信任，才让我们的生命更加完整，让我们的事业更加生动。

这本书对于北海幼儿园来说，只是一个阶段研究成果的小结，代表着新的起点。“宝剑锋从磨砺出，梅花香自苦寒来。”北海幼儿园前进的脚步不会停滞，深度学习与研究不会终止，我们会一如既往、扎扎实实地在学前教育这片沃土上辛勤耕耘，用心灵呵护每一颗种子健康成长！

最后，感谢北京师范大学出版社张丽娟老师对本书贡献的智慧和力量。这本书的出版凝聚了很多人的智慧和辛劳，我们努力想做到最好，但是难免有遗憾和不完善的地方。敬请各位读者在阅读过程中，批评指正，不吝赐教！

柳　茹

2019 年 3 月

于北京市北海幼儿园